保险大变局

驾护航
化险为夷

李丽英 著

中国财经出版传媒集团
中国财政经济出版社

图书在版编目（CIP）数据

保驾护航．化险为夷　保险大变局 / 李丽英著．—
北京 ：中国财政经济出版社，2022.6

ISBN 978-7-5223-1280-4

Ⅰ．①保…　Ⅱ．①李…　Ⅲ．①保险业—产业发展—研究—中国　Ⅳ．① F842

中国版本图书馆 CIP 数据核字（2022）第 051362 号

责任编辑：陈志伟　　责任校对：胡永立
封面设计：卜建辰　　责任印制：史大鹏

中国财政经济出版社 出版

URL：http：//www.cfeph.cn

E-mail：cfeph @cfemg.cn

社址：北京市海淀区阜成路甲 28 号　邮政编码：100142

营销中心电话：010-88191522

天猫网店：中国财政经济出版社旗舰店

网址：https：//zgczjjcbs.tmall.com

北京时捷印刷有限公司印刷　各地新华书店经销

成品尺寸：147mm × 210mm　32 开　3.875 印张　84 700 字

2022 年 6 月第 1 版　2022 年 6 月北京第 1 次印刷

定价：100.00 元（全套5册）

ISBN 978-7-5223-1280-4

（图书出现印装问题，本社负责调换，电话：010-88190548）

本社质量投诉电话：010-88190744

打击盗版举报热线：010-88191661　QQ：2242791300

PREFACE
序言

“一人为众，众为一人”，保险是人类经济领域最伟大的发明之一。作为社会的稳定器，保险能解困济穷，尤其对普通家庭来说，让每个生命在疾病面前不再低头，不委屈自己，不拖累家人，有了对生命选择的权利和尊严。

保险业是社会风险管理体系的重要支柱。新冠肺炎疫情是百年来全球发生的最严重的传染病大流行，保险业在应对这场席卷全球的巨大灾难中防灾防损、救死扶伤，为快速解决突发公共卫生事件发挥了重要作用。保险业也是现代金融体系的重要支柱。特别是在经历过20世纪90年代日本经济大萧条、1997年亚洲金融危机，以及2008年全球金融危机等经济动荡以后，人们对于保险的认识由最初的人身和财产安全的基本保障，进展到对家庭资产配置和家族财富传承的深入思考。于是，广大消费者逐渐开始转变风险管理观念，希望通过运用保险的金融工具职能，实现家庭资产保值与增值、家族财富管理与传承的全流程解决方案。

面对日益纷繁复杂的经济社会新形势，全球保险业借助大数据、人工智能、区块链等新兴科学技术的加持和赋能得以持续发

展进步，金融市场理财手段也不断丰富升级。在新态势下，如何深刻地认识保险在风险管理中的重要地位，怎样有效融合保险手段与科技赋能，积极应对瞬息万变的全球经济波动的新特征和社会环境变化的新风险，已经成为每个企业和家庭进行全面风险管理、实现财富保值增值，所需考虑的头等大事和必备技能。

纵观我国现代保险业的发展历程，自1949年10月中国人民保险公司成立以来，历经停办、恢复、对外开放、高速增长等多个历史发展阶段，虽道路坎坷，但成果卓著。2020年底保险业年保费收入4.5万亿元，保险公司总资产23.3万亿元，235家保险机构（含160家中资保险公司、61家中外合资保险公司、14家保险集团公司）百花齐放、百舸争流。我国保险业综合实力不断增强，服务能力持续提升，发展环境逐渐步优化，成为保障国民经济发展与服务社会管理的重要支撑。广大消费者也从不了解、不认可保险，逐步实现到主动认知、主动购买保险的巨大转变。特别是随着保险科技的推广和消费者行为习惯的改变，新型互联网保险业务模式得到大力发展，市场规模不断扩充，大量新场景、新产品、新消费应用纷纷问世，我国保险业得到了社会舆论的极大宣传和社会资本的鼎力支持。

对于广大消费者，只有准确地了解保险背后的经济原理和商业逻辑，才能更好地制定切实符合实际需求的保险规划和保障方案。本书在广泛汲取保险学术界和业界现有研究成果的基础上，结合笔者多年的从业经验和深度思考，从近年来引爆社会舆论的一些保险热点话题出发，旨在通过通俗易懂的语言，阐述新视野下保险行业发展与财富管理的五大基本问题。为什么要买保险？什么是保险？保险实务中的业务流程是什么？为什么说保险是财富管理的“压舱石”？未来保险该何去何从？只有准确地解决这五大基本

问题带来的困惑，才能真正深刻理解保险贯穿从“摇篮”到“天堂”每一个人生阶段的实际意义，更好地体会保险渗透到家庭财富管理方方面面的现实影响，切实掌握运用保险这一资产配置管理工具应对不确定风险的重要作用，才能在面对未来经济和社会发展的新形势、新动态、新问题时，真正地做到未雨绸缪和有的放矢。

围绕经济社会新动态下的保险发展问题，本书用五册、共计十六章的内容进行深入思考和系统阐述。

第一册，“化险为夷　保险大变局”，全面介绍了保险在生产和生活中的应用。从传统文化观念中的“养儿防老”到未来市场发展“以险养老”思维模式的转变；从冲上热搜的“社保第六险”到趋利向好的银保监会合并；从《民法典》颁布到第七次人口普查公布；从新冠肺炎疫情下的保驾护航到后疫情时代十四五规划，都对保险业发展产生深远影响，保险早已渗透到人们生活中的点点滴滴，成为保障日常生活不可或缺的一部分。

第二册，“有惊无险　保障大全局”，基于经济理论详细阐述了“究竟什么是保险”的问题。从保险的基本要素入手，介绍了保险的产生与发展历程、保险的基本原则，以及保险合同的相关内容和投保注意事项。同时让所有的国人认知保险工具在人生每一个阶段扮演的角色以及实际的作用。

第三册，“山高水险　财产大布局”，系统展示了当前保险实务中的运营模式。考虑到根据业务类别的不同，保险实务中需要应用到保险精算、营销、财务管理、投资、法律、大数据、人工智能、医学等多学科领域交叉的专业知识，因此从财产保险、人身保险、保险经营流程和保险营销策略等方面展开介绍。

第四册，“乘高居险　财富大棋局”，在前三册保险基本理论

的应用场景基础上，运用保险工具进行财富管理与家族传承。随着经济社会的发展进步和国民财富的迅速增长，人们在解决温饱问题之后，开始赋予生命新的价值，本册运用保险的工具，从生命周期的经济管理视角出发，解决个人、家庭和家族在不同时期所面临的保值增值和财富传承问题。

第五册，“负嵎依险　科技大时局”，基于保险与科学技术的融合发展历程，分析保险科技的理论与实践，探索保险行业的未来发展方向。随着人工智能、区块链、物联网等核心科技逐步运用到保险行业，颠覆性地革新了传统保险的业务模式，使原本保险流程中的诸多“不可能”和“人工”功能逐步转变为“可能”和“智能”。在一些“头部”保险公司的引领下，广大中小型保险市场主体也逐步意识到科学技术促进保险业发展的巨大潜力，纷纷加码保险科技创新。

本书立足新形势，放眼新视野，擘画新蓝图。系统阐述了保险发展与财富管理的知识理论与实务体系，帮助读者由表及里、从知到行，综合运用保险职能手段，真正掌握行之有效的个人风险及家族财富管理解决方案。

作为一名保险人，深耕细作，砥砺前行。由衷期望借助大数据与人工智能技术等新型科技赋能，未来保险行业能够早日实现智能化的运营管理综合体系，覆盖产品定价、市场营销、投核保、客户服务等保险业务全流程，升级服务保险新生态，真正实现广大消费者和保险公司的“互利共赢”，铸就保险业发展新辉煌！

作　者

2022年1月

CONTENTS
目录

第一章

我们为什么要买保险

随着社会经济的不断发展，人民群众的生活水平逐步提高，风险意识也在不断增强，越来越多的人通过配置保险来转移风险和融通资金，但仍有很多人没有认识到保险的重要性，不清楚为什么要购买保险。总理谈保险、企业家谈保险，以及影视剧中频繁出现的保险都很好地阐述了保险的意义。保险除了可以有效防范“生、老、病、死、残”等风险外，还具有节税避债等诸多派生功能。而实际生活中许多人选择不购买保险的理由竟然是“我有社保”以及“养儿防老”。那么，有了社保真的不需要购买商业保险了吗？“养儿防老”真的靠谱吗？有哪些保险正在发挥着不可替代的作用？这些都是本章讨论的话题。

第一节　名人说保险

随着人们风险意识的提高，保险在我们生活中扮演着越来越重要的角色，我国的历任总理都曾谈到保险，企业家们都在高声呼吁要及时配置保险，在影视剧中也不断出现和保险有关的场景，保险越来越多地出现在我们生活中的方方面面。

一、企业家说保险

巴菲特说："世界上没有一种投资工具像人寿保险那样具有保证性结果；也没有一种投资工具像人寿保险一样，不仅能创造价值还能百分之百的保全资产。"还说，"投资保险不是花钱而是存钱，是累积财富化解财务风险最有效、最可靠的方法。"

比尔·盖茨说："到目前为止，我没有发现有哪一种方法比人寿保险更能有效地解决企业的医疗财务问题。"

古今中外的许多名人都曾提到过保险，社会中也不断出现一些声音提醒我们要重视保险、购买保险，保险一直都不是一个新颖的话题，风险意识较高的人早已经把保险纳入了自己的人生规划中，但人性的弱点导致主动购买保险的人很少，保险是被我们误解最深却作用极大的商品。

二、影视剧背后的保险

2013年，香港电影《控制》上映，男主角是吴彦祖饰演的一位保险经纪人，他在对话中坦言："保险这东西不是保给自己，保险是买给家人的，面对当时的生活处境，虽然舍不得儿女，但也无法留下什么了！"这段话道出了保险为我们提供保障的本质。

2016年，在电影《亲密》中，当大楼发生火灾时，郑伊健、林嘉欣饰演的两位主角无法逃脱，陷入绝境，郑伊健说："做人的终极安慰就是有保险赔，像我这样有两份人寿保险，保险公司会赔我一千多万，省着点花还能让女儿念完大学。”

近年来，张嘉译参演的所有剧中几乎都能看到保险的身影，特别是《我的体育老师》这部电视剧。同事孙老师的妻子患乳腺癌去世，让他感到人生无常，所以去保险公司为自己买了一份保险，并且和客服人员表示“要买那种得病了或出事了，不连累家人，最好能给他们留下点什么的保险”。

在电视剧《婚姻保卫战》中，黄磊饰演的许小宁原本是体谅“小姑娘卖保险”不容易，瞒着妻子为自家的工厂买了一份企业财产保险，还偷偷地把合同藏在相框里。后来工厂被诈骗后又遭遇火灾，当一家人觉得一无所有时，黄磊想到了那份保单，最终从保险公司得到了100万元的赔偿，这笔钱使得夫妻二人的生活峰回路转。

电视剧《少年派》中，闫妮和张嘉译饰演的夫妻在剧中最经典的一段对话就是关于保险的。闫妮饰演的王胜男说：“鸡蛋不要放在同一篮子里，我把你的钱分成了三份，1/3投到了老江那儿，1/3留作公司的流动资金，剩下的钱都买成了保险，以前你是裸奔，提心吊胆的，现在，你也是有保障的人了。”当林大为问“为什么要先给我买？”她道出了一个购买保险最重要的准则，“你是我们家里的顶梁柱，不给你买给谁买？”这段对话精准地说出了家里谁才是最该买保险的人。

2020年的一部女性主义题材电视剧《谁说我结不了婚》中有一段三位女友关于重疾险的讨论，陈数饰演的田蕾之所以购买重疾险，是因为身边的一位熟人不幸得了胃癌，她真实地感觉到危险离自己很近，正是这种对危险的恐惧使她买了保险。童瑶饰演的程璐则是一位职业女性，早早地就为自己配置了重疾险，目的是让自己的生活更加从容。

电影《送你一朵小红花》讲述了两个抗癌家庭的故事，电影里的韦一航身患癌症。自他生病以来，家里的生活过的非常拮据，不稳的餐桌腿用纸巾垫上，家里也未置办过新的家具，妈妈为省5元钱的停车费与人理论，买菜时掰掉坏的菜叶，爸爸不舍得花钱去做胃镜，甚至瞒着家人在休息日开专车赚钱，他甚至在奶奶的生日宴上，听到了家人们在考虑卖房子为他治病。《送你一朵小红花》导演韩延说："疾病可能是我们身处的最极端的痛苦状态之一，当这些状况发生的时候，我们应当像电影里的人们那样用积极的态度去面对生活，每一个对生活抱有积极态度的人都值得被尊重。"保险恰恰就是生活奖励给我们的一朵小红花！

关于保险的影视剧还有许多，不胜枚举。近些年来，许多的电影、电视剧中都能看到保险的身影，保险也成了越来越热门的话题，这也从侧面反映了人们的保险意识在不断提高，每个人的生活都已离不开保险。

第二节　保险是生活的必需品

保险是什么？虽然保险不能让我们不生病，保险不能让我们不发生意外，保险更不能让我们不年老。但重要的是，保险可以在我们一切都好的时候选择购买，一旦发生风险，就立刻变为一大笔应急的资金，可能是5万元，可能是20万元，甚至更多，以便于我们可以得到最及时、有效地治疗与帮助。人们买重大疾病保险，一定不是为了得病，而是为了好好活着；买意外险，一定不是为了出事，而是为了一生平安；买养老保险，只是为了让我们能更有尊严地老去。

一、生活中的重疾险

2018年，一部《我不是药神》火遍大江南北，这部根据真实事件改编的原型陆勇，自身就是一位慢性白血病患者，他也在服用电影里那种叫"格列宁"的天价药物。早前，这种药未被纳入医保的报销范围，一盒一度被卖到了23500元，而陆勇仅1年的药钱，就花费了整整30万元。之后陆勇得知印度有一种仿制"格列宁"，药效堪比正版药，最重要的是一盒仅售4000元，于是在高药价的逼迫下，他走上了海外代购国外仿制药的道路，因此被称为抗癌药"代购第一人"。在陆勇的推动下，如今正品"格列宁"已被纳入了我国医保的报销范畴。现在，国内患者凭借医保购买正版"格列宁"可以报销3/4，陆勇确实推动了我国医保体制改革和社会进步。但是自费的1/4仍然要每盒5875元钱，按照正常一个月一盒的服用频率，每名患者一年至少仍需要花费70500元。

某些药品，尤其是进口药品的售价很高，主要是因为药品高昂的研发成本，药品流通的费用支出及关税成本。每一种新药，通常都意味着需要耗费十几年、花费数十亿美元才能上市成功，投入使用。因此，在一些欧美等尊重知识产权的国家，一般会允许一种创新型的药品享受20年的专利保护期，在保护期内药厂可制定较高的价格，以此回收研发成本并保证一定的利润。这些措施，决定了一些抗肿瘤的新药异常昂贵。

中国是人口大国，同时也是世界上恶性肿瘤新发病、死亡病例最多的国家之一。每年恶性肿瘤患者新增加的人数超过400万，死亡人数超过200万，每天约有1万人被确诊为癌症，平均每分钟就有7人确诊，无论在城市还是农村，癌症都是中国居民死亡的主要原因。我国基本医疗保险的特点是保障水平低、覆盖率广，拥有商业保险的人较少，使得患者对于生重病和发生意外有着莫名的恐惧。很多人，尤其是恶性肿瘤患者及其家属在为抗癌药品降税、降价感到欣喜时，我们也更应该把基本医疗保险和商业保险结合起来，避免因病致贫、因病返贫。在这种情况下，商业性的重大疾病保险就为广大的消费者提供了更多的选择。

二、生活中的养老保险

随着医疗水平的提高带来平均寿命的延长，加之出生率的下降，使得我国老龄人口的占比快速上升，根据国家统计局发布的相关数据，截至2019年末，我国65岁及以上人口数量已达到1.76亿人，占人口总数的比重达到12.6%，按照联合国65岁以上人口比重超过7%就被称为“老龄化社会”的标准，我国早已步入老龄化社会。

人口老龄化的加剧一方面意味着劳动力人口的比重下降，我国人口红利逐渐消失。同时也意味着劳动力的养老负担加剧，老龄人口抚养比不断提高，抚养比越大，意味着劳动力的抚养负担就越重。截至2019年末，我国老年人口的抚养比例已经上升到17.8%，这意味着每五个人就要抚养一个老人，养老问题已经迫在眉睫。

为了解决老年人的抚养问题，我国建立了养老保险制度，由国家、企业和劳动者共同负担养老保险基金。全国退休职工养老金领取的平均水平是2480元，近期我国养老金迎来了第15次上涨，涨幅达到了5%，所以目前的养老金是2604元。这里的金额也只是平均水平，如果平时的薪资额高、缴纳的社保基数就高，退休领取的养老金自然也会更高。城乡居民养老金领取的平均水平为每月124元，各地方的财政力度和经济水平不同，养老金的领取水平也有所差异。

中国普通收入阶层的社会保险养老金替代率（即退休后的养老金收入/退休前的工资收入）为30%—40%；收入越高，养老金替代率越低，收入高于社会平均工资3倍以上的高收入人群，社保替代率一般为10%—20%，我国目前的养老金替代率，要显著低于主要发达国家75%的整体水平。根据相关建议，如果退休后的养老金替代率大于70%，可大致维持退休前的生活水平，生活质量不会有显著变化，所以我国基本养老保险的保障水平还远远不够。

因此，适当选购一份商业养老保险显得尤为必要。

首先，社会基本养老保险只能作为基础保障，满足个人的基本生活需求。如果想在退休后获得更高水平的保障，个人更应该配置一份商业养老保险。

其次，市场上的商业养老保险基本分为传统型、分红型、万能型和投资连结型养老保险。如果目前处于中年期且比较有规划意识，可以现在为自己购买一份商业养老保险，充分发挥其投资保障的功能，为自己的晚年生活提供更高水平的保障。

最后，商业性质的养老保险一般还可选择相应的附加险或进行产品组合，从而可以规避重大疾病和意外伤害所带来的风险。

三、生活中的意外险

2020年初，前NBA球星科比·布莱恩特在一场直升机坠机事故中身亡，年仅41岁，事故共造成9人死亡。这场意外除了让全世界为其哀悼，也让我们真实地体会到你永远不知道明天和意外，哪个会先来。

仅近几年国内发生的一些重大意外事故就让人触目惊心。2020年3月7日福建泉州晚上，欣佳快捷酒店整栋楼垮塌，夺走29人的生命。2019年3月30日，四川凉山森林发生火灾，31名战斗英雄英勇牺牲；2020年3月30日，不幸再次发生，19名消防员牺牲。3月30日湖南郴州一列行驶中的列车撞上塌方体，事故造成1死127伤。2020年6月13日浙江温岭，一辆运输液化石油气的槽罐车突然爆炸，炸飞了路边的车，夷平了民房和半个村子，夺走了20个人的生命。

生活中难免会出现各种各样的意外，不少人选择用保险来规避风险，人身意外伤害保险（简称“意外险”）的购买成为很多人关注的焦点问题。人身意外伤害保险是指在约定的保险期内，被保险人因为遭受了意外事故而造成死亡或残疾，医疗费用支出或暂时丧失劳动能力，保险公司按照保险合同的约定，向被保险人或其受益人支付一定数额保险金的一种保险。

通常来说，人身意外伤害保险因为其保费低、保障高的特点成为杠杆率最高、最值得购买的险种。首先，可以补偿因意外事故造成的医疗费用的开支，尤其是某些意外事故需要支付高额的医疗费用，所以，虽然保险并不能避免风险的发生，却至少可以在经济上提供帮助。其次，如果因为意外造成被保险人身故或者伤残，那对其背后的家庭经济而言是“致命”的，所以，意外险的保障意义和人寿保险一样，就是通过保险公司高额的保险金代替被保险人继续履行对家庭的责任，用这笔保险金来弥补“生活的负债”。虽然这样的意外发生的概率很小，但一旦发生，造成的后果往往难以承担。

四、生活中的车险

汽车保险是我们开车在路上的一份保障，除了交强险，还需要额外购买的商业险，每年购买哪些险种和保险金额的多少，都是有车一族关心的问题。我国自实行机动车辆交通事故责任强制保险制度（即交强险）后，极大提高了全民的保险意识及保险业在整个社会的影响力。作为强制性险种，交强险对于汽车拥有者的保险强化作用是不言而喻的，并且促使产业链进一步延伸，投保率显著提高。截至2020年6月，全国机动车保有量已达3.6亿辆，其中汽车2.7亿辆，据中国汽车流通协会统计，我国汽车售后市场规模已超过1.2万亿元。

近年来，随着我国保险业的稳步发展，财产保险也得到了快速发展，尤其是汽车保险的业务量大、涉及面广、影响大。由于汽车消费量的增加以及相关政策的出台，车险投保率增长较快，汽车保险业务已成为我国财产保险公司的龙头险种和经营的主线。如图1–1所示，2011年以来，我国汽车保险保费收入整体呈现上升趋势，2019年我国车险实现保费收入8188亿元，同比增长4.52%，在财产保险13016亿元保费规模中占比为62.91%。

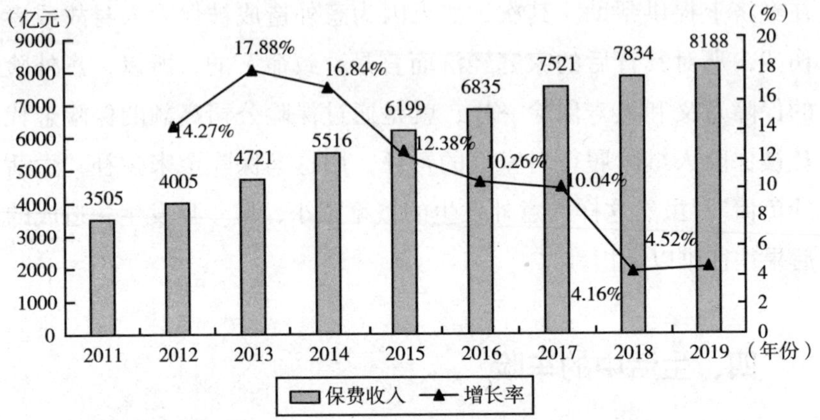

图1–1　2011—2019年中国汽车保险保费收入及增长率

资料来源：中国保险年鉴。

如图 1–2所示，中国汽车保险产业链中，除了财产保险公司和车险用户外，汽车保险产业链的行业上游包括汽车制造商、金融公司等，产业链的行业下游包括专业代理、兼业代理、服务提供商（如公估公司、汽车维修商）等保险渠道。

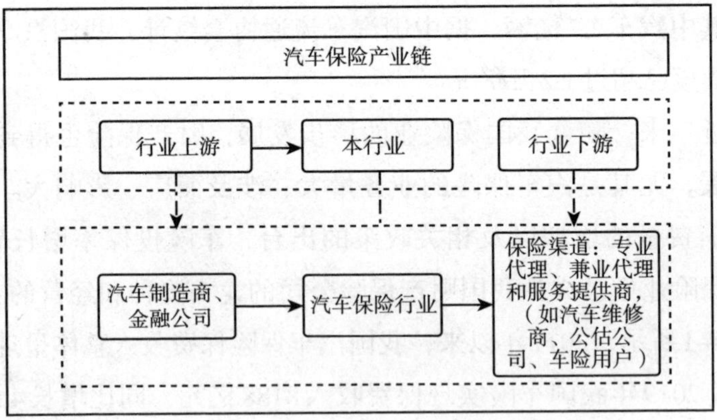

图1–2　中国汽车保险产业链

第三节 保险的节税避债功能

根据保险法规和保险原理，除了为被保险人提供经济保障等基本职能外，保险还可以在一定程度上起到节税和避债的功能，但这些功能也是建立在受法律保护的基础上，要视具体的险种和债务的具体情况而定，并不是无限的责任。

一、税优型健康险可抵扣个税

依法纳税是每个公民应尽的义务，我们每月的工资究竟扣了多少税是大家都很关心的问题，这里的“税”就是指个人所得税，收入越高、扣得越多。

国务院常务会议于2015年提出税优型商业健康险的试点建设工作，在此之前，我国仅对企业为职工投保补充医疗和补充养老保险时可以享受在工资总额的5%以内税前支出，国务院此次税优型健康险的推出似一针强心剂，将会极大促进我国商业健康保险的发展。

税优型健康险，是为了改善民生而由政府推出的一项福利政策性险种，指可以享受减免个人所得税政策、由商业保险公司承保的一种健康型保险。具体而言，纳税人如果购买了商业健康险，可以享受以200元/月即2400元/年的标准，在计算个人所得税之前予以扣除，这意味着购买此类保险产品，可以抵扣个税。在欧美等一些发达的保险市场中，很多保险产品是可以抵税的，目前我国也在逐渐试行当中。从国际经验来看，对购买保险予以税收优惠是最有效的政策性杠杆之一，譬如美国在1952年只有63%的员工拥有健康保险，1954年的《税收法》明确了团体健康保险享有税收优惠政策之后，1957年拥有健康保险的员工占比提高到了76%。与其他商业健康险不同的是，税优型健康险允许带病投保，不允许保险公司核保和拒保，且不设置等待期，这样突破了保险业既往的业务模式与管理体系。需要注意的是，保险公司仍然要求客户在投保时要如实告知，会根据不同客户的健康状况实行差别费率，如果未履行如实告知义务仍然可能会发生被保险公司“拒赔”等情况。

二、保险能规避遗产税吗?

高净值人群在选择高保额的保险进行保障时，可以充分发挥人寿保险的合理避税功能，因为凡是指定了受益人的保险，保险金的给付可不计入遗产总额。在法律所允许的范围内合理避税，通过购买高保额的保险来转移资金，可以避免因大量资金滞留而产生的利息所得税以及以后有可能会征收的遗产税。

遗产税是大家一直比较关心的话题，关于“遗产税”的争议也从未间断。目前世界上已有100多个国家和地区开征了遗产税，包括中国台湾地区，而保险也确实可以规避遗产税。征收遗产税的初衷，是为了通过对遗产和赠与财产的调节，防止贫富过分悬殊。虽然我国目前并没有实施遗产税，但据税务部门的工作人员介绍，遗产税会是大势所趋，2016年12月19日，中国社科院发布的《经济蓝皮书（2017）》呼吁尽快实施房地产税和遗产税，由此可见我国遗产税的实施只是时间问题。因此，人们可以在不远的未来，通过购买人寿保险并指定受益人的方式，合理规避遗产税，避免财富损失。

三、保险能避债吗?

（一）被保险人欠债时

保险金是否会作为被保险人的遗产用来偿还被保险人生前所欠的债务？最高人民法院曾对此有明确的批复，即《关于保险金能否作为被保险人遗产的批复》。能否将人身保险的保险金计入被保险人的遗产，取决于该保险合同是否指定了受益人。如果指定了受益人，被保险人死亡后，保险金应该直接赔付给受益人。

根据《保险法》第四十二条的有关规定，被保险人死亡后，有下列情形之一的，保险金作为被保险人的遗产，保险人应当按照《中华人民共和国继承法》（以下简称《继承法》）履行给付保险金的义务。没有指定受益人，指定不明或无法确定受益人的；受益人先于被保险人死亡，没有其他受益人的；受益人依法丧失或者放弃受益权，没有其他受益人的，保险金应该作为被保险人的遗产由其继承人继承。根据《继承法》第三十三条，继承的遗产可以用来偿还被继承人生前所欠的债务。

如果是被保险人生存时领取的生存保险金则属于被保险人的财产，可以用来偿还被保险人的债务，但可以不用来偿还投保人的债务。

另外需要注意，财产保险没有受益人，发生事故时被保险人生存的，保险金由被保险人直接领取；被保险人在事故中死亡的，保险金作为其遗产由其继承人继承。

在什么情况下，保险才能实现债务隔离的功能呢？

案例1-1：王某和李某是一对夫妻，婚前王某曾向江某借款60万元。2017年王某因疾病死亡，江某上诉法院，要求李某和王某的父母偿还其生前所欠的债务。已知在2013—2015年，王某的母亲作为投保人，以王某为被保险人投保了4份人身保险合同。其中包括两全保险、重大疾病保险各1份，但都没有指定受益人。另外，以王某的母亲作为受益人投保了人寿保险2份。2018年6月保险公司按照合同约定给付保险金共40万元，其中两全保险12万元、重大疾病保险8万元、人寿保险共计20万元。江某认为，虽然王某没有遗留任何其他财产，但是保险公司赔付的保险金应该用于偿还王某生前的债务，于是向法院提起诉讼。

案例解析：根据《继承法》第三十三条和《保险法》第四十二条的规定，如果指定受益人的，保险金应该赔付给受益人，未指定受益人时，保险金应该作为被保险人的遗产由继承人继承，继承的遗产是可以用来偿还被保险人生前所欠的债务的。本案例中，两全保险赔付的12万元及重大疾病保险赔付的8万元因都没有指定受益人，所以应该作为被保险人王某的遗产，偿还王某生前所欠的债务。另2份人寿保单由于指定了王某母亲为受益人，所以理赔金20万元不属于遗产，可不用于偿债。

（二）投保人和受益人欠债时

根据《保险法》第二十三条，任何的单位和个人无权干涉保险人履行赔偿或给付保险金的义务，也不得限制被保险人或受益人获取保险金的权利。也就是说，如果投保的行为是合法的，那么保险金的获取也是受法律保护的。

在某种程度上保险确实可以起到避债功能，但并不绝对。《保险法》第二十三条的规定保护了被保险人和受益人取得保险金的权利。但如果是投保人所欠的债务，保单的现金价值是属于投保人的财产，是可以被法院强制执行退保用于偿还债务的，此时法院可能会要求投保人与保险公司解除保险合同，将现金价值抵偿投保人所欠的债务。所以不能理解为我们欠别人钱的时候，法院不能强制执行我们的保单来还债。但是否会被要求强制退保，尚没有法律法规的详细规定，具体要看法院如何处理。比如一位父亲为自己购买了一份人寿保险，并指定孩子为受益人，债权人无权要求孩子领取的保险金用于偿还父亲所欠的债务，但可要求父亲退保，用保单的现金价值偿还债务。当然，如果孩子已经成长为完全民事行为能力人，这位父亲可以将投保人变更为孩子自己，以防被强制退保，但之后的保费需由孩子自行负担。

另外，保单指定的受益人如果已请求了保险金，则领取的保险金属于受益人的财产，可用于抵偿受益人所欠的债务。

（三）如何发挥保单的债务隔离功能

综上所述，保险是否可以发挥避债功能，要视具体情况而定。为充分发挥保单的债务隔离功能，提出如下建议：

1.在保险合同的设计上，一般而言，家庭的主要经济支柱（如企业主）的负债概率会更高，不宜作为投保人，而应该作为被保险人，且婚后的债务为夫妻共同债务，妻子同样有偿还义务，所以把父母作为投保人更为合理。

2.明确指定受益人，防止未指定受益人而作为被保险人的遗产用来偿还债务，且指定多个受益人，防止单个受益人死亡或者丧失、放弃受益权时而没有指定受益人。

3.婚后的负债为夫妻的共同债务，因此指定受益人为自己的配偶时不能充分发挥保险的债务隔离功能，所以把子女作为受益人更好。

四、运用保险保护好婚前财产

保险作为一种金融工具，在某些场合有其特有的价值，比如婚前有大笔财富的人，可以利用保险，有效规避婚姻对其婚前财产的影响。

譬如小王事业有成，婚前积累了大笔财富，最近几年也无须使用。小王在结婚之前想要通过合理的手段减少结婚对自身财产的影响，此时他可以在婚前趸缴购买一份年金险。具体优势如下：使用灵活，每年年金险会返还现金，可以用来支付家庭生活的正常开支；离婚不分割，由于是用自己婚前的财产购买，所以一旦离婚，保险单仍属于小王，没有分割的风险；身故不分割，保单可以指定小王的父母为受益人，即使他不幸身故，保险金直接赔付给其父母，不作为遗产处理；周转灵活，如果急需用钱，可以用保单进行贷款，缓解临时资金压力；转换轻松，如果多年后婚姻生活稳定，可以选择变更身故受益人为其子女或配偶。

通过这样的合理设计，就可以运用保险保护好自己的婚前财产。这不仅关系到《保险法》的有关内容，还涉及2020年出台的《民法典》中的“合同编”“婚姻家庭编”“继承编”等许多法律条文，需要从整个法律体系去看，而不能简单从某一条文去理解，在后面会进一步详细地展开说明。

第四节 有了社保还需要商业保险吗

社会保险，是指国家通过立法的形式为因健康原因造成损失、丧失劳动能力或暂时失去工作的人提供收入或损失补偿的一种社会经济制度，是由政府举办，强制缴纳的保险，即我们常说的“五险一金”中的“五险”，包括养老保险、医疗保险、工伤保险、失业保险、生育保险，自2019年生育保险和医疗保险合并之后变为了“四险”。社会保险是国家最基本的保障体系，也是国家收入再分配的一种经济手段，是国家对所有公民提供的福利保障。

而商业保险是个人或团体根据需要自愿选择购买的险种，涵盖传统型险种（人寿保险、健康保险、人身意外伤害保险）和新型投资型险种（分红险、万能险、投资连结险）。我国社会保险的覆盖率已经很高了，那么有了社会保险还需要购买商业保险吗?这是很多人关心的问题。

一、医保是如何报销的

首先，医保可报销药品有限。如表1-1所示，根据我国公开的数据显示，现在我们生活中的药品已超过了19万种。而真正纳入《基本医疗保险国家药品目录》中的可报销药品只有2709种，仅占总药品的1.4%，其中，甲类药100%全部报销，但大约只有1800余种；乙类药自费一部分，医保支付一部分，各地政策不一，支付比例不同，约有800余种。另外，丙类药包括进口药和保健药，合计约19万种，需全部自费。

表1-1　社会医疗保险药品报销比例

药品分类	自费分类	报销比例
甲类	全部报销	医保支付100%
乙类	部分报销	自费10%—35%，医保支付65%—90%
丙类	全部自费	100%自费

其次，医保的报销还有报销比例的限制（依据当地的医保政策），所以即使是甲类药，也并非100%都可以通过医保报销。如图1-3所示，基本医疗保险报销额度=（总花费-起付线-自费-自付）×报销比例。

最后，医疗保险有赔偿限额。尤其是当患有重大疾病需要高额医疗费用时，医疗保险的作用非常有限。

因此，虽然医保作为国家的基本福利政策，在最基础的保障上面已经做得相当好了，但是医保并不能保障意外的风险和多数重大疾病的风险，所以医保不能替代商业保险。

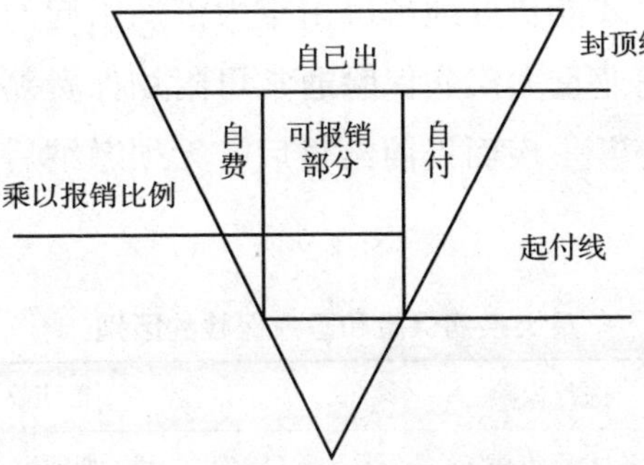

图1–3 基本医疗保险报销额度

二、重大疾病保险和医疗保险的区别

以重大疾病为例，在治疗期间将产生两种费用，即直接医疗费用和间接费用（包括护理费用、营养费用、康复费用、收入损失费用等）。医疗保险只能补偿部分直接医疗费用，而实际上有效药物有很多是自费药的，并且治疗期间的间接费用非常大，这些费用社保基本上不能报销。

商业重大疾病保险是在确定疾病状态后直接一次性支付，可以提供高额的重疾保障，解决无钱预支医疗费用等问题，减少了家庭医疗费用负担和收入损失。只要满足合同约定的条件，就可以获得相应的赔付，这笔钱的支配可以自由选择，可以用于医疗费用，或者偿还贷款，抑或是用于将来的康复等，而医疗保险则与此不同，只能赔偿医疗的费用。

表1–2列出了医疗保险和重大疾病保险的区别。从表中可见医疗保险不能代替重大疾病保险，医疗保险只能补偿医疗费用，而重大疾病保险可以弥补更多的收入损失。只有重大疾病保险和医

疗保险相结合，才能更好地解决由重大疾病引起的各种财务支出问题。此外，商业重大疾病保险通常可附加保费豁免责任，被保险人若患有轻症、重疾而提前给付后，无须缴纳后续保费，保险合同仍然有效。

表1–2 重大疾病保险和医疗保险的区别

项目	医疗保险	重疾险
保障范围	广（不论大病小病）	窄（癌症、急性心肌梗死、脑中风后遗症等）
赔付性质	事后报销	定额给付
赔付金额	报销金额不能大于治病花销	买几份赔几份

投保案例：隔壁苏大强分别在A、B、C三家保险公司购买了30万元、40万元、30万元保额的重疾险，保险期限内不幸罹患了合同约定的“严重阿尔兹海默病”，医疗费用共花费25万元，老苏可以获得的理赔金额为多少？由于重疾险的赔付是按照保险合同约定的保险金额定额给付，所以一经确诊，可以同时得到A公司30万元、B公司40万元、C公司30万元的保险金。

三、社会保险和商业保险的区别

表1–3为社会保险和商业保险的区别。从表中可见社会保险为被保险人提供的是最基本的保障，其水平高于社会贫困线，低于社会平均工资的50%，保障程度较低，因此只有社会保险是远远不够的。国家在普及社会保险的同时鼓励商业保险的发展，商业保险是对社会保险的有效补充。可以说社会保险只是温饱线，只能解决基本的保障问题，而商业保险是小康线，它的保障内容更

为丰富，保障程度也更高，可以满足更多家庭的个性化需求。很多家庭虽然已经实现小康生活，但是保障却停留在温饱线，一旦发生大病，就会造成家庭财富大量流失，几十年的积蓄付诸东流。

表1–3 社会保险与商业保险的区别

	社会保险	商业保险
实施方式不同	险种均为强制性险种，体现社会公平，兼顾效率	一般是自愿投保，只有少数险种是强制性险种
经营主体不同	一般由政府经营（社会保障部门）	由保险公司商业化运营
目的不同	以社会安定为目的	以盈利为目的
保费来源不同	保费由国家、单位和个人缴纳	保费由投保人缴纳
保险金额不同	保险金额是由相关部门统一规定，一般只能保障最基本的生活水平	财产保险的保险金额主要根据保险利益确定，人身保险的保险金额根据投保人的需求、支付能力和购买意愿等决定
险种不同	养老保险、失业保险、医疗保险、工伤保险四项	财产保险和人身保险两大类
适用法律不同	适用《中华人民共和国社会保险法》	适用《保险法》及相关法律法规

所以购买商业保险尤为重要，具体优势如下。

社保是基础，商业保险是补充。首先，商业保险是对保险种类的有效补充。社会保险只包括通常所说的“四险”，商业保险包括意外险、健康险、重大疾病保险、养老保险、理财保险、财产险、旅游险、儿童险、账户险等一系列保险类型，可以为被保人提供全面的选择和保障。其次，商业保险是对保障力度的补充。社会保险只能提供最低的保障水平，商业保险可以根据消费者缴纳保费的能力让投保人自行选择保险金额和险种，在保障力度方面更加自由，对投保人所需得到的保障力度的把握也更准确。最后，商业保险是对保险覆盖率的补充。社保由于受户籍、工作单位的限制，目前还没有完全普及到每个人，对于那些无法享受社保政策的人来说，商业保险是很好的选择，增加了我国保险的覆盖率。

此外，商业保险的身故赔偿可以有效地降低变故对家庭造成的经济影响。目前，我国的社会保险不包含身故赔偿责任，参保人死亡，仅发给小额丧葬费，有供养直系亲属的，发给一次性抚恤金。而商业保险可为家庭的经济支柱提供身故保障，当被保险人死亡时，家庭成员可以获得较高的赔偿金额，从而减少变故对家庭成员生活的经济影响。

同时，我们也要了解社保有商业保险无法替代的优势，即社保可以带病投保，可以终身保证续保。这也是社保存在的意义和价值，它是国家给予所有公民的社会福利，是我们保障家庭经济的第一道防线。譬如虽然投保了商业保险，但如果不幸罹患重疾，当通过商业保险理赔尤其是健康险理赔后，可能以后无法顺利通过商业保险的续保审核，这个时候只能依靠社保来保障家庭风险。

第五节　“养儿防老”不如“养险防老”

日本NHK电视出品的《老后破产：所谓“长寿”的噩梦》纪录片中，田代先生说：“希望自己快点死，死了就不用担心没钱了”，而田代先生，只不过是日本万千“老后破产”里的一员。建筑公司的老板娘在独子过劳死、丈夫病逝之后顿失依靠，有病痛不敢看病，只为节省开销；宠物店老板关掉店铺专心护理重病的母亲，送走母亲后却无法再次就业，只能卖掉与母亲共同生活的房子以维持生计。这些老人，年轻时都与你我一样认真生活，努力工作，却从未想过老后生活如此艰辛，失去求生的欲望。甚至有些老人为了获得免费的食物、住处和医疗，宁愿故意犯法以求在监狱中度日。而造成这一切不幸的源头，就是人口老龄化，在这一场白发苍苍的老龄化浪潮中，没人能够幸免。

所以我们需要提前做好规划，做好资金的时间错配。在中年时期积累足够的财富来规划整个生命周期，用年轻时确定的支出来保证年老时的生活质量，常见的有“以房养老”“储蓄养老”“养儿防老”等几种方式。“以房养老”在经济繁荣时期是个很好的选择，但随着目前我国房地产市场供给过剩，刚需住房减少，除了强一线城市外，房地产的增值空间被极大压缩，增长势头已不再强劲。随着银行利率逐年下降，并且伴随着通货膨胀、货币贬值的风险，所以“储蓄养老”也不再适用。俗话说：“久病床前无孝子”，由于我国曾经实行的“计划生育”政策，目前大多数家庭属于“4—2—1”家庭结构，导致两个中年人需同时赡养四位老人和抚养一个孩子，背负着巨大的经济压力，并且老年人一旦生病住院，子女无法照顾，虽然赡养义务是受法律保护的，但法律只能做到对违法的人进行处罚，难以保证赡养义务的执行落实，“养儿防老”的传统观念已经不再适用。

孤巢老人越来越多，现在已经成了一种社会现象，我们要正视老人的四类风险。

（1）老人需要陪护，但目前大多数家庭都是以孩子为中心，并且子女由于巨大的生活压力，无暇照顾老年人。一旦老人生病或发生意外，老人往往不能得到陪护，而一旦子女生病或发生意外，老人也会失去陪护。

（2）老人面临的风险较高，子女要承担老人生病住院或发生意外的风险。

（3）老人收入较低，子女承担义务的同时可能需要负担巨大的经济压力。

（4）老人如有遗产，子女赡养过程中容易出现遗产纠纷。

那么，如何规避这四类风险呢？通过保险合同这种契约的方式可以较好地解决这些问题，保险合同会以经济保障的形式，达到老有所依、老有所养的目的。

保险可以为老年人提供以下四个方面的保障。

一是养老年金保险提供固定的生活保障。养老年金保险是指以养老保障为目的的年金保险。老年人有能力照顾自己时，可以设置本人为生存受益人，这样他们就可以每月领取一笔退休金以外的收入，以保障他们的生活质量。当他们随着年龄的增长逐渐丧失照顾自己的能力时，可以将自己的生存受益人变更为愿意承担赡养义务的子女，这样减少了子女的经济负担，同时激励子女更好地照顾自己。购买养老年金保险时，需要注意保险金的给付责任是否为无限责任，如果购买的保险有固定的年限，那会在生存超过了约定的年限时失去相应的保障。同时，通过养老年金保险可以把养老的经济压力分摊到几十年中，利用货币的时间价值实现资产的保值增值。

二是医疗保险让家庭不必承受生病的代价。医疗保险可能是所有老年人最需要的一种保险，目前，市场上已经出现了1年期可续保到高龄的疾病医疗、意外医疗保险。医疗保险的存在可以最大限度地减少老年人因疾病和意外给家庭造成的经济损失，从而使子女不会为承担医疗责任和抚养义务而担心，还可以使老年人拥有相对自由的晚年。需要注意的是，医疗保险的投保有年龄的限制，我们要在年轻时购买一份保障，而不能等到疾病高发的年龄才开始投保。同时，在选择保险类型时，要尽量选择具有较长续保期限和较高续保年龄的产品，以便获得更好的保障。

三是养老社区代替子女履行赡养义务。当前，保险业有一种特殊的服务称为养老社区。与传统的养老院相比，保险公司的养老社区具有服务标准统一、客户群体相似、健康管理更强的优势。由于依托强大的保险集团作为后盾，保险公司对养老社区的服务标准相对较高且统一，更值得消费者信赖。保险公司通常以高端养老需求群体为目标，因此养老社区中的客户群体相似，彼此之间更容易建立友谊。并且为了增加营业收入，保险养老社区更加重视消费者的健康管理。当然也并非所有的保险产品都可以在养老社区购买，如果消费者购买与养老社区“挂钩”的保险产品，则应注意并签署正式的入住养老社区的书面文件，同时也要关注养老社区的后续费用。

四是个性化保险服务以提供更好的健康管理。目前，市场上的保险公司越来越专注于健康管理，许多公司提供个性化服务，例如绿色就医通道、基因检测、远程医疗和电话医生等。通过这些个性化服务，当老人遇到健康问题时，可以最大限度地分担子女的后顾之忧，减少子女所消耗的时间和精力。

第二章

保险相关热点话题

随着国民保险意识和保险购买力的不断提升，与保险相关的热门话题方兴未艾。2020年新冠肺炎疫情的肆虐影响了保险业的发展，带来发展机遇的同时，也带来了前所未有的挑战。新冠肺炎疫情到底对保险业产生了哪些影响？许多人担心，买了保险后保险公司破产了怎么办？由于爱和责任，有的人选择优先为父母和子女购买保险，这是合理的保险购买顺序吗？近期频繁登上热搜的“社保第六险”是什么险种？随着短视频平台的兴起，直播带货成了新型的销售模式，直播平台上也出现在了保险的身影，那么我们应如何避免直播买保险时踩雷入坑？银保监会正式挂牌重整，银监会和保监会合并会对保险业产生哪些影响？随着人工智能、云计算、大数据、物联网等技术在保险业中的应用，新技术、新模式、新业态持续融合行业赋能，科技创新如何深度影响保险行业的转型发展？第七次人口普查公布，保险业将迎来哪些新变革？后疫情时代，“十四五”规划如何绘制保险发展新蓝图？本章将关注这些热点话题。

第一节 新冠肺炎疫情对保险发展的影响

2020年伊始，新冠肺炎疫情在全球迅速蔓延，对保险业带来挑战的同时，也伴随着发展机遇，尤其是对保险销售渠道和险种，以及理赔和投资等业务产生了深远影响。

一、对保险渠道的影响

线下业务减少。毫无疑问，新冠肺炎疫情对线下业务的冲击是巨大的。在政府的控制之下，个人减少外出活动，大量营业场所关闭，业务员无法与客户进行面对面交流，只能通过微信或电话进行展业，导致线下业务明显减少。

线上业务增加。2020年2月，中国银行保险监督管理委员会发布了《关于进一步做好疫情防控金融服务的通知》，要求所有银保机构积极开展网上业务，探索非现场核查、核保、理赔等线上业务。在疫情防控期间，很多保险公司开通了线上绿色理赔和预赔服务，进一步提高了线上理赔的效率，推动了保险公司线上业务的开展，“互联网+保险”的模式得到了快速发展。同时，受线下业务减少的影响，保险公司积极发展电销业务，AI电销和AI电服也得到了快速发展。随着保险公司的线上投保、理赔、电子保单等业务趋于成熟，消费者也逐渐适应了电话、微信、等线上自助业务模式。

银行、4S店等兼业代理销售业务下降。受汽车销量下滑、银行网点客流量减少、出行和旅游受限等因素的影响，银行、4S店、旅行网站等兼业代理销售的业务量也随之减少。

二、对保险销售的影响

对汽车保险的影响。新冠肺炎疫情导致出行受限，部分家庭收入减少甚至中断，新车销量下滑对新增车辆保单产生了重大的负面影响。

对交通意外伤害保险、旅行意外伤害保险、货物运输保险的影响。疫情防控期间，出行、外出旅游减少，国内和国际航班多次取消等多种原因导致航空意外伤害保险、旅行意外伤害保险等业务量大幅下降；货运量的减少导致货物运输保险的业务量下降。

对健康险等人身保险的影响。疫情让大家体会到了人类在疾病面前的脆弱，让广大群众更加注重健康和生活品质，同时也更加关心自身的风险，进而提升了居民的保险意识和购买意愿。

三、对保险理赔、投资业务的影响

对保险理赔业务的影响。此次新冠肺炎确诊患者的医疗费用由国家报销，保险公司对于疑似病例的医疗理赔压力较小，且商业医疗保险是在社会医疗保险报销之后再进行报销，所以，对医疗险的理赔压力不大。同时，新冠肺炎是一种新型疾病，它不属于已出售的重大疾病保险的理赔责任，也不在意外险的责任范围内，虽然属于包含死亡责任的人寿保险的理赔责任，但新冠肺炎导致的死亡比例非常低。所以新冠肺炎疫情对保险公司理赔业务的影响是可控的。

对保险投资业务的影响。保险公司的投资业务是继承保和理赔两大业务之后的第三大业务，新冠肺炎疫情导致保险行业的保费收入减少，同时，全球金融市场的动荡使保险资金运作更加困难，保险公司投资收益降低。所以，新冠肺炎疫情降低了保险公司的盈利能力。

四、疫情为保险行业带来的机遇

在疫情防控期间，对数字化办公系统和在线会议软件等线上手段的运用急剧上升，进一步提高了工作和日常生活线上化的接受程度，疫情防控期间，保险营销人员通过线上系统和软件与客户进行交流和产品推广。一些保险公司加大了线上投入布局的力度，并独立开发了高效便捷的在线服务平台，或与其他现有平台合作，在线获取客户并开拓新的客户资源。同时，在线业务也有利于提高保险公司的运营效率，节省人力成本和管理成本。综上所述，在疫情的影响下，保险消费者未来的消费习惯将进一步转变为在线消费，线上购买保险产品也将成为主流，保险公司的业务正逐渐向线上化倾斜。

保险行业的形象不断提升，消费者的保险意识逐渐增强，健康险等人身保险的销量增加。疫情暴发后，出于风险防范的心态，个人、企业和社会对保险的需求得到了刺激，这将为保险行业的发展带来新的机遇。消费者对健康保险和重大疾病保险等人身保险的需求会有所增加；疫情还会使中小企业提高对突发公共事件的公共责任保险等险种的需求；同时，在疫情防控期间，部分人的收入锐减，债务违约增加，所以在贷款信用违约等风险防范领域的保险需求也将增加。因此，疫情过后，将刺激对各种保险产品的需求，保险行业的产品收入结构可能会发生变化。

与其他金融机构相比，保险业资金来源相对稳定，资金规模较大，期限较长。长期稳定的特征决定了保险资金可以承受短期的经济波动并进行长期的资产配置，具有社会资金“蓄水池”和经济“稳定器”的作用。疫情过后，由于我国保险业将进一步加快对外开放，国内保险市场具有广阔的发展空间且红利较大，外资保险企业可能会加快进入国内保险市场的步伐。

第二节　保险公司破产了怎么办

近些年，随着我国保险业的快速发展，尤其是互联网保险出现后，很多保险消费者开始了解并购买保险。但是我们也经常看到“××保险公司被银保监会接管”“××保险公司发生股权变动”等新闻，导致很多保险消费者在购买保险，尤其是一些期限较长的人身保险时，经常会担心买了保险后，保险公司会不会破产，一旦破产，缴纳的保费能否退还等问题。根据《保险法》的规定，保险公司可以申请破产，但是保险公司并不会轻易破产，主要有以下几个原因：

一、成立门槛高

《保险法》规定成立一家保险公司，需要最少2亿元的实缴资本，但大部分保险公司的实缴资本都在10亿元以上。而且保险公司在成立时，银保监会会对其股东背景、资金实力、从业经验、业务构成等内容进行严格的审核。

二、监管严格

我国监管机构对金融行业的监管较为严格，尤其对保险行业的监管。银保监会每个季度都会对保险公司的偿付能力、资金情况、现金流是否充足等内容进行考核，一旦发现存在风险，监管机构会及时介入，要求不符合条件的公司进行整改，包括但不限于增资、暂停营业、停止销售问题产品等方式。所以我国对保险行业严格的监管制度，使绝大多数保险公司潜在的风险都在早期被扼杀在摇篮中了。

三、再保险分担风险

保险公司从自身经营和风险管理的角度出发，会选择再保险公司进行分保，大部分保险公司都有再保险公司。另外，《保险法》第一百零三条也有相关的强制性规定，要求保险公司对每一危险单位，即对每一次保险事故可能造成的最大损失所承担的责任，不得超过其实有资本加公积金总和的10%，超过的部分应当办理再保险业务。我们目前正在销售的大部分重疾险、定期寿险，甚至是医疗险，都会有再保险公司分担风险。

四、保险保障基金

银保监会要求每家保险公司都要缴纳一定的资金，共同成立保险保障基金，目前保险保障基金的余额为1528亿元，当保险公司出现风险时，可以用这笔保险保障基金进行接管，我国就曾有多家保险公司被银保监会用保险保障基金接管过。2020年初受新冠肺炎疫情的影响，银保监会免缴湖北省保险机构2020年度保险保障基金，有4家法人机构和80家保险公司在湖北省内的分支机构受惠，免缴的保险保障基金总额超过7亿元。《保险法》第九十七至一百条规定，保险公司必须提取保证金（注册资本的20%）、责任准备金、公积金，缴纳保险保障基金，以保障保险消费者的权益。

五、必须接盘

最后如果保险公司仍然存在问题需要申请破产，《保险法》第八十九条明确规定，保险公司因分立或合并需要解散时，股东会、股东大会决议解散时，或者出现公司章程规定的解散事由时，经银保监会批准后予以解散。同时规定，经营有人寿保险业务的保险公司，除分立、合并外，不得解散倒闭。

如果保险公司被依法撤销或者宣告破产，其持有的保险合同和责任准备金必须转让给其他保险公司，即银保监会会指定一家公司承接其业务。目前，在我国有200余家公司在排队等待申领保险牌照，而银保监会会严格控制保险牌照的发放，每年只有几家保险公司申领成功，所以不需要过于担心保险公司会真正意义上的破产。如今阿里巴巴、京东、腾讯等互联网巨头均涉足保险领域，足以可见保险业未来广阔的发展前景，保险公司的安全性不低于银行，可以放心购买保险。

第三节 保险的购买顺序

我们通常所说的四大保障型产品包括重疾险、人寿保险、意外险和医疗险，不同保险产品保障的风险不同，所以解决的实际问题也不同。由于个人和家庭的经济情况不同，部分个人和家庭只能优先购买经济能力范围内的保险，所以需要确定保险购买的先后顺序。

一、先大人，后孩子和老人

很多父母出于对孩子的关心和爱护，优先选择为孩子配置保险。但保险与普通商品不同，保险的作用是解决因疾病和意外造成的财务问题，保险虽然不能避免疾病和意外的发生，但可以弥补财务上的缺口。而一个家庭的经济收入主要来自有劳动能力的家庭经济支柱，只要家庭支柱能劳动、有工作，收入便可持续。因此，应该优先考虑为家庭支柱配置保险，一旦发生风险，保险金可以弥补收入中断导致的财务缺口。而孩子即使生病或发生意外，对家庭经济的打击也并非致命的，另外，从疾病角度来说，成人的大病患病率远高于婴幼儿。所以，为大人配置的保险完全可以优先于孩子购买。

除了为孩子配置保险外，很多中年人出于情感上的考量想要为父母提供一份保障。但和“先大人，后孩子”的道理相同，一个家庭主要的收入来源已不再是年迈的父母，而且健康保险都会涉及健康告知事项，如果对父母的健康状况不够了解，可能会导致日后“理赔难”的情况发生。所以，面对家里的老人，基本的现金储蓄是必要的，保险也要购买，但并非需要最先购买。

二、必要的先，不必要的后

很多人潜意识里都认为保险的作用就是报销医疗费用，或者是可以投资的理财产品。所以，在购买保险产品时，首先要清楚各类保险产品的本质意义和功用。如果商业保险是人生的必然选择，那么该如何选择适合自己的保险呢？家庭成员需要配置哪些保险？不同类型的保险产品能起到怎样的作用呢？

意外险是指为被保险人因遭受意外伤害导致死亡或残疾时提供经济保障的保险产品。

医疗险主要用来解决社保报销以外的医疗费用，或者为追求更高端的医疗服务而购买的商业医疗保险。目前医疗保险产品种类丰富，主要有以下几类：小额医疗险，主要报销门诊、住院等保额几万元以下的产品；大病住院医疗险，年度报销额度100万元以上，免赔额1万元左右，就医范围大部分局限于二级及以上公立医院的普通部；高端医疗险，针对高净值客户开发的产品，就医条件包括公立医院特需部、国际部、高端私人医疗，甚至国外医疗等。

重大疾病保险用于弥补因重大疾病以及较长康复期所带来的治疗费用、康复费用、护理费用及收入损失，以减轻家庭的经济压力。

人寿保险是指为防止因家庭支柱身故或全残而带来家庭收入的急剧下降，保险公司支付一笔保险金来保障家庭未来3—5年内的生活水平不受太大影响。

所以在配置保险之前，我们需要了解各类险种的意义与功用，并根据实际需要，优先购买必要的险种，例如可以优先考虑购买意外险、重疾险，然后考虑购买医疗险、人寿保险等险种，最后考虑理财型保险。

三、保障型先，理财型后

保险除了我们常见的四大保障型保险以外，还有年金险、分红险、投资连结保险、万能险等“投资属性”更强的理财型保险。这类理财型保险，比保障型保险看起来更具吸引力，因为保障型保险保障的是“生、老、病、死、残”且保费不返还，而理财型保险除了保障之外却有“收益”并且到期返还保费。但保险的本质作用是“保障”，购买保险的目的，首要是转移财务风险，其次才是让资金保值增值，所以“先保障，后理财”，也是一条保险购买的准则。

如表2–1所示，根据不同的人群所面临的风险类别及对家庭经济的打击程度，推荐了具体的保险保障。购买保险的先后顺序，一般遵循如下原则：家庭支柱优先，其次是老人和小孩；重疾险、意外险优先，其次是医疗险和人寿保险；保障型产品优先，其次是理财型产品。

表2-1　不同人群的风险类别及推荐保障

人群	风险类别	对家庭经济打击程度	推荐保障
已婚人士	身故	★★★★★	意外险 医疗险 重疾险（定期/终身） 定期寿险
	伤残	★★★★★	
	重疾	★★★★★	
	一般疾病	★★★	
单身青年	身故	★★★	意外险 医疗险 重疾险（定期/终身）
	伤残	★★★	
	重疾	★★★★★	
	一般疾病	★★	
老人	身故	★	意外险、医疗险 或 意外险、防癌险
	伤残	★★★	
	重疾	★★★★★	
	一般疾病	★★	

第四节　直播买保险需谨慎

近两年，随着抖音、快手、淘宝等平台的兴起，直播带货成了一种新型的销售模式，越来越多的“商品”出现在直播平台上，在疫情的倒逼之下，直播行业发展迅猛。商业名人、明星网红，都加入了直播带货的浪潮，甚至央视也通过直播带货助力武汉复苏经济。近期，受新冠肺炎疫情的影响，金融机构也将目光投向了直播带货这条“快车道”，纷纷布局线上营销，保险也进入了直播市场，各个平台都能看到各大保险机构、业内专员、保险代理人的身影。据统计，截至2020年7月7日，在抖音、快手这两个短视频平台，带有“保险”标签的短视频已累计达到了32万个，仅在抖音平台上的播放量已超过40亿次。短视频平台凭借其覆盖面广、传播速度快、“接地气”等特点，对科普保险知识和销售保险产品起到了巨大的推动作用，这对提高大众的保险意识、发展保险市场具有重大的积极意义。但是，这些特点同样可能导致短视频平台销售的产品信息不够全面，带货“主播”们更注重商业利益，而销售保险产品却需要具备较强的专业性，从而使消费者对直播销售保险的合规性和有效性质疑。那么保险可否通过直播这样的形式进行销售，直播中买保险，需要谨防哪些陷阱呢？

一、警惕直播中买保险的风险

受到新冠肺炎疫情的影响，直播带货成了当下最火的销售方式，保险也不例外，线上销售成为了一种新的趋势，越来越多的保险机构和个人也在不断尝试，在直播营销的“新风”席卷之下，各大保险集团、行业大佬、保险代理人、理财规划师纷纷试水“直播带险”。直播卖险虽然是一种对新型销售方式的应用和探索，但由于网络直播的门槛较低，在个别直播间也出现了非专业人士或部分自媒体为增加成交量进行销售误导的现象。对此，监管机构近期也特别发布保险直播营销中的风险提示，提醒保险消费者在观看保险直播的过程中理性投保。

（一）直播行业“鱼龙混杂”

一些科技公司、咨询公司、文化传媒公司在未取得保险中介从业资格的情况下，擅自开设短视频直播平台账号进行直播营销。比如，有主播在直播时建议消费者向其进行付费咨询，一对一制订个性化保险方案，套餐价格9.9元、19.9元、199元不等，有的甚至高达千元。

（二）非专业人士充当专家

一些并不具备专业素养的人把自己包装成“理财专家”“保险专家”，在短视频直播平台开设账号，对产品进行不当解读，不当类比，风险防范能力弱的用户易受误导或欺骗。此外，有的人以专业人士自居，任意贬低或诋毁其他保险公司或保险产品，其目的是在抹黑其他保险产品的同时，诱导消费者购买其所推荐的保险产品。如告诉消费者其购买的保险产品存在很大缺陷，劝导其退保并购买其他保险产品，但是却隐瞒了退保所带来的损失。

（三）饥饿营销+曲解条款

许多直播、短视频中对于保险产品的保险责任、除外责任、如实告知等内容介绍的比较少，关键信息未做详细说明，大肆地对其价格进行宣传，使用“秒杀”“全国疯抢”“限时限量”等用语，这可能会造成消费者冲动消费。部分视频因为时长限制删掉一些关键信息，如通过“首月2元，最高600万元医疗保障”等字眼，故意隐瞒保费递增的事实和产品销售范围限制等关键信息。此外，有些保险条款中的专业术语不易理解，有些主播甚至自己也并不清楚条款的真正意义，故意曲解政策或产品条款，如宣称“过往病史不用申报”“不需要如实告知”“得了病也能买”“什么都能保”等不实内容，这种曲解条款、夸大宣传的做法不仅容易促使消费者盲目消费，也给消费者将来的理赔埋下了隐患。

（四）违规操作

为提高销量，很多直播存在违规承诺收益的问题。如混淆保险产品和其他银行理财产品的区别，夸大理财型保险产品的收益，发布“保本保息”“保本高收益”“复利滚存”等不实信息；不少保险主播还以打折、送红包、抽奖等方式给予消费者保险合同约定以外的利益。但是，保险产品不等同于理财产品，保险的主要功能是提供风险保障，减少损失，某些收益功能并不能达到。

二、直播投保“三清楚”

为正确认识保险直播营销中存在的风险，明明白白买保险，北京银保监局建议保险消费者通过直播购买保险时应注意做到“三清楚”。

（一）了解主播是否有保险专业资质

根据相关监管规定，只有持保险牌照的自营平台可以从事互联网保险销售活动，第三方网络平台经营开展保险业务，应取得保险业务经营资格。消费者应通过保险公司的正规渠道咨询或购买保险，防止上当受骗。

对于可能存在的一些问题，监管部门从保护消费者权益的角度出发，对网上销售保险产品做出相应的规定，要求从业人员宣传的保险内容，应由所属保险机构统一制作。从业人员应在营销宣传页面的显著位置标明所属保险机构的全称及个人姓名、证件照片、执业证编号等信息，并对从业人员加强合规教育，不断整治网络营销乱象。

（二）清楚直播宣传的内容

目前，直播平台从业人员的素质参差不齐，常出现夸大保险责任、隐瞒保险合同重要内容等不实宣传的现象，抹黑同行业其他保险公司或产品，诱导消费者“退保其他保险”的情况也时有发生。消费者应认清这些宣传是否属实，不轻易相信宣传中的那些“好”，也要仔细鉴别宣传中的“坑”。警惕金融直播营销中信息披露不足、风险提示不到位、明示或暗示保本无风险、保本保收益等销售误导问题。

（三）考虑自己是否有需求

购买保险的前提是自己确实需要，从自身需求出发，不要因为直播宣传中的“停售”“狂甩”“打折”而造成盲目消费。购买保险可以“货比三家”，通过对比不同保险产品的保障范围、保费金额、保障期限等内容，选择最适合自己的保险产品。

三、短期险可网上购买

意外险、车险、旅游险、家庭财产保险等保险产品期限较短、保险责任相对简单且易于保险消费者理解，这类产品比较适合通过网络渠道购买或保险直播购买。但对一些健康险或投资型险种，由于其保险责任及具体条款较为复杂、保费较高，内容较难理解，或自身存在一些既有病症无法判断自己是否可以投保，则不建议在网上自行投保。在投保过程中，消费者如果发现直播推荐的产品无法完全满足自身的保障需求或者想要进行系统性的组合规划，也依旧可以通过传统渠道寻求专业经纪人或代理人的建议和帮助。

第五节 冲上热搜的“社保第六险”

医疗水平的提高带来了平均预期寿命的延长，加上出生率的下降导致我国老年人口的比例迅速增加。根据国家统计局发布的数据，截至2019年年底，我国65岁及以上人口已达到17603万人，占总人口的比例为12.6%。按照联合国的标准（65岁以上人口占比7%以上，就被称为“老龄化社会”），我国已经步入老龄化社会。目前，我国正处于老龄化加速上升、高龄化程度加重的时期，根据联合国人口预测，我国将于2027年前后进入“深度老龄化”社会（65岁以上老年人口占比超过14%），距今只有6年时间。

当前我国人口的预测健康寿命为68.5岁，与平均寿命76岁之间相差7—8年的时间，这7—8年则处于需要照护的阶段。截至2020年，我国失能、半失能的老年人已超过4000万人，那么如何使失能老人老有所依、病有所养，使这些失能老人有尊严的老去是我们亟待解决的问题。鉴于我国人口老龄化问题严重、以传染性疾病为主向心脑血管疾病、恶性肿瘤等慢性病为主转移；中国人口基数大，60岁以上老年人口超过2亿人，是全世界最多的国家；我国由于实行计划生育政策导致大多数家庭呈现“4—2—1”

的家庭结构；中国女性就业率高，这使得我们过去依赖传统的家庭护理模式，尤其是女性为主的照护方式难以为继。所以，基于以上存在的问题，我国对失能人员的长期护理面临着巨大的挑战，加快探索建立长期护理保险制度的步伐已经是我们面临的重要现实问题。

人力资源和社会保障部于2016年7月发布的《关于开展长期护理保险制度试点的指导意见》指出以全国 15个地区作为长期护理保险的制度试点，探索建立为失能人员提供基本生活护理服务的社会保险制度；国家医疗保障局、财政部在2020年9月28日发布《关于扩大长期护理保险制度试点的指导意见》，新增北京石景山区、天津市、山西晋城市等14个市（区）试点长期护理保险制度。至此，长期护理保险制度试点市（区）已扩至49个。这就是所谓的社保第六险，目前已经在不少城市推广。

第六节　银保监会合并对保险发展产生什么影响

一、监管改革的正本清源

（一）认识我国保险监管体系

我国保险监管体系自设立起，就肩负着维护保险业长期稳定、健康发展的重要使命，经过多年的发展，体系建设逐步成熟，监管效率不断提高。

根据《中华人民共和国保险法》的规定，国务院保险监督管理机构依法对我国保险业实施监督管理。保险监督管理机构依照

《中华人民共和国保险法》和国务院规定的职责，遵循依法、公开、公正的原则，对保险业实施监督管理，维护保险市场秩序，保护投保人、被保险人和受益人的合法权益。

1998年11月18日，根据国务院授权，中国保险监督管理委员会履行行政管理职能，依照法律、法规统一监督管理全国保险市场，维护保险业的合法、稳健运行。

2003年，国务院将中国保监会由国务院直属副部级事业单位改为国务院直属正部级事业单位，并相应增加职能部门、派出机构和人员编制。中国保险监督管理委员会内设发展改革部、财产保险监管部（再保险监管部）、人身保险监管部、保险消费者权益保护局等15个职能机构和培训中心等两个事业单位，并在全国各省、自治区、直辖市、计划单列市设有36个保监局和5个保监分局。

2018年3月，十三届全国人大一次会议表决通过了关于国务院机构改革方案的决定，确立了新的监管架构。根据机构改革方案，原中国保险监督管理委员会和原中国银行监督管理委员会合并组成中国银行保险监督管理委员会。

2018年4月8日上午，中国银行保险监督管理委员会正式挂牌，标志着我国保险业监管新时代的正式来临，保险业监管自此全面进入新的阶段。

（二）新监管架构的确立

新设立的中国银行保险监督管理委员会下设27个内设机构和36个派出机构，共同构成了我国保险监管的核心体系。

中国银保监会成立以来，广泛地借鉴和吸收国际标准，立足中国保险业发展实际，持续推动和完善银行保险业的制度建设。同时，中国银保监会基于循序渐进和标本兼治的原则，以银行业保险业面临的各类风险和存在的突出问题为导向，不断研究并出具相应措施以弥补现有监管制度短板。自2019年4月对外发布《2019年规章立法工作计划》以来，截至2021年3月31日，中国银保监会已先后发布了112项规章或规范性文件（包括公开征求意见）。极大程度上在制度层面保证了我国银行保险行业市场发展的规范性和有序性。

二、银监保监合并有利于整合监管资源

（一）提高监管效率

中国银保监会的合并，从顶层设计的高度快速地整合了监管资源，大大提高了保险监管效率和监管的有效性。

从图2–1、图2–2的数据上来看，自中国银保监会成立以来，2018—2020年我国保险机构处罚数量和处罚金额记录屡创新高，处罚案件增长率大幅飙升。2018年全国保险机构处罚案件1450个，与2017年相比，罚单数量同比增长50%。但从严的监管政策，并没有因为2018年的大量处罚达到了市场威慑而有所放松，2019—2020年的处罚数量继续在高位攀升。2020年仅一年就开出罚单1705张，罚款总金额达到2.36亿元，92人被处罚终身禁止进入保险业，还有相当数量的人员被取消相应的任职资格，处罚力度达到了空前的历史高度。显示出中国银保监会持续从严监管和维护保险市场公平竞争秩序的坚定决心。

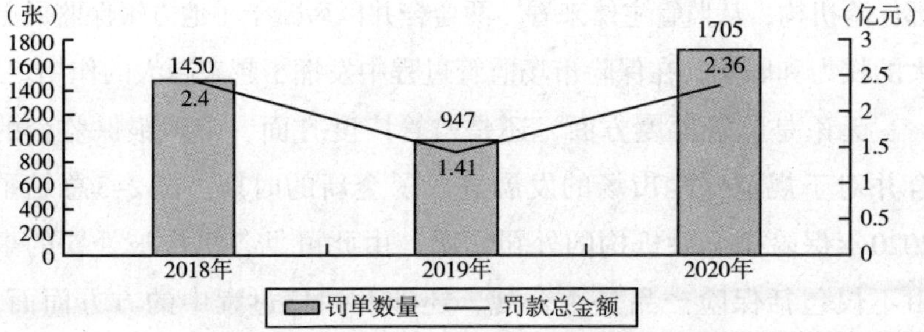

图2-1　2018—2020年保险机构处罚情况

资料来源：2018—2019年数据来源自中国银行保险报；2020年数据来源自普华永道。

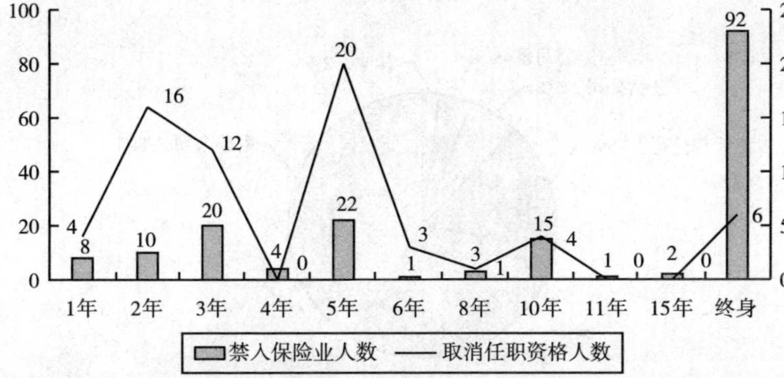

图2-2　2020年银保监会处罚禁入保险业人数和取消任职资格人数

资料来源：中国银保监会官网。

（二）拓展监管深度

中国银保监会的资源整合在提升保险监管效率的同时，也大大提高了保险监管的深度和广度。从监管内容来看，由原来的重点业务，已逐步扩大到保险机构发展的方方面面；从监管机构来看，监管重点由传统保险公司，逐步扩大到了新型互联网保险公司、保险中介平台、保险代理公司、保险第三方服务公司等行业全部保险机构；从监管主体来看，两会合并以后赋予了地方银保监局更大的权力和职责，在保险市场监管过程中发挥了越来越大的作用。

无论是监管深度方面，还是监管广度方面，中国银保监会的合并对于规范保险市场的发展进入了全新的时期。图2-3总结了2020年保险类金融机构的处罚情况，由此可见各机构被处罚的事由不仅包括保险产品是否合规，还涉及销售过程中的方方面面。比如给予投保人保险合同约定以外的利益、虚列费用、虚构费用套取资金、财务数据不真实等，保险监管内容已逐步深入保险业务发展的各个阶段。

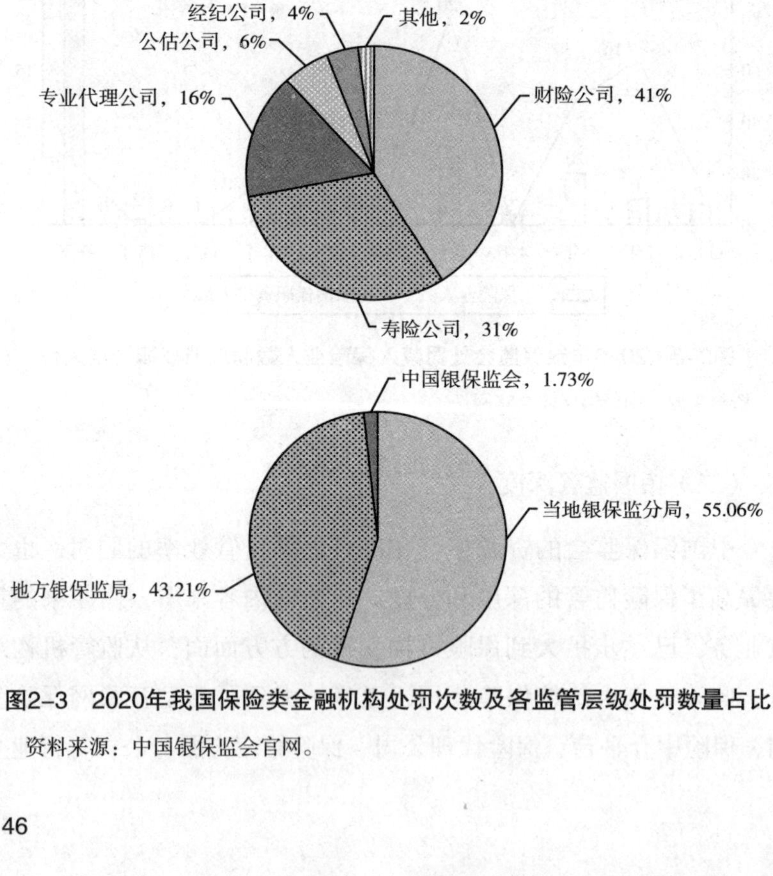

图2-3　2020年我国保险类金融机构处罚次数及各监管层级处罚数量占比

资料来源：中国银保监会官网。

三、保险业监管将进一步趋严

（一）规范市场竞争秩序的迫切需求

最近几年，随着社会公众对保险的认可度不断提高和保险意识的不断改善，新成立的保险公司的数量不断增加，保险公司在全社会的影响力逐步扩大。与此同时，利润的驱使导致保险市场的无序竞争现象也层出不穷，客观上迫切需要保险监管的介入，从严监管势在必行。

部分保险公司存在治理问题，公司股权结构不稳固，导致一些保险公司高管频繁变动，甚至人事斗争日益公开化的现象越来越严重。在各公司参与保险产品的销售竞争中，产品的定价更多的参考市场同类产品，出现了一家比一家定价更低，产品费率厘定过低的不合理现象严重。另外，随着保险公司对掌握着大量消费者的中介平台需求的增加，市场手续费被迫一再提高，也严重影响了保险市场的正常竞争秩序。

（二）维护消费者合法权益的重要保障

消费者权益保护一直以来都是中国银保监会监管工作的重点，同时也是保险业依法、从严监管的第一出发点和落脚点。

如图2–4所示，据中国银保监会消费者权益保护局发布的《关于2020年第四季度保险消费投诉情况的通报》数据显示：2020年第四季度，中国银保监会及各派出机构共接收到保险消费投诉26688件，同比增长22.82%。其中涉及财产保险公司11993件，同比增长13.86%，占投诉总量的44.94%；人身保险公司14695件，同比增长31.25%，占投诉总量的55.06%。保险消费投诉数量的大幅上涨，显示出我国保险消费者法律意识的不断提高，同时也表明目前我国保险市场中仍存在着大量的保险消费侵权问题。因此，保险消费者权益保护问题形势严峻，迫切需要监管部门的介入，也体现出下一步保险业从严监管的重要性和必要性。

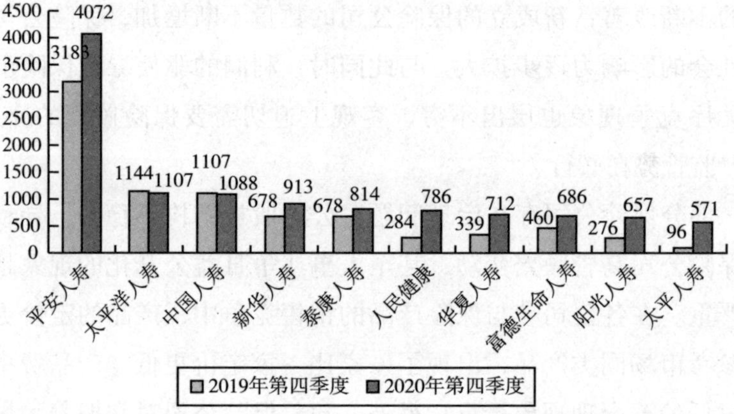

图2-4　2020年第四季度投诉量前10位人身保险公司投诉件数情况

资料来源：中国银保监会官网。

（三）引导未来保险模式创新的有力支撑

经过40多年的发展，我国保险业获得了巨大的进步和丰硕成果，保险市场规模一举跃居全球第二。但随着科学技术的不断迭代更新，人们的日常生活习惯和消费习惯都有了大幅的改变，人均寿命和人类整体疾病发生率等社会环境与数十年前也有明显不同。保险行业的传统业务模式在新形势、新环境下面临着诸多的不足和挑战。在此背景下，保险公司纷纷通过“保险+科技”实现公司新的业务规模发展和利润增长点。机遇与风险相伴，越是变革时期，越需要更好地发挥严监管的引导和支撑作用。如何高效地将科学技术转化为保险生产力，公平、有效地维护消费者的合法权益，准确地发现和杜绝市场恶性竞争，实现保险行业的健康、稳定和可持续发展，离不开保险监管的有力引导和监督。

第七节　科技创新与保险转型发展

随着大数据、云计算、区块链、人工智能等新兴技术的第四次工业革命的兴起，信息技术变革正在改变着各行各业，包括保险。银行和证券等传统金融行业。保险业与技术变革深度融合发展，技术改变了保险，保险改变了生活，保险科技将保险业带入了更加广阔发展的新领域。

一、走进保险科技

（一）什么是保险科技

保险科技根植于传统保险行业，并在此基础上进行创新和发展。总体来说，保险科技是指综合利用大数据、云计算、人工智能、区块链等创新型技术，通过产品创新、保险营销、保险经营管理、信息咨询等渠道改善保险的生态系统，并依靠信息验证、风险评估、承保和理赔以及医疗健康等应用场景，以提高保险行业中相关生态主体价值的新兴科学技术。

保险技术首先是科技，其次才是保险。保险科技服务于保险业的各个方面，是保险业中创新技术手段和方法的应用，涉及了包括保险产品研发、市场营销、承保理赔，维护保险客户、保险公司的内部管理以及保险资金的运作等各个环节。但保险科技不是科技保险。它是对现有保险生态系统的改进和扩展，利用科技发展来颠覆传统的保险价值链，改变人们对保险的需求和偏好，从而创造新的市场。因此，保险科技不仅对保险公司的未来发展具有广阔的市场前景，而且可以提升人们生活质量，改善消费者行为，增加消费者价值，实现科技服务生活。

（二）保险科技的发展现状

近年来，随着国内保险业跑马圈地的业务模式逐渐走到尽头，以中国人保、中国人寿、中国平安为代表的保险巨头，纷纷将“保险+科技”提高到了公司发展战略的高度，希望通过科技赋能实现降本增效，进一步发掘利润增长点。保险科技逐步成为一把破局利器，为保险行业的创新转型带来了巨大的发展机遇。

2020年9月，红杉资本加码保险科技，显示了国内资本市场对于保险科技发展潜力的认可。红杉资本中国基金合伙人郑庆生认为:“随着国内现代化消费意识的进一步发展，保险会有越来越广阔的发展空间，相信保险科技能够推动保险行业整体效率的大幅度提升”，更是对传统保险行业借助保险科技实现业务创新和差异化发展充满了期望。

显然，红杉资本的保险科技布局无疑只是众多资本市场看好保险科技未来发展潜力的冰山一角。随着我国保险科技的发展逐步进入新阶段，多方主体均积极参与其中，抢占未来竞争高地。整体来看，如图2–5所示，目前我国保险科技的相关公司主要分为五类公司，分别是以中国人保、中国人寿、中国平安等为代表的传统保险公司，以众安在线、泰康在线等为代表的互联网保险公司，以慧择网、明亚网等为代表的保险中介机构，以百度、阿里等为代表的互联网公司，以及以暖哇科技、迪纳科技等为代表的科技公司。多个主体的共同参与、相互竞争，初步构建了我国保险科技生态体系，中国保险行业开始步入从高速增长向高质量发展迈进的历史转型进程中。

传统保险公司	互联网保险公司	保险中介机构	互联网公司	科技公司
•中国人寿 •中国平安 •中国人保 •中国太平	•众安在线 •泰康在线 •易安保险 •安心保险	•慧择 •明亚 •泛华 •大童	•百度 •阿里 •腾讯 •京东	•暖哇科技 •迪纳科技 •中科软 •寰宇关爱

图2-5 保险科技核心技术与应用

二、保险科技的应用

近年来，随着科学技术的不断发展进步，人工智能、区块链、物联网、基因检测、大数据、云计算等核心科技日渐发展成熟，快速地融入并应用到保险行业（如图2-6所示）。科技赋能极大地改变了传统保险行业经营效率低下和规模增长单一的状况，使原本需要大量人工处理的劳动实现了自动化和智能化，重塑了传统保险行业的各个环节。

人工智能	区块链	物联网	基因检测	大数据	云计算
•智能客服 •智能核保 •智能保顾 •智能理赔 •智能代理人	•保险反欺诈 •智能合约 •相互保险	•车联网UBI •可穿戴设备 •智能家居	•健康管理 •定制化保险	•精准定价 •产品快速迭代 •精准营销 •赋能代理人 •核保反欺诈	•峰值处理需求 •算力需求 •灵活部署需求

图2-6 保险科技核心技术与应用

人工智能技术在保险行业的应用，主要包括智能客服、智能核保、智能保顾、智能理赔和智能代理人，这些功能的实现大大提高了保险公司的服务效率，有效地改善了消费客户的交互体验，明显降低了保险公司的服务成本，大幅提升了保险服务智能化水平。

区块链技术在保险行业的应用，主要包括保险反欺诈功能的实现、智能合约的自动处理，以及相互保险的规范运营。区块链技术通过其信息不可更改的特性，大大降低了欺诈风险对保险业务经营的影响，在数据基础层面保障了信息的真实性和可靠性，从而创造出一个更加公平、透明、安全和高效的信息共享机制。

物联网技术在保险行业的应用，主要包括车联网UBI、智能穿戴设备和智能家居的万物互联，让保险公司能更便捷地掌握到消费者的真实风险数据。物联网技术的发展创造了多样化的保险场景，成为保险新型业务增长的重要着力点和落脚点。

基因检测技术在保险行业的应用，主要包括健康管理和定制化保险产品。基因检测技术的介入能够更早地发现客户潜在的患病风险，有助于保险公司对客户更及时地做好预防和健康管理，同时针对客户风险状况的不同，适时开发真正适合不同客户的差异化定制保险产品。

大数据技术在保险行业的应用，主要是为保险公司不同业务场景下差异化产品的精准定价提供了强大的基础数据支撑，有助于保险公司细致地分析客户的需求进行产品迭代升级，根据不同客户群体的特征进行精准营销，赋能保险代理人更好地筛选定位客户群等，同时也可以根据交叉信息建立完善的核保反欺诈信息库，实现保险公司的后台风控。

云计算技术在保险行业的应用，主要包括大大提高了数据处理的速度和质量。云计算能够快速、高质量地完成保险公司海量的峰值处理需求、算力需求等，灵活地根据不同客户人群的多样化需求完成精算建模和数据处理，真正地发挥海量数据的实际价值。

三、保险科技对保险市场的影响

保险业务流程是一套复杂的系统，其中每一个环节都切实体现着保险公司核心业务和服务能力，同时又关乎着客户体验，更是实现客户留存的关键。随着保险业务的不断发展，保险业正在从“得产品者得天下”的传统模式，逐步转变为了“得客户者得天下”的客户为中心的模式。随着保险科技深度赋能保险业，新兴保险科技的应用能够为保险业各个业务环节提供全新技术手段，通过底层基础设施的建设，保证上层业务和各项服务的高效运作。大数据、云计算、5G、人工智能、区块链等技术，正在悄然改变着传统保险行业的全流程，保险科技助力险企提质增效的同时不断提升着产品开发创新、营销渠道、客户服务以及核保核赔等各个环节的效率。

整体来说，保险科技对保险市场的影响主要包括以下三个方面。

（一）催生新型客户服务升级

客户服务是保险公司获得市场认可和实现自身价值的重要立足点，而传统保险行业客户服务的单一和不足，一直以来都是亟待解决的行业痛点。借助保险科技强大的技术支持，可以针对不同人群的客户需求从无到有，从有到优，从单一到全面，从全面到高端，多种多样的全新的产品方案和需求类型能够不断地得到开发和优化，用户新式的多样化需求也能够逐步得以实现和满足。

（二）重塑传统中介渠道拓展

保险科技先进的技术支持可以有效地辅助保险中介渠道，重塑精准客户画像，准确识别潜在客户及其保险需求，推荐合适的寿险和财险产品，以降低营销成本，提高销售成功率。另外，保险合同的主体、营销渠道各方、保险公司的股东、国家监管机构等，都是保险行业产业链上的一环，围绕着保费收入、股东利益和资产保值增值等内容，具体体现在理赔成本、销售成本、经营成本、营业利润和税收等。保险科技可以助力保险公司重塑业务模式，极大地优化运营成本的同时，大幅地提高精准营销效率。

（三）赋能保险公司创新变革

身处数字时代，无论是为了满足客户多样化需求，还是投入市场白热化竞争，创新转型已然是保险公司发展的必要选择。利用保险科技可以极大地赋能公司产品设计创新、营销渠道创新、运营管理创新和资讯传播创新等全流程创新，通过各环节的数字化、科技化、智能化改造，实现保险公司整体经营模式的创新变革。

第八节　第七次人口普查公布，保险业迎来大变革

第七次全国人口普查数据显示，我国2020年总人口为14.1亿人，与2010年的第六次全国人口普查数据相比，增加了7206万人，增长率为5.38%。在年龄结构层面，60岁和65岁及以上人口占比不断增加，人口老龄化程度进一步加深。随着人口老龄化程

度的加深和人均预期寿命的延长，我国基本养老保险及基本医疗保险的支出压力将进一步加大，作为第三支柱的商业养老保险及健康养老产业存在巨大发展空间，商业养老保险、长期护理保险、养老社区等领域将迎来重大发展机遇。

一、商业养老金存在巨大发展空间

中国养老金体系主要由三大支柱构成，第一支柱为基本养老保险，包括城镇职工、城乡居民基本养老保险，资金主要来源于社保基金；第二支柱为补充养老保险，包括企业年金和职业年金；第三支柱为个人商业养老保险。截至2020年底，基本养老保险参保人数已达到10亿人，覆盖率约为91%，“十四五”规划中提出2025年之前要将覆盖率提高到95%。如图2-7所示，为2013—2020年基本养老保险的参保人数和同比增速，可以看出近些年呈上升态势。

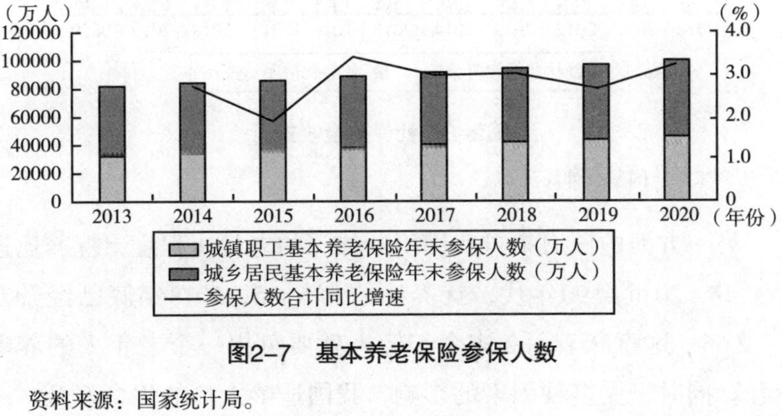

图2-7 基本养老保险参保人数

资料来源：国家统计局。

但是，如图2-8所示，社保基金的收支差距在逐年减少，甚至在2020年支出首次超过收入，净收入为负。进一步如图2-9所示，社保基金的收入增速在逐年下滑，并且下滑的趋势要快于支出的增速，2020年首次收入增速为负。社保基金面临的压力，一方面来自国家不断地为企业减负，2019年国家出台了为企业减负3000亿元的社保降费政策，目前我国多数省份的城镇职工基本养老保险单位缴费比例为20%，下调后可降至16%，这将导致养老保险基金收入的减少。如图2-10所示，截至2019年底，我国基本养老保险基金累计结存约为6.3万亿元，同比增速呈下降趋势。

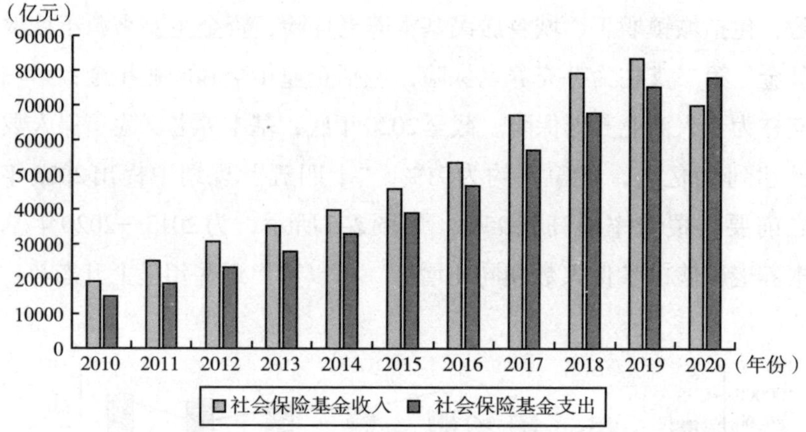

图2-8 社保基金收支

资料来源：国家统计局。

另一方面的压力来自我国不断加深的老龄化程度，抚养比逐年上升，20世纪90年代，抚养比约为1∶5，2018年底已经升至1∶2.66，这意味着每2.66个年轻人就要负担一个老年人的养老责任。同时，受多种因素的影响，我国适龄人口的生育率低，总和生育率已跌破警戒线，人口发展进入关键转折期，我国2019年人口出生率仅为1.05%，创自2000年以来的最低值。年轻人减少、老年人增加，这意味着缴费的人在减少，领取的人在增加，这势必会对养老保险的可持续发展造成压力和挑战。

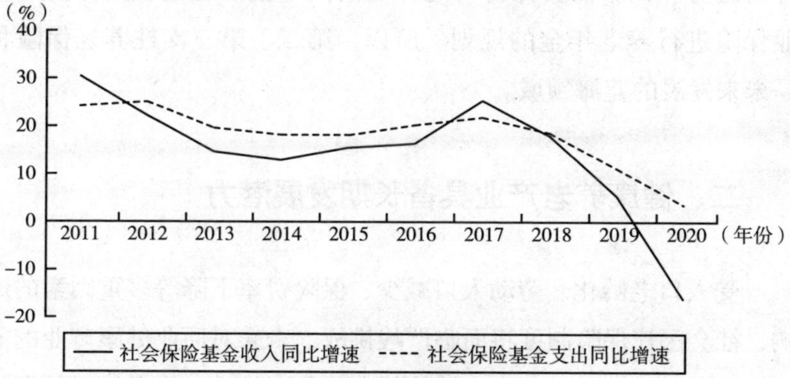

图2-9 社保基金收支增速

资料来源：国家统计局。

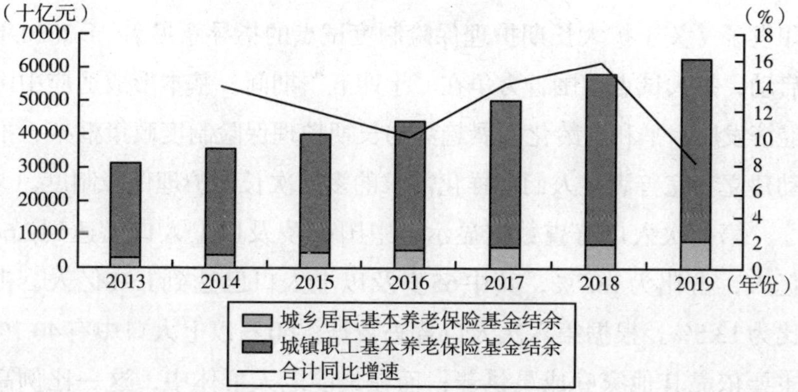

图2-10 基本养老保险基金结余

资料来源：国家统计局。

未来养老金可能存在的支付缺口，仅靠财政补贴并不能解决。即使不存在缺口，基本养老保险制度也只能维持全民的最低保障，平均收入替代率（企业退休人员的平均基本养老金与前一年城镇企业在职职工平均工资性收入的比率）不足50%，并且呈持续下降的趋势。如果需要保持与退休前的同等生活质量，则需要用商业保险进行养老年金的规划。所以，第二、第三支柱养老保险将是未来发展的蓝海领域。

二、健康养老产业具备长期发展潜力

受人口老龄化、劳动人口减少、保险费率下降等多重因素的影响，社会医疗保险制度将面临严峻挑战，未来对商业健康产业的需求将有所增加。同时，人口结构的老龄化还将进一步增加对长期护理险、养老社区等市场的需求。2020年，“十四五”规划中提出要“稳步建立长期护理保险制度”。近日，国家医保局会同财政部共同印发了《关于扩大长期护理保险制度试点的指导意见》，于2020年启动，扩大试点范围，力争在“十四五”期间，基本形成适应中国经济发展水平和老龄化发展趋势的长期护理保险制度政策框架，推动建立和完善满足人们多样化需求的多层次长期护理保障制度。

第七次人口普查数据显示，中国60岁及以上人口已达到2.64亿人，占比为18.7%，其中65岁及以上人口已达到1.91亿人，占比为13.5%。根据第六次人口普查数据，60岁以上人口中有40.7%主要依靠其他家庭成员供养；而在失能老人群体中，这一比例高达70%，而根据国家卫健委公布的数据，目前我国失能人口已超过4000万人。在老龄化趋势的推动下，需要一种包括商业保险在内的多渠道融资机制，以减轻医疗保险基金的压力，增强长期护理保险基金的管理和财务的可持续性，当前中国长期护理保险的市场份额很小，未来还有很大的发展空间。

另外，2020年我国各类养老床位数为807.5万张，根据第七次人口普查的数据，按照我国60岁及以上老年人口为2.64亿人来计算，每1000位老人中养老床位约为30.6张，仍未达到“十三五”规划确定的“每1000位老人拥有养老床位35张到40张”的养老目标。

老龄化的加速促进了老年产业的繁荣，当“70后”甚至“80后”步入退休年龄段，老年消费的方式会发生巨大变化。因为这些群体的消费能力、消费观念、受教育程度明显不同于之前的年龄段。人们追求健康，追求“品质养老”“快乐养老”已成为刚需，传统的“养儿防老”“以房养老”等方式已不能满足老年人群对亲情、社群、医疗的整体需求，综合性健康养老服务产业是未来的发展趋势。“十四五”规划中也重点提到要实施积极应对人口老龄化的国家战略，其中包括“推动养老事业和养老产业协同发展，健全基本养老服务体系，发展普惠型养老服务和互助性养老，支持家庭承担养老功能，培育养老新业态，构建居家社区机构相协调、医养康养相结合的养老服务体系，健全养老服务综合监管制度”。由此可见，未来5年，健康、养老等服务业将加速发展，保险公司将在健康养老业中起到关键作用。

第九节 “十四五”规划绘制保险发展新蓝图

2020年暴发的新冠肺炎疫情严重损害了全球经济，并对全球经济秩序产生了深远的影响。随着中国的疫情控制逐步进入常态化，生产和生活秩序也逐渐恢复。在全球金融风险显著增加的外部形势下，“十四五”规划为未来一段时期的经济发展和总体目标、政策立场及政策重点提供了指引，因此具有重要的历史性意义，为中国经济发展新格局奠定了基调，也为保险业绘制了新的发展蓝图。

“十四五”规划纲要中，“保障”一词共出现134次，涉及民生以及社会保障的各个层面，“保险”一词共出现35次，足以可见未来保险行业在国民经济发展中的重要地位。

一、健全多层次社会保障体系，加快布局第三支柱商业养老保险

中国已经建成了世界上规模最大的社会保障体系，基本医疗保险的覆盖超过13亿人，覆盖率高达95%；基本养老保险已覆盖近10亿人，覆盖率已达91%。“十四五”规划的主要目标中提到，要在2025年之前将“基本养老保险参保率提高到95%”，这意味着在未来5年中，基本养老保险要实现额外5600万人的参保覆盖，这对于我国来说是一个挑战。

“十四五”规划中提出要“健全多层次社会保障体系”，其中包括提高企业年金覆盖率，规范发展第三支柱商业养老保险，即要完善我国养老金体系的第二支柱、第三支柱发展。如图2–11所示，为我国三支柱养老保险体系的发展现状。目前，第一支柱基本养老保险虽已基本实现全覆盖，但总体保障水平较为有限，资源紧张；第二支柱企业年金和职业年金覆盖面较窄，只能满足小部分群体的养老需求，未来亟待加强。因此，加快发展第三支柱个人商业养老保险成为应对我国人口老龄化所带来的居民

养老问题的重要途径。

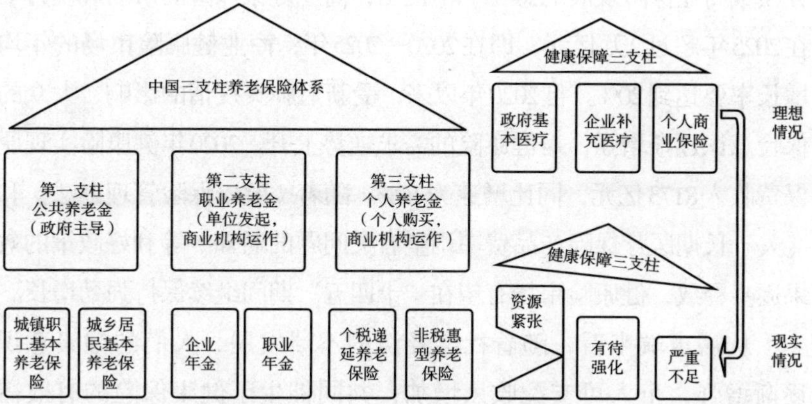

图2–11　中国三支柱养老保险体系

保险公司在参与推动第三支柱养老发展方面，具有天然优势。

首先，作为资本市场的重要机构投资者，保险资金一直被寄予厚望，截至2020年末，中国保险资金运用余额21.7万亿元，可以助力养老金资本市场的发展。

其次，中国已经进入老龄化加速期，市场上真正结合老年人身体状况、风险特征等量身订制的产品少、有效供给不足，且许多产品即使允许老年人投保，也存在保费高、保费与保障水平之间的杠杆率低等问题。保险公司可以通过开发商业养老保险及老年人保险产品，积极从资产与负债端整合养老产业链条上的各项资源。

二、政策利好叠加有效需求，推动发展健康保险

商业健康险是构建多层次医疗保障体系的重要组成部分。中国银

保监会等13个部门于2020年1月23日联合发布的《关于促进社会服务领域商业保险发展的意见》中提出，商业健康保险的市场规模力争在2025年超过2万亿元，即在2020—2025年，商业健康险市场的年均增长率要达到20%。自2020年以来，受新冠肺炎疫情的影响，大众的保险意识逐渐增强，对健康险的需求逆势上升，2020年健康险实现原保费收入8173亿元，同比增速为16%。随着《健康保险管理办法》和《关于长期医疗保险产品费率调整有关问题的通知》等利好政策的效果逐步释放，健康险市场有望在“十四五”期间继续保持强劲增长。

从需求端来看，随着社会经济的不断发展，人们的健康意识逐渐增强，个人可支配收入增加，共同催生了健康保险的有效需求。此外，不同收入群体对健康和保险的需求也日益呈现多样化，这些都为保险公司更精细化的客户服务及产品创新提供了更大的发展空间和机遇。

从供给端来看，基于对客户群体的细分，保险公司可以利用其掌握大量保险数据的优势，积极对接社保资源，开发满足消费者切身需求的保险产品及相应的健康服务，加快承保和理赔环节的进程，为构建健康险生态系统打下扎实基础。

三、助力乡村振兴，农业保险迎来新发展

经过数十年的快速发展，中国的经济结构发生了深刻的变化，实现了从农业为主向三大产业协调发展的转变。相比于城市地区，农村经济发展具有更大的发展潜力和后发优势。农村居民消费结构升级步伐加快，农村经济总产值对第二、三产业增加值的贡献度也在不断增加。2021年2月，全国脱贫攻坚总结表彰大会在北

京举行，标志着中国现行标准下的区域性整体贫困已经得到解决，消除绝对贫困的艰巨任务已经完成。但农业与农村仍然面临着诸如城乡经济发展不平衡不充分、需要进一步巩固和加强脱贫攻坚成果等问题。保险行业在这些方面将发挥极大的促进作用。

在农民的人身险方面，针对农村外出务工人员的一揽子商业保险将是拥有巨大发展潜力的蓝海领域，农村商业健康险和农村寿险市场也将随着我国社会保险制度的完善和农民保险意识的增强取得长远发展。在财产险方面，政府政策的支持、农村居民可支配收入的增长等都将大大提升农业保险和其他类型保险的渗透率。

中国银保监会的数据显示，2020年中国农业保险共实现原保险保费收入815亿元，同比增长21.3%，承保了数百种农作物，收入保险、价格保险、“保险+期货”等创新型产品发展迅速。各大保险公司也在不断探索先进技术手段的应用、在数字农业场景中推广风险解决方案，以促进农业保险的发展。一方面，借助于农业保险高质量发展，有效保障和促进了现代农业的升级，在改善农村金融体系的同时提质增效，促进农村产业振兴；另一方面，有了保险保障，新型农业经营主体从金融机构获得融资将更加容易，稳步扩大了对农业农村的有效投资，为实现乡村全面振兴保驾护航。

展望未来，在中国经济产业升级和科技化浪潮的背景下，在各级政府出台惠农政策、保险公司开发创新型产品及消费者逐渐提升保险意识等各种因素的共同推动下，我国的农村商业保险市场有望在下一个十年达到万亿级的市场规模，助力乡村振兴和持续发展。

四、转型低碳经济，推动发展巨灾保险

近几十年来，全球风暴、洪水及其他极端天气造成的灾害数量和经济损失急剧增加。如果将1980—2019年因天气灾害造成的全球经济损失的实际增长（经通胀调整）与相关保险损失进行比较，可以发现，尽管保险损失占经济总损失的比例正在缩小，但保障缺口的数值却在逐渐加大。中国面临着同样的问题，甚至更为严重，即自然灾害带来的损失在上升，但保险深度仍然较低，经济社会保险保障不足，抵抗气候变化可能带来损失的能力不足。

未来应大力发展巨灾保险，即如果发生大规模的自然灾害或人为灾难，例如2015年的天津港爆炸事件，均由巨灾保险承担赔付责任。实施公共基础设施安全加固和自然灾害防控能力提升工程，提升洪涝干旱、森林草原火灾、地质灾害、气象灾害、地震等自然灾害防御工程的水平。通过发展巨灾保险，有效抵御上述灾害造成的经济损失。

保险公司处于向低碳经济转型的有利的环境。在承保端，积极进行产品创新，开发更多的如环境污染责任保险、绿色建筑保险、可再生能源保险等绿色保险，在精算模型中加入气候变化等环境变量，通过加深对气候变化的风险认知和预测，支持传统能源向可再生能源转型，发展绿色经济。在资产端，保险公司作为机构投资者，可以通过投资符合ESG标准的可再生基础设施，为实现碳中和目标做出贡献。

在经济“绿色复苏和转型”的背景下，保险业可以通过调整自身商业模式，提高对气候变化的风险管理能力，为中国“十四五”

时期社会经济的发展保驾护航。

第十节 助力共同富裕，保险行业大有可为

习近平总书记于2021年8月17日主持召开中央财经委员会第十次会议，研究扎实促进共同富裕问题，研究防范化解重大金融风险、做好金融稳定发展工作问题。习近平在会上发表重要讲话强调，共同富裕是社会主义的本质要求，是中国式现代化的重要特征，要坚持以人民为中心的发展思想，在高质量发展中促进共同富裕；金融是现代经济的核心，关系发展和安全，要遵循市场化法治化原则，统筹做好重大金融风险防范化解工作。

目前，保险成为与“共同富裕”关系紧密的高频词汇之一。让实体经济拥有更多“新鲜血液”，让城镇低收入家庭增强应对风险的能力，让医疗养老筑起多重屏障等，这些“让全体人民都过上好日子”的举措背后的支撑，正是保险行业。

一、探索多层次养老服务

浙江嘉善县长期护理保险制度方面的案例入选浙江省高质量发展建设共同富裕示范区典型案例。据了解，嘉善县2017年在浙江省率先实行长期护理保险制度，不分城乡、不分年龄，覆盖全县职工基本医疗保险和城乡居民基本医疗保险的参保人员。2019年又将失智老年人纳入评估服务对象范围，对重度失智老年人入住医疗机构、养老机构“失智专区”的，分别给予补助。随着享

受待遇人群不断扩大，老年人的获得感和幸福感不断增强。

部分国有大型保险企业还在“养老社区”发力，探索大型养老社区养老、普惠型社区居家养老等多层次养老服务模式。

不仅仅局限在养老行业，近几年，保险行业通过参与多层次社会保障体系建设，推进责任保险及服务社会治理，帮助各类困难人群。

民众普遍在医疗费和养老费上面临支出的不确定性，保险行业可在这两大领域推出多层次、多样化的保险产品，提供性价比更高的综合健康和养老服务。

二、“输血”实体经济，持续提供“内生力”

一方面，保险行业可通过发挥保险的损失补偿功能为实体经济运行保驾护航；另一方面，保险业运营过程中积聚的大量保险资金，可以通过投资与运用实现对实体经济，特别是高科技产业和重点产业的扶持。

当前，部分国有大型保险企业已能提供充足的事后经济补偿、事前事中风险预防管控。还有部分国有大型保险企业将国家发展的重点区域、重点产业、重点工程作为服务主阵地，进行资金“输血”，持续提升服务质效。

在促进农业发展和乡村经济振兴方面，保险行业也创新颇多。当前，中国保险行业企业正不断扩大农业保险的覆盖面，提升农业保险的保障水平，创新农业保险产品与运营模式，通过农业保险支持农业生产，同时通过发展普惠型涉农保险产品，并与农村金融相协同，为“三农”发展提供风险保障。

统计数据显示，经过一段时间的发展，2020年，中国农业保险风险保障达4.13万亿元，同比增长8.57%；农业保险赔款也从2007年的29.2亿元增加到2020年的592.52亿元。分析人士认为，农业保险对于损失补偿和恢复生产的作用正得到初步发挥。

三、创新产品，打造公益新模式

实现共同富裕，既要把“蛋糕”做大，又要把“蛋糕”分好，要抓好分“蛋糕”关键环节。保险行业在“蛋糕”分配后的保值环节已经发挥了重大作用。

2021年7月的河南暴雨，有超过40万辆车受损。灾情发生后，多家保险公司均第一时间启动重大突发事件应急预案，简化理赔流程。

保险业在公益慈善领域起步和布局都较早。如在金融行业内成立慈善基金会，开展健康新村工程、助学支教、助养重大灾害致孤儿童、生命绿茵健康扶贫、母婴健康、慈善中国行等公益项目。

保险行业在慈善领域已取得了不俗的成就：在新冠肺炎疫情相关的捐助中，截至2021年2月19日，保险行业捐款、捐物价值总额达3.15亿元，其中直接捐赠湖北（含武汉市）的款项和物资价值超过1.72亿元，捐赠风险保额达到15.70万亿元，专属赔付5015万余元，并向全国奋战在防疫一线的医护人员、志愿群体等赠送保险保障。

保险行业已有将慈善事业系统化的趋势。将公益慈善事业规范化、系统化、专业化，并将之融入企业文化，初步形成了以慈善基金会为核心的公益体系。

对保险行业企业而言，参与公益事业不仅仅是道德层面的慈善活动，还是实现保险功能作用，保障国民经济发展、完善社会保障体系、辅助社会管理等的有效载体和抓手。要把经济账、社会账和政治账统一考虑，善于算大账、总账、长远账，真正成为党和国家在金融保险领域可信赖、能依靠的重要力量。

未来保险业可基于捐助者的偏好和能力，针对被捐助群体的风险特征，设计可信赖、可持续的保险产品，促进第三次分配中更多采取捐助保险的形式。

从助力实现实体经济繁荣发展到参与构建差异化、多层次的民生保险体系，从助力缩小城乡、贫富差距再到积极投身公益慈善事业……，中国保险行业在助力实现“共同富裕”的道路上未来可期！

第三章
《民法典》的保险解读

2020年的两会审议通过了《民法典》，并于2021年1月1日起正式实施。《民法典》是我国第一部以“法典”命名的法律，号称是公民关于法律权利的百科全书，在我国法律体系中的地位仅次于宪法，具有举足轻重的作用。《民法典》与我们所有人都息息相关，保险也涉及人们生活的方方面面，所以《民法典》必将对我国保险业产生深远和广泛的影响。

第一节 《民法典》的颁布与实施

民法是规定并调整平等主体（自然人、法人和非法人组织）之间的财产关系和人身关系的法律规范的总称，民法是人类社会的基本秩序，是民事活动的百科全书。我国的民法制度建设经历了比较复杂的发展历程，自改革开放以来，制定了一系列关于民法的法律，最重要的是《民法通则》。《民法典》是新中国成立以来，第一部以“法典”命名的法律，它与目前中国所有的法律都不同，是一部具有中国特色的“法典”，不仅体现了时代的特点，反映了人们的意愿，同时也是新时代我国社会主义法治建设的重要成果。所以，习近平总书记曾说，《民法典》在中国特色社会主义法律体系中具有重要的地位，是一部固根本、稳预期、利长远的基础性法律。

但是《民法典》并不是新的法律，也不是对已有法律的大修大改，它仅是九部小法律的合集。《民法典》自2021年1月1日实施起，《婚姻法》《继承法》《民法通则》《收养法》《担保法》《合同法》《物权法》《侵权责任法》《民法总则》同时废止。《民法典》共七编、1260条，各编依次为“总则”“物权编”“合同编”“人格权编”“婚姻家庭编”“继承编”“侵权责任编”以及“附则”。

我国是一个民商合一的国家，《民法典》属于一般法，《保险法》属于特别法，保险活动不仅要符合《保险法》的规定，也要满足《民法典》的要求，即《保险法》以及保险活动必须在《民法典》的框架下展开，尤其是当《保险法》不能很好地回答并解释的保险活动，特别是发生保险纠纷时，就需要援引和适用《民法典》来进行解决。《民法典》所确定的基本原则对《保险法》及保险活动具有基础统领和兜底的作用。

认真学习和理解《民法典》是行业成长的一次重要契机。第一是全行业需要解决普法的问题。不仅要关注《民法典》中提出的新问题，还需要认真学习和理解《民法典》之前的《民法》所提出的旧问题。第二是释法，即解释和理解《民法典》，不仅要理解《民法典》的内容，更要理解《民法典》的立法精神、立法原则，订立《民法典》的原因，以及《民法典》与保险的关系。第三是依法，《民法典》的出台无疑给保险业带来了全新的发展机遇和挑战，保险业需全面贯彻和执行《民法典》的相关规定。第四是学法，学法的目的是更好地为我国的法治建设服务。

《民法典》的颁布和实施，无论是对民事主体的权利保护，还是对侵权责任的追究，无疑为保险公司和保险行业创造了巨大的发展空间和发展机遇，保险业应把握好服务社会、服务法治建设、实现自身发展的机遇。《民法典》第二编至第七编，分别为“物权编”“人格权编”“婚姻家庭编”“继承编”“合同编”“侵权责任编”，均涉及保险行业。其中“物权编”主要会对财产保险行业产生重要影响，而“人格权编”“婚姻家庭编”和“继承编”则与人身保险行业的理赔业务相关。

第二节 “物权编”与保险

简单来说，《民法典》会对与财产保险紧密相关的“物权”影响甚广。保险利益原则是承保和理赔业务的一项重要的基本原则，要求投保人对保险标的具有法律上承认的经济利益，是保险合同订立的前提，且财产保险的保险利益一般要求从保险合同订立到保险事故发生时一直具有保险利益，否则该保险合同无效。因此，“确权”构成了保险承保和理赔业务的基础，《民法典》“物权编”对保险业的主要影响如下。

首先，“物权编”的修订扩大了公民拥有的财产权的范围。例如承认虚拟电子货币也可以成为公民的财产，农村集体土地承包经营权可以流转，财产权范围的扩大意味着可保利益范围的扩大，对保险公司而言，代位追偿时的财产范围也随之扩大。

其次，《民法典》中确立了“用益物权”的概念。“用益物权”的确立解决了我国财产制度，尤其是土地制度面临的一些问题，如大家熟知的住宅70年使用权问题，《民法典》中明确规定建设用地使用权到期后自动续转。《民法典》另一个最突出的亮点是提出了“居住权”的概念，“居住权”的提出为未来的养老保险，特别是住房抵押养老保险营造了更好的外部制度环境，“居住权”提出的目的在于保障鳏寡老人在配偶离世后仍然居住在配偶生前所有、死后由子女继承的住房里，使其“老有所居”。《民法典》中明确“居住权”可以通过书面合同且向登记机构申请登记的方式设立，也可以通过遗嘱的方式设立，并且规定“居住权”不得转让、继承，原则上也不能出租。因此保险公司对被保险人房屋设置抵押担保、代位追偿、对被保险人或保证人的房屋进行保全时，除了要检查房屋是否设置抵押权之外，还要核查该房屋是否设置了“居住权”，因为“居住权”的设置会使房屋变现更加困难。过去由于对“居住权”的定义较为模糊，在一定程度上制约了保险行业的发展，但随着《民法典》的出台，更多物权将会被强化，所有人的权益会受到更多保护，因此将产生更多转嫁风险的需求，这将进一步推动家庭财产保险等保险产品的完善和使用。

最后，与此相关的还有农村宅基地的问题。在深化农村改革的过程中，土地一直是一个重点的问题，《民法典》中对农村土地确立了“三权分置”的管理模式，即农村集体土地的所有权、承包权和经营权“三权分置”，“三权分置”改革的核心意义就是明确赋予了土地经营权应有的法律地位和权能，《民法典》确认了土地经营权可以通过出租、入股、互换、流转等方式进行转让，土地经营权也可以作为一项财产权利纳入可保利益的范围，使得农民和农村集体经济能够更好地运用经营权进行融资。

第三节 “人格权编”与保险

《民法典》在对人的保护方面，一个非常具有的中国特色就是强调了家庭和睦与互助，如在夫妻关系、夫妻的财产与债务、对未成年人的保护、监护人制度以及继承的关系上，都充分体现了保护“人格权”这一重要的诉求。《民法典》的另一大亮点便是将“人格权”独立成编，内容包括加强对个人信息和隐私的保护，重点关注性骚扰和基因研究。这在全球的《民法典》中并不多见，而“人格权”的独立成编，既有着社会主义核心价值观的诉求，也有解决当前问题的必要性。在《民法典》中，人格的独立包括“人格尊严”“人身自由”“居住安宁”，在这样的框架下，确立了“生命权”“身体权”和“健康权”等人的七项权利。

2017年的《民法总则》将1986年《民法通则》第一百零四条规定的四类特殊主体扩张为老年人、残疾人、妇女、消费者和未成年人，首次将“消费者”列入了特殊主体的范畴。《民法典》第一百二十八条继续沿用了这一规定，表明“消费者”作为一个弱势群体，在民事基本法中的地位得到了明确。保险合同订立时，保险双方由于存在“信息不对称”，导致一方处于弱势，我们需要对弱势一方进行保护，即将投保人、被保险人、受益人纳入“保险消费者”的范畴，使其得到更多保护。同时，《民法典》明确了民事基本法和民事特别法，在保护保险消费者利益时，特别法有特别规定的适用特别规定，没有特别规定的适用《民法典》的一般性规定，这使得对保险消费者权益的保护形成了一个从基本法到特别法的完整体系。

同时，《民法典》特别强调了对个人信息的保护。在“人格权编”中单独对个人信息保护设置了一章，在《民法典》的“总则编”“合同编”“侵权编”也有数十个条款与个人信息保护的内容有直接或间接的关系，这对保险营销，特别是寿险营销都是一个巨大的挑战。保险消费者的个人信息应当包括个人账户信息、鉴别信息、保险交易信息、身份信息等，《民法典》第一千零三十七条规定，保险消费者享有对个人信息的查阅权、复制权、异议权、更正权、删除权，当权利遭受侵害时，保险消费者可以依据《民法典》的相关规定追究信息处理者的违约及侵权责任。

我国的《网络安全法》在2017年就已经生效了，《网络安全法》对于网络运营者公开收集使用个人信息也设置了若干规定。这些规定和《民法典》的规定大致相同，如网络运营者收集与其提供的服务无关的个人信息时，收集个人信息需要明确告知用户收集信息的使用目的、使用方式和适用范围。但实际上有学者对银保监会上备案的188家保险公司官方网站披露的隐私政策进行了分析，发现188家保险公司中只有约25%的保险公司披露了隐私政策，告知用户会收集的信息及如何利用信息等内容。所以保险机构在对保险消费者个人信息保护方面与法律的要求及国家标准还相差甚远。根据《民法典》的规定，保险机构作为信息处理者，在保险消费者个人信息保护方面负有重要义务，在处理信息时应遵循合法、正当、必要的原则，同时不能违反法律规定和双方的约定泄露、篡改信息，否则需承担相应的民事责任。同时，《民法典》第一千零三十六条也规定了三种保险机构对保险消费者的信息有合理使用权的情形，无须承担责任，包括经过本人或监护人同意，所使用的信息为合法公开的信息，为维护公共利益或该自然人的合法权益实施的其他行为。

目前保险行业全年的保费收入高达4万亿元，其中约80%来自中介渠道，这意味着和保险消费者直接接触最多的是保险中介。所以，对保险消费者个人信息的收集、滥用和监管的重点是保险中介，保险公司也应对保险中介渠道负有连带的监督责任。

第四节　“婚姻家庭编”和“继承编”与保险

《民法典》中“婚姻家庭编”和“继承编”的修改要点将对保险业产生重要影响。《民法典》“婚姻家庭编”受到格外的关注，《民法典》新增了疾病婚从无效婚姻转为可撤销婚姻，放宽了请求撤销胁迫婚姻的起算时间，赋予了无效婚姻与可撤销婚姻中无过错方请求损害赔偿的权利，明确了夫妻共同债务，规范了亲子关系确认与否认诉讼，新增了离婚冷静期等老百姓重点关注的问题。并且《民法典》中明确规定“一方因受到人身损害获得的赔偿或补偿”属于个人财产，“生产、经营、投资的收益”属于夫妻的共同财产，例如购买的年金保险也是一种投资行为，现值的增长和保单的分红属于《民法典》所规定的“投资的收益”，属于夫妻的共同财产。“继承编”对现行的《继承法》进行了多处修改，主要内容如下。

第一，法定继承范围的增加。《继承法》中规定第一顺位继承人为父母、配偶和子女，第二顺位继承人为兄弟姐妹、祖父母、外祖父母，《民法典》中明确了侄子、侄女、外甥、外甥女也有代位继承权。对保险公司的理赔人员来说，如果被保险人身故时没有指定受益人，则其身故保险金应当作为遗产按照法定继承的方式进行处理，因此，法定继承范围的变化会对保险公司的理赔业务产生影响。同时《民法典》“继承编”规定了以欺诈、胁迫等手段迫使或妨碍被继承人设立、变更或撤回遗嘱，情节严重，丧失继承权的情形。

第二，扩大了遗赠扶养协议的范围。《继承法》中规定的遗产范围，包括公民的收入、房屋、林木、文物、著作权等，《民法典》“继承编”不再采用一一列举的方式，而是将遗产范围扩大为“遗产是自然人死亡时遗留的个人合法财产”。立法上采取了概括的方式，只要是自然人合法取得的财产，如网络财产、虚拟货币等无形资产都属于遗产，均可以被继承，最大限度地保障了私有财产继承的需要。

第三，《民法典》“继承编”在《继承法》规定的公证遗嘱、代书遗嘱、自书遗嘱、录音遗嘱、口头遗嘱的基础上，增加了打印遗嘱和录像遗嘱为有效的遗嘱形式。删除“公证遗嘱效力优先”的规定，在当前的司法实践中，如果被继承人要想修改曾立下的公证遗嘱，必须亲自前往公证处进行更改，这给一些年事已高、行动不便的老年人造成了更改遗嘱的不便，《民法典》“继承编”删除了“公证遗嘱效力优先”的规定。同时规定，立有数份遗嘱，内容相抵触的，以最后的遗嘱为准。这使得设立遗嘱的程序更加简便，更加尊重被继承人的真实意志，有利于遗产得到妥善保管和顺利分割，促进了家庭的和睦。

第四，新增了继承人宽恕制度。继承人如果有遗弃被继承人、伪造或者篡改遗嘱等行为且情节严重的，但确有悔改表现，被继承人表示宽恕或者事后在遗嘱中明确将其列为继承人的，该继承人不丧失继承权。

第五，继承人以外的组织或个人也可以签订遗赠扶养协议。随着我国人口老龄化程度加深，一些空巢、孤寡老人的养老问题日益凸显，“以房养老”等新型养老模式应运而生，遗赠扶养协议让这类老人的“老有所依”得到了法律保障。根据继承编的内容，公民可以与扶养人签订遗赠扶养协议，按照协议，扶养人承担该公民生养死葬等义务，并享有受遗赠的权利。同理，公民也可以与集体所有制组织签订遗赠扶养协议。这意味着，社会化的家庭养老或将成为未来养老产业的新方向，这会为养老保险，尤其是住房抵押养老保险的发展带来更大的发展机遇。

第六，确立了遗产管理人制度。《民法典》确立了遗产管理人的选任、指定职责、民事责任和报酬取得等内容。通过遗产管理人制度，让专业人员按照被继承人的意志分配遗产，将会更加公平，也更有利于减少纠纷，这也是保险理财规划师未来发展和开拓的南海领域。

第七，《民法典》“继承编”首次将遗嘱信托写入法律。这是遗嘱制度的一大突破，确立了遗嘱信托的合法性，遗嘱信托作为新型的财富传承工具，具有其他工具不具有的优势。按照《信托法》，信托财产具有财产隔离的作用，免于受破产执行或其他强制执行，确保了信托财产的安全，并且信托财产不同于继承的财产，在日后征收遗产税时能够合理避税。《民法典》关于遗嘱信托效力的设定，为保险金信托市场开辟了广泛的发展空间。

第五节 “合同编”与保险

《民法典》“合同编”的内容占了《民法典》近50%的篇幅，可见其重要性。合同是人类民事活动，尤其是民事经济活动的重要载体和调整对象，人们的日常生活涉及各种合同，如房屋买卖合同、房屋租赁合同、劳动合同等，保险从法律的角度理解也是一种合同。《民法典》的出台将更全面地提升我国合同法的水平，并将对保险行业产生深刻地影响。所以，合同编将在很大程度上影响相关保险的经营与发展，我们需要学习和理解《民法典》“合同编”的相关内容。

第一，与合同有关的风险是保险经营的重要领域。比如信用保险、保证保险、产品质量保险、履约保险、取消保险等，这些保险都是以合同所承担的责任作为保险标的保险。一方面，保险合同首先是一份合同，合同的效力和履行的内容需要遵循《合同法》的有关规定，而《民法典》“合同编”修订了《合同法》的部分内容，所以对保险合同的某些具体条文可能会产生一定的影响。另一方面，保险合同又有别于普通合同，它还具有婚姻规划、财富传承等特殊的功能，所以，《民法典》的“婚姻家庭编”和“继承编”部分条文的变化也会对保险的部分法律效果产生影响。

第二，《民法典》“合同编”的大部分内容适用于保险合同，但《保险法》对保险合同也有一些特殊的规定。比如关于合同的解除权，在一般合同项下，双方当事人享有平等的合同解除权，当一方出现违约时，另一方当事人可以主张解除合同。与之相反的是保险合同，双方解除合同的权利并不对等，投保人可以随时解除保险合同，但保险人只有以下四种情况可以解除保险合同：一是《保险法》第十六条规定，投保人未履行如实告知义务，且合同成立未超过两年，保险人可以解除保险合同；二是《保险法》第五十二条规定，保险标的危险程度增加时，保险人可以解除保险合同；三是《保险法》第三十七条规定，在人身保险合同中，投保人超过两年未缴纳保费且拒绝复效时，保险人可以解除保险合同；四是《保险法》第五十八条规定，保险标的发生部分损失，保险人已经理赔的情形下，保险人可以解除保险合同。

第三，《民法典》第四百九十六条在《合同法》第三十九条规定的基础上，进一步规定了提供格式条款的一方未履行提示或说明义务，致使对方未注意或理解与其有重大利害关系的条款时，对方可以主张该条款无效。一方面凸显了对市场交易弱势一方权益的保护，另一方面把原《合同法》项下免除或减轻责任的条款扩大为“所有与对方有重大利害关系的条款”，对格式条款的解释要优于《保险法》第十七条。对提供格式条款的保险公司而言，无疑扩大了提示和说明义务的范围，加重了相应的举证责任，今后可能会有更多的保险消费者利用《民法典》第四百九十六条来主张自己的权益，这对保险人提出了更高的合规要求。

第四，合同的变更和转让也适用于保险合同，与保险代位求偿权密切相关。保险代位求偿权是一种法定的合同债权的转让，“合同编”关于权利代位和物上代位的规定，同样适用于保险代位求偿权。

第五，《民法典》“合同编”典型合同分编规定了19种有名合同，增加了保证合同、保理合同、物业服务合同和合伙合同4种有名合同，其中保证合同具有重大变更，对保证保险业务的影响也极其深远。由于保证保险业务在一定程度上被法院视为保证，因此保险公司要对保证合同的全部修订内容了如指掌，同时在承保时，应尽量规避保证保险业务中的合规风险。

第六节 “侵权责任编”与保险

《民法典》“侵权责任编”的修订对保险责任产生了重要影响。“侵权责任”是《民法典》的重中之重，从高空抛物、坠物责任到网络侵权责任等均与近年来热议的话题相关。《民法典》“侵权责任编”是受害人向侵权人要求承担侵权责任的请求权基础，是责任保险发展的环境条件。全面规范侵权责任后，必然会对大众的责任意识起到强化作用，企业和个人则更需要通过责任保险来转移、分担有关风险，这为责任保险带来了巨大的发展机遇和挑战。同时，与侵权有关的法律制度的完善，也为责任保险的开展提供了良好的法律环境，使得责任与损失的确定更加容易，理赔的计算、相关产品的设计更加合理。

首先，《民法典》在既有的《侵权责任法》的基础上扩大了精神损害赔偿的范围，侵害对象由人身权益扩大到具有人身意义的特定物，侵权结果的认定也不再要求物品永久性灭失或损害，保险条款中如果未将精神损害赔偿作为除外责任，保险人的风险敞口将上升。同时，《民法典》扩大了惩罚性赔偿责任的范围，《侵权责任法》第一次确立了我国产品责任惩罚性赔偿制度，《民法典》在此基础上将惩罚性赔偿制度进一步拓宽，不仅延伸到产品召回领域，而且首次在法律中明确了在知识产权和环境保护领域的应用，这一变化将大大提高相关领域的民事赔偿水平，显著提高侵权人的违法成本，责任保险人需要关注这一变化。保险人应继续在保单中明确将惩罚性赔偿责任作为除外责任，一方面发挥惩罚性赔偿的惩戒功能，另一方面可以控制好风险敞口，保险公司也可以考虑将惩罚性赔偿纳入特约保险赔偿的范围。受到这一立法修改影响的险种有产品责任保险、产品召回保险、知识产权保险和环境污染责任保险等。

其次，《民法典》“侵权责任编”还全面的规范、完善、提升了产品生产销售、机动车交通事故医疗、环境污染和生态环境、高度危险作业、饲养动物、高空坠物领域的侵权责任归责，这也势必全面强化相关领域主体的风险和责任意识，催生责任保险的市场需求。前段时间沸沸扬扬的饲养动物侵权责任也是明显例证，与一般的侵权行为实行过错责任以及由受害人证明过错不同，高度危险作业、环境污染损害、高空坠物损害、饲养动物致人损害、缺陷产品责任损害、医疗保险事故责任都属于特殊侵权责任，实行过错推定原则以及举证责任倒置，加害人想要减轻或免除责任，就需要对法律规定的免责事由及其行为与损害结果之间不存在因果关系承担举证责任。按照《最高人民法院关于人身损害赔偿的司法解释》规定的赔偿标准，造成他人死亡的赔偿金额可以高达100余万元，越来越多的动物饲养者为转移风险会选择购买宠物保险，可以预期，比较小众的宠物保险未来会迎来新的发展机遇。

最后，《民法典》与时俱进地提出了很多新的对民事财产权利的保护，如对QQ账号、邮箱地址等虚拟财产的保护。《民法典》明确完善了网络侵权责任，目前国际上两个与消费者个人信息保护相关的重大的事件，一是Facebook因涉嫌把欧洲用户的数据传输到美国而面临高达200亿美元的罚款，二是抖音的美版在美国被特朗普强制交易，这两个事件都揭示出当代社会对消费者个人信息保护存在的问题。对于数量庞大的保险消费者而言，同样面临着个人信息保护的问题。这对中国保险业提高网络安全意识有极大的促进作用，相信网络安全保险未来会有巨大的市场发展潜力。

第七节 《民法典》与保险格式条款的解释

一、《民法典》与《保险法》的格式条款

1995年的《保险法》第三十条规定，对于保险合同的条款，保险人与投保人、被保险人或者受益人发生争议时，人民法院与仲裁机关应当做出有利于被保险人和受益人的解释，此条款可以解读为条款发生争议时要做出不利于保险人的解释。但该条款存在三个问题，第一，该条款并未区分是格式条款还是议商条款，理论上议商条款（双方协商过的条款）并不适用于《保险法》第三十条规定的不利解释；第二，该条款仅适用于保险合同中对条款理解发生争议时，条款的争议有很多，如事实争议、因果关系争议、条款效力的争议，但《保险法》第三十条并未区分是否为理解争议，全部适用了不利解释；第三，该条款不存在前置程序，即首先要求通常理解，通常理解不能解释的再适用不利解释。

所以1995年的《保险法》导致了在以后的保险纠纷里，保险公司大概率会败诉。1999年的《合同法》第四十一条对格式条款的解释进行了特别规定，对格式条款的理解发生争议时，应按照通常理解予以解释，对格式条款有两种以上解释的，应当做出不利于提供格式条款一方的解释。《合同法》把条款限制于格式条款，而且明确了理解纠纷以外的其他纠纷不适用于《合同法》第四十一条，并且前置了通常理解，即对保险公司做出不利解释之前先对条款进行通常理解。

2009年的《保险法》关于格式条款的解释进行了重大修改，引入了《合同法》第四十一条的规定，即如果条款的理解有争议的，先用通常理解，通常理解不能解决的，做出有利于被保险人和受益人的解释。

2020年出台的《民法典》中关于格式条款的解释，与《保险法》的规定完全相同。整体看来，从1995年的《保险法》到1999年的《合同法》，再到2009年的《保险法》，最后到2020年的《民法典》，《保险法》和《民法典》关于格式条款解释的规定是逐渐趋同的。《民法典》出台后，法信小程序关于格式合同纠纷进行了统计，结果显示保险合同占比63%，占绝大多数，而其他格式合同占比只有37%，所以保险合同是整个格式合同中最为重要的部分。

二、不利解释的滥用

在实务中经常出现不利解释被滥用的情况。法信小程序中对全部与格式合同解释有关的纠纷进行了统计，在全部的117个案例中，法院在判决时有92个适用了不利解释，比例高达79%，而只有25个适用了通常理解，比例只有21%。对全部保险合同的纠纷进行统计，在保险合同纠纷中，法院在判决时有83%适用了不利解释，只有17%适用了通常理解，这个数据说明了法院在使用不利解释原则时过于泛滥。

三、通常理解

《保险法》和《民法典》对通常理解做出了规定。教科书上比较流行的观点认为，通常理解是《民法典》中规定的五大解释方法，即文义解释、整体解释、目的解释、惯例解释和诚信解释。但这五种解释方法实际上都需要对合同的条款进行深入的分析，如整体解释要求理解合同的所有条款，目的解释要对合同条款的目的进行深入的分析。但是，并非所有涉及条款争议时都适用五大解释方法，《民法典》虽然在总则中规定了五大解释方法，合同编格式条款部分却又对通常理解和不利解释做出了特别规定。所以，如果涉及格式条款时，并不适用于五大解释方法。

关于通常理解，我们首先需要确定是谁的通常理解。有一种观点认为，是社会公众的理解。可是在一些特殊的领域，社会公众的理解可能并不准确，如海上保险中的一些专业术语，如“一切险”按照社会大众的理解，一切就意味着海上事故中发生的所有损失保险公司都会赔付，实际上按照海上保险的行业惯例，如果是货物自身的质量问题，如货物自身腐败，并不属于“一切险”的赔偿范围，所以社会公众的理解如果在行业中有特殊理解的情况下，不应该作为通常理解的主体。另外一种观点认为，是保险客户中一般被保险人的理解。当保险公司为被保险人提供保险合同投保时，由于保险合同是格式条款，并未经过谈判，被保险人会按照自己的理解来选择是否接受合同。所以，格式条款是提供给投保人、被保险人的条款，所以通常理解应该是一般被保险人的理解。

综上所述，《民法典》必然会对我国保险业的发展产生极为深刻和重大的影响，保险也将为《民法典》的全面实施保驾护航。作为基础和前提，保险从业人员需要系统地学习和理解《民法典》，保险行业需要深入地贯彻和执行《民法典》，全面规范和改善自身的经营行为，强化保险行业的服务意识和能力，促进保险行业的健康发展。就财产保险而言，信用保证保险在《民法典》的背景下，会发生巨大的变化；就人身险而言，也将对保险营销、互联网保险、养老保险产生重大的影响；就创新业务领域而言，《民法典》的出台将为责任保险提供巨大的发展机遇。《民法典》的出台，对经营管理、数据管理、合同管理、客户管理、投资管理都将产生深远的影响。

第四章

金融监管政策动态

第一节　资管新规

一、资管新规内容

《关于规范金融机构资产管理业务的指导意见》，是规范金融机构资产管理业务的政策法规。由中国人民银行、中国银行保险监督管理委员会、中国证券监督管理委员会、国家外汇管理局于2018年04月27日以“银发〔2018〕106号（以下简称《资管新规》）”联合印发。2020年7月31日，经国务院同意，人民银行会同发展改革委、财政部、银保监会、证监会、外汇局等部门，充分考虑疫情影响实际，在资管新规框架下，审慎研究决定，延长《资管新规》（银发〔2018〕106号）过渡期至2021年底。

近年来，我国资产管理业务快速发展，在满足居民和企业投融资需求、改善社会融资结构等方面发挥了积极作用，但也存在部分业务发展不规范、多层嵌套、刚性兑付、规避金融监管和宏观调控等问题。按照党中央、国务院决策部署，为规范金融机构资产管理业务，统一同类资产管理产品监管标准，有效防控金融风险，引导社会资金流向实体经济，更好地支持经济结构调整和转型升级，经国务院同意，现提出以下意见：

一、规范金融机构资产管理业务主要遵循以下原则：

（一）坚持严控风险的底线思维。把防范和化解资产管理业务风险放到更加重要的位置，减少存量风险，严防增量风险。

（二）坚持服务实体经济的根本目标。既充分发挥资产管理业务功能，切实服务实体经济投融资需求，又严格规范引导，避免资金脱实向虚在金融体系内部自我循环，防止产品过于复杂，加剧风险跨行业、跨市场、跨区域传递。

（三）坚持宏观审慎管理与微观审慎监管相结合、机构监管与功能监管相结合的监管理念。实现对各类机构开展资产管理业务的全面、统一覆盖，采取有效监管措施，加强金融消费者权益保护。

（四）坚持有的放矢的问题导向。重点针对资产管理业务的多层嵌套、杠杆不清、套利严重、投机频繁等问题，设定统一的标准规制，同时对金融创新坚持趋利避害、一分为二，留出发展空间。

（五）坚持积极稳妥审慎推进。正确处理改革、发展、稳定关系，坚持防范风险与有序规范相结合，在下决心处置风险的同时，充分考虑市场承受能力，合理设置过渡期，把握好工作的次序、节奏、力度，加强市场沟通，有效引导市场预期。

二、资产管理业务是指银行、信托、证券、基金、期货、保险资产管理机构、金融资产投资公司等金融机构接受投资者委托，对受托的投资者财产进行投资和管理的金融服务。金融机构为委托人利益履行诚实信用、勤勉尽责义务并收取相应的管理费用，委托人自担投资风险并获得收益。金融机构可以与委托人在合同中事先约定收取合理的业绩报酬，业绩报酬计入管理费，须与产品一一对应并逐个结算，不同产品之间不得相互串用。

资产管理业务是金融机构的表外业务，金融机构开展资产管理业务时不得承诺保本保收益。出现兑付困难时，金融机构不得以任何形式垫资兑付。金融机构不得在表内开展资产管理业务。

私募投资基金适用私募投资基金专门法律、行政法规，私募投资基金专门法律、行政法规中没有明确规定的适用本意见，创业投资基金、政府出资产业投资基金的相关规定另行制定。

三、资产管理产品包括但不限于人民币或外币形式的银行非保本理财产品，资金信托，证券公司、证券公司子公司、基金管理公司、基金管理子公司、期货公司、期货公司子公司、保险资产管理机构、金融资产投资公司发行的资产管理产品等。依据金融管理部门颁布规则开展的资产证券化业务，依据人力资源社会保障部门颁布规则发行的养老金产品，不适用本意见。

四、资产管理产品按照募集方式的不同，分为公募产品和私募产品。公募产品面向不特定社会公众公开发行。公开发行的认定标准依照《中华人民共和国证券法》执行。私募产品面向合格投资者通过非公开方式发行。

资产管理产品按照投资性质的不同，分为固定收益类产品、权益类产品、商品及金融衍生品类产品和混合类产品。固定收益类产品投资于存款、债券等债权类资产的比例不低于80%，权益类产品投资于股票、未上市企业股权等权益类资产的比例不低于

80%，商品及金融衍生品类产品投资于商品及金融衍生品的比例不低于80%，混合类产品投资于债权类资产、权益类资产、商品及金融衍生品类资产且任一资产的投资比例未达到前三类产品标准。非因金融机构主观因素导致突破前述比例限制的，金融机构应当在流动性受限资产可出售、可转让或者恢复交易的15个交易日内调整至符合要求。

金融机构在发行资产管理产品时，应当按照上述分类标准向投资者明示资产管理产品的类型，并按照确定的产品性质进行投资。在产品成立后至到期日前，不得擅自改变产品类型。混合类产品投资债权类资产、权益类资产和商品及金融衍生品类资产的比例范围应当在发行产品时予以确定并向投资者明示，在产品成立后至到期日前不得擅自改变。产品的实际投向不得违反合同约定，如有改变，除高风险类型的产品超出比例范围投资较低风险资产外，应当先行取得投资者书面同意，并履行登记备案等法律法规以及金融监督管理部门规定的程序。

五、资产管理产品的投资者分为不特定社会公众和合格投资者两大类。合格投资者是指具备相应风险识别能力和风险承担能力，投资于单只资产管理产品不低于一定金额且符合下列条件的自然人和法人或者其他组织。

（一）具有2年以上投资经历，且满足以下条件之一：家庭金融净资产不低于300万元，家庭金融资产不低于500万元，或者近3年本人年均收入不低于40万元。

（二）最近1年末净资产不低于1000万元的法人单位。

（三）金融管理部门视为合格投资者的其他情形。

合格投资者投资于单只固定收益类产品的金额不低于30万元，

投资于单只混合类产品的金额不低于40万元，投资于单只权益类产品、单只商品及金融衍生品类产品的金额不低于100万元。

投资者不得使用贷款、发行债券等筹集的非自有资金投资资产管理产品。

六、金融机构发行和销售资产管理产品，应当坚持“了解产品”和“了解客户”的经营理念，加强投资者适当性管理，向投资者销售与其风险识别能力和风险承担能力相适应的资产管理产品。禁止欺诈或者误导投资者购买与其风险承担能力不匹配的资产管理产品。金融机构不得通过拆分资产管理产品的方式，向风险识别能力和风险承担能力低于产品风险等级的投资者销售资产管理产品。

金融机构应当加强投资者教育，不断提高投资者的金融知识水平和风险意识，向投资者传递“卖者尽责、买者自负”的理念，打破刚性兑付。

七、金融机构开展资产管理业务，应当具备与资产管理业务发展相适应的管理体系和管理制度，公司治理良好，风险管理、内部控制和问责机制健全。

金融机构应当建立健全资产管理业务人员的资格认定、培训、考核评价和问责制度，确保从事资产管理业务的人员具备必要的专业知识、行业经验和管理能力，充分了解相关法律法规、监管规定以及资产管理产品的法律关系、交易结构、主要风险和风险管控方式，遵守行为准则和职业道德标准。

对于违反相关法律法规以及本意见规定的金融机构资产管理业务从业人员，依法采取处罚措施直至取消从业资格，禁止其在其他类型金融机构从事资产管理业务。

八、金融机构运用受托资金进行投资，应当遵守审慎经营规则，制定科学合理的投资策略和风险管理制度，有效防范和控制风险。

金融机构应当履行以下管理人职责：

（一）依法募集资金，办理产品份额的发售和登记事宜。

（二）办理产品登记备案或者注册手续。

（三）对所管理的不同产品受托财产分别管理、分别记账，进行投资。

（四）按照产品合同的约定确定收益分配方案，及时向投资者分配收益。

（五）进行产品会计核算并编制产品财务会计报告。

（六）依法计算并披露产品净值或者投资收益情况，确定申购、赎回价格。

（七）办理与受托财产管理业务活动有关的信息披露事项。

（八）保存受托财产管理业务活动的记录、账册、报表和其他相关资料。

（九）以管理人名义，代表投资者利益行使诉讼权利或者实施其他法律行为。

（十）在兑付受托资金及收益时，金融机构应当保证受托资金及收益返回委托人的原账户、同名账户或者合同约定的受益人账户。

（十一）金融监督管理部门规定的其他职责。

金融机构未按照诚实信用、勤勉尽责原则切实履行受托管理职责，造成投资者损失的，应当依法向投资者承担赔偿责任。

九、金融机构代理销售其他金融机构发行的资产管理产品，应当符合金融监督管理部门规定的资质条件。未经金融监督管理部门许可，任何非金融机构和个人不得代理销售资产管理产品。

金融机构应当建立资产管理产品的销售授权管理体系，明确代理销售机构的准入标准和程序，明确界定双方的权利与义务，明确相关风险的承担责任和转移方式。

金融机构代理销售资产管理产品，应当建立相应的内部审批和风险控制程序，对发行或者管理机构的信用状况、经营管理能力、市场投资能力、风险处置能力等开展尽职调查，要求发行或者管理机构提供详细的产品介绍、相关市场分析和风险收益测算报告，进行充分的信息验证和风险审查，确保代理销售的产品符合本意见规定并承担相应责任。

十、公募产品主要投资标准化债权类资产以及上市交易的股票，除法律法规和金融管理部门另有规定外，不得投资未上市企业股权。公募产品可以投资商品及金融衍生品，但应当符合法律法规以及金融管理部门的相关规定。

私募产品的投资范围由合同约定，可以投资债权类资产、上市或挂牌交易的股票、未上市企业股权（含债转股）和受（收）益权以及符合法律法规规定的其他资产，并严格遵守投资者适当性管理要求。鼓励充分运用私募产品支持市场化、法治化债转股。

十一、资产管理产品进行投资应当符合以下规定：

（一）标准化债权类资产应当同时符合以下条件：

1.等分化，可交易。

2.信息披露充分。

3.集中登记，独立托管。

4.公允定价，流动性机制完善。

5.在银行间市场、证券交易所市场等经国务院同意设立的交易市场交易。

标准化债权类资产的具体认定规则由中国人民银行会同金融监督管理部门另行制定。

标准化债权类资产之外的债权类资产均为非标准化债权类资产。金融机构发行资产管理产品投资于非标准化债权类资产的，应当遵守金融监督管理部门制定的有关限额管理、流动性管理等监管标准。金融监督管理部门未制定相关监管标准的，由中国人民银行督促根据本意见要求制定监管标准并予以执行。

金融机构不得将资产管理产品资金直接投资于商业银行信贷资产。商业银行信贷资产受（收）益权的投资限制由金融管理部门另行制定。

（二）资产管理产品不得直接或者间接投资法律法规和国家政策禁止进行债权或股权投资的行业和领域。

（三）鼓励金融机构在依法合规、商业可持续的前提下，通过发行资产管理产品募集资金投向符合国家战略和产业政策要求、符合国家供给侧结构性改革政策要求的领域。鼓励金融机构通过发行资产管理产品募集资金支持经济结构转型，支持市场化、法治化债转股，降低企业杠杆率。

（四）跨境资产管理产品及业务参照本意见执行，并应当符合跨境人民币和外汇管理有关规定。

十二、金融机构应当向投资者主动、真实、准确、完整、及时披露资产管理产品募集信息、资金投向、杠杆水平、收益分配、托管安排、投资账户信息和主要投资风险等内容。国家法律法规另有规定的，从其规定。

对于公募产品，金融机构应当建立严格的信息披露管理制度，明确定期报告、临时报告、重大事项公告、投资风险披露要求以及具体内容、格式。在本机构官方网站或者通过投资者便于获取的方式披露产品净值或者投资收益情况，并定期披露其他重要信息：开放式产品按照开放频率披露，封闭式产品至少每周披露一次。

对于私募产品，其信息披露方式、内容、频率由产品合同约定，但金融机构应当至少每季度向投资者披露产品净值和其他重要信息。

对于固定收益类产品，金融机构应当通过醒目方式向投资者充分披露和提示产品的投资风险，包括但不限于产品投资债券面临的利率、汇率变化等市场风险以及债券价格波动情况，产品投资每笔非标准化债权类资产的融资客户、项目名称、剩余融资期限、到期收益分配、交易结构、风险状况等。

对于权益类产品，金融机构应当通过醒目方式向投资者充分披露和提示产品的投资风险，包括产品投资股票面临的风险以及股票价格波动情况等。

对于商品及金融衍生品类产品，金融机构应当通过醒目方式向投资者充分披露产品的挂钩资产、持仓风险、控制措施以及衍生品公允价值变化等。

对于混合类产品，金融机构应当通过醒目方式向投资者清晰披露产品的投资资产组合情况，并根据固定收益类、权益类、商品及金融衍生品类资产投资比例充分披露和提示相应的投资风险。

十三、主营业务不包括资产管理业务的金融机构应当设立具有独立法人地位的资产管理子公司开展资产管理业务，强化法人风险隔离，暂不具备条件的可以设立专门的资产管理业务经营部门开展业务。

金融机构不得为资产管理产品投资的非标准化债权类资产或者股权类资产提供任何直接或间接、显性或隐性的担保、回购等代为承担风险的承诺。

金融机构开展资产管理业务，应当确保资产管理业务与其他业务相分离，资产管理产品与其代销的金融产品相分离，资产管理产品之间相分离，资产管理业务操作与其他业务操作相分离。

十四、本意见发布后，金融机构发行的资产管理产品资产应当由具有托管资质的第三方机构独立托管，法律、行政法规另有规定的除外。

过渡期内，具有证券投资基金托管业务资质的商业银行可以托管本行理财产品，但应当为每只产品单独开立托管账户，确保资产隔离。过渡期后，具有证券投资基金托管业务资质的商业银行应当设立具有独立法人地位的子公司开展资产管理业务，该商业银行可以托管子公司发行的资产管理产品，但应当实现实质性的独立托管。独立托管有名无实的，由金融监督管理部门进行纠正和处罚。

十五、金融机构应当做到每只资产管理产品的资金单独管理、单独建账、单独核算，不得开展或者参与具有滚动发行、集合运作、分离定价特征的资金池业务。

金融机构应当合理确定资产管理产品所投资资产的期限，加强对期限错配的流动性风险管理，金融监督管理部门应当制定流动性风险管理规定。

为降低期限错配风险，金融机构应当强化资产管理产品久期管理，封闭式资产管理产品期限不得低于90天。资产管理产品直接或者间接投资于非标准化债权类资产的，非标准化债权类资产的终止日不得晚于封闭式资产管理产品的到期日或者开放式资产管理产品的最近一次开放日。

资产管理产品直接或者间接投资于未上市企业股权及其受（收）益权的，应当为封闭式资产管理产品，并明确股权及其受（收）益权的退出安排。未上市企业股权及其受（收）益权的退出日不得晚于封闭式资产管理产品的到期日。

金融机构不得违反金融监督管理部门的规定，通过为单一融资项目设立多只资产管理产品的方式，变相突破投资人数限制或者其他监管要求。同一金融机构发行多只资产管理产品投资同一资产的，为防止同一资产发生风险波及多只资产管理产品，多只资产管理产品投资该资产的资金总规模合计不得超过300亿元。如果超出该限额，需经相关金融监督管理部门批准。

十六、金融机构应当做到每只资产管理产品所投资资产的风险等级与投资者的风险承担能力相匹配，做到每只产品所投资资产构成清晰，风险可识别。

金融机构应当控制资产管理产品所投资资产的集中度：

（一）单只公募资产管理产品投资单只证券或者单只证券投资基金的市值不得超过该资产管理产品净资产的10%。

（二）同一金融机构发行的全部公募资产管理产品投资单只证券或者单只证券投资基金的市值不得超过该证券市值或者证券投资基金市值的30%。其中，同一金融机构全部开放式公募资产管理产品投资单一上市公司发行的股票不得超过该上市公司可流通股票的15%。

（三）同一金融机构全部资产管理产品投资单一上市公司发行的股票不得超过该上市公司可流通股票的30%。

金融监督管理部门另有规定的除外。

非因金融机构主观因素导致突破前述比例限制的，金融机构应当在流动性受限资产可出售、可转让或者恢复交易的10个交易日内调整至符合相关要求。

十七、金融机构应当按照资产管理产品管理费收入的10%计提风险准备金，或者按照规定计量操作风险资本或相应风险资本准备。风险准备金余额达到产品余额的1%时可以不再提取。风险准备金主要用于弥补因金融机构违法违规、违反资产管理产品协议、操作错误或者技术故障等给资产管理产品财产或者投资者造成的损失。金融机构应当定期将风险准备金的使用情况报告金融管理部门。

十八、金融机构对资产管理产品应当实行净值化管理，净值生成应当符合企业会计准则规定，及时反映基础金融资产的收益和风险，由托管机构进行核算并定期提供报告，由外部审计机构进行审计确认，被审计金融机构应当披露审计结果并同时报送金融管理部门。

金融资产坚持公允价值计量原则，鼓励使用市值计量。符合以下条件之一的，可按照企业会计准则以摊余成本进行计量：

（一）资产管理产品为封闭式产品，且所投金融资产以收取合同现金流量为目的并持有到期。

（二）资产管理产品为封闭式产品，且所投金融资产暂不具备活跃交易市场，或者在活跃市场中没有报价、也不能采用估值技术可靠计量公允价值。

金融机构以摊余成本计量金融资产净值，应当采用适当的风险控制手段，对金融资产净值的公允性进行评估。当以摊余成本计量已不能真实公允反映金融资产净值时，托管机构应当督促金融机构调整会计核算和估值方法。金融机构前期以摊余成本计量的金融资产的加权平均价格与资产管理产品实际兑付时金融资产的价值的偏离度不得达到5%或以上，如果偏离5%或以上的产品数超过所发行产品总数的5%，金融机构不得再发行以摊余成本计量金融资产的资产管理产品。

十九、经金融管理部门认定，存在以下行为的视为刚性兑付：

（一）资产管理产品的发行人或者管理人违反真实公允确定净值原则，对产品进行保本保收益。

（二）采取滚动发行等方式，使得资产管理产品的本金、收益、风险在不同投资者之间发生转移，实现产品保本保收益。

（三）资产管理产品不能如期兑付或者兑付困难时，发行或者管理该产品的金融机构自行筹集资金偿付或者委托其他机构代为偿付。

（四）金融管理部门认定的其他情形。

经认定存在刚性兑付行为的，区分以下两类机构进行惩处：

（一）存款类金融机构发生刚性兑付的，认定为利用具有存款本质特征的资产管理产品进行监管套利，由国务院银行保险监督管理机构和中国人民银行按照存款业务予以规范，足额补缴存款准备金和存款保险保费，并予以行政处罚。

（二）非存款类持牌金融机构发生刚性兑付的，认定为违规经营，由金融监督管理部门和中国人民银行依法纠正并予以处罚。

任何单位和个人发现金融机构存在刚性兑付行为的，可以向金融管理部门举报，查证属实且举报内容未被相关部门掌握的，给予适当奖励。

外部审计机构在对金融机构进行审计时，如果发现金融机构存在刚性兑付行为的，应当及时报告金融管理部门。外部审计机构在审计过程中未能勤勉尽责，依法追究相应责任或依法依规给予行政处罚，并将相关信息纳入全国信用信息共享平台，建立联合惩戒机制。

二十、资产管理产品应当设定负债比例（总资产/净资产）上限，同类产品适用统一的负债比例上限。每只开放式公募产品的总资产不得超过该产品净资产的140%，每只封闭式公募产品、每只私募产品的总资产不得超过该产品净资产的200%。计算单只产品的总资产时应当按照穿透原则合并计算所投资资产管理产品的总资产。

金融机构不得以受托管理的资产管理产品份额进行质押融资，放大杠杆。

二十一、公募产品和开放式私募产品不得进行份额分级。

分级私募产品的总资产不得超过该产品净资产的140%。分级私募产品应当根据所投资资产的风险程度设定分级比例（优先级份额/劣后级份额，中间级份额计入优先级份额）。固定收益类产品的分级比例不得超过3∶1，权益类产品的分级比例不得超过1∶1，商品及金融衍生品类产品、混合类产品的分级比例不得超过2∶1。发行分级资产管理产品的金融机构应当对该资产管理产品进行自主管理，不得转委托给劣后级投资者。

分级资产管理产品不得直接或者间接对优先级份额认购者提供保本保收益安排。

本条所称分级资产管理产品是指存在一级份额以上的份额为其他级份额提供一定的风险补偿，收益分配不按份额比例计算，由资产管理合同另行约定的产品。

二十二、金融机构不得为其他金融机构的资产管理产品提供规避投资范围、杠杆约束等监管要求的通道服务。

资产管理产品可以再投资一层资产管理产品，但所投资的资产管理产品不得再投资公募证券投资基金以外的资产管理产品。

金融机构将资产管理产品投资于其他机构发行的资产管理产品，从而将本机构的资产管理产品资金委托给其他机构进行投资的，该受托机构应当为具有专业投资能力和资质的受金融监督管理部门监管的机构。公募资产管理产品的受托机构应当为金融机构，私募资产管理产品的受托机构可以为私募基金管理人。受托机构应当切实履行主动管理职责，不得进行转委托，不得再投资公募证券投资基金以外的资产管理产品。委托机构应当对受托机构开展尽职调查，实行名单制管理，明确规定受托机构的准入标准和程序、责任和义务、存续期管理、利益冲突防范机制、信息披露义务以及退出机制。委托机构不得因委托其他机构投资而免除自身应当承担的责任。

金融机构可以聘请具有专业资质的受金融监督管理部门监管的机构作为投资顾问。投资顾问提供投资建议指导委托机构操作。

金融监督管理部门和国家有关部门应当对各类金融机构开展资产管理业务实行平等准入、给予公平待遇。资产管理产品应当在账户开立、产权登记、法律诉讼等方面享有平等的地位。金融监督管理部门基于风险防控考虑，确实需要对其他行业金融机构发行的资产管理产品采取限制措施的，应当充分征求相关部门意见并达成一致。

二十三、运用人工智能技术开展投资顾问业务应当取得投资顾问资质，非金融机构不得借助智能投资顾问超范围经营或者变相开展资产管理业务。

金融机构运用人工智能技术开展资产管理业务应当严格遵守本意见有关投资者适当性、投资范围、信息披露、风险隔离等一般性规定，不得借助人工智能业务夸大宣传资产管理产品或者误导投资者。金融机构应当向金融监督管理部门报备人工智能模型的主要参数以及资产配置的主要逻辑，为投资者单独设立智能管理账户，充分提示人工智能算法的固有缺陷和使用风险，明晰交易流程，强化留痕管理，严格监控智能管理账户的交易头寸、风险限额、交易种类、价格权限等。金融机构因违法违规或者管理不当造成投资者损失的，应当依法承担损害赔偿责任。

金融机构应当根据不同产品投资策略研发对应的人工智能算法或者程序化交易，避免算法同质化加剧投资行为的顺周期性，并针对由此可能引发的市场波动风险制定应对预案。因算法同质化、编程设计错误、对数据利用深度不够等人工智能算法模型缺陷或者系统异常，导致羊群效应、影响金融市场稳定运行的，金融机构应当及时采取人工干预措施，强制调整或者终止人工智能业务。

二十四、金融机构不得以资产管理产品的资金与关联方进行不正当交易、利益输送、内幕交易和操纵市场，包括但不限于投资于关联方虚假项目、与关联方共同收购上市公司、向本机构注资等。

金融机构的资产管理产品投资本机构、托管机构及其控股股东、实际控制人或者与其有其他重大利害关系的公司发行或者承销的证券，或者从事其他重大关联交易的，应当建立健全内部审批机制和评估机制，并向投资者充分披露信息。

二十五、建立资产管理产品统一报告制度。中国人民银行负责统筹资产管理产品的数据编码和综合统计工作，会同金融监督管理部门拟定资产管理产品统计制度，建立资产管理产品信息系统，规范和统一产品标准、信息分类、代码、数据格式，逐只产品统计基本信息、募集信息、资产负债信息和终止信息。中国人民银行和金融监督管理部门加强资产管理产品的统计信息共享。金融机构应当将含债权投资的资产管理产品信息报送至金融信用信息基础数据库。

金融机构于每只资产管理产品成立后5个工作日内，向中国人民银行和金融监督管理部门同时报送产品基本信息和起始募集信息；于每月10日前报送存续期募集信息、资产负债信息，于产品终止后5个工作日内报送终止信息。

中央国债登记结算有限责任公司、中国证券登记结算有限公司、银行间市场清算所股份有限公司、上海票据交易所股份有限公司、上海黄金交易所、上海保险交易所股份有限公司、中保保险资产登记交易系统有限公司于每月10日前向中国人民银行和金融监督管理部门同时报送资产管理产品持有其登记托管的金融工具的信息。

在资产管理产品信息系统正式运行前，中国人民银行会同金融监督管理部门依据统计制度拟定统一的过渡期数据报送模板；各金融监督管理部门对本行业金融机构发行的资产管理产品，于每月10日前按照数据报送模板向中国人民银行提供数据，及时沟通跨行业、跨市场的重大风险信息和事项。

中国人民银行对金融机构资产管理产品统计工作进行监督检查。资产管理产品统计的具体制度由中国人民银行会同相关部门另行制定。

二十六、中国人民银行负责对资产管理业务实施宏观审慎管理，会同金融监督管理部门制定资产管理业务的标准规制。金融监督管理部门实施资产管理业务的市场准入和日常监管，加强投资者保护，依照本意见会同中国人民银行制定出台各自监管领域的实施细则。

本意见正式实施后，中国人民银行会同金融监督管理部门建立工作机制，持续监测资产管理业务的发展和风险状况，定期评估标准规制的有效性和市场影响，及时修订完善，推动资产管理行业持续健康发展。

二十七、对资产管理业务实施监管遵循以下原则：

（一）机构监管与功能监管相结合，按照产品类型而不是机构类型实施功能监管，同一类型的资产管理产品适用同一监管标准，减少监管真空和套利。

（二）实行穿透式监管，对于多层嵌套资产管理产品，向上识别产品的最终投资者，向下识别产品的底层资产（公募证券投资基金除外）。

（三）强化宏观审慎管理，建立资产管理业务的宏观审慎政策框架，完善政策工具，从宏观、逆周期、跨市场的角度加强监测、评估和调节。

（四）实现实时监管，对资产管理产品的发行销售、投资、兑付等各环节进行全面动态监管，建立综合统计制度。

二十八、金融监督管理部门应当根据本意见规定，对违规行为制定和完善处罚规则，依法实施处罚，并确保处罚标准一致。资产管理业务违反宏观审慎管理要求的，由中国人民银行按照法律法规实施处罚。

二十九、本意见实施后，金融监督管理部门在本意见框架内研究制定配套细则，配套细则之间应当相互衔接，避免产生新的监管套利和不公平竞争。按照“新老划断”原则设置过渡期，确保平稳过渡。过渡期为本意见发布之日起至2020年底，对提前完成整改的机构，给予适当监管激励。过渡期内，金融机构发行新产品应当符合本意见的规定；为接续存量产品所投资的未到期资产，维持必要的流动性和市场稳定，金融机构可以发行老产品对接，但应当严格控制在存量产品整体规模内，并有序压缩递减，防止过渡期结束时出现断崖效应。金融机构应当制定过渡期内的资产管理业务整改计划，明确时间进度安排，并报送相关金融监督管理部门，由其认可并监督实施，同时报备中国人民银行。过渡期结束后，金融机构的资产管理产品按照本意见进行全面规范（因子公司尚未成立而达不到第三方独立托管要求的情形除外），金融机构不得再发行或存续违反本意见规定的资产管理产品。

三十、资产管理业务作为金融业务，属于特许经营行业，必须纳入金融监管。非金融机构不得发行、销售资产管理产品，国家另有规定的除外。

非金融机构违反上述规定，为扩大投资者范围、降低投资门槛，利用互联网平台等公开宣传、分拆销售具有投资门槛的投资标的、过度强调增信措施掩盖产品风险、设立产品二级交易市场等行为，按照国家规定进行规范清理，构成非法集资、非法吸收公众存款、非法发行证券的，依法追究法律责任。非金融机构违法违规开展资产管理业务的，依法予以处罚；同时承诺或进行刚性兑付的，依法从重处罚。

三十一、本意见自发布之日起施行。

本意见所称“金融管理部门”是指中国人民银行、国务院银行保险监督管理机构、国务院证券监督管理机构和国家外汇管理局。“发行”是指通过公开或者非公开方式向资产管理产品的投资者发出认购邀约，进行资金募集的活动。“销售”是指向投资者宣传推介资产管理产品，办理产品申购、赎回的活动。“代理销售”是指接受合作机构的委托，在本机构渠道向投资者宣传推介、销售合作机构依法发行的资产管理产品的活动。

二、投资者如何适应全新理财市场

（一）政策解读

为规范金融机构资产管理业务，统一同类资产管理产品监管标准，有效防控金融风险，更好地服务实体经济，经国务院同意，中国人民银行、中国银行保险监督管理委员会、中国证券监督管理委员会、国家外汇管理局日前联合印发了《关于规范金融机构资产管理业务的指导意见》（银发〔2018〕106号，以下简称《意见》）。

《意见》根据党中央、国务院“服务实体经济、防控金融风险、深化金融改革”的总体要求，按照“坚决打好防范化解重大风险攻坚战”的决策部署，坚持严控风险的底线思维，坚持服务实体经济的根本目标，坚持宏观审慎管理与微观审慎监管相结合的监管理念，坚持有的放矢的问题导向，坚持积极稳妥审慎推进的基本思路，全面覆盖、统一规制各类金融机构的资产管理业务，实行公平的市场准入和监管，最大程度地消除监管套利空间，切实保护金融消费者合法权益。

《意见》按照产品类型统一监管标准，从募集方式和投资性质两个维度对资产管理产品进行分类，分别统一投资范围、杠杆约束、信息披露等要求。坚持产品和投资者匹配原则，加强投资者适当性管理，强化金融机构的勤勉尽责和信息披露义务。明确资产管理业务不得承诺保本保收益，打破刚性兑付。严格非标准化债权类资产投资要求，禁止资金池，防范影子银行风险和流动性风险。分类统一负债和分级杠杆要求，消除多层嵌套，抑制通道业务。加强监管协调，强化宏观审慎管理和功能监管。

《意见》坚持防范风险与有序规范相结合，合理设置过渡期，给予金融机构资产管理业务有序整改和转型时间，确保金融市场稳定运行。

（二）投资者如何应对

经过三年过渡期，资管新规于2022年正式落地实施，这标志着中国财富管理市场正在走向以净值化、资本市场标品投资为代表的新阶段。

这意味着，投资者以前熟悉的保本保息理财产品正式退出历史舞台，全面净值化产品将成为资管行业的主旋律，投资者也将迎来更多的选择和回报空间。

打破刚性兑付、估值采用市值法，全面净值化的产品会带来哪些变化？对投资者有哪些影响？投资者又该如何更好地适应全新的理财市场？

1. 树立风险意识

资管新规于2018年4月正式发布，从投资范围、杠杆约束、信息披露等多个方面做了要求，旨在防范金融风险、增强金融服务实体经济的能力、最大限度消除监管套利空间和推动金融供给侧结构性改革。

从投资者的角度看，资管新规的核心内容就在于打破“刚性兑付”，过去银行理财产品承诺的类似于“保本保息”“零风险”等都成了过去式。

作为国内资管行业转型发展的主体，银行理财产品的转型与广大投资者的切身利益可谓息息相关。据银行业理财登记托管中心发布的数据显示，截至去年9月底，持有理财产品的投资者数量（仅统计2018年10月1日之后发行的理财产品）达7125.71万，其中个人投资者达到7096.84万人，占比高达99.59%。

在资管新规出台之前，我国银行理财产品很多为预期收益型产品（保本型），其特点在于不管银行投资结果盈利与否，产品到期后都将按投资者购买产品时承诺的收益率支付收益给投资者。而在资管新规的要求下，净值型理财产品不再有固定收益率，投资者自己承担一部分风险，自负盈亏。

这就意味着曾经习惯了银行保本型理财“稳稳的幸福”的投资者们，必须摒弃曾经保本保息的理财观念，尽快树立风险意识，才能适应新的市场、新的规则、新的产品。

对投资者来说，保本型理财产品不复存在，有助于其投资行为更好地适配真实风险偏好。过去资金池模式下，不同风险偏好投资者获得相同预期收益，产品收益并未真实对应其实际风险承受能力，部分风险承受能力较高的投资者实际上放弃了获得更高收益的可能；同时，池化运作并不能做到风险跨期切割，存在潜在的信用风险和流动性风险。理财净值化运作后，产品收益映射资产端实际表现，投资者可以更好地选择适应自身投资诉求的产品。

资管行业打破刚性兑付是大势所趋，投资者不能盲目追求收益。未来投资者所面临的投资理财决策会更复杂，一部分风险偏好较低的投资者可能回流到存款，其他投资者可能重新选择部分低风险的理财产品。总之，投资者需要更好地了解理财产品特性，购买与自身风险偏好相符的产品。

对于未来银行理财市场在产品端的变化，购买银行理财产品的投资者相对于其他理财产品的购买者来说风险偏好相对较低，因此风险较低的固收类产品预计会更加受到投资者的青睐，同时“固收+”类产品因将部分资产投资于权益类产品以增厚产品收益，因此在风险可控的情况下，这类产品相对于纯固收产品将更受欢迎。另外，创新类产品也将受到投资者的追捧，例如此前发布的REITs主题、养老主题理财产品均受到投资者的热捧，随着银行理财产品的运作向公募基金对齐，其发行的产品种类也将不断丰富。

2. 资管机构同台竞技

我国资产管理行业的参与主体广泛，资管新规正式实施后，包括银行、基金、信托、保险资管等机构资产规模有望进一步扩大，各类资管机构将同台竞技，如何用自身特色赢得投资者，服务好投资者也成为各类资管机构接下来展业面临的必答题。

业内人士指出，随着各机构完成净值化转型，具备主动管理优势的机构具备更强的竞争优势，其中在产品设计、资产配置能力方面突出的银行理财子公司和公募基金有望脱颖而出。

中基协此前发布的《2020年全国公募基金投资者状况调查报告》中显示，在受调查人群中，个人投资者投资公募基金的主要资金来源为“从存款转入”、“新增收入”，分别有76.3%和74.5%的投资者符合此选项；“从银行理财产品转入”以及“从股票转入”为次选择，分别有37.6%、35.8%的投资者选择，可见公募基金正逐渐受到投资者的青睐。

从公募基金的角度看，由于其投资者对净值化产品的接受程度较高，投资者教育较为完善，净值化转型对公募基金的规模冲击将较小，加上近年来互联网销售平台对公募基金的宣传，公募基金客户群体进一步扩大。未来公募基金将继续发挥其规范运作、投研体系成熟、投研实力相对突出的优势，为投资者提供更加专业的标准化资产管理服务。

资管新规对基金产品投资资产集中度、投资范围、产品分类、产品质押融资等方面进行了规范，对投资者来说，投资公募产品更加透明、规范，但同时对投资者专业知识要求也相对较高，会在基金选择与底层资产分析方面考验投资者。

当然，作为资管市场多年的“主力军”，银行理财产品依然存在吸引力。银行理财产品总体稳健、准入门槛较低、线下销售渠道对中老年客户更具亲和力、客户群体黏性较高等；同时，近年来一些大中型银行也在不断增强自身投研能力，或与外部专业投顾合作，由于主打中低风险理财产品，加之以固定收益类产品为主，资产标的安全性更高，其产品收益的波动性总体可控。

面对众多资管机构，投资者又该如何抉择？对普通投资者而言应根据机构专业优势选择资管产品，诸如银行理财一直都是非常稳健的，比较适合风险偏好比较低的投资者；公募基金投研能力更强，在权益资产的把控上更专业，想要配置权益资产，可以购买公募基金；私募基金、信托等属于私募产品，门槛较高，主要适合高净值客户。

3. 加强投资者教育

随着资管新规落地，金融产品类型将越发丰富、结构更加复杂、产品展示方式也会更加专业，对普通投资者理财的专业能力提出了更高的要求，在此背景下，加强投资者教育工作已迫在眉睫。

2021年9月30日，财政部发布《资产管理产品相关会计处理规定（征求意见稿）》，明确资产管理产品的会计处理，将严格实施新金融工具准则（IFRS9）。该新规已于今年1月1日起正式实施，其统一规范了各类资产管理产品的估值方式，进一步推进从摊余成本法转向市值法的进程。

在此前产品估值通常使用摊余成本法下，理财产品底层资产溢价与折价会在其剩余期限内平均摊销并每日计提收益，因此理财产品的净值曲线相对平滑，但并未实时反映底层资产的收益表现。如今，采用市值法的产品随投资标的净值上下波动，更真实反映市场变化，可充分向投资者展示产品的净值风险

对于曾习惯通过预期收益率挑选产品的投资者，现在又该如何挑选净值型理财产品？陈雪花表示，首先，投资者可以看理财产品的业绩比较基准，它是衡量产品在某一期间内的业绩中枢，通常有成立以来年化收益率、近三个月年化收益率等指标；其次，

投资者还可以查看理财产品的净值走势，一款好的净值型理财产品投资目标更偏向于“稳”，其净值曲线一般呈现平稳向上的趋势；最后，新产品发售时没有历史业绩做比较，投资者还可以参考业绩比较基准来判断收益目标。

理财产品从预期收益型转化为净值化运作，对投资者来说意味着更真实的风险收益反馈，潜在的净值波动也将加大，甚至不排除个别产品阶段性破净可能，投资体验可能受到影响。对银行来说，在刚兑文化尚未完全破除的情况下，投资者教育已成为保证资管新规顺利实施的重要前提。

当面临更多元选择，投资者应结合风险偏好，选择与自身风险承受能力相匹配的产品；同时，当前理财产品销售管理更加规范，对产品属性、业绩比较基准等信息披露更为完善，投资者购买前应仔细了解相关产品信息；此外，对于部分低风险偏好投资者，如果确实对保本产品有较强需求，可考虑转为定期存款、大额存单等替代产品。

参考文献

［1］约姆–托夫. 医疗大数据：大数据如何改变医疗［M］. 潘苏悦，译. 北京：机械工业出版社，2016.

［2］弗里曼，昆路德. 保险与环境风险管理［M］. 王玉玲，秦余国，王志新，译. 北京：中国金融出版社，2016.

［3］保险区块链研究项目组. 保险区块链研究［M］. 北京：中国金融出版社，2017.

［4］克里斯，格里菲思. 算法之美［M］. 万慧，胡小锐，译. 北京：中信出版集团，2018.

［5］布瑞恩 · 索利斯. 体验：未来业务新场景［M］. 谢绍东，刘声峰，李黎，译. 北京：机械工业出版社，2016.

［6］陈恳. 迷失的盛宴［M］. 浙江大学出版社，2009.

［7］方有恒，郭颂平. 保险营销学［M］. 复旦大学出版社，2013.

［8］格尔德 · 吉仁泽. 风险与好的决策［M］. 王晋，译. 中信出版集团，2015.

［9］格雷格 · 伊普. 源风险［M］. 谭浩，译. 广东人民出版社，2018.

［10］龚乐凡. 私人财富管理与传承［M］. 中信出版社，2016.

[11] 郭颂平，赵春梅. 保险营销学 [M]. 高等教育出版社，2013.

[12] 韩宇. 私人财富保障与传承实务全书 [M]. 中国法制出版社，2020.

[13] 江生忠，薄滂沱. 保险助推脱贫攻坚理论与实践 [M]. 南开大学出版社，2019.

[14] 金李，袁慰. 中国式财富管理 [M]. 中信出版集团，2017.

[15] 荆涛. 长期护理保险理论与实践研究 [M]. 对外经贸大学出版社，2015.

[16] 克劳斯·施瓦布. 第四次工业革命：转型的力量 [M]. 李菁，译. 中信出版集团，2016.

[17] 雷·库兹韦尔. 机器之心 [M]. 胡晓姣，译. 中信出版集团，2016.

[18] 李开复，王咏刚. 人工智能 [M]. 文化发展出版社，2017.

[19] 李亮，高慧. 私人财富传承与管理 [M]. 上海财经大学出版社，2020.

[20] 李亮，田晓燕，孙平. 保险学 [M]. 清华大学出版社，2017.

[21] 李小菲. 私人财富保护与传承的法律智慧 [M]. 中国法制出版社，2019.

[22] 连锦泉. 保险机制服务国家治理现代化：建设保险型社会助推全面深化改革 [M]. 商务印书馆，2018.

[23] 梁涛. 相互保险组织运作及风险管理研究 [M]. 中国金

融出版社，2017.

［24］廖敏，方有恒. 保险营销学［M］. 复旦大学出版社，2019.

［25］林丹. 乌尔里希 · 贝克风险社会理论及其对中国的影响［M］. 人民出版社，2013.

［26］刘金章，王晓珊. 保险营销理论与实务［M］. 清华大学出版社，2012.

［27］陆剑清，邹咏辰. 保险心理学［M］. 清华大学出版社，2016.

［28］吕克 · 费希. 超人类革命［M］. 周行，译. 湖南科学技术出版社，2017.

［29］马宜斐，段文军. 保险原理与实务［M］. 中国人民大学出版社，2019.

［30］迈克尔 · 李. 破译人类的明天［M］. 关成华，译. 江苏凤凰文艺出版社，2018.

［31］彭剑锋，陈春花等. 认知革命：数字生存时代的管理［M］. 复旦大学出版社，2018.

［32］清华大学五道口金融学院中国保险与养老金研究中心. 金融科技发展视角：构建保险科技创新新生态2020［M］. 中国财政经济出版社，2020.

［33］史蒂夫 · 萨马蒂诺. 碎片化时代：重新定义互联网+商业新常态［M］. 陶丽萍，译. 中国人民大学出版社，2015.

［34］苏珊娜 · 奇斯蒂，萨宾 · L.B.范德林登. InsurTech：保险科技权威指南［M］. 卢斌，王鹏，张小敏，译. 中国人民大学出版社，2020.

[35] 谭磊，陈刚.区块链2.0 [M].电子工业出版社，2016.

[36] 王和.保险的逻辑 [M].中国金融出版社，2014.

[37] 王和.保险的未来 [M].中信出版社，2019.

[38] 王和.大数据时代保险变革研究 [M].中国金融出版社，2014.

[39] 王洪栋，张光楹，廉赵峰.财富管理与资产配置 [M].经济管理出版社，2013.

[40] 王顺庆，张莺.绿色保险 [M].中国环境出版社，2016.

[41] 魏华林，林宝清.保险学（第三版）[M].高等教育出版社，2011.

[42] 乌尔里希·贝克.风险社会：新的现代性之路 [M].张文杰，何博闻，译.译林出版社，2018.

[43] 吴军.智能时代：大数据与智能革命重新定义未来 [M].中信出版集团，2016.

[44] 奚玉莉，杨芮，李耀东等.互联网保险新模式 [M].中信出版集团，2016.

[45] 许闲.保险科技创新运用与商业模式 [M].中国金融出版社，2018.

[46] 姚庆海.从行业意愿到国家意志：中国保险业“十三五”发展前瞻 [M].人民出版社，2016.

[47] 易行健.财富管理：理论与实践 [M].机械工业出版社，2016.

[48] 云大慧.财富管理：家族财富管理与传承法律实务 [M].法律出版社，2019.

[49] 赵尚梅，张军欢.健康保险与大数据应用 [M].中国财

政经济出版社，2018.

［50］郑秉文. 中国养老金精算报告（2019—2050）［R］. 中国劳动社会保障出版社，2019.

［51］中国保险行业协会. 中国互联网保险行业发展报告［R］. 中国财政经济出版社，2017.

［52］中再集团，众安科技公司，汉诺威再保险公司，德国通用再保险公司. 再保险区块链（RIC）白皮书［R］. 2018.

［53］众安金融科技研究院. 新保险时代：金融科技重新定义保险新未来［M］. 机械工业出版社，2018.

［54］周小全，苑德军. 财富管理理论与实务［M］. 中国金融出版社，2020.

［55］朱进元，刘勇，魏丽. 保险科技［M］. 中信出版集团，2018.

［56］朱铭来，李新平. 护理保险在中国的探索［M］. 中国财政经济出版社，2018.

［57］朱淑珍. 金融风险管理［M］. 北京大学出版社，2017.

保障大全局

保驾护航 有惊无险

李丽英 著

中国财经出版传媒集团
中国财政经济出版社

图书在版编目（CIP）数据

保驾护航．有惊无险　保障大全局 / 李丽英著．—北京：中国财政经济出版社，2022.6

ISBN 978-7-5223-1280-4

Ⅰ．①保…　Ⅱ．①李…　Ⅲ．①保险业－产业发展－研究－中国　Ⅳ．① F842

中国版本图书馆 CIP 数据核字（2022）第 048543 号

责任编辑：陈志伟　　　　责任校对：胡永立

封面设计：卜建辰　　　　责任印制：史大鹏

中国财政经济出版社 出版

URL：http：//www.cfeph.cn

E-mail：cfeph @cfemg.cn

社址：北京市海淀区阜成路甲 28 号　邮政编码：100142

营销中心电话：010-88191522

天猫网店：中国财政经济出版社旗舰店

网址：https：//zgczjjcbs.tmall.com

北京时捷印刷有限公司印刷　各地新华书店经销

成品尺寸：147mm × 210mm　32 开　3.875 印张　83 300 字

2022 年 6 月第 1 版　2022 年 6 月北京第 1 次印刷

定价：100.00 元（全套5册）

ISBN 978-7-5223-1280-4

（图书出现印装问题，本社负责调换，电话：010-88190548）

本社质量投诉电话：010-88190744

打击盗版举报热线：010-88191661　QQ：2242791300

PREFACE
序言

"一人为众，众为一人"，保险是人类经济领域最伟大的发明之一。作为社会的稳定器，保险能解困济穷，尤其对普通家庭来说，让每个生命在疾病面前不再低头，不委屈自己，不拖累家人，有了对生命选择的权利和尊严。

保险业是社会风险管理体系的重要支柱。新冠肺炎疫情是百年来全球发生的最严重的传染病大流行，保险业在应对这场席卷全球的巨大灾难中防灾防损、救死扶伤，为快速解决突发公共卫生事件发挥了重要作用。保险业也是现代金融体系的重要支柱。特别是在经历过20世纪90年代日本经济大萧条、1997年亚洲金融危机，以及2008年全球金融危机等经济动荡以后，人们对于保险的认识由最初的人身和财产安全的基本保障，进展到对家庭资产配置和家族财富传承的深入思考。于是，广大消费者逐渐开始转变风险管理观念，希望通过运用保险的金融工具职能，实现家庭资产保值与增值、家族财富管理与传承的全流程解决方案。

面对日益纷繁复杂的经济社会新形势，全球保险业借助大数据、人工智能、区块链等新兴科学技术的加持和赋能得以持续发

展进步，金融市场理财手段也不断丰富升级。在新态势下，如何深刻地认识保险在风险管理中的重要地位，怎样有效融合保险手段与科技赋能，积极应对瞬息万变的全球经济波动的新特征和社会环境变化的新风险，已经成为每个企业和家庭进行全面风险管理、实现财富保值增值，所需考虑的头等大事和必备技能。

纵观我国现代保险业的发展历程，自1949年10月中国人民保险公司成立以来，历经停办、恢复、对外开放、高速增长等多个历史发展阶段，虽道路坎坷，但成果卓著。2020年底保险业年保费收入4.5万亿元，保险公司总资产23.3万亿元，235家保险机构（含160家中资保险公司、61家中外合资保险公司、14家保险集团公司）百花齐放、百舸争流。我国保险业综合实力不断增强，服务能力持续提升，发展环境逐渐步优化，成为保障国民经济发展与服务社会管理的重要支撑。广大消费者也从不了解、不认可保险，逐步实现到主动认知、主动购买保险的巨大转变。特别是随着保险科技的推广和消费者行为习惯的改变，新型互联网保险业务模式得到大力发展，市场规模不断扩充，大量新场景、新产品、新消费应用纷纷问世，我国保险业得到了社会舆论的极大宣传和社会资本的鼎力支持。

对于广大消费者，只有准确地了解保险背后的经济原理和商业逻辑，才能更好地制定切实符合实际需求的保险规划和保障方案。本书在广泛汲取保险学术界和业界现有研究成果的基础上，结合笔者多年的从业经验和深度思考，从近年来引爆社会舆论的一些保险热点话题出发，旨在通过通俗易懂的语言，阐述新视野下保险行业发展与财富管理的五大基本问题。为什么要买保险？什么是保险？保险实务中的业务流程是什么？为什么说保险是财富管理的“压舱石”？未来保险该何去何从？只有准确地解决这五大基本

问题带来的困惑，才能真正深刻理解保险贯穿从“摇篮”到“天堂”每一个人生阶段的实际意义，更好地体会保险渗透到家庭财富管理方方面面的现实影响，切实掌握运用保险这一资产配置管理工具应对不确定风险的重要作用，才能在面对未来经济和社会发展的新形势、新动态、新问题时，真正地做到未雨绸缪和有的放矢。

围绕经济社会新动态下的保险发展问题，本书用五册、共计十六章的内容进行深入思考和系统阐述。

第一册，“化险为夷　保险大变局”，全面介绍了保险在生产和生活中的应用。从传统文化观念中的“养儿防老”到未来市场发展“以险养老”思维模式的转变；从冲上热搜的“社保第六险”到趋利向好的银保监会合并；从《民法典》颁布到第七次人口普查公布；从新冠肺炎疫情下的保驾护航到后疫情时代十四五规划，都对保险业发展产生深远影响，保险早已渗透到人们生活中的点点滴滴，成为保障日常生活不可或缺的一部分。

第二册，“有惊无险　保障大全局”，基于经济理论详细阐述了“究竟什么是保险”的问题。从保险的基本要素入手，介绍了保险的产生与发展历程、保险的基本原则，以及保险合同的相关内容和投保注意事项。同时让所有的国人认知保险工具在人生每一个阶段扮演的角色以及实际的作用。

第三册，“山高水险　财产大布局”，系统展示了当前保险实务中的运营模式。考虑到根据业务类别的不同，保险实务中需要应用到保险精算、营销、财务管理、投资、法律、大数据、人工智能、医学等多学科领域交叉的专业知识，因此从财产保险、人身保险、保险经营流程和保险营销策略等方面展开介绍。

第四册，“乘高居险　财富大棋局”，在前三册保险基本理论

的应用场景基础上，运用保险工具进行财富管理与家族传承。随着经济社会的发展进步和国民财富的迅速增长，人们在解决温饱问题之后，开始赋予生命新的价值，本册运用保险的工具，从生命周期的经济管理视角出发，解决个人、家庭和家族在不同时期所面临的保值增值和财富传承问题。

第五册，“负嵎依险　科技大时局”，基于保险与科学技术的融合发展历程，分析保险科技的理论与实践，探索保险行业的未来发展方向。随着人工智能、区块链、物联网等核心科技逐步运用到保险行业，颠覆性地革新了传统保险的业务模式，使原本保险流程中的诸多“不可能”和“人工”功能逐步转变为“可能”和“智能”。在一些“头部”保险公司的引领下，广大中小型保险市场主体也逐步意识到科学技术促进保险业发展的巨大潜力，纷纷加码保险科技创新。

本书立足新形势，放眼新视野，擘画新蓝图。系统阐述了保险发展与财富管理的知识理论与实务体系，帮助读者由表及里、从知到行，综合运用保险职能手段，真正掌握行之有效的个人风险及家族财富管理解决方案。

作为一名保险人，深耕细作，砥砺前行。由衷期望借助大数据与人工智能技术等新型科技赋能，未来保险行业能够早日实现智能化的运营管理综合体系，覆盖产品定价、市场营销、投核保、客户服务等保险业务全流程，升级服务保险新生态，真正实现广大消费者和保险公司的“互利共赢”，铸就保险业发展新辉煌！

作　者

2022年1月

CONTENTS
目录

第一章

什么是保险

险至，情至，关爱倍至，无形的保险，有力的保障。在我们的日常生产和生活中，风险无处不在、无时不有，一旦发生风险，会给个人和家庭带来巨大的经济损失，保险就是我们应对风险的重要手段。要掌握与保险有关的专业知识，首先要走进保险，我们需要了解保险的起源与发展，现代保险的定义，与其他活动相比保险的特征，保险的职能与作用等内容，这些对我们全面理解什么是保险至关重要。

第一节　保险的产生与发展

一、保险的发展史

（一）古代保险思想的起源

人类的生存和发展自古就受到各种自然灾害和意外事故的威胁，在人类社会发展的过程中便萌生了应对各种灾害事故的保险思想，逐渐演变为今天的保险。

国外最初的保险思想出现在当时文明程度和开放程度最高的西方文明古国。公元前4500年的古埃及在修建金字塔的过程中，石匠们就产生了一种互助基金组织，以成员平时缴纳的会费来支付个别成员死亡后的丧葬费用。公元前3000年，古巴比伦国王命令僧侣、法官和村长等人对其管辖范围下的居民征收税赋，设立救济基金，以应对火灾和其他天灾给人们造成的经济损失，在《汉穆拉比法典》中就出现了类似运输保险和火灾保险的规定。古希腊出现了一些由持相同的政治、哲学观点和宗教信仰或同一行业的工匠组成的团体，参加者分摊形成一笔公共基金，当参加者遭遇不幸时，由所在团体进行救济。古罗马历史上还曾出现过丧葬互助会，在士兵阵亡后发给继承人一笔抚恤金，以及缴付会费的士兵团体，在士兵调职或退役时发放一笔旅费。

我国古代的保险思想最早可追溯到公元前3000年。中国的商人在长江的危险水域运输货物时就采用了把每个人的货物分装在几条船上的做法，以免一条船遭遇风险时某些人损失全部的货物，用这样的方法来分散风险和减少损失。公元前500年，孔子《札记·礼运》中就写道："故人不独亲其亲，不独子其子；使老有所终，壮有所用，幼有所长；鳏寡孤独废疾者皆有所养。"体现了我国古代对经济生活安定的美好愿望，这也是最原始的社会保险形态。我国历代都有积谷存粮以赈济灾民的传统，将丰收年的粮食存储起来以备荒年救济之用，如西汉宣帝时期的"常平仓"，隋文帝五年的"义仓"，宋朝和明朝民间出现的"社仓"，以及宋朝专门赡养不能自我生存老弱病残的"广惠仓"，都体现了我国古代原始的保险思想。

（二）近代保险的产生与发展

1.海上保险的产生与发展

海上保险是最古老的保险，近代保险首先是从海上保险发展而来。公元2000年，在海上贸易繁荣的地中海一带，在遭遇危险时为使航海船舶减轻重量以免遭倾覆，会采用抛弃货物的办法，当时的航海商提出了“一人为众，众为一人”的原则。公元前916年的《罗地安海商法》将其正式规定为“凡因减轻船舶载重投弃大海的货物，如为全体利益而损失的，须由全体来分摊”，这就是著名的“共同海损分摊原则”，这一原则至今仍为各国海商法所采用，这被认为是最早的海上保险的萌芽。

意大利是海上保险的发源地，目前世界上的第一张保单是一名热那亚商人乔治·勒克维伦在1347年开出的第一张承保了船舶航行过程中风险的保险单。近代的海上保险发展于英国，美洲新大陆发现之后，英国的对外贸易得到了空前的发展，保险的重心也随之逐渐向英国倾斜。1683年爱德华·劳埃德在泰晤士河畔开了一家咖啡馆，顾客主要是经营远洋航海业的船东、船长、商人、经纪人和高利贷者，主要在咖啡馆交换航海信息，后来这家咖啡馆成为船舶、货物和海上保险交易的中心。劳合社不仅在英国保险业的发展历史中具有举足轻重的作用，同时它也是目前世界上最大的保险垄断组织之一，但是劳合社本身并不是保险公司，不直接承保，只提供保险交易的场所，世界上远洋船舶的保险业务约有80%都与劳合社有直接或间接的关系。

1347年10月23日，热那亚商人乔治·勒克维伦出立了一张承保从热那亚到马乔卡的船舶保险单，是已发现的世界上最古老的保险单，这张保险单现在仍保存在热那亚国立博物馆中。

保单规定船舶安全到达目的地则契约无效，如中途发生损失，合同成立，由资本所有人支付一定的钱款作为赔偿，保险费在签订契约时以定金的形式支付给资本所有人。这张保单的出现对完善书面保险合同起到了重要作用。

2. 火灾保险的产生与发展

火灾保险是财产保险的前身。1966年9月2日，英国伦敦的一场大火持续了整整5天，造成了十分惨重的损失，第二年牙科医生尼古拉斯·巴蓬成立了第一家火灾保险商行，开创了私营火灾保险的先例。巴蓬根据房屋的结构实行差别费率，这成为现代保险的一个重要特点，巴蓬也因此被称为“现代火灾保险之父”。随着社会的发展，火灾这一灾害逐渐扩展到地震、洪水、风暴等非火灾灾害，保险标的逐渐扩展，成为今天的财产保险。

3. 人身保险的产生与发展

人身保险源于海上保险。15世纪后期，奴隶主以其贩卖的奴隶作为货物，为其投保海上保险，后来逐渐演变为船员和船长投保，这种以人的生命和身体作为投保标的的保险被认为是最早的人身保险。17世纪中期，意大利银行家洛伦·佟蒂设计了《联合养老法》，后也被称为佟蒂法。该办法规定每个人缴纳300法郎，在一定时期以后开始每年领取利息，年龄越大领取越多，在领取人死后由该群体所有生存者平分所有利息总额，如果所有成员全部死亡则停止支付。但这种方法容易引起成员互相残杀，所以后来被禁止，但佟蒂法却成为养老保险的起源，并引起了对生命统计的重视。

英国数学家、天文学家埃德蒙·哈雷博士于1963年，根据德国布雷斯劳市1687—1691年的按年龄进行分类的市民死亡统计资料，用数学的方法编制了世界上第一张生命表，后被称为哈雷生命表。该生命表为以后保费的计算提供了数理统计的依据，从而为现代人寿保险费率的研究奠定了数理基础。由英国人辛普逊和道森在1762年发起的人寿及遗嘱公平保险社，首次将生命表用于人寿保险费率的计算，这是现代人寿保险开始的标志。生命表现在依然作为计算人寿保险费率的重要依据，生命表分为国民生命表和经验生命表，国民生命表是反映一个国家或地区的人口死亡率、死亡人数及各年龄的生命期望等生命函数的生命表，经验生命表是保险公司内部的生命表，各个保险公司之间有所不同。

（三）中国保险发展史

我国保险业的发展大致可以分为三个阶段，即1949年新中国成立之前、1949—1979年、1980年至今。

1. 1949年以前的中国保险业

（1）外商保险公司垄断时期：我国现代保险的发展是随着英国对我国的入侵开始的，鸦片战争前英国利用东印度公司向中国售卖鸦片，1805年英国商人在广州开设谏当保安行为鸦片贩卖商保驾护航，这是中国第一家保险公司。随后成立于仁洋面保安行、伦敦保险公司等一批最早的保险公司。

（2）民族保险业的产生与发展：1865年5月25日开设了第一家属于中国的保险公司，上海华商义和公司保险行。1875年12月，洋务派首领李鸿章带头在上海创办了保险招商局。1885年，保险招商局改组为仁和与济和保险公司。1905年，黎元洪等人自办“华安合群人寿保险公司”。1935年10月至1943年，成立了中央信托局保险部、中国农业保险公司、太平洋保险公司、资源委员会保险事务所。

抗日战争胜利后，上海共有保险公司232家，其中华资保险公司168家，外资保险公司64家。

2. 1949—1979年的中国保险业

1949年10月20日，批准成立中国人民保险公司，经营人身保险业务、财产保险业务和再保险业务。

1952年，中国人民保险公司由中国人民银行领导改为由财政部领导，国营保险公司垄断的保险市场初步形成。此时对外资保险公司开始严格监管，废除其享有的特权，外资保险公司纷纷退出中国保险市场。

1958年12月，全国财政会议停办国内保险业务，保留涉外业务。

国内保险业务停办后，中国人民保险公司改为中国人民银行总行国外局的一个处，负责处理进出口保险业务，统一办理国际分保业务等。

3. 1980年以后的中国保险业

1980年我国开始恢复国内财产保险业务，1982年恢复人身保险业务，且至1985年全国仍然仅有中国人民保险公司一家保险公司。

1986年成立新疆生产建设兵团保险公司（2002年改为中华联合保险公司）。

1991年成立中国太平洋保险公司。

1992年中国平安保险公司由区域性保险公司改为全国性保险公司。

1996年相继成立新华人寿保险公司、泰康人寿保险公司、华泰财产保险公司等。

1995年颁布《保险法》，保险公司开始分业经营。中国人民保险公司分立为中国人寿保险股份有限公司，主营人身险业务；中国人民财产保险股份有限公司，主营财产险业务；中国再保险股份有限公司，主营再保险业务。（现在均为集团公司，下设银行、资产管理公司、养老社区等子公司。）

1998年中国保险监督管理委员（简称“保监会”）成立，2018年与中国银行监督管理委员合并为中国银行保险监督管理委员（简称“银保监会”），维护银行业和保险业合法、稳健运行。

二、我国保险业的发展现状

1979—2019年，全国中外保险公司从1家增长到179家；承保总额从1994年的11.17亿元增加到4155万亿元；保险业资产规模从14.52亿元增长到18.53万亿元，年均增长率为26.67%。

（一）保费收入快速增长

从1980年恢复保险业务开始，我国的保险业经历了40年的高速发展。如图1–1所示，保费收入从1979年的4.6亿元达到了2019年的4.26万亿元，年均增长率为25.65%，相当于改革开放初期的8000倍，保费收入呈现高速增长的态势。2017年，我国的保险费收入全面赶超日本，成为全球排名第二位的保险大国。

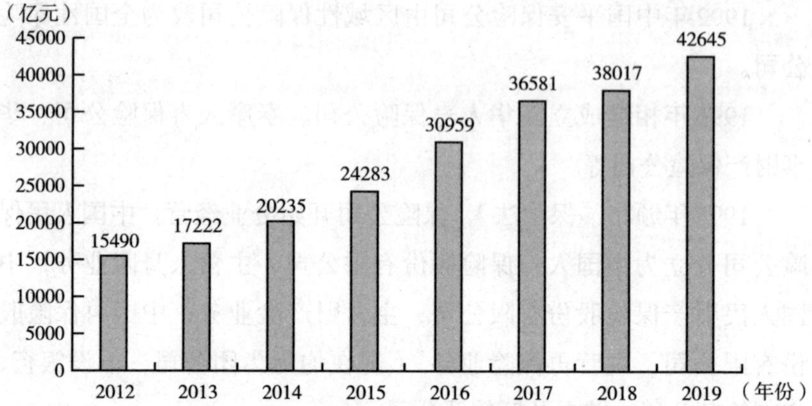

图1-1　2012—2019年保险业原保费收入

资料来源：中国保险年鉴。

（二）保险密度和保险深度不断递增

虽然我国的保费收入已位居世界第二，但我国保险市场并不发达，衡量一个国家或地区保险行业发展程度的重要指标，除保费收入外，还可以通过保险深度和保险密度来进行衡量。

保险密度=保费收入 ÷ 人口总量，是指按该地区人口计算的人均保险费，反映的是该地区国民参加保险的程度。保险深度=保费收入 ÷ GDP，指某地区保费收入占该地区国内生产总值（GDP）的比重，反映了该地区保险业在整个国民经济中的地位。

图1-2展示了我国近几年的保险密度和保险深度的变化情况。可见保险密度从1979年的0.47元/人提高到2019年的3046.07元/人，一直呈上升发展趋势，但与发达国家相比还有6—11倍的差距；我国保险深度从1979年的0.1%提高到2019年的4.30%，说明保险行业在我国经济中的地位显著提升。

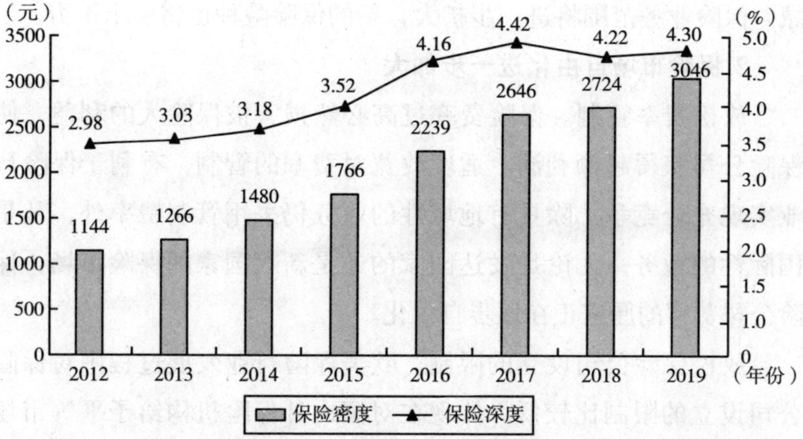

图1-2 我国2012—2019年保险密度与保险深度

资料来源：中国保险年鉴。

保险深度和保险密度可以用来衡量当地保险行业的“成熟度”。在较成熟的保险市场中，保险密度一般在2500美元以上，保险深度一般超过7%。我国虽然保费收入已成为世界第二，但是保险深度和保险密度较发达国家相比还有很大的差距，因此我国目前只能称得上是“保险大国”，但还不是“保险强国”，未来我国的保险行业还有巨大的发展空间。

（三）世界保险业发展的特点和趋势

1. 保险业务范围日益扩大

传统保险业务范围日益扩大，新险种不断增加。由于科学技术的发展，保险业早已由火灾保险、汽车保险扩展到卫星保险、核电站保险、航天飞机保险等科技领域。而随着互联网时代的快速发展，在庞大的市场规模和广泛的应用场景支持下，以大数据、云计算、人工智能等为代表的数字科技已逐步渗透至各个保险领域，保险业务范围将进一步扩大，新的保险险种也将层出不穷。

2.保险市场自由化进一步加大

放松费率管制。保险费率过高必然损害被保险人的利益，使保险公司获得超额利润。适度放宽对费率的管制，有利于保险行业实现充分竞争。除具有地域性的业务仍采用管制费率外，凡是国际性的业务，无论是发达国家的还是新兴国家的保险市场，保险公司费率的厘定正在逐步自由化。

放松保险公司设立的限制。欧美保险行业发展过程中对保险公司设立的限制比较低，体现在对国内外保险机构给予平等市场准入机会与国民待遇、允许市场自由竞争等方面，与此相比，亚洲各个国家与地区在保险公司设置方面还比较谨慎。但随着全球金融市场和保险市场的开放进程不断的推进，为了增加市场主体的数量，促进市场竞争的需要，也为了满足国际经济全球化的要求，亚洲及其他新兴保险市场必然逐渐降低保险公司设立的门槛。

3.互联网保险业务比重不断提高

随着数字技术迅速普及，消费者也越来越倾向使用电子商务，保险交易部分已经转移到网上进行。从收集信息、完成投保到售后服务，数字化渠道最终将应用到保险的整个流程。随着保险行业与互联网行业之间的竞争与融合，未来参与保险行业的主体将更加多元化。从全球保险行业的发展态势来看，一个新保险行业生态系统正在形成，这个系统由传统保险公司、大型互联网公司、第三方保险平台、保险上下游服务机构、保险科技公司、科技监管机构共同参与构建。

第二节　保险的定义与特征

一、保险的定义

根据《保险法》的规定，保险是指投保人根据合同约定，向保险人支付保险费，保险人对于合同约定可能发生的事故因其发生所造成的财产损失承担赔偿保险金的责任，或者当被保险人死亡、伤残、疾病或者达到合同约定的年龄、期限时承担给付保险金责任的商业保险行为。

保险转移风险不等于转移了风险事故，投保了人身保险的被保险人依然会面临生、老、病、死、残的风险，投保了机动车辆保险的汽车依然会发生车祸。但是保险却可以使风险事故发生后的经济损失得到补偿，投保人通过确定的保费支出将风险发生的不确定性转移给保险人，从而保证了经济上的稳定性。

二、多视角理解保险

随着社会生产力的不断发展、生活水平的不断提高，保险制度也在不断地发展和完善。如今保险已经成为非常完整的体系，是社会制度必不可少的一部分，渗透到了社会生活的方方面面，与每个人的生活都息息相关。可以从经济、法律和社会功能三个维度来正确理解现代保险的本质。

1. 经济学视角下的保险

保险是一种经济行为，保险经营的是无形产品，它和银行、证券共同构成了金融行业的三大支柱。从市场需求的角度来看，由于风险是无处不在、无时不有的，并且会造成巨额的经济损失，所以社会产生了对保险的需求。从供给的角度来看，由于保险是对大量面临相同风险的保险标的进行承保，所以可以利用大数法则，根据未来的预期赔付收取保费，实现盈利，这就构成了保险的供给。

保险又是一种金融行为。对社会而言，保险行业通过收取保险费聚集了大量的资金，再进行投资运作，保险公司在一定程度上可以认为是金融的中介机构，起到了资金融通的作用。

从所有被保险人之间的关系来看，保险还起到了国民收入再分配的作用。所有投保人共同缴纳保费，构成保险基金，当某个被保险人遭遇不幸时，保险基金可以为他提供补偿，补偿的资金来源于所有投保人缴纳的保费。这意味着某一个人的损失由全体共同分担，所以各个被保险人之间是一种互助的关系。

2. 法律视角下的保险

保险是一种合同行为，投保人和保险人经过自愿的要约（投保）与承诺（承保）签订合同，并约定双方的权利和义务。双方购买保险、保险人出售保险的行为是以平等的法律地位为基础的。所以，保险活动本质上就是签订与履行保险合同的过程。

3. 社会功能视角下的保险

我们生活中处处面临着风险，保险主要是对不易发生，但一旦发生损失较大的风险进行转移。例如突如其来的意外、疾病等事故，这类风险一旦发生除了会给被保险人及其家庭造成巨大的经济损失，导致很多家庭因病返贫外，也可能带来许多社会问题，如重大疾病导致家长失业、孩子辍学，甚至发生偷窃、抢劫等极端行为。而保险可以通过固定的保费支出，使被保险人在遭遇不幸时，从保险公司获得一大笔经济补偿，从整体上提高了对危险事故的承受能力。这种损失转移机制有助于整个社会经济的平稳运行，因此保险有“社会稳定器”之称。

三、保险的特征

（一）保险与赌博

从表面上看，保险与赌博存在很多相似之处，如保险与赌博的发生都是基于事件发生的偶然性，都可能以较小的支出获得较大的回报。但实际上两者存在本质区别，如表1–1所示。

表1–1　保险与赌博的区别

项目	目的	手段	结果	对标的的要求	风险性质
保险	互助共济、求得经济生活的安定	以大数法则作为计算风险损失的科学依据	转移或减少风险	投保人对保险标的必须具有保险利益	纯粹风险（一旦发生只有损失，而无获利可能）
赌博	欺诈坑骗、图谋暴利	完全以偶然性为前提	创造或增加风险	没有要求	投机风险（一旦发生，可能有损失，也可能获利）

（二）保险与储蓄

保险和储蓄都是人们应对未来风险的一种管理方式，目的都在于保障未来正常的生产和生活，两者也都是以现有资金为将来的经济需求做准备，这皆体现了“未雨绸缪”的思想。但是，两者属于不同的经济范畴，存在着明显的差别，如表1-2所示。

表1-2　　保险与储蓄的区别

项目	支付条件	计算技术	财产准备的性质	行为性质
保险	只有保险事故发生时，被保险人才能领取保险金，是不确定的	大数法则作为计算风险损失的科学依据	所有投保人缴纳保费形成保险基金，由保险人统一运作，只能用于损失补偿或保险金给付	互助共济的行为，自助与他助结合
储蓄	存款人可获得本金，并且随着时间的推移利息不断积累，支付是确定的	不需要特殊的计算技术	所有权归存款人，存款人可以任意提取使用	个人的自主行为

（三）保险与保证

保证的种类很多，最普通的是对买卖及债务的保证，保证与保险都是对未来偶然事件导致的损失进行补偿。但两者在性质、主合同从合同、对价关系、计算技术要求等方面存在本质区别，如表1-3所示。

表1-3　　保险与保证的区别

项目	性质	主合同从合同	对价关系	计算技术要求
保险	多数经济单位的集合	独立合同，不附属于他人的行为而生效	投保人必须支付保险费，保险人对发生的保险事故进行赔付	合理、科学的计算
保证	个人间法律关系的约束	从属合同，保证从属于债权债务合同等主合同	买卖保证仅卖方负一定的义务；债务保证仅保证人负责代偿债务	无须精确的计算

（四）保险与慈善

保险与慈善均为对经济生活不安定的补救行为，目的都是维护社会的正常生活和稳定。但两者在有偿性、对价关系、归属机构、合同约束等方面存在本质区别，如表1–4所示。

表1–4 保险与慈善的区别

项目	有偿无偿	对价关系	归属机构	合同约束
保险	有偿的经济保障	基于双方的权利和义务关系	保险机构	保险合同约束保险行为
慈善	无偿的经济救助	收受双方无对等义务	慈善机构	根据社会救济政策履行职责

第三节 保险的职能及作用

一、保险的职能

保险的职能和作用是两个既有联系又有区别的概念，一般而言，职能是事物本质的体现，而作用是职能履行过程中的具体效果。现代保险的职能包括基本职能和派生职能，保险的作用包括对宏观主体的作用和对微观主体的作用。

（一）保险的基本职能

1. 分散风险的职能

在保险活动中，个体面临的风险事故是偶然的、不确定的。

但面临相同风险的个体组成的全体，所面临的风险是可以利用概率论和大数法则进行测算的。例如，假定有10000人购买了某种重大疾病保险，每人在1年内患有重大疾病的概率是1%，预计治疗费用为30万元。1年内，这10000人可能的治疗费用为10000×1%×30万=3000元。那么，保险公司不考虑其他费用时收取的保费为3000元，也就是说，每个人通过花费3000元的保费将可能面临的30万元的治疗费用转移给了保险公司。

2.补偿或给付保险金的职能

保险的基本职能就是投保人和保险人在合同中约定，当特定的风险发生后，对被保险人遭受的风险损失进行经济上的补偿或给付。前者是以报销补偿为条件，在保险事故发生时，在保险金额范围内按投保标的的实际损失进行补偿，这是财产保险的基本职能；后者是以给付保险金为目的，在保险事故发生时，由保险人按照保险合同事先确定的金额给付保险金，这是人身保险的职能。

（二）保险的派生职能

随着保险种类的不断增加和保险内容的不断丰富，保险的职能有了新的变化和发展，在基本职能的基础上发展出了派生职能。保险的派生职能包括防灾防损职能和资金融通职能。

1.防灾防损职能

保险的防灾防损工作体现在承保和理赔等环节，履行了社会责任，增加了保险经营的收益，提高了被保险人的风险管理意识，从而促使其加强防灾防损工作。从国外经验来看，随着保险业务的发展，保险的防灾防损职能得到了越来越多的重视，美国经营财产险和意外险的保险公司资助了“全国安全委员会”“承保人实验所”“公路安全保险协会”等各类防损组织和研究机构；人寿保险公司也资助了医学院、医药和保健研究等项目；一些大型保险公司通过配备大批工程技术人员来调查意外事故的成因并开展防灾防损工作。由于保险公司防灾防损工作的加强、政府法规的严格约束，不断改进道路和汽车安全设计，大多数汽车驾驶人越来越谨慎，美国每年每百万辆汽车造成的车祸死亡率一直在不断下降。

2. 资金融通职能

保险的资金融通职能是指保险人参与社会资金融通的职能。这一职能随着现代保险业，特别是现代寿险业和金融环境的快速发展而越来越突出。资金融通职能具体体现在两个方面：一方面是筹资职能，保险公司和银行都属于负债经营，投保人缴纳的保险费积聚起来形成保险基金，用来满足未来支付保险金的需要；另一方面保险机构将积累的保险基金通过购买有价证券、银行存款等投资方式进行投资以获得收益，实现了保险基金的保值和增值。

二、保险的作用

保险的作用是指其职能在具体工作中的体现，主要体现在对宏观和微观主体两个方面。

（一）保险的宏观作用

保险的宏观作用是保险对整个社会和国民经济所产生的经济

效应。

1.保险有利于国民经济持续健康地发展

由于保险具有经济补偿和保险金给付的职能，任何单位和个人只要缴付了保险费，一旦发生保险事故，便可在风险事故发生后通过保险得到经济补偿，消除了因自然灾害和意外事故，以及因此而导致的企业生产经营中断所造成的经济损失，保证国民经济持续稳定地发展。

2.保险有利于科学技术的推广应用

科学技术的产生和应用，在带来巨大物质财富的同时也面临着各种风险造成经济损失的可能。尤其是现代高新技术的产生和应用，损失一旦发生，损失金额巨大，发明者往往难以独自承受。保险为科学技术的推广和应用提供了风险保障，加快了高新技术的开发利用，譬如在现代卫星技术的应用中，如果没有卫星保险，卫星制造商和发射商都将受到很大程度的限制，不利于科学技术的开发使用。

3.保险有利于社会稳定

从总体上来说，灾害事故的发生具有必然性，造成财产损失和人员伤亡也是必然发生的。但只要损失在保险责任范围之内，保险人就可以通过提供经济补偿和给付保险金，使被保险人在最短时间内得到经济上的援助，从而保障了人们正常的经济生活，同时避免了父母失业、孩子辍学等社会问题，甚至一些极端行为的发生，充分发挥了“社会稳定器”的作用。

4.保险有利于国际贸易和国际经济交往

保险是国际贸易和国际经济交往中不可或缺的环节。在当今国际贸易和经济交往的过程中，是否有保险直接关系到一个国家的形象和声誉。保险不仅可以促进国际贸易，增加资本输出和外资引进，使国际经济贸易得到保障，而且可以带来巨额无形贸易的净流入，是一国外汇储备的重要来源。

（二）保险的微观作用

保险在微观经济中的作用，是指保险作为风险管理的一种财务手段所带来的经济效应，保险的微观作用表现在以下几个方面。

1.保险有利于企业及时恢复经营和稳定收入

任何性质的企业，在经营过程中都可能遭到自然灾害和意外事故的损害，造成经济上的损失，甚至会影响企业的正常生产和经营。企业可以通过缴付一定的保费将风险转嫁给保险公司，一旦其遭受保险责任范围内的损失，便可及时得到经济赔偿，保证企业生产经营不会中断，同时减少利润等其他间接损失。

2.保险有利于企业加强经济核算

每个企业都面临着风险造成经济损失的可能，这些风险事故一旦发生，必然会影响企业的经济核算。通过购买保险，企业可以将难以预测的巨额损失转化为固定的、小额的保险费支出计入营业费用，平摊损失成本，保证经营稳定。

3.保险有利于企业加强风险管理

保险作为经营风险的特殊行业，在其经营过程中可以充分利用其积累的风险管理经验，为参保企业提供风险管理咨询和技术服务。例如，合同中明确双方当事人对防灾防损应负的责任，促使被保险人加强风险管理；通过实行差异费率，促使参保企业避免发生风险事故；从保险费收入中提取一定比例的防灾基金，推进全社会风险管理工作的开展。

4.保险有利于保障人民生活的安定

通过与人们生活密切相关的险种来稳定人们的生活，通过财产保险保障人们财产的安全，通过人身保险化解人们因生、老、病、死、伤、残等人身风险造成的经济困难。

5.保险有利于提高企业和个人的信用

在市场经济环境中，每个企业和个人都有遭受责任风险和信用风险损失的可能，通过责任保险可以为责任范围内的损失提供经济保障；通过信用保证保险可以为义务人的信用提供风险保障。因此，保险保证了企业和个人的偿债能力，提高了信用。

第二章
保险的基本原则

现代保险制度在不断完善和发展的过程中，逐渐形成了人们公认的、规范行业行为的基本原则。这些基本原则是双方权利和义务顺利实现的基础和保障，是保险业有序、健康、可持续发展的先决条件。其中最大诚信原则是双方履约的基本保障，保险利益原则是顺利承保和理赔的关键，近因原则是确定理赔责任的重要准则，损失补偿及其派生原则是计算赔款金额的主要依据。

第一节　最大诚信原则

一、最大诚信原则的概念

最大诚信原则是指保险合同的双方当事人在签订保险合同，以及在保险合同的有效期内，应依法向对方提供足以影响对方决定是否签订保险合同以及签订条件的重要事实，如被保险人的年龄、职业、是否有家族遗传病史等内容。

二、最大诚信原则的内容

（一）告知

告知是指在保险合同订立前、订立时及在合同有效期内，要求合同双方当事人按照相关法律实事求是，将自己所知的重要事实如实的向对方做出口头或书面的陈述。

告知的内容分为投保人的告知和保险人的告知。在保险合同订立时投保人应如实告知，如投保人寿保险时，将被保险人的年龄、身体状况、是否曾被拒保等告知给保险人；在保险合同订立后，当保险标的风险增加时，如被保险人的房屋在保险期间存放危险物品，应通知保险人；当保险标的发生转移时，如被保险人的房屋发生转让时，应通知保险人；当发生风险事故时，应及时通知保险人。保险人的告知又被称为解释说明义务，指保险人对保险合同的条款尤其是免责条款应在保险合同订立时向投保人做出详细的解释说明。

（二）保证

保证是指保险人要求投保人或被保险人对某一事项在保险期间的作为与不作为，或某种状态的存在或不存在做出许诺，保证义务的履行主体是投保人或被保险人。

根据保证事项是否已经存在分为确认保证（投保方对过去或现在某一特定事实的存在或不存在的保证，如人身保险中，保证被保险人过去的健康状况）与承诺保证（指投保方对将来某一事项的作为或不作为的保证，如家庭财产险中，保证家中不放置危险物品）。

保证按形式的不同可分为明示保证和默示保证，明示保证是以保证条款的形式附加在保险合同中的保证；默示保证是指虽然未载明于保险合同，但按照法律和惯例投保人应保证的事项，如海上保险中船舶按照固定的航线航行。

（三）弃权与禁止反言

弃权是指保险合同一方以明示或默示的方式表示放弃在保险合同中可以主张的某项权利。禁止反言（禁止反悔）是指保险合同的一方（通常指保险人）放弃了在保险合同中的权利，日后便不得再向他方主张。弃权与禁止反言限定的目的是约束保险人的行为，要求保险人为其及合法代理人的行为负责。弃权与禁止反言在人寿保险中有特殊的时间限定（通常为两年），两年内可以以投保人或被保险人未履行如实告知义务为由解除合同，超过两年未解除则视为保险人放弃了该项权利，日后不得再以此为由解除合同。

三、违反最大诚信原则的法律后果

（一）违反告知义务的法律后果

1. 投保人或被保险人违反告知的法律后果

订立保险合同，保险人对保险标的或被保险人的有关信息提出询问时，投保人应当如实告知。根据《保险法》第十六条，如果投保人故意或由于重大过失不能履行如实告知义务，足以影响保险人决定是否同意承保或者提高保险费率的，保险人有权解除合同。投保人故意不履行如实告知义务的，保险人不承担赔付保险金的责任，也不退还保险费；投保人由于重大过失而未履行如实告知义务，对保险事故的发生造成严重影响的，保险人不承担赔付保险金的责任，但应当退还保险费。

解除合同的权利，自保险人知道有解除事由之日起超过30日不行使而消灭；自合同订立之日起超过两年的，保险人不得解除合同，发生保险事故，保险人应承担相应的责任。

如果保险人在订立合同时已经知道投保人未如实告知的，保险人不得解除合同，发生保险事故，保险人应承担相应的责任。

案例2-1：2018年吉林长春市，农民张三因高血压在家休息，8月向保险公司投保了期限20年，保险金额20万元的人寿保险，投保时向保险公司隐瞒了患有高血压的事实。2019年2月张三因高血压病情发作，不幸离世。张三的妻子作为家属向保险公司请求给付保险金。问：保险公司是否应承担给付责任？

案例解析：因投保人在投保时隐瞒了病情未履行如实告知义务，且属于故意未履行。因此，根据《保险法》第十六条规定，保险人有权解除保险合同，并对合同解除前发生的保险事故，不承担给付保险金的责任，并且不退还保费。

2.保险人违反告知义务的法律后果

根据《保险法》第十七条，订立保险合同时，如果采用保险人提供的格式条款，保险人应向投保人解释说明条款的内容。对于保险合同中免除保险人责任的条款，保险人在订立合同时，应当在投保单、保险单或者其他保险凭证上做出足以引起投保人注意的提示，并对该条款的内容以书面或者口头形式向投保人做出明确说明，未做提示或明确说明的，该条款不产生效力。

（二）违反保证的法律后果

投保人违反保证，保险人有权解除合同或不承担赔付责任，且不退回保险费。

案例2-2：某企业向保险公司投保企业财产保险并附加盗窃险，在投保单上明确写明24小时有警卫值班，保险公司以此作为减费的条件予以承保。后企业被盗，在查阅监控时发现，某日24小时内警卫有1小时不在岗。问：保险公司是否承担赔偿责任?

案例解析：违反保证义务的后果是非常严重的，只要违反了保证条款，不论这种行为是否给保险人造成损害，也不论与保险事故的发生是否有因果关系，保险人均有权解除合同，并不承担赔偿或者给付保险金的责任。在本案例中，企业在投保时保证24小时都有警卫值班，但某日有1小时警卫不在岗，不论警卫不在岗与企业被盗是否存在因果关系，保险公司都不承担赔偿责任。

第二节 保险利益原则

一、保险利益原则的概念与构成要件

（一）保险利益原则的含义

我国《保险法》规定，投保人对保险标的应当具有保险利益，否则该保险合同无效。是否具有保险利益是判断保险合同能否有

效的一项重要原则，是承保与理赔环节必须严格审查的关键问题。

（二）保险利益原则的构成要件

保险利益必须是合法的利益。合法利益指法律认可、符合法律规定、受到法律保护的利益，如果是投保人偷盗、抢劫的财产则不具有保险利益。

保险利益必须是经济利益。投保人对保险标的的利益能用货币计量，表现为金钱上的利益，如果是精神上的利益则不属于保险利益。

保险利益必须是可以确定的利益（已经确定和能够确定）。已经确定的利益指事实上的利益（现有利益），如已拥有的财产；能够确定的利益指客观上可以实现的利益（预期利益），是基于现有利益预测未来可能产生的利益，如租金和利润等。

衡量投保人对保险标的是否具有保险利益的标志，是看投保人是否会因该保险标的的毁损灭失、伤害而遭受经济上的损失。在财产保险中，保险标的的毁损灭失直接影响投保人的经济利益；在人身保险合同中，投保人近亲属（配偶、子女、债务人）的生、老、病、死，与投保人存在经济利益关系，可视为对这些人具有保险利益。

二、保险利益原则的意义

防止将保险变为赌博。保险和赌博都具有偶然性即射幸性，如果允许没有保险利益的人对他人的生命或财产进行投保，投保人就可能因保险事故的发生而获得高于所交保险费几十倍的额外收益，以较小的损失谋取较大的经济利益，这种收益并不是对损失的补偿，违背了保险的初衷。英国历史上曾出现过赌博性质的保险，投保人以与自己毫无利益关系的远洋船舶为投保标的，一旦发生保险事故就可获得相当于保费千百倍的巨额赔付，于是人们就像在赛马场上下赌注一样买保险，严重影响了正常的社会秩序，所以英国政府通过立法禁止了这种行为，保证了保险事业的健康发展。因此，保险利益原则防止了保险向赌博的转变。

保险利益原则最大程度减少了道德风险的发生。保险赔偿或者保险金的给付是以保险标的遭受损失或保险事件的发生为前提条件。如果投保人或被保险人对保险标的不具有经济利益，那么该标的受损，对投保人或被保险人而言并无任何损失，相反还可以获得巨额赔款，这样就可能诱使投保人或被保险人为谋取利益而任意购买保险，甚至为了获得巨额保险金，采用纵火、故意杀害被保险人等手段制造保险事故，增加了道德风险发生的可能性。

规定了保险保障的最高限额。保险的作用是补偿被保险人在保险标的发生保险事故时遭受的经济损失，但不允许获得额外的利益。以保险利益作为保险保障的最高限额，既可以保证被保险人得到充足的补偿，又可以满足被保险人不会因保险的毁损、灭失而获得额外利益的要求。

三、保险利益原则的运用

（一）人身保险的保险利益

在保险合同订立时要求投保人必须对被保险人具有保险利益，而发生保险事故时，则不要求是否仍具有保险利益。如一对夫妻，即使在保单签发次日就离婚了，保险合同也仍然有效。

《保险法》第三十一条规定，投保人对下列人员具有保险利益：

（一）本人；

（二）配偶、子女、父母（法律上的父母、子女，也包括继父继母，继子继女）；

（三）前项以外与投保人有抚养、赡养或者扶养关系的家庭其他成员、近亲属；

（四）与投保人有劳动关系的劳动者。

若被保险人同意投保人为其订立保险合同，视为投保人对被保险人具有保险利益。在保险实践中，保险公司通常会根据实际情况决定是否予以承保，如已经各自成家的一对姐妹，如果姐姐为妹妹投保了一份医疗保险，保险公司通常会接受，如果投保了一份人寿保险并将受益人写为“法定”，保险公司一般会根据保险金额或对投保人调查后决定是否予以承保，但如果投保了一份人寿保险且受益人指定为姐姐自己，保险公司通常不会予以承保；此外，男女朋友之间进行投保也属于通常会被保险公司拒保的投保关系，因为未婚状态下的感情并不稳定，建立投保关系存在一定的道德风险。

《保险法》第三十三条规定：投保人不得为无民事行为能力人投保以死亡作为保险金给付条件的人身保险，保险人也不得承保。父母为其未成年子女投保的人身保险，不受前款规定的限制，但是，因被保险人死亡给付的保险金总和不得超过银保监会规定的限额，被保险人不满10周岁的，不得超过20万元，被保险人已满10周岁但未满18周岁的，不得超过50万元。《保险法》第三十四条规定：以死亡为给付保险金条件的合同，未经被保险人同意并认可保险金额的，合同无效。

（二）财产保险的保险利益

1.财产损失保险的保险利益

财产损失保险的保险利益通常包括基于财产所有权、经营权或使用权而产生；基于抵押权、质押权和留置权而产生（保险利益以债权为限）；基于保管权、承运权和租赁权而产生，保管人、承运人和承租人对所保管的物品、运输的货物和租赁的财产既有获得收益或享用的权利，同时负有保证其安全或使其不受损失的责任。

2.责任保险的保险利益

公众责任保险。商场、饭店、旅馆、影剧院等公众场所，因其缺陷或管理上的过失导致顾客、观众等人身伤害或财产损失时，应依法承担经济赔偿责任，所以公众场所对其顾客、消费者具有保险利益。

职业责任保险。医生、律师、设计师等各类专业人员因工作上的疏忽或过失使他人遭受损害时，应依法承担经济赔偿责任，因此专业人员对受害者具有保险利益。

产品责任保险。制造商、销售商、修理商因其制造、销售、修理的产品有缺陷，对用户、消费者或公众造成人身伤害和财产损失时，应依法承担经济赔偿责任。所以，产品的制造商、销售商、修理商对其使用者、消费者具有保险利益。

雇主责任保险。雇主对雇员在受雇期间因从事与职业有关的工作而患职业病或伤、残、死亡时，应依法承担医药费、工伤补贴、家属抚恤责任。所以，雇主对雇员具有保险利益。

3.信用保证保险的保险利益

信用与保证保险是一种担保性质的保险，其保险标的是被保险人的信用。当义务人因种种原因不能履行应尽义务，使权利人遭受损失时，权利人对义务人的信用具有保险利益，义务人因权利人对其信誉的怀疑也具有保险利益。如债权人对债务人的信用具有保险利益，可投保信用保险，债务人对自身的信用也具有保险利益，可投保保证保险。

四、保险利益的时效

（一）人身保险保险利益的时效

人身保险的保险利益一般仅要求投保人在保险合同订立时，对被保险人应当具有保险利益，而发生保险事故时，则不追究是否具有保险利益。

案例2-3： 张先生于2015年以妻子为被保险人，自己为受益人，向保险公司投保了一份人寿保险，每年按期缴纳保费。夫妻双方于2017年离婚。此后张先生继续支付保费。2020年，张先生的妻子因保险事故死亡。问：张先生能否作为受益人向保险公司请求保险金的给付？

案例解析： 张先生可以向保险公司请求保险金的给付。因为人身保险的保险利益只要求在保险合同订立时存在，而不要求在保险事故发生时存在。在本案例中，张先生于2015年投保时，与被保险人（其妻子）处于婚姻存续期间，因而具有保险利益，虽然在被保险人因保险事故死亡时已不存在保险利益，但不影响其取得保险金的赔付，张先生可以以受益人的身份向保险公司索赔。

（二）财产保险保险利益的时效

财产保险的保险利益一般要求从保险合同订立时到保险事故发生时一直要有保险利益。否则保险合同无效。

案例2-4： 张某向李某租借房屋，租期8个月。房屋租赁合同中明确写道，张某在租借期间应对房屋的损坏负责，张某为此以此房屋为保险标的投保1年期家庭财产保险。租期满后，张某退房。退房10天后，房屋毁于火灾。问：张某可否以被保险人身份向保险公司索赔？为什么？

案例解析： 张某不能以被保险人身份向保险公司索赔。财产保险一般要求从保险合同订立时到保险事故发生时始终要有保险利益。在本案例中，在发生保险事故时，张某已经退房，所以对该房屋不具有保险利益，保险合同无效，保险公司不予赔付。

第三节　近因原则

近因是指引起保险标的损失的最直接、最有效、起决定性作用的原因，而不是时间或空间上最近的原因。近因原则是判断保险事故的发生与保险标的的损失之间的因果关系，进而判定保险赔偿责任的重要原则。

一、损失由单一原因所致

若保险标的的损失是由单一原因造成的，则该原因为近因。若该原因在保险责任范围之内，则保险人承担赔付保险金的责任；若该原因属于责任免除，则保险人不承担赔付保险金的责任。如某人家中财产被盗导致损失，如果该被保险人只投保了家庭财产保险基本险（火灾），则保险人不承担赔付保险金的责任；若被保险人在家庭财产保险基本险的基础上附加了盗窃险，则保险人应负赔偿责任。

二、多种原因连续发生造成损失

如果多种原因连续发生导致损失，前因与后因之间存在连续的因果关系，则认为最先发生并造成一系列风险事故的原因就是近因。保险人的责任范围可根据表2–1的情况来确定。

表2–1　　多种原因连续发生的责任范围

保险责任	是否赔付
所有原因均属于保险责任	赔
所有原因均属于免除责任	不赔
前因属于保险责任范围，后因属于免除责任	赔
前因属于免除责任范围，后因属于保险责任	不赔

案例2-5： 某企业投保了企业财产保险基本险，在保险期限内的某天，因暴风导致电线杆倒塌，进而导致电线短路引起火花，火花引燃房屋并发生火灾，最终导致财产损失。根据近因原则，判断什么是引起最终财产损失的近因？保险人是否应当承担赔偿责任。

案例解析： 近因是指在风险和损失之间，导致损失发生的最直接、最有效、起决定性作用的原因，而不是指时间或空间上最近的原因。如图2-1所示，在本案中，暴风—电线杆倒塌—火花—房屋燃烧—库存损失之间，是一连串发生的有因果关系的连续原因。虽然与库存财产损失最接近的原因是火灾（属保险风险），但它发生在暴风之后，是暴风导致的必然结果。所以，库存财产损失的近因是暴风而非火灾。企业投保的是企业财产保险基本险，暴风属于保险人的除外责任，因此保险人不应承担赔偿责任。

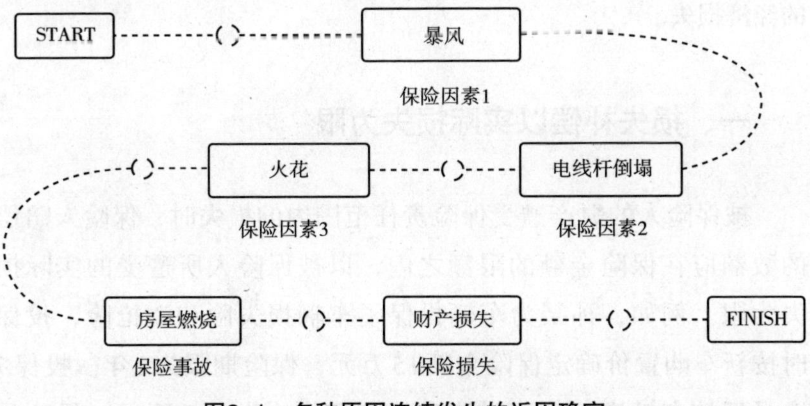

图2-1 多种原因连续发生的近因确定

三、多种原因间断发生导致损失

如果有多个原因共同作用导致损失的发生，但它们是间断发生的，即在一连串连续发生的原因中，有一种新的原因介入，使原有的因果关系发生中断，并引起损失，则新介入的原因是近因。若近因属于保险人的保险责任，则保险人应进行赔付；反之，则保险人不赔付。

第四节 损失补偿原则

损失补偿原则是指在补偿性质的保险合同中，当保险事故发生造成保险标的毁损，导致被保险人遭受经济损失时，保险人赔偿给被保险人的经济数额，恰好弥补其因保险事故的发生所造成的经济损失。

一、损失补偿以实际损失为限

被保险人的财产遭受保险责任范围内的损失时，保险人赔偿的数额应在保险金额的限额之内，以被保险人所遭受的实际损失为限。例如，孙某为车辆投保了车辆损失险和盗抢险，投保时按新车购置价确定保险金额15万元，保险期限为1年。投保7个月后该车被盗，而此时该车的实际价值为13.8万元。保险公司在确定赔偿金额时，虽然保险金额为15万元，但发生保险事故导致的实际损失只有13.8万元，所以应按实际损失赔偿给被保险人。

二、损失补偿以保险金额为限

保险金额是保险人承担赔偿或给付保险金责任的最高限额，也是保险人收取保险费的基础，保险人对被保险人的赔偿金额不得高于保险金额。例如，一个新建工厂投保了保险金额为80万元的企业财产保险后，遭遇火灾全部烧毁，此时工厂市场价值为90万元。虽然被保险人的实际损失是90万元，但因保单中的保险金额为80万元，所以被保险人只能得到80万元的赔偿。

三、损失补偿以保险利益为限

保险赔偿不得超过发生事故时被保险人对保险标的的保险利益。例如，某银行开展住房抵押贷款，某人以住房作为抵押物，向银行贷款40万元，银行为抵押的住房投保了40万元的1年期火险。按照约定，贷款人3个月后还款20万元，随后该房屋发生火灾全部烧毁，贷款人无力偿还剩余贷款。发生事故时，由于银行对该房屋的保险利益只有20万元，尽管该住房的实际损失及保险金额均为40万元，但银行也只能得到20万元的赔偿。

第五节　损失补偿的派生原则

一、代位原则

代位原则是指在财产保险中，保险人根据相关法律条文或保险合同的规定，对被保险人遭受的经济损失赔偿后，依法取得了被保险人向应承担责任的第三者求偿的权利或对保险标的的所有权。代位原则包括代位求偿权和物上代位权。

规定代位原则的意义在于使肇事者承担其因疏忽或过失应负的赔偿责任，有利于被保险人及时获得经济补偿，尽快恢复正常的生活或生产，同时防止被保险人因发生事故获得不当利益。

（一）代位求偿权

1. 代位求偿权的含义

代位求偿权是指当保险标的因发生保险责任范围内的事故而遭受损失，依法应当由第三者承担相应赔偿责任时，保险人自支付给被保险人赔偿金之日起，在赔偿金的限额内，依法取得对第三者请求赔偿的权利。代位求偿权是一种权利代位，即债权代位。

2. 代位求偿原则的适用范围

代位求偿权不适用于给付性质的人身保险，仅适用于补偿性质的财产保险。人身保险的被保险人由于第三者的行为而发生死亡、伤残或者疾病等保险事故的，保险人向被保险人或者受益人给付保险金后，保险人无权享有向第三者求偿的权利，被保险人或受益人仍享有向第三者索赔的权利。

在财产保险合同中，保险人不得对自己的被保险人或者其组成人员行使代位求偿权（除非是故意造成保险事故发生的）。

3.保险人获得代位求偿权的前提条件

保险标的的损失必须是由第三者所导致，且被保险人有权向第三者索赔，保险人取得代位求偿权是在对被保险人履行了赔偿义务之后，只能在赔偿金额的限度内行使代位求偿权。

（二）物上代位

物上代位产生的前提是对保险标的作推定全损的处理，保险人在物上代位中的权益范围为已支付的全部赔偿金额。在足额保险中，保险人按保险金额赔付后，受损的保险标的全部归保险人所有，在不足额保险中，保险人按保险金额与保险价值的比例取得受损保险标的部分所有权。保险人在处理标的物时所得的利益如果大于赔偿金额，则归保险人所有。

二、重复保险的分摊原则

重复保险是指投保人以同一保险标的、同一保险利益，同一保险事故，在同一保险期间与两个以上保险人订立保险合同的保险。重复投保在原则上是不允许的，但由于投保人或被保险人的疏忽，或投保人企图求得心理上更大安全感的欲望，重复投保在实践中是存在的，投保人应当将重复投保的有关情况告知给各保险人。

重复保险分摊原则是指投保人向多个保险人重复投保时，实际损失在各保险人之间进行分摊，赔偿金额不得超过损失金额，我国通常采用比例分摊责任制，各保险人根据其承保的保险金额，按比例分担损失赔偿的责任。其公式为：某保险人分摊的赔偿责任=（其承保的保险金额÷各保险人承保的保险金额总额）×损失金额。

案例2-6： 甲乙保险人承保同一财产，甲保单保额为4万元，乙保单保额为6万元，损失额为5万元。

案例解析：

甲保险人应赔付款额为：4万÷（4万+6万）×5万=2万（元）

乙保险人应赔付款额为：6万÷（4万+6万）×5万=3万（元）

第三章

保险合同

保险活动的本质是投保人和保险人签订合同、履行合同的过程，保险合同是双方履约的基础，看懂保险合同有助于投保人理解保险责任，明晰双方承担的义务，顺利获得理赔。由于保险合同的专业性和复杂性，对绝大多数投保人来说理解保险合同存在很大难度，因此有必要系统的对保险合同进行详细介绍，包括保险合同的主体和客体、内容和形式、订立及履行等，这些都是本章介绍的内容。

第一节 保险合同概述

一、什么是保险合同

根据《保险法》第十条的规定，保险合同是投保人与保险人之间就双方的权利和义务达成的书面协议。保险合同属于民商合同，其设立、变更和终止是具有保险内容的民事法律关系，因此，保险合同不仅适用于《保险法》，也适用于《民法典》。

二、保险合同与一般合同相比的特征

（一）保险合同是最大诚信合同

诚信即诚实守信，是订立民事合同必须遵守的重要原则，任何合同的订立都是合同双方诚实守信的结果。由于保险合同的特殊性，保险双方之间存在着“信息不对称”，容易产生道德风险和逆向选择，所以要求保险合同是最大诚信合同，即最大限度的诚实守信。

保险双方的信息不对称主要体现在两个方面：一是保险人对保险标的和被保险人的了解存在局限性，保险标的在投保前和投保后均在投保方的控制之下，而保险人通常只能根据投保人的告知来决定是否承保以及承保条件。所以要求投保方要履行如实告知义务，并且对保险标的过去的情况、未来的事项也要向保险人做出保证。二是体现在保险合同条款是由保险人拟定的，投保人受专业知识的局限性、保险合同的复杂性和技术性等因素的影响，在保险合同条款的解读上处于不利地位。这就要求保险人在订立保险合同时，应当履行解释说明义务，即向投保人说明保险合同的具体内容，尤其是其中免除或减轻保险人责任的条款。

（二）保险合同是双务合同

将合同按照双方当事人的权利和义务关系进行划分，合同可分为双务合同和单务合同。双务合同是指双方当事人均享有权利，同时承担相应义务的合同，如房屋买卖合同、租赁合同等。反之，只有合同一方享有权利，另一方仅承担义务的合同是单务合同，如赠与合同、无偿借贷合同等。

保险合同是双务合同，投保方承担缴纳保费、如实告知、及时通知等义务，这属于保险人享有的权利。保险人承担赔偿或给付保险金任，向投保人解释说明合同条款等义务，这属于投保方的权利。保险合同双方当事人互相享有权利，又互相负有义务，一方当事人权利的实现需要另一方当事人履行相应的义务。

（三）保险合同是射幸合同

“射幸”就是偶然的、不确定的。保险合同的射幸性源于保险事故发生的不确定性，保险人的赔偿或给付责任在合同订立时不能确定，投保人支付了保费，并不必然获得赔付。在保险合同的有效期内，如果发生保险事故，被保险人得到的赔偿金额可能远远超过其缴纳的保费，如果未发生保险事故，投保人缴纳了保费却得不到保险人的任何赔付。

（四）保险合同是附和合同

保险合同的具体条款由保险人事先拟定，投保人只能对合同做出取舍的决定，无权对合同的内容进行修改。在保险合同中，投保人对保险合同不满意时，一般只能选择保险人事先准备的附加条款作为对原有条款的补充，不能完全依照投保人的意愿进行修改。

三、保险合同的分类

（一）按保险标的的不同，分为财产保险合同和人身保险合同

1. 财产保险合同

财产保险合同是指以财产及其有关利益为保险标的的保险

合同。财产保险合同按承保的保险标的和风险的不同，又可以分为财产损失类保险合同（又称狭义的财产保险合同，如家庭财产保险合同、运输工具保险合同、货物运输保险合同、工程保险合同）、责任保险合同、信用保证保险合同等。

2. 人身保险合同

人身保险合同是指以人的生命和身体为保险标的的保险合同。按其保障范围的不同，又可分为人寿保险合同、人身意外伤害保险合同和健康保险合同。

（二）按保险金赔付性质的不同，分为补偿性保险合同和给付性保险合同

1. 补偿性保险合同

补偿性保险合同是指保险人对保险标的在保险期间内，因保险事故的发生造成实际损失时，对被保险人进行经济补偿的合同。财产保险和人身保险中的医疗保险合同均为补偿性保险合同。

2. 给付性保险合同

给付性保险合同是指保险事故发生或约定期限届满时，保险人按照保险双方事先约定的保险金额一次性支付保险金的合同。因为人的身体和寿命是无价的，除了医疗费用支出外，我们无法准确衡量由被保险人的生存、死亡和疾病造成的具体的经济损失，人身保险合同除医疗保险合同外均为给付性保险合同。

（三）按保险价值是否预先约定，分为定值保险合同和不定值保险合同

1. 定值保险合同

定值保险合同是指合同双方当事人事先约定保险标的的价值

（即用货币衡量的价值）并在保险合同中载明的合同。定值保险中，发生保险事故造成保险标的全部损失的，保险人不再核定出险时保险标的的实际价值，直接依照事先约定的保险金额进行赔偿；保险标的发生部分损失的，只需确定损失的比例，按照比例进行赔偿。

定值保险合同一般适用于价值难以确定或不可复制，或在有效期内市价变动较大的保险标的，如古玩和字画等艺术品、海上运输的货物等。

2.不定值保险合同

不定值保险合同是指投保人和保险人在订立保险合同时，并不事先约定保险价值，仅在合同中列明保险事故发生后的估价标准（如按实际价值、重置价值等方式），并列明保险金额作为赔偿的最高限额，根据出险时的实际损失确定赔偿金额。

（四）按照保险金额与保险价值的关系，分为足额、不足额和超额保险合同

1.足额保险合同

足额保险合同是指保险金额等于保险价值的保险合同。如一辆汽车的实际价值为5万元的，如果保险金额为5万则为足额保险。在足额保险中，如果发生保险事故造成保险标的部分损失时，保险人应按照实际损失赔偿保险金；全部损失时，保险人应按照保险价值全部赔偿；如果标的物有残值时，保险人对其享有物上代位权，也可作折价归被保险人所有，在赔偿保险金时扣除该部分残值。

2.不足额保险合同

不足额保险合同是指保险金额小于保险价值的保险合同。如

一辆汽车的实际价值为5万元，如果保险金额为3万元则为不足额保险。不足额保险的特点是保险费和保险金额与足额保险相比较低，但不能使保险标的得到充足的保障。

3.超额保险合同

超额保险合同是指保险金额大于保险价值的保险合同。如一辆汽车的实际价值为5万元，如果保险金额为10万元则为超额保险。但我国《保险法》规定，保险金额不得超过保险价值，保险实践中，许多投保人出于风险防范的需要或者为了获得更大的安全感可能会购买超额保险，但需要注意保险金额超过保险价值的部分是无效的。

足额、不足额和超额保险合同是根据保险金额与保险价值的关系进行的划分，由于人的身体和寿命是无价的，所以人身保险并不存在“保险价值”，所以此种划分形式仅适用于财产保险合同。而且合同签订后，保险标的的市场价值经常出现波动，足额保险也可能变为不足额保险或超额保险。

（五）按保险人承保风险从属的关系不同，分为主险合同与附加险合同

1.主险合同

主险合同是指为可单独投保的险种签订的合同。主险合同一般仅覆盖基本风险，所以又被称为基本险合同，如终身寿险、人身意外伤害保险合同等。

2.附加险合同

附加险合同是以主险为前提，不能脱离主险单独签订的保险合同。一般附加险名称上会有“附加”二字，如“附加住院津贴”“附加盗窃险”“附加定期寿险”等。主险因失效、解约或期满等原因导致合同效力中止或终止时，附加险的效力也随之中止或终止。

（六）按照载明承保风险的多少，分为单一、综合和一切风险合同

1. 单一风险合同

单一风险合同是指只承保一种风险责任的保险合同。如农作物雹灾保险合同，只赔偿冰雹对农作物造成的损失。

2. 综合风险合同

综合风险合同是指承保两种以上多种特定风险的保险合同。这种保险合同必须全部列明承保的各项风险。如企业财产保险综合险，承保火灾、雷击、爆炸、飞行物体及其他空中运行物体坠落、洪水、台风、冰凌、地面突然塌陷等多种风险。

3. 一切风险合同

一切风险合同并不意味着保险人承保了所有风险，保险人承保的风险仍然是有限制的。在一切风险合同中，保险人并不列举所承保的具体风险，而是通过“责任免除”条款列明不承保的风险，凡未列入责任免除条款的风险均属于保险人的赔付范围，如海洋货物运输保险一切险。

（七）按风险转嫁层次的不同，分为原保险合同与再保险合同

1. 原保险合同

原保险合同是指保险人与投保人直接订立的保险合同。原保险合同保障的对象是被保险人的经济利益，被保险人将风险转嫁给保险人，由保险人承担其可能的风险损失，是风险的第一次

转嫁。

2. 再保险合同

再保险合同是以原保险合同为基础，保险人为了减轻自身承担的保险责任，将其不愿意承担或超过自身承保能力外的部分责任转嫁给其他保险人或保险集团而签订的保险合同，再保险合同保障的对象是原保险人的经济利益，是风险的第二次转嫁。

第二节　保险合同的主体与客体

一、保险合同的主体

保险合同的主体包括保险合同的当事人和关系人。直接参与保险合同订立，与保险合同有直接关系的人是保险合同的当事人，包括保险人和投保人，虽未直接参与保险合同的订立，但与保险合同发生间接关系的人是保险合同的关系人，包括被保险人和受益人。

（一）保险合同的当事人

1. 保险人

（1）保险人的定义。保险人又称“承保人”，是指与投保人订立保险合同，承担赔偿或者给付保险金责任的保险公司，保险人通常是经营保险的各类组织。世界各国对保险人的资格都有明确的法律要求，除法律允许的自然人外，通常仅允许法人经营。目前，只有英国允许劳合社的承保人为自然人。

（2）保险公司的组织形式。国营保险组织。国营保险组织是国家或政府投资设立的保险经营组织。它可以由政府机构直接经营，也可以由国家法令规定的某些团体来经营。

保险股份有限公司，是由一定数目以上股东发起组织，全部注册资本被划分为若干等额股份，通过发行股票筹集资本，股东以其所认购股份承担有限责任，公司以全部资产对公司债务承担民事责任的保险组织形式。保险股份公司是目前各国保险业普遍采用的组织形式。

相互保险公司。有可能发生某类风险的若干经济组织，为达到共同的保障目的形成的非营利性保险组织。参加保险的当事人称为会员，他们不是股东，而是被保险人，也是保险人，具有双重身份。

相互保险社。相互保险社是同一行业的人员，为了应对自然灾害或意外事故造成的经济损失而自愿结合起来的集体组织。

保险合作社。保险合作社是通过自愿筹集对某种风险有相同保障要求的人的股份而建立的保险组织。

劳合社。劳合社是当今世界上最大的保险垄断组织之一，它是伦敦劳合士保险社的简称。劳合社不是一家保险公司，而是个人承保商的集合，所有成员均为个人且单独承保、自负盈亏，劳合社本质上是一个保险市场。

2. 投保人

投保人又称“要保人”，是指与保险人订立保险合同，并按照合同约定负有支付保险费义务的人，自然人、法人均可充当投保人，但是必须具备以下基本条件：具有完全的民事行为能力，未成年人、吸毒患者、精神病患者不得作为投保人；对保险标的具有保险利益，如果可以随意为他人或他人的财产投保，会产生巨大的道德风险；必须具备一定的经济能力，因为投保人需承担支付保险费的义务。

（二）保险合同的关系人

关系人指和保险合同有经济利益关系，但不一定直接参与保险合同的订立，对保险合同规定的利益享有请求权的人。关系人包括被保险人和受益人。

1.被保险人

被保险人是指其财产或身体和寿命受保险合同保障，享有保险金请求权的人，投保人可以为被保险人。在财产保险中，被保险人是财产标的经济利益的主体，当财产完好时，被保险人的利益可以正常实现；当财产损失时，被保险人的利益受到损失。在人身保险中，被保险人的生命或身体为保障对象，当发生约定的死亡、伤残、疾病或达到约定年龄、期限时，可以获得相应的保险金给付。

当投保人为他人投保时，此时保险合同的权利和经济利益归被保险人所有，享有保险金的请求权，投保人仅承担缴纳保险费的义务。

2.受益人

（1）谁为受益人。根据《保险法》第十八条，受益人是指人身保险合同中被保险人或者投保人指定的享有保险金请求权的人，被保险人和投保人都可以作为受益人。值得注意的是，受益人是以死亡作为保险金给付条件的人身保险中特有的，财产保险或人身保险的医疗保险、生存保险等险种，领取保险金时被保险人依然生存，则不需要指定受益人，受益人只有在被保险人死亡后才享有保险金的请求权，人身保险的受益人由投保人或被保险人指定，但投保人指定受益人时须征得被保险人的同意。

（2）受益人的权利。受益权的取得属于原始取得，而不是继承取得。受益人领取的保险金不是遗产，可以不用来偿还被保险人生前所欠的债务，继承的遗产则需要在继承的财产限额内替被继承人偿还生前的债务。所以，保险可以起到合理避债的作用，另外在一些征收遗产税的国家，保险也可以起到合理规避遗产税的作用。

（3）受益人的变更。根据《保险法》第四十一条，被保险人或者投保人可以变更受益人并书面通知保险人。保险人收到书面通知后，应当在保险单或者其他凭证上批注或者附贴批单，投保人变更受益人时须征得被保险人的同意。

（4）受益权的丧失。根据《保险法》第四十三条，受益人故意造成被保险人死亡、伤残、疾病的，或者故意杀害被保险人未遂的，该受益人丧失受益权。

（5）作为被保险人的遗产由继承人继承。根据《保险法》第四十二条，被保险人死亡后，出现以下情形，保险金应作为被保险人的遗产，由其继承人继承。没有指定受益人，或者受益人指定不明无法确定；受益人先于被保险人死亡，没有其他受益人；受益人依法丧失受益权或者放弃受益权，没有其他受益人。受益人与被保险人在同一事件中死亡，且不能确定死亡先后顺序的，推定受益人死亡在先。

案例3-1：李某父母双双去世，妻子与其相处不和，与儿子另住他处。后李某为自己投保了人身意外伤害保险，并指定李某的妹妹为受益人。不久李某因遭遇车祸不幸死亡，李某的妹妹也在其死亡前半月病故。现李某的妻子与李某妹妹的儿子都向保险公司请求给付保险金。问：保险公司应将这笔保险金赔付给谁？若李某的妹妹在其死亡后半月病故，应如何处理？

案例解析：根据《保险法》第四十二条，如果受益人先于被保险人死亡，保险金应作为遗产由被保险人的法定继承人领取。在本案例中，受益人李某的妹妹在被保险人李某死亡前半月已经病故。因此，保险金只能作为遗产由李某的法定继承人即其妻子和儿子领取。若李某的妹妹在其死亡后半月病故，则由李某的妹妹在李某身故后作为受益人领取保险金，李某的妹妹死亡后作为李某妹妹的遗产由其法定继承人领取。

二、保险合同的客体

（一）保险合同的客体是保险利益

保险合同的客体是保险利益，即投保人对保险标的所具有的法律上承认的利益。投保的目的不是保障保险标的本身，而是保险标的发生损失后，投保人或被保险人能够在经济上得到补偿。

（二）保险标的

保险标的是指作为保障对象的财产及其有关利益，或人的寿命和身体，是保险事故发生的本体，保险利益的载体。

第三节 保险合同的内容与形式

一、保险合同的内容

保险合同的内容，即保险合同双方当事人的权利和义务，通常以条款的形式来体现，由基本条款和特约条款组成。

（一）基本条款

基本条款又称法定条款，是根据《保险法》的规定，由保险人以列举方式制定的条款，是保险合同必不可少的条款，基本条款直接印在保险单证上，不随投保人的意愿改变。

《保险法》第十八条规定保险合同有如下基本条款。

1. 保险人的名称和住所

保险人的名称和住所必须与银保监会和工商行政管理机关批准和登记的名称一致，保险人的住所为保险公司或分支机构的主营场所所在地。

2. 投保人、被保险人、受益人的姓名或者名称、住所

明确保险合同当事人和关系人，可以确定行使权利和履行义务的主体，明确名称和住所可以确定保险合同的履行地点及发生纠纷时确定管辖权的归属地。

3. 保险标的

保险事故发生的本体，明确保险保障的对象，可以确定投保人是否具有保险利益，同时是确定保险价值、保险金额、保险费率的重要依据。

4. 保险责任和责任免除

看懂保险责任和责任免除，是顺利理赔、避免发生纠纷的关键。例如，如果购买的意外险中列明高风险活动导致的伤残不赔，那么高风险活动导致的人身损害在申请理赔时必然遭到拒绝，所以投保时需了解清楚具体的保险责任和除外责任。

保险责任是保险人对被保险人赔偿或支付的承诺。有两种确定保险人责任的方式：一是在保单中列明保险人赔偿或给付保险金的责任范围。例如，家庭财产保险中将火灾、爆炸和雷击列为基本风险，将盗窃列为附加风险。二是列明除外损失和原因，一般保险责任涵盖众多，保险公司很难一一列出，因此，不属于保险责任的部分列为除外责任。

人身保险合同中的除外责任通常包括：

（1）因违法或违反社会公德的行为引起的事故。保险合同只能为合法的行为、符合社会公共道德的行为提供保障。例如，被保险人在犯罪活动中导致的死亡或伤残，被保险人因寻衅斗殴、吸毒、醉酒而死亡等，在保险合同中属于除外责任。

（2）风险过高，保险公司无力承保的事故。例如，战争爆发后，将造成大量的人身伤亡，保险公司通常无力负担。因此，在人身保险合同中，战争引起的死亡或伤残通常属于除外责任。

（3）关于自杀，一般人身保险合同规定，被保险人在投保两年内自杀的，保险人不承担赔偿责任，自杀时为无民事行为能力人的除外。

当事故发生时，我们首先确定是否属于保险责任。如不属于，保险人不承担赔偿责任；如果属于，再确定是否属于责任免除，如果属于责任免除，保险人仍然不承担赔偿责任；如果不属于责任免除，则保险人将支付保险金。购买保险之前充分了解除外责任，既可以获得应有的保障，还可以避免发生纠纷。

5.保险期间和保险责任开始的时间

保险期间是指保险人为被保险人提供保障的起止日期，即保险合同的有效期间。

确定保险期间的方法包括两种：一是按年月日计算，我国采用“零时起保”，即承担保险责任之日的零时起，如1年期的家庭财产保险，保险责任从起保日零时起，到保险期满日的24时止。二是按事件的起止时间算，如货物运输保险从离开起运地仓库时起，至目的地仓库时止作为保险期限，建筑工程保险采用建筑工期作为保险期限。

6.保险价值

保险价值是指保险标的用货币衡量的实际价值，由于人的身体和寿命是无价的，所以保险价值是财产保险特有的概念。

7.保险金额（简称保额）

保险人承担赔偿或者给付保险金责任的最高限额。保险金额的确定既要考虑保险人的利益，又要考虑投保方的保障程度和合理负担，保险利益、保险价值、支付能力、费率水平、保障程度以及投保人的风险偏好程度都会影响保险金额的确定。

8.保险费以及支付办法

投保人可以选择趸缴或分期缴费及缴费的金额。许多人会问诸如“如果我没有生病，保费到期能返还吗？”等问题。在大家的概念中，“花出去的保费”应与“保险赔付”相对应，如果未赔付，则应退还保费。但实际上，保费真正对应的商品是“数十年的风险”，风险并不是一定发生，它不是100%可获得的产品，这是保险商品的特殊性。保险公司未进行赔付，但是保险公司却付出了人力成本、资金成本、运营成本。

9. 保险金赔偿或给付办法

财产保险一般按照实际损失，或按照修复、置换、重置等约定的方式进行赔偿，人身保险一般按照约定金额进行给付。

10. 违约责任和争议处理

明确保险合同双方因违约要承担的法律后果，通常要支付违约金或赔偿金。

11. 订立合同的时间

（二）特约条款

特约条款是指在基本条款之外，双方当事人根据实际需要协商确定的其他条款，包括保证条款和附加条款。

保证条款是指投保人或被保险人就某些特定事项进行担保的条款，即保证某种行为或事实真实性的条款。例如，人身保险合同中投保人保证其申报的被保险人年龄真实，财产保险合同中保证不在家中放置危险物品等。

附加条款是指保险人为满足投保人的特殊需要，在保险合同基本条款的基础上，可以选择增加的条款，是对基本条款的补充和完善，附加条款的效力优于基本条款。如车辆损失保险作为基本险，可以附加玻璃单独破碎险、全车盗抢险、发动机涉水险等。

基本险和附加险的关系就像去汉堡店买汉堡，如果觉得搭配可乐和薯条更好，可以选择购买套餐，汉堡店会根据不同客户的需求提供A、B、C等各种套餐，我们可以根据自己的需要选择合适的套餐。同理，我们可以在基本险的基础上选择适合自己的附加险。

如：基本险 ……√
附加险1……√
附加险2……×
附加险3……√

二、保险合同的形式

保险合同的形式是指保险合同主体之间规定双方权利和义务关系采用的表现方式，书面形式是保险合同的基本形式，主要有投保单、暂保单、保险单、保险凭证和批单。

（一）投保单

投保单又称要保单，是指投保人向保险人申请订立保险合同的一种书面形式的要约，是保险合同的重要组成部分。投保单一般由保险人事先准备，具有统一的格式，投保人对所列的项目一一填写，以供保险人考虑是否承保。

（二）暂保单

暂保单（又称“临时保单”），它是指保险人在签发正式保险单之前，由保险人签发给投保人证明保险人已经承保的书面证明，其法律效力与正式保险单相同，暂保单内容比较简单，只记载被保险人、保险标的、保险金额、保险险种等重要事项，以及保险单以外的特别条件。但通常有效期限不超过30天，在保险人出具正式保险单后自动失效。

（三）保险单

保险单（简称“保单”），是保险合同成立后，投保人和保险人订立保险合同的正式书面文件。保险单必须明确、完整地记载保险双方的权利和义务，通常由声明事项、保险事项、责任免除、条件事项四个部分组成，它所记载的内容是保险合同双方当事人履约的依据，是保险合同最重要的书面形式。

（四）保险凭证

保险凭证（又称“小保单”），是一种简化的保险单，是保险人签发给投保人证明保险合同效力的书面文件，保险凭证与保险单具有同等的法律效力。保险凭证未列明的内容，以同类保险单记载的内容为准，保险单与保险凭证的内容相抵触或保险凭证另有特别约定的，以保险凭证为准。

通常在以下几种情况下会在保险单以外单独签发保险凭证：团体保险中，投保人和保险人签发一张保单，需要给每一个被保险人签发一张单独的保险凭证；机动车辆交通事故责任强制保险中，为了便于被保险人随身携带以供有关部门检查，保险人通常也会出具保险凭证；外出旅游及乘坐交通工具时，有关部门可能会出具旅游意外伤害险、交通工具意外伤害险等保险凭证。

（五）批单

批单是指合同双方当事人就已签订的保险合同进行变更时，

保险人出立的一种书面凭证。如被保险人的地址、职业、保险金额等内容发生变更时，或保险合同的主体发生变更时，如婚姻关系发生改变，需要对投保人或受益人进行变更时，可以由保险人签发批单，附贴于原保单上。批单的内容与原保单的内容发生冲突的，以批单为准；后签发的批单与先签发的批单发生冲突的，以后签发的批单为准。

第四节 保险合同的订立与履行

一、保险合同的订立与生效

（一）保险合同的订立

当事人经过要约和承诺两个阶段订立保险合同，保险专业术语为投保和承保，即投保人提出投保申请和保险人同意承保。

1.要约（投保）

在保险合同中，投保人为要约人。只有投保人提出投保申请，将填写好的投保单交给保险公司或其代理人时，才构成要约。值得注意的是，保险公司和代理人的展业行为是要约邀请，不是要约。

2.承诺（承保）

承诺是受要约人同意要约做出的意思表示。保险合同是诺成合同，要约一经承诺，保险合同即成立，合同成立意味着合同当事人就合同条款达成协议，与保险费的缴纳和保险单的交付不产生必然的联系。

在保险合同的订立过程中，一般情况下，由投保人填写投保单，向保险人发出要约，保险人审核投保人填写的投保单后在投保单上签章则表示同意承保，投保人为要约人，保险人为受要约人。

（二）保险合同的生效

保险合同的生效是指合同对当事人产生法律约束力，保险合同的成立并不一定标志着保险合同的生效，保险人只承担合同生效后的保险责任。一般而言，依法成立的保险合同，成立即生效。但我国《保险法》明确规定，投保人和保险人可以对合同的效力约定附条件或者附期限，如以航程作为保险期限的海上保险合同，必须在航程开始后，合同才生效；人身保险合同多为附条件合同，通常以缴纳首期保费作为合同生效的条件。

案例3-2： 某年4月25日，王某为新购得的汽车向某保险公司购买了汽车保险，并向保险公司一次性缴纳保险费1200元。保单上约定“本保单自车辆上牌照之日起开始生效”。王某于当年的6月20日为其车辆上了牌照。第二年的5月20日，王某的汽车被盗，王某随即向保险公司提出了索赔申请，保险公司以被盗车辆的保险期限已过而拒绝赔偿保险金。双方发生争议，王某向法院提起诉讼。问：保险公司是否应该赔付，为什么？

案例解析： 我国《保险法》明确规定投保人和保险人可以对合同的效力约定附条件或者附期限。保单中约定“自车辆上牌照之日起生效”，即投保当年的6月20日保单生效，保险期间为1年，因此第二年的5月20日仍在保险期限内，保险公司无权拒赔。

二、保险合同双方需要履行的义务

（一）投保方的主要义务

1.缴纳保险费的义务

这是投保人最主要的义务。《保险法》第十四条规定，保险合同成立后，投保人按照约定交付保险费，保险人按照约定的时间开始承担保险责任。

2.履行如实告知的义务

根据数据显示，2019年人寿险公司的获赔比率基本在97%以上，3%未获赔付的原因大多是未履行如实告知义务，那么究竟什么是“如实告知”呢？

如实告知是投保环节中最重要的，也是困扰保险客户和保险代理人的一个环节。因为一旦详细告知，可能面临体检、调查、提交病历，加费、附条件承保，甚至被拒保等情况；如果未详细告知，日后可能会面临更严重的后果，如保险人解除合同甚至“拒赔”。

根据《保险法》第十六条，订立保险合同，保险人对保险标的或者被保险人的有关情况提出询问时，投保人应当如实告知。如果投保人故意或由于重大过失未履行如实告知义务，足以引起保险人决定是否承保或提高保险费率的，保险人有权解除保险合同。

合同解除权，自保险人知道有解除事由之日起，超过30日不行使而消灭。自合同成立之日起超过两年的，保险人不得解除合同；发生保险事故的，保险人应当承担赔付保险金的责任。

投保人故意不履行如实告知义务的，保险人不承担赔付保险金的责任，且不退还保险费；因重大过失未履行如实告知义务，对保险事故的发生有重大影响的，保险人不承担赔付保险金的责任，但应当退还保险费。

※ 哪些内容需要如实告知?

对投保时保险人提出询问的、足以影响保险人决定是否承保以及承保条件的问题，我们需要如实告知，我国采用的告知方式是询问告知，不是无限告知，所以只需对保险公司提出的问题予以回答，未做询问的，无须说明。以下属于须如实告知的问题：

（1）投保信息需要如实告知：为防止逆向选择的风险，保险公司一般会在投保时向保险消费者询问投保信息，如是否在其他保险公司投保了同类型的保险等问题。

（2）健康信息需要如实告知：保险公司在投保书健康告知部分提出的问题，如投保健康险时询问被保险人是否曾经患有肿瘤、肝脏疾病、胃肠疾病或最近两年是否有长期发热、吞咽困难等症状。

（3）财务信息需要如实告知：保险公司在财务信息和单独的财务调查问卷中要求的信息，如是否有负债及固定年收入等问题，保险公司设置这项指标主要是考虑逆选择和未来的交费压力。

※ 什么情况下不如实告知也能获赔?

保险人可以解除合同的期限称为可抗辩期，合同订立的前两年为可抗辩期，两年后不可抗辩，即保险人不得以投保人未履行如实告知义务为由主张合同无效。

但是，保险公司通常将保险责任规定为“初次罹患”某种疾病，即使两年后，保险公司依然可以对投保前所患的疾病不予赔付。如果投保前未如实告知，投保满两年后“初次罹患”某种疾病时，保险公司仍应进行赔付。

在实务中，有些情况下，投保人带病投保或者恶意骗保的主观意愿明显，这时，虽超过了两年可抗辩期，法院仍可能会判定保险公司无须承担保险责任。

※不如实告知的消费者可能被列入保险行业黑名单

保险公司之间对反保险欺诈有较为广泛的合作，一旦在一家保险公司投保时未如实告知，可能会被列入保险行业的黑名单，无法再投保。

需要注意以下四个常见误区：

（1）只要没过住院，健康告知全填否。许多消费者认为自己身体健康，从未住过院，所有健康告知全部填“否”。但是否住过院不能衡量疾病是否严重及承保的条件。任何就医经历，只要被询问，就要如实告知。

（2）该病已经痊愈，不需告知。许多消费者认为，如果疾病已经治愈，则无须告知。如果是上呼吸道感染、急性胃肠炎，阑尾炎等影响较小；但如果是慢性病、重大疾病等，即使当时已经临床治愈，也存在复发的可能，对承保存在较大影响。

（3）为家庭成员投保，不清楚健康状况。某些消费者为家人投保，在不了解对方健康状况的情况下投保，同样面临着被拒保或拒赔的风险，为家庭成员购买保险时，必须先清楚对方的健康状况，然后作健康告知。

（4）保险公司要求的体检不等于健康告知。某些消费者认为，已经按照保险公司的要求在投保之前进行了体检，且结果正常，因此不需要健康告知。《保险法》司法解释明确规定，保险人在订立合同时应当指定医疗机构对被保险人进行体检，人民法院不支持当事人自行免除被保险人如实告知义务的行为。

案例3-3：刘女士的丈夫钟先生购买了某寿险公司的人寿保险。在购买该保险之前，钟先生已在医院检查出患有慢性乙型肝炎，并接受了治疗。为了防止被保险公司拒保，刘女士没有在填写健康告知书时告知“曾患有乙肝”，保单就这样购买成功并生效了。一年半后，钟先生因胃癌去世了。当刘女士向保险公司提出索赔时，保险公司以钟先生购买保险未“如实告知”为由，拒绝理赔。

案例解析：由于保险公司提供的拒赔证据充分，同时刘女士也确实了解整个购买保险的过程，最后，刘女士只能无奈接受了“不予理赔”的事实。根据《保险法》第十六条，投保人故意不履行如实告知义务的，保险人对于合同解除前发生的保险事故，不承担赔偿或者给付保险金的责任，并不退还保险费。

3.保险事故发生、保险标的危险增加、保险标的转让的通知义务

《保险法》第二十一条规定，投保人、被保险人或者受益人知道保险事故发生后，应及时通知保险人。如果因故意或重大过失未及时通知，致使保险事故的性质、原因、损失程度等难以确定的，保险人对无法确定的部分不承担赔付保险金的责任，但保险人通过其他渠道已经知道或应该知道保险事故的除外。

《保险法》第五十二条规定，在合同有效期内，保险标的的风险程度显著增加的，被保险人应当按照合同约定及时通知保险人。

《保险法》第四十九条规定，转让保险标的的，保险标的的受让人应当承继被保险人的权利和义务。保险标的转让时，被保险人或者承让人应当及时通知保险人，但货物运输保险合同和另有约定的合同除外。

保险人可以按照合同约定增加保费或解除合同，如果保险人解除合同，应按照合同从保险责任开始之日起至合同解除之日止扣除应收的部分后，将已收取的保费退还给投保人。被保险人未履行通知义务的，因保险标的的危险程度显著增加而发生保险事故的，保险人不承担赔偿责任。

4.防灾防损和施救义务

《保险法》第五十七规定，发生保险事故时，被保险人应尽力采取必要措施，被保险人为减少损失支付的必要、合理的施救费用，由保险人承担，与对被保险人的损失赔偿分开计算，最高不超过保险金额。

5.提供单证义务

《保险法》第二十二条规定，发生保险事故后，要求保险人赔偿或给付保险金时，投保人、被保险人或受益人应当向保险人提供与确认保险事故的性质、原因、损失程度等有关的证明和资料。

6.协助追偿义务

《保险法》第六十条规定，保险事故由第三者对被保险人的损害引起的，保险人自向被保险人赔偿保险金之日起，在赔偿范围内代为行使被保险人对第三者请求赔偿的权利。

（二）保险人的主要义务

1.《保险法》第十七条规定，订立保险合同时，保险人应对保险合同的具体条款以书面或口头的形式向投保人进行解释说明，尤其对其中的责任免除条款。

2.赔偿或给付保险金的义务。投保人订立保险合同、交付保险费的目的在于发生保险事故时，能够从保险人处获得保险金。因此，该义务是保险人依照法律规定和合同约定所应承担的最重要、最基本的义务。

3.及时向投保人签发保险单或者其他保险凭证。《保险法》第十三条规定，保险合同成立后，保险人应当及时向投保人签发保险单或者其他保险凭证，并载明双方当事人约定的合同内容。

4.保密义务。保险人在办理保险业务时，对投保人、被保险人的具体情况负有保密义务。

三、保险合同的变更

保险合同的变更是指在保险合同有效期内，当事人由于情况变化，依据法律规定的条件和程序，在协商一致的前提下，对原保险合同的内容进行修改或补充。保险合同发生变更的，保险人应当在保险单或其他保险凭证上批注或者附贴批单。保险合同的变更包括保险合同主体的变更和保险合同内容的变更。

（一）保险合同主体的变更

保险合同主体的变更是指保险合同当事人和关系人的变更，主要是指投保人、被保险人和受益人的变更。保险人一般情况下不会变更，只有当保险公司破产、解散、合并和分立时，才可能导致保险人所承担的全部的保险责任转让给其他保险人或政府有关基金。

1. 财产保险合同主体的变更

主要是投保人或被保险人的变更，财产保险合同主体的变更意味着保险标的的转让，受让人承继被保险人的权利和义务，发生转让时应及时通知保险人，但货物运输保险合同和另有约定的除外。

2. 人身保险合同主体的变更

人身保险合同主体的变更主要是投保人、被保险人或受益人的变更。

（1）投保人的变更。投保人的变更须征得被保险人的同意并通知保险人，经保险人核准后方可变更，被保险人为无民事行为能力和限制民事行为能力人时，须征得监护人的同意。

（2）被保险人的变更。人身保险的被保险人作为保险标的，由于年龄、性别、健康状况等情况因人而异，面临的风险程度不同，所以一般情况下不能变更，团体保险等特殊情况下可以变更被保险人。

（3）受益人的变更。根据《保险法》第四十一条，被保险人和投保人可以申请变更受益人，并书面通知保险人。如在保险实践中，妻子作为被保险人投保的人寿保险，指定其丈夫为受益人，由于夫妻双方感情破裂，离婚之后可以申请变更受益人。保险人收到受益人变更的书面通知后，应在保险单或其他保险凭证上批注或者附贴批单。投保人变更受益人时，必须征得被保险人同意。

（二）保险合同内容的变更

在保险合同的有效期内，投保人与保险人经协商同意，可以变更保险合同的内容，例如对保险金额、缴费期限、保险责任等内容的变更，财产保险保险标的的价值、存放地点、危险程度等内容的变更，人身保险中被保险人的职业、投保人缴费方式等内容的变更。

保险合同的变更一般采用书面形式，批单是保险合同变更时最常用的书面单证，其他书面形式亦可，但须由保险人签章，并贴附在原保单或保险凭证上。

四、合同的中止与复效

（一）保险合同的中止

根据《保险法》第三十六条，合同约定分期支付保险费，投保人支付首期保险费后，除合同另有约定外，投保人自保险人催告之日起超过30日未支付当期保险费，或者超过约定的期限60日未支付当期保险费的，合同效力中止。中止期内发生保险事故的，保险人应当按照合同约定给付保险金，但可以扣减欠缴的保费。

案例3-4：李先生投保了一份终身人寿保险，指定他的儿子为受益人。采用的是分期支付保费的形式，2019年5月13日，李先生应缴保费却未缴，6月5日，李先生遭遇意外不幸去世，问：李先生的儿子能否取得保险公司的赔偿金？

案例解析：能取得赔偿金。根据保险的宽限期条款，宽限期为60天，在宽限期内保险合同继续有效。所以，在宽限期内发生保险事故，保险公司应该支付保险金，但可以扣除5月13日至6月5日应缴的保费。

（二）保险合同的复效或中止后的解除权

《保险法》第三十七条的规定，保险合同的效力中止后，保险人与投保人协商并达成协议，在投保人补齐欠缴的保费后，合同恢复效力。但是，如果双方在合同中止之日起两年内未达成协议，则保险人有权解除合同，但需向投保人返还保险单的现金价值。

案例3-5：张先生2012年6月10日为自己投保了人寿保险，保额10万元，选择缴费方式为年缴，保险合同约定缴费有60日的宽限期。张先生于2013年和2014年均按时缴纳了保费。但直到2015年8月10日，张先生仍未在宽限期内缴纳保费，则保险合同效力中止。2015年9月2日，张先生向保险公司补交了2015年的保费并申请复效。保险公司于当日恢复了保险合同的效力。2016年10月16日，张先生因病身故，此时张先生未缴2016年的保费。张先生的妻子王女士作为保险合同指定受益人，向保险公司索赔。保险公司以超过保险合同约定的宽限期仍未缴纳保费，保险合同效力中止，合同中止期间发生的保险事故保险公司不承担赔偿或给付保险金义务为由，拒绝了王女士的理赔申请，退还了保单的现金价值。王女士遂上诉至法院。

案例解析：根据我国《保险法》第三十七条规定，保险合同中止后申请复效的，中止期间仍属于保险期间，视为保险期间从未中断。因此，宽限期的起算时间应该从投保人缴纳首期保险费日起计算，而不能从保单复效时缴纳保费之日起计算。本案中保险合同于6月10日缴纳了首期保费，宽限期按60天计算，应截至8月10日为止，保险事故于10月16日发生，已超过了约定的宽限期，故保险合同效力因中止而失效，保险公司不承担此期间内发生保险事故的责任。

五、保险合同的解除、终止与争议处理

（一）保险合同的解除

保险合同是在平等自愿的基础上订立的，一般情况下投保人可以随时解除保险合同，但保险人不得解除合同，货物运输保险合同和运输工具航程保险合同除外。

《保险法》赋予保险人解除权有如下几种情况。

1.投保方违反（如实）告知义务。

2.投保人、被保险人违反维护保险标的安全和防灾防损义务。

3.保险标的危险增加。

4.人身保险的投保人申报被保险人年龄有误且真实年龄不符合合同约定。

5.人身保险合同效力中止满两年双方未达成复效协议的。

6.未发生保险事故，但被保险人或者受益人谎称发生了保险事故，投保人、被保险人或者受益人故意制造保险事故的。

（二）保险合同的终止

保险合同的终止是指因发生法律规定或者合同约定的事由，保险合同当事人之间的权利义务关系消灭。保险合同的终止有因期限届满、保险人履约、保险标的灭失、合同解约终止四种。

1.保险合同因期限届满而终止

保险合同一般都规定保险期限，保险合同订立后，虽然并未

发生保险事故，但当保险期限届满时，保险人的保险责任也自然终止。因为保险事故的发生是小概率事件，所以保险合同因期限届满终止是最普遍、最基本的原因。

2. 保险合同因履行而终止

保险合同中，保险人最主要的义务就是发生保险事故时赔付保险金。在保险人实际履行了全部保险责任后，保险人的义务已履行完毕，保险合同即告终止。

3. 保险合同因标的灭失而终止

由于非保险事故导致保险标的灭失，保险标的已实际不存在，保险合同即告终止。如在人身保险中，被保险人投保了疾病保险，但由于意外事故导致被保险人死亡，保险合同终止。

4. 保险合同解约终止

在保险合同的有效期内，保险合同双方当事人依据法律相关规定或合同约定提前终止合同效力。

（三）保险合同争议的处理

1. 保险合同的解释原则

保险合同订立后，各种原因可能导致合同当事人或关系人对合同条款产生不同的理解，从而引发争议。

保险合同的解释是指当事人对保险合同的内容或者使用的语言文字发生争议时，法院或者仲裁机构依据一定的事实，遵循有关原则，对保险合同内容的含义做出分析与说明。保险合同的解释原则一般包括：

（1）文义解释原则。即按照保险合同条款通常的文字含义并结合上下文解释的原则。合同文句应只有唯一且明确的含义，专门术语应按本行业的通用含义解释。

（2）意图解释原则。是指必须尊重双方当事人订约时的真实意图进行解释的原则。这一原则一般只适用于文义不清、条款用词不准确、混乱模糊等无法运用文义解释的情形时，根据保险合同订约时的其他背景资料、客观实际情况进行逻辑分析，推断合同当事人订立时的真实意图。

（3）专业解释原则。专业解释是指对保险合同中使用的专业术语，应按照所属行业的特定含义进行解释，保险合同中除保险术语外，还会出现法律术语、医学术语等其他专业术语。

（4）有利于被保险人或受益人的解释原则。该原则适用于在保险合同双方当事人对保险合同的条款有争议时，由于保险合同是由保险人拟定的，所以我国《保险法》第三十条规定，对保险合同条款有两种以上解释的，人民法院或者仲裁机构应当做出有利于被保险人或者受益人的解释。

2.保险合同争议的解决方式

（1）协商或调解。保险合同双方在互谅互让、实事求是的基础上，对出现的争议由合同双方或在第三方主持下友好磋商，分清责任，达成一致意见，解决争议的办法。

（2）仲裁。争议双方依照仲裁协议，自愿将彼此间的争议交由双方共同信任、法律认可的仲裁机构做出判断或裁决的方法。

（3）诉讼。是指双方当事人在发生争议时，有权以自己的名义直接向法院提出诉讼请求，由法院在双方当事人和其他有关人员共同参与下，依据相关法定诉讼程序，进行审理并做出审判以解决争议的方法。

第四章

中华人民共和国保险法

《中华人民共和国保险法》是为了规范保险活动，保护保险活动当事人的合法权益，加强对保险业的监督管理，维护社会经济秩序和社会公共利益，促进保险事业的健康发展，制定的法律。

1995年6月30日第八届全国人民代表大会常务委员会第十四次会议通过。根据2002年10月28日第九届全国人民代表大会常务委员会第三十次会议《关于修改〈中华人民共和国保险法〉的决定》，第一次修正。2009年2月28日第十一届全国人民代表大会常务委员会第七次会议修订。根据2014年8月31日第十二届全国人民代表大会常务委员会第十次会议《关于修改〈中华人民共和国保险法〉等五部法律的决定》，第二次修正。根据2015年4月24日第十二届全国人民代表大会常务委员会第十四次会议《关于修改〈中华人民共和国计量法〉等五部法律的决定》，第三次修正。

第一章　总则

第一条　为了规范保险活动，保护保险活动当事人的合法权益，加强对保险业的监督管理，维护社会经济秩序和社会公共利益，促进保险事业的健康发展，制定本法。

第二条　本法所称保险，是指投保人根据合同约定，向保险人支付保险费，保险人对于合同约定的可能发生的事故因其发生所造成的财产损失承担赔偿保险金责任，或者当被保险人死亡、伤残、疾病或者达到合同约定的年龄、期限等条件时承担给付保险金责任的商业保险行为。

第三条　在中华人民共和国境内从事保险活动，适用本法。

第四条　从事保险活动必须遵守法律、行政法规，尊重社会公德，不得损害社会公共利益。

第五条　保险活动当事人行使权利、履行义务应当遵循诚实信用原则。

第六条　保险业务由依照本法设立的保险公司以及法律、行政法规规定的其他保险组织经营，其他单位和个人不得经营保险业务。

第七条　在中华人民共和国境内的法人和其他组织需要办理境内保险的，应当向中华人民共和国境内的保险公司投保。

第八条　保险业和银行业、证券业、信托业实行分业经营、分业管理，保险公司与银行、证券、信托业务机构分别设立。国家另有规定的除外。

第九条　国务院保险监督管理机构依法对保险业实施监督管理。

国务院保险监督管理机构根据履行职责的需要设立派出机构。派出机构按照国务院保险监督管理机构的授权履行监督管理职责。

第二章　保险合同

第一节　一般规定

第十条　保险合同是投保人与保险人约定保险权利义务关系

的协议。

投保人是指与保险人订立保险合同，并按照合同约定负有支付保险费义务的人。

保险人是指与投保人订立保险合同，并按照合同约定承担赔偿或者给付保险金责任的保险公司。

第十一条　订立保险合同，应当协商一致，遵循公平原则确定各方的权利和义务。

除法律、行政法规规定必须保险的外，保险合同自愿订立。

第十二条　人身保险的投保人在保险合同订立时，对被保险人应当具有保险利益。

财产保险的被保险人在保险事故发生时，对保险标的应当具有保险利益。

人身保险是以人的寿命和身体为保险标的的保险。

财产保险是以财产及其有关利益为保险标的的保险。

被保险人是指其财产或者人身受保险合同保障，享有保险金请求权的人。投保人可以为被保险人。

保险利益是指投保人或者被保险人对保险标的具有的法律上承认的利益。

第十三条　投保人提出保险要求，经保险人同意承保，保险合同成立。保险人应当及时向投保人签发保险单或者其他保险凭证。

保险单或者其他保险凭证应当载明当事人双方约定的合同内容。当事人也可以约定采用其他书面形式载明合同内容。

依法成立的保险合同，自成立时生效。投保人和保险人可以对合同的效力约定附条件或者附期限。

第十四条　保险合同成立后，投保人按照约定交付保险费，保险人按照约定的时间开始承担保险责任。

第十五条　除本法另有规定或者保险合同另有约定外，保险合同成立后，投保人可以解除合同，保险人不得解除合同。

第十六条　订立保险合同，保险人就保险标的或者被保险人的有关情况提出询问的，投保人应当如实告知。

投保人故意或者因重大过失未履行前款规定的如实告知义务，足以影响保险人决定是否同意承保或者提高保险费率的，保险人有权解除合同。

前款规定的合同解除权，自保险人知道有解除事由之日起，超过三十日不行使而消灭。自合同成立之日起超过二年的，保险人不得解除合同；发生保险事故的，保险人应当承担赔偿或者给付保险金的责任。

投保人故意不履行如实告知义务的，保险人对于合同解除前发生的保险事故，不承担赔偿或者给付保险金的责任，并不退还保险费。

投保人因重大过失未履行如实告知义务，对保险事故的发生有严重影响的，保险人对于合同解除前发生的保险事故，不承担赔偿或者给付保险金的责任，但应当退还保险费。

保险人在合同订立时已经知道投保人未如实告知的情况的，保险人不得解除合同；发生保险事故的，保险人应当承担赔偿或者给付保险金的责任。

保险事故是指保险合同约定的保险责任范围内的事故。

第十七条　订立保险合同，采用保险人提供的格式条款的，保险人向投保人提供的投保单应当附格式条款，保险人应当向投保人说明合同的内容。

对保险合同中免除保险人责任的条款，保险人在订立合同时应当在投保单、保险单或者其他保险凭证上做出足以引起投保人注意的提示，并对该条款的内容以书面或者口头形式向投保人做出明确说明；未作提示或者明确说明的，该条款不产生效力。

第十八条　保险合同应当包括下列事项：

（一）保险人的名称和住所；

（二）投保人、被保险人的姓名或者名称、住所，以及人身保险的受益人的姓名或者名称、住所；

（三）保险标的；

（四）保险责任和责任免除；

（五）保险期间和保险责任开始时间；

（六）保险金额；

（七）保险费以及支付办法；

（八）保险金赔偿或者给付办法；

（九）违约责任和争议处理；

（十）订立合同的年、月、日。

投保人和保险人可以约定与保险有关的其他事项。

受益人是指人身保险合同中由被保险人或者投保人指定的享有保险金请求权的人。投保人、被保险人可以为受益人。

保险金额是指保险人承担赔偿或者给付保险金责任的最高限额。

第十九条　采用保险人提供的格式条款订立的保险合同中的下列条款无效：

（一）免除保险人依法应承担的义务或者加重投保人、被保险人责任的；

（二）排除投保人、被保险人或者受益人依法享有的权利的。

第二十条 投保人和保险人可以协商变更合同内容。

变更保险合同的，应当由保险人在保险单或者其他保险凭证上批注或者附贴批单，或者由投保人和保险人订立变更的书面协议。

第二十一条 投保人、被保险人或者受益人知道保险事故发生后，应当及时通知保险人。故意或者因重大过失未及时通知，致使保险事故的性质、原因、损失程度等难以确定的，保险人对无法确定的部分，不承担赔偿或者给付保险金的责任，但保险人通过其他途径已经及时知道或者应当及时知道保险事故发生的除外。

第二十二条 保险事故发生后，按照保险合同请求保险人赔偿或者给付保险金时，投保人、被保险人或者受益人应当向保险人提供其所能提供的与确认保险事故的性质、原因、损失程度等有关的证明和资料。

保险人按照合同的约定，认为有关的证明和资料不完整的，应当及时一次性通知投保人、被保险人或者受益人补充提供。

第二十三条 保险人收到被保险人或者受益人的赔偿或者给付保险金的请求后，应当及时做出核定；情形复杂的，应当在三十日内做出核定，但合同另有约定的除外。保险人应当将核定结果通知被保险人或者受益人；对属于保险责任的，在与被保险人或者受益人达成赔偿或者给付保险金的协议后十日内，履行赔偿或者给付保险金义务。保险合同对赔偿或者给付保险金的期限有约定的，保险人应当按照约定履行赔偿或者给付保险金义务。

保险人未及时履行前款规定义务的，除支付保险金外，应当赔偿被保险人或者受益人因此受到的损失。

任何单位和个人不得非法干预保险人履行赔偿或者给付保险金的义务，也不得限制被保险人或者受益人取得保险金的权利。

第二十四条　保险人依照本法第二十三条的规定做出核定后，对不属于保险责任的，应当自做出核定之日起三日内向被保险人或者受益人发出拒绝赔偿或者拒绝给付保险金通知书，并说明理由。

第二十五条　保险人自收到赔偿或者给付保险金的请求和有关证明、资料之日起六十日内，对其赔偿或者给付保险金的数额不能确定的，应当根据已有证明和资料可以确定的数额先予支付；保险人最终确定赔偿或者给付保险金的数额后，应当支付相应的差额。

第二十六条　人寿保险以外的其他保险的被保险人或者受益人，向保险人请求赔偿或者给付保险金的诉讼时效期间为二年，自其知道或者应当知道保险事故发生之日起计算。

人寿保险的被保险人或者受益人向保险人请求给付保险金的诉讼时效期间为五年，自其知道或者应当知道保险事故发生之日起计算。

第二十七条　未发生保险事故，被保险人或者受益人谎称发生了保险事故，向保险人提出赔偿或者给付保险金请求的，保险人有权解除合同，并不退还保险费。

投保人、被保险人故意制造保险事故的，保险人有权解除合同，不承担赔偿或者给付保险金的责任；除本法第四十三条规定外，不退还保险费。

保险事故发生后，投保人、被保险人或者受益人以伪造、变造的有关证明、资料或者其他证据，编造虚假的事故原因或者夸大损失程度的，保险人对其虚报的部分不承担赔偿或者给付保险金的责任。

投保人、被保险人或者受益人有前三款规定行为之一，致使保险人支付保险金或者支出费用的，应当退回或者赔偿。

第二十八条　保险人将其承担的保险业务，以分保形式部分转移给其他保险人的，为再保险。

应再保险接受人的要求，再保险分出人应当将其自负责任及原保险的有关情况书面告知再保险接受人。

第二十九条　再保险接受人不得向原保险的投保人要求支付保险费。

原保险的被保险人或者受益人不得向再保险接受人提出赔偿或者给付保险金的请求。

再保险分出人不得以再保险接受人未履行再保险责任为由，拒绝履行或者迟延履行其原保险责任。

第三十条　采用保险人提供的格式条款订立的保险合同，保险人与投保人、被保险人或者受益人对合同条款有争议的，应当按照通常理解予以解释。对合同条款有两种以上解释的，人民法院或者仲裁机构应当做出有利于被保险人和受益人的解释。

第二节　人身保险合同

第三十一条　投保人对下列人员具有保险利益：

（一）本人；

（二）配偶、子女、父母；

（三）前项以外与投保人有抚养、赡养或者扶养关系的家庭其他成员、近亲属；

（四）与投保人有劳动关系的劳动者。

除前款规定外，被保险人同意投保人为其订立合同的，视为投保人对被保险人具有保险利益。

订立合同时，投保人对被保险人不具有保险利益的，合同无效。

第三十二条　投保人申报的被保险人年龄不真实，并且其真实年龄不符合合同约定的年龄限制的，保险人可以解除合同，并按照合同约定退还保险单的现金价值。保险人行使合同解除权，适用本法第十六条第三款、第六款的规定。

投保人申报的被保险人年龄不真实，致使投保人支付的保险费少于应付保险费的，保险人有权更正并要求投保人补交保险费，或者在给付保险金时按照实付保险费与应付保险费的比例支付。

投保人申报的被保险人年龄不真实，致使投保人支付的保险费多于应付保险费的，保险人应当将多收的保险费退还投保人。

第三十三条　投保人不得为无民事行为能力人投保以死亡为给付保险金条件的人身保险，保险人也不得承保。

父母为其未成年子女投保的人身保险，不受前款规定限制。但是，因被保险人死亡给付的保险金总和不得超过国务院保险监督管理机构规定的限额。

第三十四条　以死亡为给付保险金条件的合同，未经被保险人同意并认可保险金额的，合同无效。

按照以死亡为给付保险金条件的合同所签发的保险单，未经被保险人书面同意，不得转让或者质押。

父母为其未成年子女投保的人身保险，不受本条第一款规定限制。

第三十五条 投保人可以按照合同约定向保险人一次支付全部保险费或者分期支付保险费。

第三十六条 合同约定分期支付保险费，投保人支付首期保险费后，除合同另有约定外，投保人自保险人催告之日起超过三十日未支付当期保险费，或者超过约定的期限六十日未支付当期保险费的，合同效力中止，或者由保险人按照合同约定的条件减少保险金额。

被保险人在前款规定期限内发生保险事故的，保险人应当按照合同约定给付保险金，但可以扣减欠交的保险费。

第三十七条 合同效力依照本法第三十六条规定中止的，经保险人与投保人协商并达成协议，在投保人补交保险费后，合同效力恢复。但是，自合同效力中止之日起满二年双方未达成协议的，保险人有权解除合同。

保险人依照前款规定解除合同的，应当按照合同约定退还保险单的现金价值。

第三十八条 保险人对人寿保险的保险费，不得用诉讼方式要求投保人支付。

第三十九条 人身保险的受益人由被保险人或者投保人指定。

投保人指定受益人时须经被保险人同意。投保人为与其有劳动关系的劳动者投保人身保险，不得指定被保险人及其近亲属以外的人为受益人。

被保险人为无民事行为能力人或者限制民事行为能力人的，可以由其监护人指定受益人。

第四十条 被保险人或者投保人可以指定一人或者数人为受

益人。

受益人为数人的，被保险人或者投保人可以确定受益顺序和受益份额；未确定受益份额的，受益人按照相等份额享有受益权。

第四十一条 被保险人或者投保人可以变更受益人并书面通知保险人。保险人收到变更受益人的书面通知后，应当在保险单或者其他保险凭证上批注或者附贴批单。

投保人变更受益人时须经被保险人同意。

第四十二条 被保险人死亡后，有下列情形之一的，保险金作为被保险人的遗产，由保险人依照《中华人民共和国继承法》的规定履行给付保险金的义务：

（一）没有指定受益人，或者受益人指定不明无法确定的；

（二）受益人先于被保险人死亡，没有其他受益人的；

（三）受益人依法丧失受益权或者放弃受益权，没有其他受益人的。

受益人与被保险人在同一事件中死亡，且不能确定死亡先后顺序的，推定受益人死亡在先。

第四十三条 投保人故意造成被保险人死亡、伤残或者疾病的，保险人不承担给付保险金的责任。投保人已交足二年以上保险费的，保险人应当按照合同约定向其他权利人退还保险单的现金价值。

受益人故意造成被保险人死亡、伤残、疾病的，或者故意杀害被保险人未遂的，该受益人丧失受益权。

第四十四条 以被保险人死亡为给付保险金条件的合同，自合同成立或者合同效力恢复之日起二年内，被保险人自杀的，保险人不承担给付保险金的责任，但被保险人自杀时为无民事行为能力人的除外。

保险人依照前款规定不承担给付保险金责任的，应当按照合同约定退还保险单的现金价值。

第四十五条　因被保险人故意犯罪或者抗拒依法采取的刑事强制措施导致其伤残或者死亡的，保险人不承担给付保险金的责任。投保人已交足二年以上保险费的，保险人应当按照合同约定退还保险单的现金价值。

第四十六条　被保险人因第三者的行为而发生死亡、伤残或者疾病等保险事故的，保险人向被保险人或者受益人给付保险金后，不享有向第三者追偿的权利，但被保险人或者受益人仍有权向第三者请求赔偿。

第四十七条　投保人解除合同的，保险人应当自收到解除合同通知之日起三十日内，按照合同约定退还保险单的现金价值。

第三节　财产保险合同

第四十八条　保险事故发生时，被保险人对保险标的不具有保险利益的，不得向保险人请求赔偿保险金。

第四十九条　保险标的转让的，保险标的的受让人承继被保险人的权利和义务。

保险标的转让的，被保险人或者受让人应当及时通知保险人，但货物运输保险合同和另有约定的合同除外。

因保险标的转让导致危险程度显著增加的，保险人自收到前款规定的通知之日起三十日内，以按照合同约定增加保险费或者解除合同。保险人解除合同的，应当将已收取的保险费，按照合同约定扣除自保险责任开始之日起至合同解除之日止应收的部分后，退还投保人。

被保险人、受让人未履行本条第二款规定的通知义务的，因转让导致保险标的危险程度显著增加而发生的保险事故，保险人不承担赔偿保险金的责任。

第五十条　货物运输保险合同和运输工具航程保险合同，保险责任开始后，合同当事人不得解除合同。

第五十一条　被保险人应当遵守国家有关消防、安全、生产操作、劳动保护等方面的规定，维护保险标的的安全。

保险人可以按照合同约定对保险标的的安全状况进行检查，及时向投保人、被保险人提出消除不安全因素和隐患的书面建议。

投保人、被保险人未按照约定履行其对保险标的的安全应尽责任的，保险人有权要求增加保险费或者解除合同。

保险人为维护保险标的的安全，经被保险人同意，可以采取安全预防措施。

第五十二条　在合同有效期内，保险标的的危险程度显著增加的，被保险人应当按照合同约定及时通知保险人，保险人可以按照合同约定增加保险费或者解除合同。保险人解除合同的，应当将已收取的保险费，按照合同约定扣除自保险责任开始之日起至合同解除之日止应收的部分后，退还投保人。

被保险人未履行前款规定的通知义务的，因保险标的的危险程度显著增加而发生的保险事故，保险人不承担赔偿保险金的责任。

第五十三条　有下列情形之一的，除合同另有约定外，保险人应当降低保险费，并按日计算退还相应的保险费：

（一）据以确定保险费率的有关情况发生变化，保险标的的危险程度明显减少的；

（二）保险标的的保险价值明显减少的。

第五十四条 保险责任开始前，投保人要求解除合同的，应当按照合同约定向保险人支付手续费，保险人应当退还保险费。保险责任开始后，投保人要求解除合同的，保险人应当将已收取的保险费，按照合同约定扣除自保险责任开始之日起至合同解除之日止应收的部分后，退还投保人。

第五十五条 投保人和保险人约定保险标的的保险价值并在合同中载明的，保险标的发生损失时，以约定的保险价值为赔偿计算标准。

投保人和保险人未约定保险标的的保险价值的，保险标的发生损失时，以保险事故发生时保险标的的实际价值为赔偿计算标准。

保险金额不得超过保险价值。超过保险价值的，超过部分无效，保险人应当退还相应的保险费。

保险金额低于保险价值的，除合同另有约定外，保险人按照保险金额与保险价值的比例承担赔偿保险金的责任。

第五十六条 重复保险的投保人应当将重复保险的有关情况通知各保险人。

重复保险的各保险人赔偿保险金的总和不得超过保险价值。除合同另有约定外，各保险人按照其保险金额与保险金额总和的比例承担赔偿保险金的责任。

重复保险的投保人可以就保险金额总和超过保险价值的部分，请求各保险人按比例返还保险费。

重复保险是指投保人对同一保险标的、同一保险利益、同一保险事故分别与两个以上保险人订立保险合同，且保险金额总和超过保险价值的保险。

第五十七条 保险事故发生时，被保险人应当尽力采取必要的措施，防止或者减少损失。

保险事故发生后，被保险人为防止或者减少保险标的的损失所支付的必要的、合理的费用，由保险人承担；保险人所承担的费用数额在保险标的损失赔偿金额以外另行计算，最高不超过保险金额的数额。

第五十八条 保险标的发生部分损失的，自保险人赔偿之日起三十日内，投保人可以解除合同；除合同另有约定外，保险人也可以解除合同，但应当提前十五日通知投保人。

合同解除的，保险人应当将保险标的未受损失部分的保险费，按照合同约定扣除自保险责任开始之日起至合同解除之日止应收的部分后，退还投保人。

第五十九条 保险事故发生后，保险人已支付了全部保险金额，并且保险金额等于保险价值的，受损保险标的的全部权利归于保险人；保险金额低于保险价值的，保险人按照保险金额与保险价值的比例取得受损保险标的的部分权利。

第六十条 因第三者对保险标的的损害而造成保险事故的，保险人自向被保险人赔偿保险金之日起，在赔偿金额范围内代位行使被保险人对第三者请求赔偿的权利。

前款规定的保险事故发生后，被保险人已经从第三者取得损害赔偿的，保险人赔偿保险金时，可以相应扣减被保险人从第三者已取得的赔偿金额。

保险人依照本条第一款规定行使代位请求赔偿的权利，不影响被保险人就未取得赔偿的部分向第三者请求赔偿的权利。

第六十一条 保险事故发生后，保险人未赔偿保险金之前，被保险人放弃对第三者请求赔偿的权利的，保险人不承担赔偿保险金的责任。

保险人向被保险人赔偿保险金后，被保险人未经保险人同意放弃对第三者请求赔偿的权利的，该行为无效。

被保险人故意或者因重大过失致使保险人不能行使代位请求赔偿的权利的，保险人可以扣减或者要求返还相应的保险金。

第六十二条 除被保险人的家庭成员或者其组成人员故意造成本法第六十条第一款规定的保险事故外，保险人不得对被保险人的家庭成员或者其组成人员行使代位请求赔偿的权利。

第六十三条 保险人向第三者行使代位请求赔偿的权利时，被保险人应当向保险人提供必要的文件和所知道的有关情况。

第六十四条 保险人、被保险人为查明和确定保险事故的性质、原因和保险标的的损失程度所支付的必要的、合理的费用，由保险人承担。

第六十五条 保险人对责任保险的被保险人给第三者造成的损害，可以依照法律的规定或者合同的约定，直接向该第三者赔偿保险金。

责任保险的被保险人给第三者造成损害，被保险人对第三者应负的赔偿责任确定的，根据被保险人的请求，保险人应当直接向该第三者赔偿保险金。被保险人怠于请求的，第三者有权就其应获赔偿部分直接向保险人请求赔偿保险金。

责任保险的被保险人给第三者造成损害，被保险人未向该第三者赔偿的，保险人不得向被保险人赔偿保险金。

责任保险是指以被保险人对第三者依法应负的赔偿责任为保

险标的的保险。

第六十六条　责任保险的被保险人因给第三者造成损害的保险事故而被提起仲裁或者诉讼的，被保险人支付的仲裁或者诉讼费用以及其他必要的、合理的费用，除合同另有约定外，由保险人承担。

第三章　保险公司

第六十七条　设立保险公司应当经国务院保险监督管理机构批准。

国务院保险监督管理机构审查保险公司的设立申请时，应当考虑保险业的发展和公平竞争的需要。

第六十八条　设立保险公司应当具备下列条件：

（一）主要股东具有持续盈利能力，信誉良好，最近三年内无重大违法违规记录，净资产不低于人民币二亿元；

（二）有符合本法和《中华人民共和国公司法》规定的章程；

（三）有符合本法规定的注册资本；

（四）有具备任职专业知识和业务工作经验的董事、监事和高级管理人员；

（五）有健全的组织机构和管理制度；

（六）有符合要求的营业场所和与经营业务有关的其他设施；

（七）法律、行政法规和国务院保险监督管理机构规定的其他条件。

第六十九条　设立保险公司，其注册资本的最低限额为人民币二亿元。

国务院保险监督管理机构根据保险公司的业务范围、经营规模，可以调整其注册资本的最低限额，但不得低于本条第一款规定的限额。

保险公司的注册资本必须为实缴货币资本。

第七十条　申请设立保险公司，应当向国务院保险监督管理机构提出书面申请，并提交下列材料：

（一）设立申请书，申请书应当载明拟设立的保险公司的名称、注册资本、业务范围等；

（二）可行性研究报告；

（三）筹建方案；

（四）投资人的营业执照或者其他背景资料，经会计师事务所审计的上一年度财务会计报告；

（五）投资人认可的筹备组负责人和拟任董事长、经理名单及本人认可证明；

（六）国务院保险监督管理机构规定的其他材料。

第七十一条　国务院保险监督管理机构应当对设立保险公司的申请进行审查，自受理之日起六个月内做出批准或者不批准筹建的决定，并书面通知申请人。决定不批准的，应当书面说明理由。

第七十二条　申请人应当自收到批准筹建通知之日起一年内完成筹建工作；筹建期间不得从事保险经营活动。

第七十三条　筹建工作完成后，申请人具备本法第六十八条规定的设立条件的，可以向国务院保险监督管理机构提出开业申请。

国务院保险监督管理机构应当自受理开业申请之日起六十日内，做出批准或者不批准开业的决定。决定批准的，颁发经营保险业务许可证；决定不批准的，应当书面通知申请人并说明理由。

第七十四条　保险公司在中华人民共和国境内设立分支机构，应当经保险监督管理机构批准。

保险公司分支机构不具有法人资格，其民事责任由保险公司承担。

第七十五条　保险公司申请设立分支机构，应当向保险监督管理机构提出书面申请，并提交下列材料：

（一）设立申请书；

（二）拟设机构三年业务发展规划和市场分析材料；

（三）拟任高级管理人员的简历及相关证明材料；

（四）国务院保险监督管理机构规定的其他材料。

第七十六条　保险监督管理机构应当对保险公司设立分支机构的申请进行审查，自受理之日起六十日内做出批准或者不批准的决定。决定批准的，颁发分支机构经营保险业务许可证；决定不批准的，应当书面通知申请人并说明理由。

第七十七条　经批准设立的保险公司及其分支机构，凭经营保险业务许可证向工商行政管理机关办理登记，领取营业执照。

第七十八条　保险公司及其分支机构自取得经营保险业务许可证之日起六个月内，无正当理由未向工商行政管理机关办理登记的，其经营保险业务许可证失效。

第七十九条　保险公司在中华人民共和国境外设立子公司、分支机构，应当经国务院保险监督管理机构批准。

第八十条　外国保险机构在中华人民共和国境内设立代表机构，应当经国务院保险监督管理机构批准。代表机构不得从事保险经营活动。

第八十一条　保险公司的董事、监事和高级管理人员，应当品行良好，熟悉与保险相关的法律、行政法规，具有履行职责所需的经营管理能力，并在任职前取得保险监督管理机构核准的任职资格。

保险公司高级管理人员的范围由国务院保险监督管理机构规定。

第八十二条　有《中华人民共和国公司法》第一百四十六条规定的情形或者下列情形之一的，不得担任保险公司的董事、监事、高级管理人员：

（一）因违法行为或者违纪行为被金融监督管理机构取消任职资格的金融机构的董事、监事、高级管理人员，自被取消任职资格之日起未逾五年的；

（二）因违法行为或者违纪行为被吊销执业资格的律师、注册会计师或者资产评估机构、验证机构等机构的专业人员，自被吊销执业资格之日起未逾五年的。

第八十三条　保险公司的董事、监事、高级管理人员执行公司职务时违反法律、行政法规或者公司章程的规定，给公司造成损失的，应当承担赔偿责任。

第八十四条　保险公司有下列情形之一的，应当经保险监督管理机构批准：

（一）变更名称；

（二）变更注册资本；

（三）变更公司或者分支机构的营业场所；

（四）撤销分支机构；

（五）公司分立或者合并；

（六）修改公司章程；

（七）变更出资额占有限责任公司资本总额百分之五以上的股东，或者变更持有股份有限公司股份百分之五以上的股东；

（八）国务院保险监督管理机构规定的其他情形。

第八十五条　保险公司应当聘用专业人员，建立精算报告制度和合规报告制度。

第八十六条　保险公司应当按照保险监督管理机构的规定，报送有关报告、报表、文件和资料。

保险公司的偿付能力报告、财务会计报告、精算报告、合规报告及其他有关报告、报表、文件和资料必须如实记录保险业务事项，不得有虚假记载、误导性陈述和重大遗漏。

第八十七条　保险公司应当按照国务院保险监督管理机构的规定妥善保管业务经营活动的完整账簿、原始凭证和有关资料。

前款规定的账簿、原始凭证和有关资料的保管期限，自保险合同终止之日起计算，保险期间在一年以下的不得少于五年，保险期间超过一年的不得少于十年。

第八十八条　保险公司聘请或者解聘会计师事务所、资产评估机构、资信评级机构等中介服务机构，应当向保险监督管理机构报告；解聘会计师事务所、资产评估机构、资信评级机构等中介服务机构，应当说明理由。

第八十九条　保险公司因分立、合并需要解散，或者股东会、股东大会决议解散，或者公司章程规定的解散事由出现，经国务院保险监督管理机构批准后解散。

经营有人寿保险业务的保险公司，除因分立、合并或者被依法撤销外，不得解散。

保险公司解散，应当依法成立清算组进行清算。

第九十条 保险公司有《中华人民共和国企业破产法》第二条规定情形的，经国务院保险监督管理机构同意，保险公司或者其债权人可以依法向人民法院申请重整、和解或者破产清算；国务院保险监督管理机构也可以依法向人民法院申请对该保险公司进行重整或者破产清算。

第九十一条 破产财产在优先清偿破产费用和共益债务后，按照下列顺序清偿：

（一）所欠职工工资和医疗、伤残补助、抚恤费用，所欠应当划入职工个人账户的基本养老保险、基本医疗保险费用，以及法律、行政法规规定应当支付给职工的补偿金；

（二）赔偿或者给付保险金；

（三）保险公司欠缴的除第（一）项规定以外的社会保险费用和所欠税款；

（四）普通破产债权。

破产财产不足以清偿同一顺序的清偿要求的，按照比例分配。

破产保险公司的董事、监事和高级管理人员的工资，按照该公司职工的平均工资计算。

第九十二条 经营有人寿保险业务的保险公司被依法撤销或者被依法宣告破产的，其持有的人寿保险合同及责任准备金，必须转让给其他经营有人寿保险业务的保险公司；不能同其他保险公司达成转让协议的，由国务院保险监督管理机构指定经营有人寿保险业务的保险公司接受转让。

转让或者由国务院保险监督管理机构指定接受转让前款规定的人寿保险合同及责任准备金的，应当维护被保险人、受益人的合法权益。

第九十三条　保险公司依法终止其业务活动，应当注销其经营保险业务许可证。

第九十四条　保险公司，除本法另有规定外，适用《中华人民共和国公司法》的规定。

第四章　保险经营规则

第九十五条　保险公司的业务范围：

（一）人身保险业务，包括人寿保险、健康保险、意外伤害保险等保险业务；

（二）财产保险业务，包括财产损失保险、责任保险、信用保险、保证保险等保险业务；

（三）国务院保险监督管理机构批准的与保险有关的其他业务。

保险人不得兼营人身保险业务和财产保险业务。但是，经营财产保险业务的保险公司经国务院保险监督管理机构批准，可以经营短期健康保险业务和意外伤害保险业务。

保险公司应当在国务院保险监督管理机构依法批准的业务范围内从事保险经营活动。

第九十六条　经国务院保险监督管理机构批准，保险公司可以经营本法第九十五条规定的保险业务的下列再保险业务：

（一）分出保险；

（二）分入保险。

第九十七条　保险公司应当按照其注册资本总额的百分之二十提取保证金，存入国务院保险监督管理机构指定的银行，除公司清算时用于清偿债务外，不得动用。

第九十八条　保险公司应当根据保障被保险人利益、保证偿付能力的原则，提取各项责任准备金。

保险公司提取和结转责任准备金的具体办法，由国务院保险监督管理机构制定。

第九十九条　保险公司应当依法提取公积金。

第一百条　保险公司应当缴纳保险保障基金。

保险保障基金应当集中管理，并在下列情形下统筹使用：

（一）在保险公司被撤销或者被宣告破产时，向投保人、被保险人或者受益人提供救济；

（二）在保险公司被撤销或者被宣告破产时，向依法接受其人寿保险合同的保险公司提供救济；

（三）国务院规定的其他情形。

保险保障基金筹集、管理和使用的具体办法，由国务院制定。

第一百零一条　保险公司应当具有与其业务规模和风险程度相适应的最低偿付能力。保险公司的认可资产减去认可负债的差额不得低于国务院保险监督管理机构规定的数额；低于规定数额的，应当按照国务院保险监督管理机构的要求采取相应措施达到规定的数额。

第一百零二条　经营财产保险业务的保险公司当年自留保险费，不得超过其实有资本金加公积金总和的四倍。

第一百零三条　保险公司对每一危险单位，即对一次保险事故可能造成的最大损失范围所承担的责任，不得超过其实有资本金加公积金总和的百分之十；超过的部分应当办理再保险。

保险公司对危险单位的划分应当符合国务院保险监督管理机

构的规定。

第一百零四条　保险公司对危险单位的划分方法和巨灾风险安排方案，应当报国务院保险监督管理机构备案。

第一百零五条　保险公司应当按照国务院保险监督管理机构的规定办理再保险，并审慎选择再保险接受人。

第一百零六条　保险公司的资金运用必须稳健，遵循安全性原则。

保险公司的资金运用限于下列形式：

（一）银行存款；

（二）买卖债券、股票、证券投资基金份额等有价证券；

（三）投资不动产；

（四）国务院规定的其他资金运用形式。

保险公司资金运用的具体管理办法，由国务院保险监督管理机构依照前两款的规定制定。

第一百零七条　经国务院保险监督管理机构会同国务院证券监督管理机构批准，保险公司可以设立保险资产管理公司。

保险资产管理公司从事证券投资活动，应当遵守《中华人民共和国证券法》等法律、行政法规的规定。

保险资产管理公司的管理办法，由国务院保险监督管理机构会同国务院有关部门制定。

第一百零八条　保险公司应当按照国务院保险监督管理机构的规定，建立对关联交易的管理和信息披露制度。

第一百零九条　保险公司的控股股东、实际控制人、董事、监事、高级管理人员不得利用关联交易损害公司的利益。

第一百一十条　保险公司应当按照国务院保险监督管理机构

的规定，真实、准确、完整地披露财务会计报告、风险管理状况、保险产品经营情况等重大事项。

第一百一十一条　保险公司从事保险销售的人员应当品行良好，具有保险销售所需的专业能力。保险销售人员的行为规范和管理办法，由国务院保险监督管理机构规定。

第一百一十二条　保险公司应当建立保险代理人登记管理制度，加强对保险代理人的培训和管理，不得唆使、诱导保险代理人进行违背诚信义务的活动。

第一百一十三条　保险公司及其分支机构应当依法使用经营保险业务许可证，不得转让、出租、出借经营保险业务许可证。

第一百一十四条　保险公司应当按照国务院保险监督管理机构的规定，公平、合理拟订保险条款和保险费率，不得损害投保人、被保险人和受益人的合法权益。

保险公司应当按照合同约定和本法规定，及时履行赔偿或者给付保险金义务。

第一百一十五条　保险公司开展业务，应当遵循公平竞争的原则，不得从事不正当竞争。

第一百一十六条　保险公司及其工作人员在保险业务活动中不得有下列行为：

（一）欺骗投保人、被保险人或者受益人；

（二）对投保人隐瞒与保险合同有关的重要情况；

（三）阻碍投保人履行本法规定的如实告知义务，或者诱导其不履行本法规定的如实告知义务；

（四）给予或者承诺给予投保人、被保险人、受益人保险合同约定以外的保险费回扣或者其他利益；

（五）拒不依法履行保险合同约定的赔偿或者给付保险金义务；

（六）故意编造未曾发生的保险事故、虚构保险合同或者故意夸大已经发生的保险事故的损失程度进行虚假理赔，骗取保险金或者牟取其他不正当利益；

（七）挪用、截留、侵占保险费；

（八）委托未取得合法资格的机构从事保险销售活动；

（九）利用开展保险业务为其他机构或者个人牟取不正当利益；

（十）利用保险代理人、保险经纪人或者保险评估机构，从事以虚构保险中介业务或者编造退保等方式套取费用等违法活动；

（十一）以捏造、散布虚假事实等方式损害竞争对手的商业信誉，或者以其他不正当竞争行为扰乱保险市场秩序；

（十二）泄露在业务活动中知悉的投保人、被保险人的商业秘密；

（十三）违反法律、行政法规和国务院保险监督管理机构规定的其他行为。

第五章 保险代理人和保险经纪人

第一百一十七条 保险代理人是根据保险人的委托，向保险人收取佣金，并在保险人授权的范围内代为办理保险业务的机构或者个人。

保险代理机构包括专门从事保险代理业务的保险专业代理机构和兼营保险代理业务的保险兼业代理机构。

第一百一十八条 保险经纪人是基于投保人的利益，为投保人与保险人订立保险合同提供中介服务，并依法收取佣金的机构。

第一百一十九条　保险代理机构、保险经纪人应当具备国务院保险监督管理机构规定的条件，取得保险监督管理机构颁发的经营保险代理业务许可证、保险经纪业务许可证。

第一百二十条　以公司形式设立保险专业代理机构、保险经纪人，其注册资本最低限额适用《中华人民共和国公司法》的规定。

国务院保险监督管理机构根据保险专业代理机构、保险经纪人的业务范围和经营规模，可以调整其注册资本的最低限额，但不得低于《中华人民共和国公司法》规定的限额。

保险专业代理机构、保险经纪人的注册资本或者出资额必须为实缴货币资本。

第一百二十一条　保险专业代理机构、保险经纪人的高级管理人员，应当品行良好，熟悉保险法律、行政法规，具有履行职责所需的经营管理能力，并在任职前取得保险监督管理机构核准的任职资格。

第一百二十二条　个人保险代理人、保险代理机构的代理从业人员、保险经纪人的经纪从业人员，应当品行良好，具有从事保险代理业务或者保险经纪业务所需的专业能力。

第一百二十三条　保险代理机构、保险经纪人应当有自己的经营场所，设立专门账簿记载保险代理业务、经纪业务的收支情况。

第一百二十四条　保险代理机构、保险经纪人应当按照国务院保险监督管理机构的规定缴存保证金或者投保职业责任保险。

第一百二十五条　个人保险代理人在代为办理人寿保险业务

时，不得同时接受两个以上保险人的委托。

第一百二十六条　保险人委托保险代理人代为办理保险业务，应当与保险代理人签订委托代理协议，依法约定双方的权利和义务。

第一百二十七条　保险代理人根据保险人的授权代为办理保险业务的行为，由保险人承担责任。

保险代理人没有代理权、超越代理权或者代理权终止后以保险人名义订立合同，使投保人有理由相信其有代理权的，该代理行为有效。保险人可以依法追究越权的保险代理人的责任。

第一百二十八条　保险经纪人因过错给投保人、被保险人造成损失的，依法承担赔偿责任。

第一百二十九条　保险活动当事人可以委托保险公估机构等依法设立的独立评估机构或者具有相关专业知识的人员，对保险事故进行评估和鉴定。

接受委托对保险事故进行评估和鉴定的机构和人员，应当依法、独立、客观、公正地进行评估和鉴定，任何单位和个人不得干涉。

前款规定的机构和人员，因故意或者过失给保险人或者被保险人造成损失的，依法承担赔偿责任。

第一百三十条　保险佣金只限于向保险代理人、保险经纪人支付，不得向其他人支付。

第一百三十一条　保险代理人、保险经纪人及其从业人员在办理保险业务活动中不得有下列行为：

（一）欺骗保险人、投保人、被保险人或者受益人；

（二）隐瞒与保险合同有关的重要情况；

（三）阻碍投保人履行本法规定的如实告知义务，或者诱导其不履行本法规定的如实告知义务；

（四）给予或者承诺给予投保人、被保险人或者受益人保险合同约定以外的利益；

（五）利用行政权力、职务或者职业便利以及其他不正当手段强迫、引诱或者限制投保人订立保险合同；

（六）伪造、擅自变更保险合同，或者为保险合同当事人提供虚假证明材料；

（七）挪用、截留、侵占保险费或者保险金；

（八）利用业务便利为其他机构或者个人牟取不正当利益；

（九）串通投保人、被保险人或者受益人，骗取保险金；

（十）泄露在业务活动中知悉的保险人、投保人、被保险人的商业秘密。

第一百三十二条　本法第八十六条第一款、第一百一十三条的规定，适用于保险代理机构和保险经纪人。

第六章　保险业监督管理

第一百三十三条　保险监督管理机构依照本法和国务院规定的职责，遵循依法、公开、公正的原则，对保险业实施监督管理，维护保险市场秩序，保护投保人、被保险人和受益人的合法权益。

第一百三十四条　国务院保险监督管理机构依照法律、行政法规制定并发布有关保险业监督管理的规章。

第一百三十五条　关系社会公众利益的保险险种、依法实行强制保险的险种和新开发的人寿保险险种等的保险条款和保险费率，应当报国务院保险监督管理机构批准。国务院保险监督管理机构审批时，应当遵循保护社会公众利益和防止不正当竞争的原则。其他保险险种的保险条款和保险费率，应当报保险监督管理机构备案。

保险条款和保险费率审批、备案的具体办法，由国务院保险监督管理机构依照前款规定制定。

第一百三十六条 保险公司使用的保险条款和保险费率违反法律、行政法规或者国务院保险监督管理机构的有关规定的，由保险监督管理机构责令停止使用，限期修改；情节严重的，可以在一定期限内禁止申报新的保险条款和保险费率。

第一百三十七条 国务院保险监督管理机构应当建立健全保险公司偿付能力监管体系，对保险公司的偿付能力实施监控。

第一百三十八条 对偿付能力不足的保险公司，国务院保险监督管理机构应当将其列为重点监管对象，并可以根据具体情况采取下列措施：

（一）责令增加资本金、办理再保险；

（二）限制业务范围；

（三）限制向股东分红；

（四）限制固定资产购置或者经营费用规模；

（五）限制资金运用的形式、比例；

（六）限制增设分支机构；

（七）责令拍卖不良资产、转让保险业务；

（八）限制董事、监事、高级管理人员的薪酬水平；

（九）限制商业性广告；

（十）责令停止接受新业务。

第三十九条 保险公司未依照本法规定提取或者结转各项责

任准备金，或者未依照本法规定办理再保险，或者严重违反本法关于资金运用的规定的，由保险监督管理机构责令限期改正，并可以责令调整负责人及有关管理人员。

第一百四十条　保险监督管理机构依照本法第一百四十条的规定做出限期改正的决定后，保险公司逾期未改正的，国务院保险监督管理机构可以决定选派保险专业人员和指定该保险公司的有关人员组成整顿组，对公司进行整顿。

整顿决定应当载明被整顿公司的名称、整顿理由、整顿组成员和整顿期限，并予以公告。

第一百四十一条　整顿组有权监督被整顿保险公司的日常业务。被整顿公司的负责人及有关管理人员应当在整顿组的监督下行使职权。

第一百四十二条　整顿过程中，被整顿保险公司的原有业务继续进行。但是，国务院保险监督管理机构可以责令被整顿公司停止部分原有业务、停止接受新业务，调整资金运用。

第一百四十三条　被整顿保险公司经整顿已纠正其违反本法规定的行为，恢复正常经营状况的，由整顿组提出报告，经国务院保险监督管理机构批准，结束整顿，并由国务院保险监督管理机构予以公告。

第一百四十四条　保险公司有下列情形之一的，国务院保险监督管理机构可以对其实行接管：

（一）公司的偿付能力严重不足的；

（二）违反本法规定，损害社会公共利益，可能严重危及或者已经严重危及公司的偿付能力的。

被接管的保险公司的债权债务关系不因接管而变化。

第一百四十五条　接管组的组成和接管的实施办法，由国务院保险监督管理机构决定，并予以公告。

第一百四十六条　接管期限届满，国务院保险监督管理机构可以决定延长接管期限，但接管期限最长不得超过二年。

第一百四十七条　接管期限届满，被接管的保险公司已恢复正常经营能力的，由国务院保险监督管理机构决定终止接管，并予以公告。

第一百四十八条　被整顿、被接管的保险公司有《中华人民共和国企业破产法》第二条规定情形的，国务院保险监督管理机构可以依法向人民法院申请对该保险公司进行重整或者破产清算。

第一百四十九条　保险公司因违法经营被依法吊销经营保险业务许可证的，或者偿付能力低于国务院保险监督管理机构规定标准，不予撤销将严重危害保险市场秩序、损害公共利益的，由国务院保险监督管理机构予以撤销并公告，依法及时组织清算组进行清算。

第一百五十条　国务院保险监督管理机构有权要求保险公司股东、实际控制人在指定的期限内提供有关信息和资料。

第一百五十一条　保险公司的股东利用关联交易严重损害公司利益，危及公司偿付能力的，由国务院保险监督管理机构责令改正。在按照要求改正前，国务院保险监督管理机构可以限制其股东权利；拒不改正的，可以责令其转让所持的保险公司股权。

第一百五十二条　保险监督管理机构根据履行监督管理职责的需要，可以与保险公司董事、监事和高级管理人员进行监督管理谈话，要求其就公司的业务活动和风险管理的重大事项做出说明。

第一百五十三条　保险公司在整顿、接管、撤销清算期间，或者出现重大风险时，国务院保险监督管理机构可以对该公司直接负责的董事、监事、高级管理人员和其他直接责任人员采取以下措施：

（一）通知出境管理机关依法阻止其出境；

（二）申请司法机关禁止其转移、转让或者以其他方式处分财产，或者在财产上设定其他权利。

第一百五十四条　保险监督管理机构依法履行职责，可以采取下列措施：

（一）对保险公司、保险代理人、保险经纪人、保险资产管理公司、外国保险机构的代表机构进行现场检查；

（二）进入涉嫌违法行为发生场所调查取证；

（三）询问当事人及与被调查事件有关的单位和个人，要求其对与被调查事件有关的事项做出说明；

（四）查阅、复制与被调查事件有关的财产权登记等资料；

（五）查阅、复制保险公司、保险代理人、保险经纪人、保险资产管理公司、外国保险机构的代表机构以及与被调查事件有关的单位和个人的财务会计资料及其他相关文件和资料；对可能被转移、隐匿或者毁损的文件和资料予以封存；

（六）查询涉嫌违法经营的保险公司、保险代理人、保险经纪人、保险资产管理公司、外国保险机构的代表机构以及与涉嫌违法事项有关的单位和个人的银行账户；

（七）对有证据证明已经或者可能转移、隐匿违法资金等涉案财产或者隐匿、伪造、毁损重要证据的，经保险监督管理机构主要负责人批准，申请人民法院予以冻结或者查封。

保险监督管理机构采取前款第（一）项、第（二）项、第（五）项措施的，应当经保险监督管理机构负责人批准；采取第（六）项措施的，应当经国务院保险监督管理机构负责人批准。

保险监督管理机构依法进行监督检查或者调查，其监督检查、调查的人员不得少于二人，并应当出示合法证件和监督检查、调查通知书；监督检查、调查的人员少于二人或者未出示合法证件和监督检查、调查通知书的，被检查、调查的单位和个人有权拒绝。

第一百五十五条　保险监督管理机构依法履行职责，被检查、调查的单位和个人应当配合。

第一百五十六条　保险监督管理机构工作人员应当忠于职守，依法办事，公正廉洁，不得利用职务便利牟取不正当利益，不得泄露所知悉的有关单位和个人的商业秘密。

第一百五十七条　国务院保险监督管理机构应当与中国人民银行、国务院其他金融监督管理机构建立监督管理信息共享机制。

保险监督管理机构依法履行职责，进行监督检查、调查时，有关部门应当予以配合。

第七章　法律责任

第一百五十八条　违反本法规定，擅自设立保险公司、保险资产管理公司或者非法经营商业保险业务的，由保险监督管理机构予以取缔，没收违法所得，并处违法所得一倍以上五倍以下的罚款；没有违法所得或者违法所得不足二十万元的，处二十万元以上一百万元以下的罚款。

第一百五十九条　违反本法规定，擅自设立保险专业代理机构、保险经纪人，或者未取得经营保险代理业务许可证、保险经纪业务许可证从事保险代理业务、保险经纪业务的，由保险监督管理机构予以取缔，没收违法所得，并处违法所得一倍以上五倍以下的罚款；没有违法所得或者违法所得不足五万元的，处五万元以上三十万元以下的罚款。

第一百六十条　保险公司违反本法规定，超出批准的业务范围经营的，由保险监督管理机构责令限期改正，没收违法所得，并处违法所得一倍以上五倍以下的罚款；没有违法所得或者违法所得不足十万元的，处十万元以上五十万元以下的罚款。逾期不改正或者造成严重后果的，责令停业整顿或者吊销业务许可证。

第一百六十一条　保险公司有本法第一百一十六条规定行为之一的，由保险监督管理机构责令改正，处五万元以上三十万元以下的罚款；情节严重的，限制其业务范围、责令停止接受新业务或者吊销业务许可证。

第一百六十二条　保险公司违反本法第八十四条规定的，由保险监督管理机构责令改正，处一万元以上十万元以下的罚款。

第一百六十三条　保险公司违反本法规定，有下列行为之一的，由保险监督管理机构责令改正，处五万元以上三十万元以下的罚款：

（一）超额承保，情节严重的；

（二）为无民事行为能力人承保以死亡为给付保险金条件的保险的。

第一百六十四条　违反本法规定，有下列行为之一的，由保险监督管理机构责令改正，处五万元以上三十万元以下的罚款；情节严重的，可以限制其业务范围、责令停止接受新业务或者吊销

销业务许可证:

(一)未按照规定提存保证金或者违反规定动用保证金的;

(二)未按照规定提取或者结转各项责任准备金的;

(三)未按照规定缴纳保险保障基金或者提取公积金的;

(四)未按照规定办理再保险的;

(五)未按照规定运用保险公司资金的;

(六)未经批准设立分支机构;

(七)未按照规定申请批准保险条款、保险费率的。

第一百六十五条　保险代理机构、保险经纪人有本法第一百三十一条规定行为之一的，由保险监督管理机构责令改正，处五万元以上三十万元以下的罚款；情节严重的，吊销业务许可证。

第一百六十六条　保险代理机构、保险经纪人违反本法规定，有下列行为之一的，由保险监督管理机构责令改正，处二万元以上十万元以下的罚款；情节严重的，责令停业整顿或者吊销业务许可证:

(一)未按照规定缴存保证金或者投保职业责任保险的;

(二)未按照规定设立专门账簿记载业务收支情况的。

第一百六十七条　违反本法规定，聘任不具有任职资格的人员的，由保险监督管理机构责令改正，处二万元以上十万元以下的罚款。

第一百六十八条　违反本法规定，转让、出租、出借业务许可证的，由保险监督管理机构处一万元以上十万元以下的罚款；情节严重的，责令停业整顿或者吊销业务许可证。

第一百六十九条　违反本法规定，有下列行为之一的，由保险监督管理机构责令限期改正；逾期不改正的，处一万元以上十万元以下的罚款：

（一）未按照规定报送或者保管报告、报表、文件、资料的，或者未按照规定提供有关信息、资料的；

（二）未按照规定报送保险条款、保险费率备案的；

（三）未按照规定披露信息的。

第一百七十条　违反本法规定，有下列行为之一的，由保险监督管理机构责令改正，处十万元以上五十万元以下的罚款；情节严重的，可以限制其业务范围、责令停止接受新业务或者吊销业务许可证：

（一）编制或者提供虚假的报告、报表、文件、资料的；

（二）拒绝或者妨碍依法监督检查的；

（三）未按照规定使用经批准或者备案的保险条款、保险费率的。

第一百七十一条　保险公司、保险资产管理公司、保险专业代理机构、保险经纪人违反本法规定的，保险监督管理机构除分别依照本法第一百六十条至第一百七十条的规定对该单位给予处罚外，对其直接负责的主管人员和其他直接责任人员给予警告，并处一万元以上十万元以下的罚款；情节严重的，撤销任职资格。

第一百七十二条　个人保险代理人违反本法规定的，由保险监督管理机构给予警告，可以并处二万元以下的罚款；情节严重的，处二万元以上十万元以下的罚款。

第一百七十三条　外国保险机构未经国务院保险监督管理机构批准，擅自在中华人民共和国境内设立代表机构的，由国务院保险监督管理机构予以取缔，处五万元以上三十万元以下的罚款。

外国保险机构在中华人民共和国境内设立的代表机构从事保险经营活动的，由保险监督管理机构责令改正，没收违法所得，并处违法所得一倍以上五倍以下的罚款；没有违法所得或者违法所得不足二十万元的，处二十万元以上一百万元以下的罚款；对其首席代表可以责令撤换；情节严重的，撤销其代表机构。

第一百七十四条　投保人、被保险人或者受益人有下列行为之一，进行保险诈骗活动，尚不构成犯罪的，依法给予行政处罚：

（一）投保人故意虚构保险标的，骗取保险金的；

（二）编造未曾发生的保险事故，或者编造虚假的事故原因或者夸大损失程度，骗取保险金的；

（三）故意造成保险事故，骗取保险金的。

保险事故的鉴定人、评估人、证明人故意提供虚假的证明文件，为投保人、被保险人或者受益人进行保险诈骗提供条件的，依照前款规定给予处罚。

第一百七十五条　违反本法规定，给他人造成损害的，依法承担民事责任。

第一百七十六条　拒绝、阻碍保险监督管理机构及其工作人员依法行使监督检查、调查职权，未使用暴力、威胁方法的，依法给予治安管理处罚。

第一百七十七条　违反法律、行政法规的规定，情节严重的，国务院保险监督管理机构可以禁止有关责任人员一定期限直至终身进入保险业。

第一百七十八条　保险监督管理机构从事监督管理工作的人员有下列情形之一的，依法给予处分：

（一）违反规定批准机构的设立的；

（二）违反规定进行保险条款、保险费率审批的；

（三）违反规定进行现场检查的；

（四）违反规定查询账户或者冻结资金的；

（五）泄露其知悉的有关单位和个人的商业秘密的；

（六）违反规定实施行政处罚的；

（七）滥用职权、玩忽职守的其他行为。

第一百七十九条　违反本法规定，构成犯罪的，依法追究刑事责任。

第八章　附则

第一百八十条　保险公司应当加入保险行业协会。保险代理人、保险经纪人、保险公估机构可以加入保险行业协会。

保险行业协会是保险业的自律性组织，是社会团体法人。

第一百八十一条　保险公司以外的其他依法设立的保险组织经营的商业保险业务，适用本法。

第一百八十二条　海上保险适用《中华人民共和国海商法》的有关规定；《中华人民共和国海商法》未规定的，适用本法的有关规定。

第一百八十三条　中外合资保险公司、外资独资保险公司、外国保险公司分公司适用本法规定；法律、行政法规另有规定的，适用其规定。

第一百八十四条　国家支持发展为农业生产服务的保险事业。农业保险由法律、行政法规另行规定。

强制保险，法律、行政法规另有规定的，适用其规定。

第一百八十五条　本法自2009年10月1日起施行。

参考文献

[1] 约姆-托夫. 医疗大数据：大数据如何改变医疗［M］. 潘苏悦，译. 北京：机械工业出版社，2016.

[2] 弗里曼，昆路德. 保险与环境风险管理［M］. 王玉玲，秦余国，王志新，译. 北京：中国金融出版社，2016.

[3] 保险区块链研究项目组. 保险区块链研究［M］. 北京：中国金融出版社，2017.

[4] 克里斯，格里菲思. 算法之美［M］. 万慧，胡小锐，译. 北京：中信出版集团，2018.

[5] 布瑞恩·索利斯. 体验：未来业务新场景［M］. 谢绍东，刘声峰，李黎，译. 北京：机械工业出版社，2016.

[6] 陈恳. 迷失的盛宴［M］. 浙江大学出版社，2009.

[7] 方有恒，郭颂平. 保险营销学［M］. 复旦大学出版社，2013.

[8] 格尔德·吉仁泽. 风险与好的决策［M］. 王晋，译. 中信出版集团，2015.

[9] 格雷格·伊普. 源风险［M］. 谭浩，译. 广东人民出版社，2018.

[10] 龚乐凡. 私人财富管理与传承［M］. 中信出版社，2016.

［11］郭颂平，赵春梅. 保险营销学［M］. 高等教育出版社，2013.

［12］韩宇. 私人财富保障与传承实务全书［M］. 中国法制出版社，2020.

［13］江生忠，薄滂沱. 保险助推脱贫攻坚理论与实践［M］. 南开大学出版社，2019.

［14］金李，袁慰. 中国式财富管理［M］. 中信出版集团，2017.

［15］荆涛. 长期护理保险理论与实践研究［M］. 对外经贸大学出版社，2015.

［16］克劳斯·施瓦布. 第四次工业革命：转型的力量［M］. 李菁，译. 中信出版集团，2016.

［17］雷·库兹韦尔. 机器之心［M］. 胡晓姣，译. 中信出版集团，2016.

［18］李开复，王咏刚. 人工智能［M］. 文化发展出版社，2017.

［19］李亮，高慧. 私人财富传承与管理［M］. 上海财经大学出版社，2020.

［20］李亮，田晓燕，孙平. 保险学［M］. 清华大学出版社，2017.

［21］李小菲. 私人财富保护与传承的法律智慧［M］. 中国法制出版社，2019.

［22］连锦泉. 保险机制服务国家治理现代化：建设保险型社会助推全面深化改革［M］. 商务印书馆，2018.

［23］梁涛. 相互保险组织运作及风险管理研究［M］. 中国金

融出版社，2017.

［24］廖敏，方有恒. 保险营销学［M］. 复旦大学出版社，2019.

［25］林丹. 乌尔里希·贝克风险社会理论及其对中国的影响［M］. 人民出版社，2013.

［26］刘金章，王晓珊. 保险营销理论与实务［M］. 清华大学出版社，2012.

［27］陆剑清，邹咏辰. 保险心理学［M］. 清华大学出版社，2016.

［28］吕克·费希. 超人类革命［M］. 周行，译. 湖南科学技术出版社，2017.

［29］马宜斐，段文军. 保险原理与实务［M］. 中国人民大学出版社，2019.

［30］迈克尔·李. 破译人类的明天［M］. 关成华，译. 江苏凤凰文艺出版社，2018.

［31］彭剑锋，陈春花等. 认知革命：数字生存时代的管理［M］. 复旦大学出版社，2018.

［32］清华大学五道口金融学院中国保险与养老金研究中心. 金融科技发展视角：构建保险科技创新新生态2020［M］. 中国财政经济出版社，2020.

［33］史蒂夫·萨马蒂诺. 碎片化时代：重新定义互联网+商业新常态［M］. 陶丽萍，译. 中国人民大学出版社，2015.

［34］苏珊娜·奇斯蒂，萨宾·L.B.范德林登. InsurTech：保险科技权威指南［M］. 卢斌，王鹏，张小敏，译. 中国人民大学出版社，2020.

［35］谭磊，陈刚. 区块链2.0［M］. 电子工业出版社，2016.

［36］王和. 保险的逻辑［M］. 中国金融出版社，2014.

［37］王和. 保险的未来［M］. 中信出版社，2019.

［38］王和. 大数据时代保险变革研究［M］. 中国金融出版社，2014.

［39］王洪栋，张光楹，廉赵峰. 财富管理与资产配置［M］. 经济管理出版社，2013.

［40］王顺庆，张莺. 绿色保险［M］. 中国环境出版社，2016.

［41］魏华林，林宝清. 保险学（第三版）［M］. 高等教育出版社，2011.

［42］乌尔里希·贝克. 风险社会：新的现代性之路［M］. 张文杰，何博闻，译. 译林出版社，2018.

［43］吴军. 智能时代：大数据与智能革命重新定义未来［M］. 中信出版集团，2016.

［44］奚玉莉，杨芮，李耀东等. 互联网保险新模式［M］. 中信出版集团，2016.

［45］许闲. 保险科技创新运用与商业模式［M］. 中国金融出版社，2018.

［46］姚庆海. 从行业意愿到国家意志：中国保险业“十三五”发展前瞻［M］. 人民出版社，2016.

［47］易行健. 财富管理：理论与实践［M］. 机械工业出版社，2016.

［48］云大慧. 财富管理：家族财富管理与传承法律实务［M］. 法律出版社，2019.

［49］赵尚梅，张军欢. 健康保险与大数据应用［M］. 中国财

政经济出版社，2018.

[50] 郑秉文. 中国养老金精算报告（2019—2050）[R]. 中国劳动社会保障出版社，2019.

[51] 中国保险行业协会. 中国互联网保险行业发展报告 [R]. 中国财政经济出版社，2017.

[52] 中再集团，众安科技公司，汉诺威再保险公司，德国通用再保险公司. 再保险区块链（RIC）白皮书 [R]. 2018.

[53] 众安金融科技研究院. 新保险时代：金融科技重新定义保险新未来 [M]. 机械工业出版社，2018.

[54] 周小全，苑德军. 财富管理理论与实务 [M]. 中国金融出版社，2020.

[55] 朱进元，刘勇，魏丽. 保险科技 [M]. 中信出版集团，2018.

[56] 朱铭来，李新平. 护理保险在中国的探索 [M]. 中国财政经济出版社，2018.

[57] 朱淑珍. 金融风险管理 [M]. 北京大学出版社，2017.

保驾护航 山高水险

财产大布局

李丽英 著

中国财经出版传媒集团
中国财政经济出版社

图书在版编目（CIP）数据

保驾护航．山高水险　财产大布局 / 李丽英著．—
北京：中国财政经济出版社，2022.6
ISBN 978-7-5223-1280-4

Ⅰ．①保…　Ⅱ．①李…　Ⅲ．①保险业—产业发展—研究—中国　Ⅳ．①F842

中国版本图书馆 CIP 数据核字（2022）第 048540 号

责任编辑：陈志伟　　　　责任校对：胡永立
封面设计：卜建辰　　　　责任印制：史大鹏

中国财政经济出版社 出版
URL：http：//www.cfeph.cn
E-mail：cfeph @cfemg.cn

社址：北京市海淀区阜成路甲 28 号　邮政编码：100142
营销中心电话：010-88191522
天猫网店：中国财政经济出版社旗舰店
网址：https：//zgczjjcbs.tmall.com
北京时捷印刷有限公司印刷　各地新华书店经销
成品尺寸：147mm × 210mm　32 开　4.375 印张　93 100 字
2022 年 6 月第 1 版　2022 年 6 月北京第 1 次印刷
定价：100.00 元（全套5册）
ISBN 978-7-5223-1280-4
（图书出现印装问题，本社负责调换，电话：010-88190548）
本社质量投诉电话：010-88190744
打击盗版举报热线：010-88191661　QQ：2242791300

PREFACE
序言

“一人为众，众为一人”，保险是人类经济领域最伟大的发明之一。作为社会的稳定器，保险能解困济穷，尤其对普通家庭来说，让每个生命在疾病面前不再低头，不委屈自己，不拖累家人，有了对生命选择的权利和尊严。

保险业是社会风险管理体系的重要支柱。新冠肺炎疫情是百年来全球发生的最严重的传染病大流行，保险业在应对这场席卷全球的巨大灾难中防灾防损、救死扶伤，为快速解决突发公共卫生事件发挥了重要作用。保险业也是现代金融体系的重要支柱。特别是在经历过20世纪90年代日本经济大萧条、1997年亚洲金融危机，以及2008年全球金融危机等经济动荡以后，人们对于保险的认识由最初的人身和财产安全的基本保障，进展到对家庭资产配置和家族财富传承的深入思考。于是，广大消费者逐渐开始转变风险管理观念，希望通过运用保险的金融工具职能，实现家庭资产保值与增值、家族财富管理与传承的全流程解决方案。

面对日益纷繁复杂的经济社会新形势，全球保险业借助大数据、人工智能、区块链等新兴科学技术的加持和赋能得以持续发

展进步，金融市场理财手段也不断丰富升级。在新态势下，如何深刻地认识保险在风险管理中的重要地位，怎样有效融合保险手段与科技赋能，积极应对瞬息万变的全球经济波动的新特征和社会环境变化的新风险，已经成为每个企业和家庭进行全面风险管理、实现财富保值增值，所需考虑的头等大事和必备技能。

纵观我国现代保险业的发展历程，自1949年10月中国人民保险公司成立以来，历经停办、恢复、对外开放、高速增长等多个历史发展阶段，虽道路坎坷，但成果卓著。2020年底保险业年保费收入4.5万亿元，保险公司总资产23.3万亿元，235家保险机构（含160家中资保险公司、61家中外合资保险公司、14家保险集团公司）百花齐放、百舸争流。我国保险业综合实力不断增强，服务能力持续提升，发展环境逐渐步优化，成为保障国民经济发展与服务社会管理的重要支撑。广大消费者也从不了解、不认可保险，逐步实现到主动认知、主动购买保险的巨大转变。特别是随着保险科技的推广和消费者行为习惯的改变，新型互联网保险业务模式得到大力发展，市场规模不断扩充，大量新场景、新产品、新消费应用纷纷问世，我国保险业得到了社会舆论的极大宣传和社会资本的鼎力支持。

对于广大消费者，只有准确地了解保险背后的经济原理和商业逻辑，才能更好地制定切实符合实际需求的保险规划和保障方案。本书在广泛汲取保险学术界和业界现有研究成果的基础上，结合笔者多年的从业经验和深度思考，从近年来引爆社会舆论的一些保险热点话题出发，旨在通过通俗易懂的语言，阐述新视野下保险行业发展与财富管理的五大基本问题。为什么要买保险？什么是保险？保险实务中的业务流程是什么？为什么说保险是财富管理的“压舱石”？未来保险该何去何从？只有准确地解决这五大基本

问题带来的困惑，才能真正深刻理解保险贯穿从“摇篮”到“天堂”每一个人生阶段的实际意义，更好地体会保险渗透到家庭财富管理方方面面的现实影响，切实掌握运用保险这一资产配置管理工具应对不确定风险的重要作用，才能在面对未来经济和社会发展的新形势、新动态、新问题时，真正地做到未雨绸缪和有的放矢。

围绕经济社会新动态下的保险发展问题，本书用五册、共计十六章的内容进行深入思考和系统阐述。

第一册，“化险为夷　保险大变局”，全面介绍了保险在生产和生活中的应用。从传统文化观念中的“养儿防老”到未来市场发展“以险养老”思维模式的转变；从冲上热搜的“社保第六险”到趋利向好的银保监会合并；从《民法典》颁布到第七次人口普查公布；从新冠肺炎疫情下的保驾护航到后疫情时代十四五规划，都对保险业发展产生深远影响，保险早已渗透到人们生活中的点点滴滴，成为保障日常生活不可或缺的一部分。

第二册，“有惊无险　保障大全局”，基于经济理论详细阐述了“究竟什么是保险”的问题。从保险的基本要素入手，介绍了保险的产生与发展历程、保险的基本原则，以及保险合同的相关内容和投保注意事项。同时让所有的国人认知保险工具在人生每一个阶段扮演的角色以及实际的作用。

第三册，“山高水险　财产大布局”，系统展示了当前保险实务中的运营模式。考虑到根据业务类别的不同，保险实务中需要应用到保险精算、营销、财务管理、投资、法律、大数据、人工智能、医学等多学科领域交叉的专业知识，因此从财产保险、人身保险、保险经营流程和保险营销策略等方面展开介绍。

第四册，“乘高居险　财富大棋局”，在前三册保险基本理论

的应用场景基础上，运用保险工具进行财富管理与家族传承。随着经济社会的发展进步和国民财富的迅速增长，人们在解决温饱问题之后，开始赋予生命新的价值，本册运用保险的工具，从生命周期的经济管理视角出发，解决个人、家庭和家族在不同时期所面临的保值增值和财富传承问题。

第五册，“负嵎依险　科技大时局”，基于保险与科学技术的融合发展历程，分析保险科技的理论与实践，探索保险行业的未来发展方向。随着人工智能、区块链、物联网等核心科技逐步运用到保险行业，颠覆性地革新了传统保险的业务模式，使原本保险流程中的诸多“不可能”和“人工”功能逐步转变为“可能”和“智能”。在一些“头部”保险公司的引领下，广大中小型保险市场主体也逐步意识到科学技术促进保险业发展的巨大潜力，纷纷加码保险科技创新。

本书立足新形势，放眼新视野，擘画新蓝图。系统阐述了保险发展与财富管理的知识理论与实务体系，帮助读者由表及里、从知到行，综合运用保险职能手段，真正掌握行之有效的个人风险及家族财富管理解决方案。

作为一名保险人，深耕细作，砥砺前行。由衷期望借助大数据与人工智能技术等新型科技赋能，未来保险行业能够早日实现智能化的运营管理综合体系，覆盖产品定价、市场营销、投核保、客户服务等保险业务全流程，升级服务保险新生态，真正实现广大消费者和保险公司的“互利共赢”，铸就保险业发展新辉煌！

作　者

2022年1月

CONTENTS
目录

第一章

财产保险

根据保险标的的不同，保险可分为财产保险和人身保险两大类。财产保险是指以财产及其有关的经济利益和损害赔偿责任为保险标的的保险。本章从我国开办的财产保险的险种出发，全面介绍财产损失保险、责任保险、信用和保证保险等各类财产保险。

第一节　财产保险概述

一、财产保险的概念

财产保险是以物质财产及有关利益、责任和信用为保险标的，以补偿投保人或被保险人经济损失为目的的一种保险。

二、财产保险的特征

1.财产保险承保范围广泛，可用货币衡量保险标的的价值。

2.财产保险适用于损失补偿原则，被保险人不会通过保险得到额外的经济利益。

3. 财产保险的经营内容比较复杂，包括运输工具、运输的货物、企业财产、家庭财产、农作物等各类具体的财产，以及责任和信用等无形财产。

4. 单个保险关系具有不等性；保险人在经营每一笔财产保险业务时，收取的保险费与支付的保险赔款并非等价的。

5. 一般要求投保人从保险合同订立到保险事故发生时，都要对保险标的具有保险利益。

6. 保险期限一般较短，为1年及1年以下居多。

三、财产保险的分类

关于财产保险的分类，通常不同国家采取不同的划分方法，我国习惯上把财产保险划分为三大类，分别是财产损失保险、责任保险和信用保证保险，每个大类下又可以细分为若干小类，如图1–1所示。

首先，财产损失保险是生活中最常见的一种保险。举个例子，吴女士成立了一家公司，那她需要购买哪些保险呢？首先，需要为她的公司投保企业财产保险，但是企业财产保险仅能覆盖火灾、爆炸、雷击等自然灾害，如一场大火将吴女士的公司全部烧毁，吴女士因为购买了企业财产保险，所以保险公司会赔付给她一笔保险金，她可以利用这笔保险金重建公司，但重建需要一定的时间，停工期间会造成巨大的利润损失，所以她还可以购买利润损失保险，这样停工期间损失的利润也可以获得保险公司的赔偿；吴女士还可以为其豪宅购买家庭财产保险；家里的小轿车可以购买运输工具保险；物流公司的货物可以购买货物运输保险；建筑公司可以购买工程保险；如果吴女士拥有一个大集团，包括了核电站、航天飞机、海洋使用开发公司，她还可以购买特殊风险保险；如果吴女士拥有一个农产品产业园，则可以购买农业保险。以上吴女士购买的这些保险都属于财产损失保险的范畴。

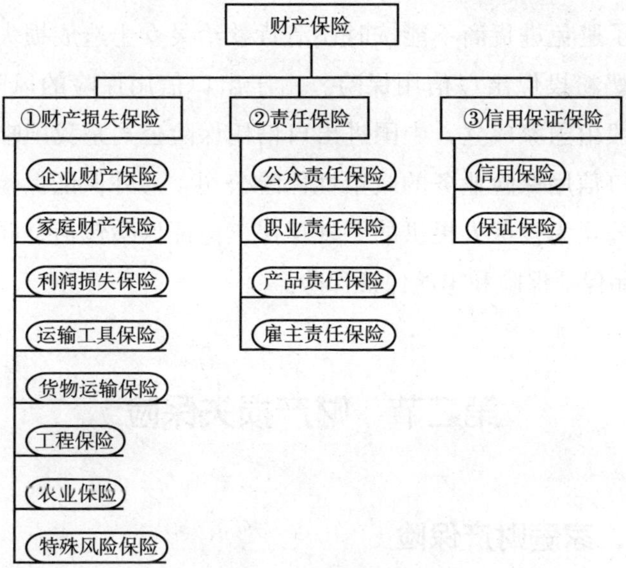

图1–1　财产保险的分类

财产保险的第二大类别是责任保险，是以被保险人依法应负的民事赔偿损失责任或经过特别约定的合同责任作为保险标的的保险。比如吴女士拥有一家奶粉公司，那么她需要购买各种责任保险。如奶粉公司的大楼，可以购买公众责任保险，如果大楼上的广告牌掉下砸伤路人，可以向保险公司申请理赔；奶粉公司的奶粉可以投保产品责任保险，保险公司承担由于奶粉问题给消费者造成的损失；

奶粉公司还可以为员工购买雇主责任保险，如果奶牛不小心踢伤了挤奶工，保险公司可以赔偿挤奶工的医药费；还可以为奶粉厂的专业技术人员投保职业责任保险，如果由于技术人员的疏忽或过失弄错奶粉的配方，给消费者造成损害，可以由保险公司进行赔付（医院的医生和护士、律师、设计师等通常都需要投保职业责任保险）。

财产保险的第三大类别是信用保证保险。如果奶粉要运往国外，为了避免进货商不能按时还清货款给吴女士造成损失，可以为这批奶粉投保出口信用保险。由于出口信用保险的风险较大，公司一般由国家成立，中国进出口信用保险公司是我国唯一一家承办出口信用保险业务的政策性保险公司。另外保证保险，相当于保险公司为投保人提供的一种担保，保证保险包括合同保证保险、产品保证保险和忠诚保证保险。

第二节　财产损失保险

一、家庭财产保险

我们的家庭生活环境看似正常，事实上却隐藏着很多风险。例如，在炎热的夏天，门窗通风很容易带来入室行窃的机会，电力消耗的暴增也会带来火灾隐患。其他诸如自然灾害、水浸损失、火灾爆炸、室内财产被窃、家用电器遭遇雷电等造成的损失，往往难以预防。随着人们生活水平的提高，增强自身和家庭的保障能力已成为人们追求的目标，投保家庭财产保险已成为家庭保障的重要途径。

家庭财产保险也可称为家财险，是以城乡居民的家庭财产为保险标的的保险，家庭财产保险包括普通家庭财产保险、家庭财产两全保险、新型家庭财产保险、团体家庭财产保险等形式。

（一）家庭财产保险适用的对象

所有城乡居民、夫妻店、个体劳动者、家庭手工业者、个人及其家庭成员都可以为自有财产和代他人保管或与他人共享的财产投保家庭财产保险。但是城乡个体工商户和合作经营组织的财产以及私人企业的财产应投保企业财产保险。

（二）家庭财产保险的基本内容

1. 家庭财产保险的保险标的

（1）可保财产。家庭财产保险可保财产主要包括自有居住房屋；室内装修、装饰及其附属设备；室内家庭财产。

（2）特保财产。

①农村家庭存放在院内的非动力农机具、农用工具和已收获的农副产品。

②个体劳动者存放在室内的营业用器具、工具、原材料和商品。

③代他人保管的财产或与他人共有的财产。

④须与保险人特别约定才能投保的财产。

（3）不保财产。

①金银、珠宝、首饰、古玩、古书、字画等珍贵财物。

②货币、储蓄存折、有价证券、票证、文件、账册、图表、技术资料等。

③违章建筑、危险房屋，以及其他正处于危险状态的财产。

④摩托车、拖拉机或汽车等机动车辆，寻呼机、手机等无线通信设备和家禽家畜。

⑤食品、烟酒、药品、化妆品，以及花、鸟、鱼、虫、树、盆景等。

2. 家庭财产保险承保的风险

家庭财产保险所承保的风险与企业财产保险综合险所承保的风险基本一致，可以把它们归纳为以下五项：

（1）火灾保险承保的基本风险，包括火灾、爆炸、雷击；

（2）其他列明的自然灾害，如龙卷风、洪水、海啸、地面突然塌陷、崖崩、泥石流、突发性滑坡、雪灾、雹灾、冰凌；

（3）外界建筑物倒塌；

（4）暴风、暴雨造成房屋墙体、屋顶、屋架等主要结构倒塌；

（5）合理的、必要的施救费用。

3. 家庭财产保险的除外责任

（1）原因免除。主要包括战争风险、核辐射以及被保险人及其家人的故意行为。

（2）损失免除。包括间接损失、地震造成的损失、家用电器自身的损坏、暴风雨造成的露天财产损失以及洪水造成的江河岸边财产损失等。

4. 家庭财产保险的保险金额

家庭财产与企业财产不同，家庭财产无账面价值，所以基本无账可查。家庭财产的品种、质量、新旧程度不一，价值更难以确定。所以家庭财产保险中的房屋，室内装修、装饰及附属设施的保险金额由被保险人根据财产的购置价或市场价自行确定，室内财产的保险金额则根据投保时的实际价值自行确定。

5. 家庭财产保险的赔偿处理

家庭财产保险对房屋损失的赔偿与对室内财产的赔偿方式有

所差别，保险人对房屋的损失采取比例赔偿方式，而对室内财产的损失则采取第一风险赔偿方式。

二、企业财产保险

企业财产保险，是以投保人存放在固定地点的财产和物资作为保险标的的保险，这里需要注意的有两点：一是固定地点，二是财产和物资。仍然以吴女士为例，如吴女士公司的汽车能否投保企业财产保险呢？因汽车不是一直停放在固定地点的财产，所以不能投保企业财产保险，但可以投保运输工具保险；吴女士公司的土地能否投保企业财产保险呢？因土地资源不属于一般性的生产资料或商品，不属于吴女士的财产或物资，所以不能投保企业财产保险。那究竟哪些财产可以投保企业财产保险呢？

（一）企业财产保险的标的范围

企业财产保险适用的范围很广，一切独立核算的、有法人资格的单位都可以投保企业财产保险。包括工商、建筑、交通、服务企业、国家机关、社会团体等。在企业财产中，需要明确哪些是可保财产，哪些是特约可保财产，哪些是不可保财产。

第一，可保财产是保险人认定可以承保的企业财产。包括固定资产、流动资产、账外资产等用会计科目反映的财产，以及房屋、建筑物、机器设备、材料、商品物资等通过企业财产项目类别反映的财产。

第二，特约可保财产。包括金银、珠宝、古玩、艺术品、铁路、码头等不提高费率的特约可保财产，以及矿井、矿坑的地下建筑物、设备和框架物资等需要提高费率或附加保险条款的特约可保财产。

第三，不可保财产是保险公司不予承保的财产。主要包括六类：如土地、矿藏、森林、水资源等国有财产，不属于一般性的生产资料或商品；货币、票证、文件、技术资料等，因缺乏价值依据，或难以鉴定其价值；可以由其他险种承保的财产，如机动车辆（企业内部行驶车辆除外）、运输物资、农作物等；不符合政府有关法律要求的财产，如公司搭建的违章建筑、非法占用的财产等；公司的危楼，因为发生危险的程度极高，由于种种原因暂时不能承保的财产，如公司的灰尘，也从未有保险公司承保过，以上几种均属于不可保财产。

（二）企业财产保险的险种

企业财产保险主要包括基本险和综合险两类，如图1–2所示。

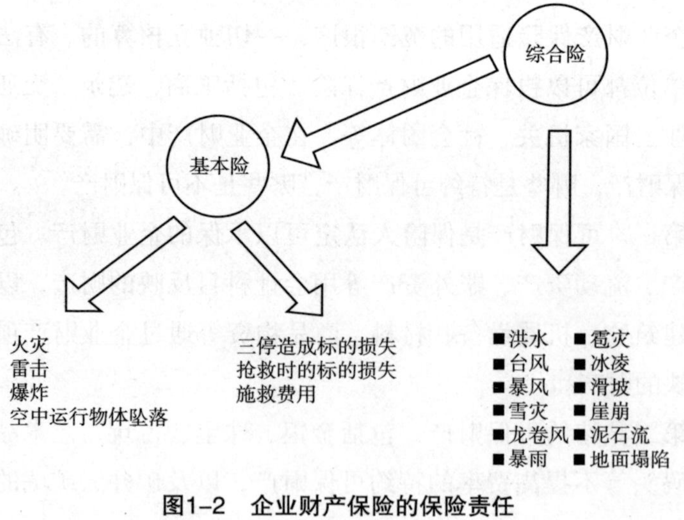

图1–2　企业财产保险的保险责任

1.基本险的保险责任包括火灾、雷击、爆炸、飞行物体及其他空中运行物体的坠落，停电、停水、停气的损失，为抢救保险标的或防止蔓延，支付的合理的、必要的施救费用。

2.综合险的保险责任是在基本险的保险责任基础上，增加了洪水、台风、冰凌、地面突然塌陷等自然灾害。

（三）企业财产保险的保险金额和保险价值

在可保财产的范围内，保险公司将企业的财产分为固定资产、流动资产、账外财产和代保管财产三类，不同类别的财产有不同的确定方式。

仍然以吴女士的奶粉公司为例，奶粉公司的大楼属于固定资产，投保时有三种确定大楼保险金额的方式：一是按照账面原值确定，如建设大楼时花费20亿元，保险金额直接确定为20亿元；二是按照账面原值加成数确定，如3年前建设大楼时花费了20亿元，如果考虑货币的时间价值，按照年利率5%计算，大楼现在的实际价值为23亿元；三是按照重置价值确定，即重购价值或重建的价格，如10年前建设大楼时花费了20亿元，但由于材料费、人工费及土地的价格上涨，现在重建此栋大楼需要30亿元，所以保险金额可以确定为30亿元。

企业的原材料、包装物等属于流动资产，很难精确计算具体的价值，确定流动资产的保险金额时通常有两种方式：一是根据最近12个月任意月份的账面余额确定，二是被保险人自行确定。

账外财产和代保管财产可以由投保人自行评估或按照重置价值确定保险金额。

固定资产的保险价值是出险时的重置价值，流动资产的保险价值是出险时的账面余额，账外财产和代保管财产的保险价值是出险时的重置价值或账面余额。

（四）企业财产保险的赔偿处理

企业财产保险的保费受多种因素的影响，如吴女士的奶粉仓库建在消防局附近或远离消防局会影响保险费率，离消防局越近保费越低，因为即使发生火灾造成的损失也越小。除地理位置外，房屋的建筑结构、占用性质、安全设施和防火设备等均会对保险费率产生重要影响。

购买财产保险是损失补偿的一种手段，不能利用财产保险获利。企业财产保险的赔偿处理可以从赔偿金额的计算方式、残值处理和重复保险分摊责任三个方面来了解。如果吴女士的奶粉公司投保了企业财产保险，保险公司应赔付多少钱呢？

第一，损失分为全部损失和部分损失，如果吴女士的奶粉仓库价值1亿元，但投保时，吴女士为了节省开支，只购买了保险金额为8000万元的企业财产保险，仓库及仓库内的财产因发生火灾全部毁损，在无须采取施救，且不考虑免赔额和残值处理的情况下，保险公司最高赔付8000万元，损失赔付以保险金额为限。如果吴女士购买了保险金额为1亿元的企业财产保险，但是出险时仓库仅价值9000万元，在不考虑免赔额和残值处理的情况下，保险公司最高赔付9000万元，因为财产保险是损失补偿的一种手段，仓库毁损时的损失只有9000万元，损失赔付以实际损失为限。

如果发生部分损失，如吴女士投保时，仓库价值1亿元，所以投保了保险金额为1亿元的企业财产保险，即足额保险，在不考虑免赔额和残值处理的情况下，按照实际损失赔偿；但如果投保时仓库价值1亿元，吴女士仅投保了5000万元，出险时仓库的重置价值为9000万元，损失金额200万元，在不考虑残值处理和免赔额，且无施救费用的情况下，按照以下公式计算，实际损失 × 保险金额 ÷ 出险时的重置价值。根据计算得出，保险公司赔偿吴女士200万元 × 5000万元 ÷ 9000万元=111.11万元。

综上所述，全部损失时以保险金额、实际损失为限，部分损失时，足额保险按实际损失赔偿，不足额保险利用公式计算。

第二，残值处理。如果吴女士仓库价值1亿元，投保了保险金额为1亿元的企业财产保险，损失金额为9000万元，残值1000万元，保险公司在赔付了吴女士9000万元后，还有1000万元的保障责任，仓库维修好后，价值依然为1亿元，但如果再次发生损失，保险公司的赔付金额最高为1000万元，吴女士可以向保险公司申请恢复保险金额，按日比例计算，补缴部分保险费。

第三，重复保险。如果吴女士价值1亿元的仓库同时在甲保险公司投保了5000万元，乙保险公司投保了6000万元的企业财产保险，仓库全部毁损时，在不考虑免赔额和施救费的情况下，甲保险公司应赔付1亿 × 5000万 ÷（5000万 +6000万）=4545.45（万元），乙保险公司应赔付1亿 × 6000万 ÷（5000万 +6000万）=5454.55（万元），重复保险的各保险人按照所占保险金额与保险金额总和的比例承担赔偿保险金的责任。

三、运输工具保险

（一）机动车辆保险

机动车辆保险是以机动车辆本身及机动车辆的第三者责任为

保险标的的一种运输工具保险，详见表1–1。

车辆损失险的保险标的包括汽车、电车、电瓶车、摩托车、拖拉机、专用机械车、特种车等各种机动车辆，但不包括火车。

第三者责任险保障保险车辆因意外事故致使他人遭受人身伤亡或财产损失时，依法应负的赔偿责任。

表1–1　　机动车辆保险的险种

基本险（主险）	车辆损失险	第三者责任险
附加险	全车盗抢险 玻璃单独破碎险 车身划痕险 自燃损失险	车上人员责任险
	不计免赔特约险	

1. 车辆损失保险

车辆损失保险是指被保险人或允许的驾驶员在驾驶保险车辆时发生保险事故，造成保险车辆受损，保险公司在合理范围内予以赔偿的险种。如图1–3为车辆损失保险的赔付范围。

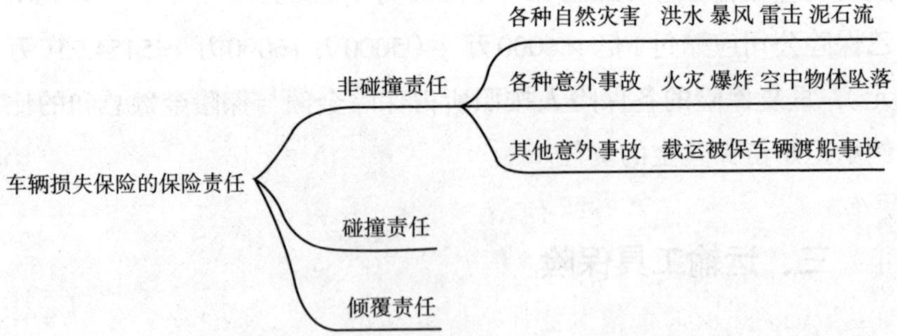

图1–3　车辆损失保险的保险责任

2. 第三者责任保险

承担因使用保险车辆发生意外事故造成他人（即第三方）的人身伤害或死亡或财产直接损失的赔偿责任。由于交强险对第三方的医疗费用和财产损失的赔偿金额有限，因此在购买强制性交通保险后，可以考虑购买第三者责任险作为补充。

（1）第三者责任险的保险责任。被保险人允许的合格驾驶员在使用保险车辆期间发生事故，导致第三者遭受人身伤亡或财产直接损失时，保险人依照保险合同的规定对被保险人应依法赔偿的金额进行补偿。

（2）每次事故最高赔偿限额分别为5万元、10万元、20万元、50万元、100万元五个赔偿等级，被保险人可以选择自愿投保。

3. 交强险

交强险是我国第一个根据国家法律规定强制实施的保险制度。《机动车交通事故责任强制保险条例》(以下简称《条例》)规定，交强险是保险公司对发生道路交通事故，被保险机动车辆造成受害人（车辆人员和被保险人除外）人身伤亡或财产损失时，在责任范围内予以赔偿的强制性险种。

在中华人民共和国境内道路上行驶的机动车的所有人或管理人，都应当购买交强险。同时，《条例》规定，机动车所有人、管理人不按照规定投保交强险的，公安机关交通管理部门将扣留机动车，并通知机动车的所有人、管理人按规定投保，并处相应的罚款。2020年9月银保监会会同公安部、卫生健康委、农业农村部确定了机动车交通事故责任强制保险责任限额的调整方案。

交通事故中承担责任赔偿的限额，死亡伤残赔偿限额由改革前11万元调整到18万元；医疗费用赔偿限额由改革前1万元调整到1.8万元；财产损失赔偿限额为2000元，不变。机动车在道路交通事故中不承担责任的赔偿的限额，死亡伤残赔偿限额由改革前11000元调整到18000元；医疗费用赔偿限额由改革前1000元调整到1800元；财产损失赔偿限额为100元，不变。相比原来的责任限额，除财产损失赔偿限额维持不变外，死亡伤残赔偿限额和医疗费用赔偿限额均有较大提高。

4. 附加险

附加险是对车辆损失险和第三者责任险的责任进行补充的险种，包括盗抢险、车载货物掉落险、玻璃破碎险、车辆停放损失险、自燃损失险、新增加设备损失险。

交强险与商业性第三者责任险同属于第三者责任保险，主要区别如下：

（1）交强险属于国家强制性购买的险种，根据《中华人民共和国道路交通安全法》的规定必须购买的第三者责任保险，未投保交强险，车辆无法挂牌和验车。第三者责任险属于非强制性保险，是客户自愿选择购买的商业保险，当被保险人或其允许的驾驶人员在使用保险车辆的过程中发生意外事故，致使第三者遭受人身伤亡或财产损失时，保险公司承担依法应由被保险人承担的经济赔偿责任。

（2）交强险的保险责任几乎覆盖了所有道路交通风险，且不设免赔率（额）。交强险遵循的是“无过错责任”原则，即无论被保险人在交通事故中是否负有责任，保险公司均予以赔付。第三者责任险的保险责任是保险公司根据被保险人在交通事故中承担的责任来确定其赔偿金额，并且规定了免赔率（额）和较多的责任免除事项。

（3）交强险不以营利为目的，无论盈余或亏损，均不参与公司的利润分配，公司实际上属于代办业务。第三者责任险属于商业保险，以营利为主要目的。

（4）交强险与第三者责任险的赔偿限额不同，如被保险人投保了10万元的第三者责任险，所有被保险人允许的合格驾驶员，在驾驶被保险车辆的过程中，给第三者造成的人身伤害和财产损失都在保险公司核定的范围内予以赔偿。事故造成第三者死亡、伤残，医疗费用支出以及财务损失时，最高赔偿限额均为10万元，而交强险最高赔偿限额如交强险部分所述。

（二）船舶保险

1.概念

船舶保险是以各种船舶为保险标的，承保因自然灾害和意外事故致使其在海上航行或在港内停泊时遭受的全部或部分损失及可能引起的责任进行赔偿的险种。

2.保险标的

船舶保险的保险标的包括运输船舶，渔业船舶，工程船舶，工作船舶，特种船舶及其附属设备，以及各种水上装置。

3.保险责任

碰撞责任：保险标的与其他物体碰撞并造成对方损失且依法应由被保险人承担的经济赔偿。

非碰撞责任：有关自然灾害、海洋灾害、火灾、爆炸、共同海损分担、施救费用、救助费用。

不保责任：战争、军事行动和政府征用、不具备适航条件、被保险人及其代理人的故意行为、正常维修、因保险事故导致停航、停业的间接损失、超载浪损等引起的损失。

4.船舶保险费率

船舶保险费率的厘定需要综合考虑船舶的结构和种类、船舶新旧程度、航行区域、吨位大小、使用性质等因素，同时参照历史损失记录和国际船舶保险界的费率标准，其中航行水域是最重要的因素。

（三）飞机保险

飞机保险也称航空保险，是以飞机及其相关责任、利益为保险标的的保险，它是随着飞机制造业的发展，在海洋货物运输保险和人身意外伤害险的基础上发展起来的一个保险领域。主要包括飞机的机身保险、第三者责任保险、航空旅客的法定责任保险、承运人对所运货物的责任保险等若干业务。

四、货物运输保险

（一）概念

货物运输保险是以运输过程中的各种货物为保险标的，以运行过程中可能发生的有关风险为保险责任的一种财产保险。货物运输保险保障货物在运输过程中的安全，该险种适用于收货人和发货人。

（二）分类

按照运输货物的方式划分为水路货物运输保险、陆上货物运输保险、航空货物运输保险以及联运险；按照承保范围划分为国内货物运输保险、涉外货物运输保险；按照保险人承担责任的方式划分为基本险、综合险和附加险。

（三）货物运输保险的保险责任

1. 火灾、爆炸及相关自然灾害造成的货物损失；
2. 运输工具发生意外事故造成的货物损失；
3. 在货物装卸过程中的损失；
4. 按照国家规定或一般惯例应当分摊的共同海损费用；
5. 合理必要的施救费用。

（四）货物运输保险的保险金额

货物运输保险采用定值保险的方式确定保险金额，国内货物运输保险金额确定的方式包括按起运地成本价、目的地成本价、目的地市价等；涉外货物运输保险的保险金额，由投保人根据贸易合同确定，包括离岸价、成本加运费价、到岸价等方式。

（五）保险期限

货物运输保险一般采用“仓至仓条款”，即从起运地仓库到目的地仓库为保险责任期间，这有别于一般财产保险的保险期限。

五、工程保险

（一）概念

指在工程建设期间，保险公司对因自然灾害和意外事故造成各种工程项目及有关机器设备等财产损失或对第三者进行赔偿的保险。

（二）保险责任范围

1.建筑工程保险责任

保险责任主要包括保单上列明的，洪水、暴风、暴雨、冰雹、火灾、爆炸等各种自然灾害和意外事故，盗窃、工人或技术人员过失等人为风险，以及在保险期间因建筑工地发生意外事故造成工地及附近的第三者人身伤亡和财产损失时，对第三者进行赔偿的责任。

2.安装工程保险责任

责任范围和建筑工程保险的责任范围基本相同，除此之外，还包括超负荷、超电压、碰线、走电、短路，以及安装不当引起的风险。

3.科技工程保险

主要包括如海洋石油开发、卫星保险、核电站风险、科技成果应用保险和计算机网络技术保险等其他类型的科技保险。

六、农业保险

所谓农业风险，是指在农业生产经营过程中因遭受灾害造成的财产损失、人身伤害或其他经济损失的不确定性。所谓灾害，是指自然的、人为的或两者兼有的原因给自然界和人类社会带来的灾难，所有可能导致社会财富和人员伤亡的自然和社会现象都可以称为灾害。

农业保险是一种制度安排，通过该制度，农业生产者以支付保险费为代价，将农业生产和经营过程中的灾难事故造成的财产损失转移给保险人。改革开放以来，政府也高度重视转移农业风险和建立政策性农业保险制度。自21世纪初以来，已在全国范围内实施了政策性农业保险的试点工作，并形成了多种有效的模式。

农业保险的主要类型有种植业保险和养殖业保险。种植业保险以植物性作物为保险标的，如农作物保险、林木保险等；养殖业保险以动物为保险标的，如牲畜保险、家禽保险、水产养殖保险等。

第三节 责任保险

一、责任保险的概念

责任保险是保险人依法或按照合同规定对被保险人给第三者造成的经济损失承担赔偿责任的保险，承保的保险标的是各种无形的民事责任。保险人承保责任保险时，通常会为每种责任保险规定若干等级的赔偿限额，即保险人承担责任的最高限额，超出限额的经济赔偿责任只能由被保险人承担。责任保险的直接赔偿对象是被保险人，间接赔偿对象是第三者（受害方），其实质是对被保险人以外的受害方即第三者进行赔偿，这是一种直接保障被保险人利益而间接保护受害人利益的双重保障机制。

二、责任保险的分类

责任保险主要包括公众责任保险、产品责任保险、雇主责任保险、职业责任保险等，详见表1–2。

表1-2　　　　责任保险的分类

	公众责任保险	产品责任保险	雇主责任保险	职业责任保险
保险标的	公众赔偿责任	产品合同责任 产品侵权责任	雇主对雇员的赔偿责任	合同赔偿责任
适用范围	场所责任险、承包人责任险、承运人责任险、个人责任险	各类产品	各类企业机构 事业单位	专业技术人员（医生、会计师、律师等）
投保人与被保险人	企、事业单位 机关团体	生产商、进出商、批发零售商、修理商	雇主	投保人：单位 被保险人：专业技术人员

第四节　信用和保证保险

一、信用和保证保险的概念

信用（担保）保险是一种基于各种信用行为的保险。投保自己信用行为的是保证保险，投保他人（对方）信用行为的是信用保险，如图1-4所示。

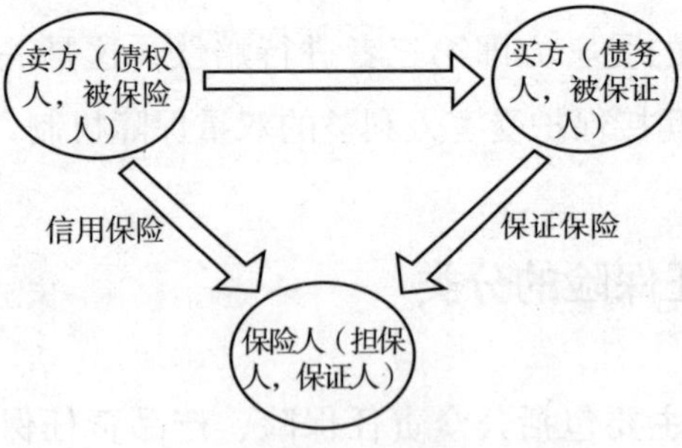

图1-4　信用保证保险

二、信用保险与保证保险的区别

（一）保险合同涉及的当事人不同

信用保险的当事人是保险人和权利人，权利人既是投保人又是被保险人；而保证保险的当事人为保险人与被保证人、权利人三方，被保证人为投保人，权利人为被保险人。

（二）保险性质不同

保证保险是一种担保行为，保险人提供的是保险公司的信用而不承担实质性风险；在信用保险中，保险人承担实质性风险，发生保险事故，保险人向被保险人支付赔偿金后，仅获得向债务人追偿的权利。

（三）保险人承担的风险不同

在保证保险中，保险人承担的风险较小（保险人通常采取反担保），而在信用保险中，保险人承担无法控制的信用风险，风险较大。

（四）保费性质不同

保证保险属于担保业务，被保证人支付的费用是一种担保手续费，是对保险公司出具信用的报酬；信用保险属于保险业务，投保人支付的保费是将债务人的信用风险转移给保险人的价格。

第二章

人身保险

现代社会，受到自然灾害、意外事故、身体健康状况等因素的影响，每个人都面临着生、老、病、死、残的风险，这些风险会使个人或家庭的经济生活遭受巨大的打击，进而陷入困境。而人身保险可以为人生各阶段的多种风险提供相应的保障，因此了解人身保险各个险种的保障责任，以及如何合理的配置人身保险至关重要。

第一节　人身保险合同

一、人身保险概述

在日常的生活与各种活动中，个人与家庭成员都面临着各种各样的风险。这些风险一旦发生便可能造成个人和家庭经济收入的减少或者中断，甚至造成精神上的创伤。通过购买人身保险，将可能导致的经济损失转嫁给保险公司，在一定程度上为个人和家庭成员提供了经济保障。

（一）什么是人身保险

人身保险是以人的生命和身体作为保险标的，按照保险合同的约定由投保人向保险人缴纳保险费，在保险期限内当被保险人死亡、伤残、疾病或达到合同所约定的年龄、期限时，由保险人按照保险合同的有关规定向被保险人或受益人承担保险金给付责任的保险。如图2–1为人身保险的险种构成及其作用。

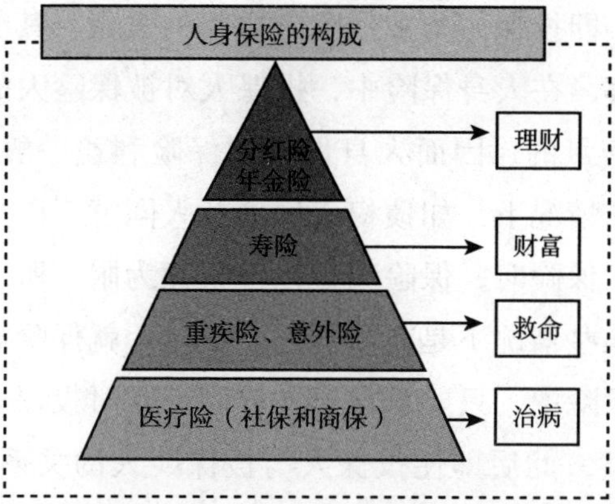

图2–1　人身保险的构成及其作用

（二）人身保险与财产保险相比，具有哪些特点

1. 人身风险的特殊性

人身保险中与人的生命和身体有关的生、老、病、死、残等风险事故，与财产保险中各种自然灾害和意外事故相比，发生的概率更为稳定。尤其是以生命作为风险事故的人寿保险，主要风险因素是死亡率，较其他风险发生的概率更为稳定。所以，人寿保险经营中面临的巨灾风险较少，经营的稳定性更强。

2.保险标的的特殊性

人身保险是以人的生命或身体作为保险标的。首先，就保险标的的价值而言，无论是人的生命或身体，都很难用货币衡量其价值，即人的生命和身体是无价的；其次，就保险标的的风险程度而言，有标准体和次标准体之分。

3.保险利益的特殊性

首先，就保险利益的产生而言，人身保险的保险利益产生于人与人之间，即投保人与被保险人之间的关系。其次，就保险利益的限额而言，在人身保险中，投保人对被保险人的保险利益是不能用货币衡量的，因而人身保险的保险利益一般无最高限额。但在某些特殊情况下，如债权人经债务人同意，以债务人为被保险人投保死亡保险时，保险利益以债权额为限，所以人身保险的保险利益在某些情况下是有限额的。最后，就保险利益的时效而言，在人身保险中，只要求在保险合同订立时投保人对被保险人具有保险利益，此后即使投保人与被保险人的关系发生了变化，也不影响合同的效力。

4.保险金额确定的特殊性

由于人的生命和身体是无价的，因此人身保险的保险金额无法以人的生命和身体的实际价值作为衡量标准。在人身保险实务中，保险金额是由投保人和保险人双方协商确定的，一般从被保险人对具体险种的需求程度和投保人的缴费能力两个方面来考虑，既不能过高，也不宜过低。

5.保险合同性质的特殊性

人身保险合同是定额给付性质的合同。当人身保险的被保险人发生保险合同所约定的保险事故时，保险人必须按照保险合同约定的保险金额承担给付保险金的责任。因此，大多数人身保险（医疗费用类补偿性保险除外）不适用损失补偿原则，也不适用其派生原则，即重复保险的比例分摊原则和代位原则。人身保险中一般也无重复保险、超额保险和不足额保险等问题。

6. 保险合同的储蓄性

由于人身保险采用均衡费率制（即每年收取的保费相等），而不是自然费率制（即反映被保险人当年死亡率的费率）。投保人早期缴纳的保费高于其当年的死亡成本，剩余部分保险公司按预定利率在保单账户中进行积累。一般而言，人身保险的保费分为风险保费和储蓄保费两部分，两全保险和终身寿险等险种的储蓄性更强。

7. 保险期限的特殊性

人身保险合同，尤其是寿险合同期限往往较长，短则数年，长则数十年甚至保终身。保险期限的长期性使得人身保险的经营极易受到利率、通货膨胀及保险公司对未来预测的偏差等外界因素的影响。

（三）如何对人身保险进行划分

1. 按保障范围划分

人身保险按照保障范围的不同，可以分为人寿保险、人身意外伤害保险和健康保险（见后面详解）。人寿保险是人身保险中以人的生存和死亡作为保障对象的险种，意外伤害保险是杠杆率最高的险种，健康保险是必不可少的险种。

2. 按保险期限划分

按照保险期限的不同，人身保险可以分为长期保险和短期保险。长期保险是指保险期限超过一年的人身保险，人寿保险和健康保险中的疾病保险一般属于长期保险。短期保险包括一年期保险和一年以下的保险，一年期以人身意外伤害保险和医疗险居多；保险期限不足一年的人身保险包括航空意外伤害保险、旅游意外伤害保险、旅客意外伤害保险等，一般只保障一次航程或一次旅程，期限较短。

3.按投保方式划分

按投保方式的不同，人身保险可以分为个人保险和团体保险。个人保险是指一张保单只有一个被保险人，团体保险是投保单位和保险公司签订一张以所有成员或其中的大多数成员（一般要求至少为总人数的75%）作为被保险人的保险单，为投保全体提供保险保障，团体保险又可细分为团体人寿、团体年金、团体意外伤害和团体健康保险等。

4.按保单是否参与分红划分

按保单是否参与分红，人身保险又可分为分红保险和不分红保险。分红保险是保险人将每年盈利的一部分，以保单红利的形式分配给所有购买了分红型保险的被保险人的一种保险，分红保险的保费要高于不分红型保险的保费。

5.按被保险人的风险程度划分

按被保险人身体风险状况的不同，人身保险可以分为标准体保险、次标准体保险和完美体保险。标准体保险（或称健体保险），承保的被保险人的身体、职业、道德等方面的风险程度与标准费率相匹配；次标准体保险或称次健体保险、弱体保险，被保险人的风险程度高于标准体，不能以正常费率承保；完美体保险的被保险人风险程度较低，可按更为优惠的费率承保。

二、人身保险合同的这些主要条款，你了解吗？

保险行业在保险实践中逐渐形成了一些规范人身保险合同的特殊条款，这些条款和每位消费者都有着紧密的联系。

（一）不可抗辩条款

不可抗辩条款又称为不可争辩条款，是指人身保险合同成立超过一定时期（通常为两年），保险合同就成为不可争议的合同，保险人将不得再以投保人在投保时违反如实告知义务为由主张解除合同或拒绝给付保险金；发生保险事故的，保险人应当承担赔偿或给付保险金的责任。保险人可以解除合同的期限称为可抗辩期，合同订立的前两年为可抗辩期，可抗辩期外即不可抗辩。

不可抗辩条款不仅在一定程度上减少了理赔过程中产生的各种纠纷，同时也使保险公司在承保环节更加严格地把控风险，减少了保险经营过程中销售误导等行为的发生，对规范保险市场，保障投保方的合法权益起到了重要作用。

需要注意的是，虽然不可抗辩条款主要用来约束保险公司，保护了消费者的合法权益，但在某些情况下存在例外，如保险合同通常规定在保险期间内“初次罹患”某种疾病，如在投保前已经患病，投保人带病投保或恶意骗保的主观意愿明显，虽超过了两年可抗辩期，法院仍可能会判定保险公司无须承担保险责任。

（二）年龄误告条款

年龄误告条款规定了投保人在投保时误报被保险人的年龄时

如何处理，一般分为以下两种情况。

1.年龄不真实影响保险合同效力

被保险人的真实年龄不符合保险合同的有关规定，保险人有权拒保；如果因为投保人没有如实告知真实年龄而加以承保的，保险人有权解除合同。

（1）投保人申报的被保险人年龄不真实，并且其真实年龄不符合保险合同规定的年龄限制。

（2）保险人选择解除保险合同，必须按照合同的约定退还保单的现金价值。

（3）保险人在规定的时间内行使合同的解除权，合同解除权自保险人知道有解除事由之日起，超过30天不行使而消灭。

（4）保险人在合同订立时已经知道投保人未如实告知的，保险人不得解除合同。

2.年龄不真实影响保险费及保险金额

投保人申报的被保险人年龄不真实但真实年龄符合保险合同的约定。若申报的不真实年龄大于真实年龄，致使投保人支付的保险费多于应付保险费的，保险人应将多收取的保险费退还投保人；若申报的不真实年龄小于真实年龄，致使投保人支付的保险费少于应交付保险费的，保险人有权更改并要求投保人补交保费，或者在发生保险事故时按照实付保费与应付保费的比例赔付保险金。

（三）宽限期条款

宽限期条款是分期缴费的人身保险合同特有的，如果投保人未按时续缴保费，保险人给予一定的宽限时间（我国保险法规定为自保险人催告之日起30日，或约定的期限起60日）。在宽限期内保险合同仍然有效，如期间发生保险事故，保险人仍要按照规定承担赔偿责任，但可以从保险金中扣除欠缴的保费及利息。超过宽限期仍未缴纳保费，保险合同中止。

（四）中止、复效条款

投保人在保险合同中止的两年内，有权申请恢复保单的效力，如因投保人未在宽限期内缴费导致合同效力中止的，经保险人与投保人协商并达成协议，投保人补缴保费后，合同恢复效力。根据《保险法》第三十七条，自合同效力中止之日起两年内双方未达成协议的，保险人有权解除合同。保险人解除合同时，投保人已缴足两年以上保费的，保险人应按合同约定退还保单的现金价值。

案例2-1： 被保险人李某投保一份终身寿险保单，保单约定缴费方式为年缴，从2013年起于每年的6月10日为缴费期，共需缴费10年。2013年、2014年、2015年李某均按时缴费，但在2016年6月10日李某未缴保费，以后也再未交过保费。（1）若李某在2016年7月11日因车祸身亡，问保险公司是否应该支付保险金额？（2）若李某在2016年8月25日因车祸身亡，问保险公司是否应该支付保险金额？

案例解析：根据宽限期条款的内容可知，在宽限期内发生的保险事故，保险人应该承担责任，而在宽限期结束后仍未缴纳保费则保险合同的效力中止，保险人不承担合同中止后的保险责任。本案中保险合同首期保费缴纳日为6月10日，宽限期按60天计算，应截至8月10日。(1)保险事故发生在2016年7月11日，在宽限期之内，故保险人应该支付保险金额。(2)保险事故发生在2016年8月25日，已超过了规定的宽限期仍未缴纳保费，故合同效力已经中止，保险公司不承担支付保险金额的责任。

(五)自动垫缴保费条款

自动垫缴保费条款是指投保人在合同有效期内按时缴足两年以上保险费的，若之后因故未在宽限期内缴纳，但保单的现金价值足以垫缴应缴的保费及利息时，保险人可以用保单的现金价值自动垫缴保费，使保单继续有效，除非投保人事先做出书面反对声明。

(六)不丧失价值条款

不丧失现金价值条款又称不没收价值条款，指保单的所有人有权享有保单的现金价值，即使保单失效，保单中现金价值的所有权不变，不因保险合同效力的变化而丧失。处理保单的现金价值时，不丧失现金价值条款提供了退保、减额交清、展期保险三种方式供投保人选择。

(七)保单贷款条款

保单贷款条款又称保单质押贷款条款，是指根据保单贷款条款的规定，人寿保险合同生效一定的时期后(一般为两年)，投保人可以将保单抵押给保险人，保险人为其提供贷款，贷款的金额以保单现金价值的一定比例为限额，当贷款本息等于或大于保单现金价值时，投保人应在保险人发出通知后的一定时间内还清欠款，否则保单失效。保险合同在贷款期内仍然有效，保险人在发生保险事故时承担给付保险金的责任，但可以扣除贷款的本息。

（八）自杀条款与战争免责条款

自杀条款是人身保险合同中关于被保险人因自杀死亡的条款。我国《保险法》第四十四条规定，以被保险人死亡作为支付保险金条件的合同，自合同成立或者合同效力恢复之日起两年内，被保险人因自杀死亡的，保险人不承担给付保险金责任。被保险人自杀时，为无民事行为能力者除外。保险人未承担支付保险金责任的，应按照合同约定返还保单的现金价值。

案例2-2： 2017年6月1日，曲女士从一家保险公司购买了30万元的人寿保险，指定受益人是她的女儿。由于曲女士未按时支付续期保费，因此保险合同在60天的宽限期后于2018年8月1日到期。曲女士于2018年11月20日向保险公司申请恢复保单，并支付了续期保费和利息。2020年7月3日，曲女士自杀身亡。她的女儿向保险公司申请支付保险金。问：保险公司应承担赔偿责任吗？

案例解析：根据自杀条款，在以被保险人死亡为保险金支付条件的人寿保险合同中，自合同成立或合同恢复之日起两年内，被保险人自杀死亡时，保险人不承担保险金的支付责任。因此，应从恢复的2018年11月20日起重新计算两年的自杀期，保险公司不承担赔偿责任。

战争免责条款通常规定，在保险合同有效期内，被保险人因战争或军事行动死亡或致残的，保险人不承担给付保险金的责任。由于战争或军事行动造成的大量人员伤亡远超正常的死亡率，因此保险公司通常在保单中规定战争或军事行动造成的人身伤亡属于除外责任。

（九）受益人条款

受益人条款的主要内容涉及谁为受益人，受益人的权利，受益人的变更，受益权的丧失，及何种情况下保险金作为被保险人的遗产由继承人继承等（详见受益人部分）。

（十）红利任选条款

在分红保险的保单中，保单的所有人通过领取保单红利的方式，可以分享保险人的可分配盈余。本条款规定了领取红利的方式，保单所有者可以自行选择。通常，有以下几种类型：现金支付；抵缴保费；累积生息，即将红利存储在保险公司，由保险公司运作以提高利率；增加保险金额，即红利被用作一次性缴清保费，以增加原始保单的保险金额。

第二节　人寿保险

一、人寿保险概述

（一）人寿保险的定义

人寿保险，简称寿险，是一种以人的生命为保障对象，以生存和死亡为保险事故的人身保险。当发生保险事故时，保险人承担向被保险人或受益人支付保险金的责任。过去，许多人认为，人寿保险难以理解，而且容易被忽视。现在，越来越多的人将人寿保险放到和重大疾病保险同等的地位，视为家庭保障的标准产品。

许多人将“人寿保险”和“人身保险”混为一谈，认为重大疾病保险和意外险就是“人寿保险”中的一种，这实际上是对名称的误解。大家通常谈论的“人寿保险”实际上是“人身保险”，所有涉及保障人的生命和身体（无论是疾病还是意外）的保险统称为“人身保险”。而“人寿保险”只是“人身保险”的一部分，“人身保险”还包括我们常见的“健康保险”和“人身意外伤害保险”。

（二）人寿保险的特征

1. 风险的特殊性

人寿保险和其他人身保险险种相比，影响人寿风险最主要的因素是年龄，这和影响意外伤害保险最主要的因素是职业，影响健康保险最主要的因素是健康状况有所不同，随着人年龄的增长，死亡概率也逐年上升，所以人的生存或死亡风险呈现一定的规律性，因而比较稳定。

2. 业务的长期性

人寿保险主要是为被保险人的生存和死亡风险提供保障，所以需要较长的期限。人寿保险合同是长期性合同，保险期限少则几年，多则十几年、几十年甚至到终身。由于人寿保险的期限较长，所以保费的缴纳采用均衡费率制（投保人每年缴纳的保费是相同的），因为自然费率（保费和风险成正比，年龄越大，保费越高）会随着被保险人年龄的增长而不断增加，被保险人年老时由于收入减少和风险增加，往往无力负担自然保费，所以采用均衡费率制。

3.投资和储蓄性

人寿保险具有投资和储蓄的性质。人寿保险采用均衡费率制，在被保险人年龄较小时，均衡保费会超过自然保费，超过的部分相当于投保人提前交给保险人，而赔付经常发生在未来被保险人年龄较大，均衡保费小于自然保费时。所以在未履行给付义务的期间，相当于投保人存放在保险人处的长期储蓄存款。

（三）人寿保险的意义

人寿保险的责任是，当被保险人死亡时，保险人按照合同约定的金额一次性给付一笔保险金，相当于被保险人去世后留给家人的款项，对于单身而又无须承担家庭责任的人而言，赔偿金意义不大。人寿保险的重要性就在于，当“90后”成为社会的主力时，我国由于特殊国情导致的“4—2—1”家庭结构使中年夫妇面临着巨大的生活压力，如果一个家庭的经济支柱过早离世，这不仅是生命的死亡，更是家庭经济过早的死亡。如果有父母需要赡养，有孩子需要教育和抚养，家庭有借款或债务需要偿还，一旦家庭的主要收入来源死亡，巨大的经济压力将使整个家庭陷入困境。因此，在大多数情况下，虽然人寿保险是被保险人无法使用的保险，但可以为家人留下一笔财富。在保险业中有一句话准确地描述了人寿保险的意义和功用：“人寿保险是一个人爱和责任的延续。”

死亡虽然看起来遥不可及，背后却是无法承受的生活负担，人寿保险的本质是用高额赔偿代替被保险人继续履行对家庭的责任，这也是我们需要配置高额人寿保险的原因。如果家庭是这样的情况，可以考虑配置人寿保险，家庭的主要收入来源；有高额的贷款或负债，配偶难以独自偿还；子女年幼，或者不止一个孩子；家庭收入来源单一，并且会持续数年；有父母需要赡养；对自己未来的健康状况比较担心或有严重的家族遗传病史。

二、传统型人寿保险

（一）死亡保险

死亡保险是人寿保险中最基本的险种，是以被保险人的死亡为保险责任，如果被保险人不幸身故，由保险人向受益人给付保险金的保险。责任上无论因意外或疾病造成的死亡，都可以获得赔付。现在，某些人寿保险产品也可以附加其他如重疾、意外或全残等保障责任。

由于中国人对"死亡"比较忌讳，所以又称为"寿险"。按保障期限划分，可以分为定期寿险、终身寿险、一年期寿险；按保额划分，可以分为定额寿险、减额寿险和增额寿险，详见表2–1。

1.“按保障期”分类

（1）定期死亡保险（定期寿险）。在约定的保障期间内，由于意外或疾病导致被保险人死亡时，可以获得保险金给付的一种人寿保险。定期寿险的保障期短，保费低廉，可以帮助我们转移人生重要阶段的风险，是各类寿险产品中的首要选择。

该险种的主要特点是：杠杆高（保费低廉），保障程度高，能满足绝大部分个人和家庭的保障需要；保险期限有5年、10年，保至60岁、70岁等多种选择；保险金额和保险期限可以灵活调整；定期寿险也不受产品停售、身体健康状况恶化等外界因素的影响，保障责任在保障期内始终有效。

定期寿险的适用范围：在短时间内从事相对危险的工作且急需保障的人，家庭经济状况差，孩子年幼，是家庭的经济支柱的人。例如，某公司雇员林先生今年30岁，孩子即将出生，林先生未来的主要财务负担是偿还抵押贷款和抚养孩子，林先生可以考虑投保保额为100万元的定期寿险，直到退休，年缴保费一般不超过1000元，大多数家庭都可以负担。

（2）终身死亡保险（终身寿险）。即不定期的死亡保险，无论被保险人自保险合同生效之日起何时死亡，保险人都必然支付保险金给受益人的保险。

终身寿险的主要特点是：该险种没有明确的保险期限，保至终身，所以必然发生给付。保险费率相对于定期寿险和一年期寿险而言较高；保单有现金价值，带有储蓄性。

终身寿险的适用范围：适用于需要终身保障和储蓄、家庭责任较重的人投保。大多数人购买终身寿险，并不是为了财富传承或税务规划，而是为了预防家庭经济过早的“死亡”。对保费负担能力较强的人而言，一款以死亡为保险金给付条件且保至终身的产品是最好的选择。对于有遗产规划需求的人而言，法律规定指定受益人的身故保险金不属于遗产，无须代替被保险人偿还生前的债务，在一些征收遗产税的国家，高净值人群可以利用这种产品规避遗产税。

（3）一年期寿险。一年期寿险由于期限较短，所以保费较低。但存在两个弊端：一是续保问题，未来产品一旦停售，将无法继续购买，如果停售时身体健康状况恶化，可能导致无法购买其他产品而失去保障；二是年龄越大，保费越高，可能导致缴纳的总保费较高。因此，不建议将一年期寿险作为首选，但可以用作临时保障，更适合临时提高寿险保额或暂时预算有限的人购买。

表2-1　　不同保障期限寿险的区别

保险产品	保障期	优势	劣势	适合人群
一年期寿险	1年	年轻时保费极低，杠杆高	非100%赔付；保障期短；停售不可续保；后期保费高；最高可投保额低	临时提升寿险保额或暂时预算极其有限的人
定期寿险	5年/10年/20年/至60岁/70岁等	保费低廉，保障程度高；保障期限灵活；停售可续保；最高可投保金额高	非100%赔付	适合绝大多数人，尤其是短期内从事的工作较危险且急需保障的人，以及家庭经济境况较差、子女尚幼、自己又是家庭经济支柱的人
终身寿险	至终身	100%可赔付；停售可续保；最高可投保金额高	保费高，杠杆率低	需要终身保障和储蓄，家庭责任较重的普通人；需要财富规划和传承的富人

2.“按保额”分类（详见表2-2）

（1）定额寿险。目前最常见的寿险类型，在整个承保期内，保额恒定，保障会因通货膨胀而受损。

（2）减额寿险。在保险期内，保险金额逐渐减少。如市场上比较最常见的“××房贷保”就属于减额定期寿险，因房贷最晚的还款期通常为60年，所以保障期限一般不超过60年。随着时间的推移，房贷逐渐减少，符合减额寿险的特征。

（3）增额寿险。保额在保障期内逐步增加的寿险。这类寿险的最大特点是，不需担心未来身体健康状况恶化无法增加寿险保障。所以，增额寿险更适合担心自己未来身体状况的人。但这类寿险的保费相对于定额寿险而言较高，所以要考虑预算是否充足。

表2-2 不同保额寿险的区别

保险产品	保额变化	保障特点	适合人群
定额寿险	保额恒定不变	保费适中，未来保障受通胀的影响会有一定程度的减值	一般人群
减额寿险	保额逐渐减少	保费较低，未来保障减值较多	房贷高的人群做专项保障
增额寿险	保额逐渐升高	保费较高，未来保障相对稳定	预算比较充裕，未来负债和责任会进一步增加的人群

（二）生存保险

生存保险是以保险期满或达到一定年龄时，被保险人仍然生存作为保险金给付条件的人寿保险。如果被保险人在此期间去世，则保险人不承担保险金的给付责任，也不退还已缴纳的保险费。

（1）单纯生存保险，一次性给付保险金，市场上并不多见。

（2）年金保险：按合同约定的周期（如1年、半年、1个季度或1个月）给付保险金。生存保险通常采取年金保险的形式，年金保险的主要功能是为老年人的晚年生活提供保障，为子女建立教育基金等。

生存保险的特点：如果被保险人在保险期内死亡，视为未发生保险事故，则保险人不承担保险金给付责任，也不退还已缴纳的保险费。因此，保险公司根据合同向生存者支付的保险金不仅包括其本人所缴纳的保费及其衍生利息，而且包括所有死亡者在保险期内所缴纳的保险费及利息。

投保生存保险的主要目的：被保险人可以在一定时期后领取

一笔保险金，用来满足生活支出的需要，生存保险是保障被保险人未来生活或消费的基金，类似于储蓄。

三、创新型人寿保险

（一）分红保险

分红保险，也称为利益分配保险，是指保险合同双方事先达成协议，即当投保人购买的分红型保险盈利时，保险公司将实际经营成果优于定价假设的盈余，按一定比例分配给保单持有人。分红保险的主要特点是，除保单规定的保障外，被保险人还可以享受保险公司的经营成果，即投资管理所得的盈余。

保险公司在确定保险费率时必须考虑三个因素：预定的死亡率，预定的投资回报率以及预定的运营和管理费用率。人寿保险通常具有较长的保险期限，实际情况可能与预期情况有所不同。一旦实际情况好于预期情况，就会出现上述差异，即费差益、死差益和利差益。保险公司将这部分差益产生的利润按一定比例分配给客户，构成了分红型保险红利的来源，如图2–2所示。

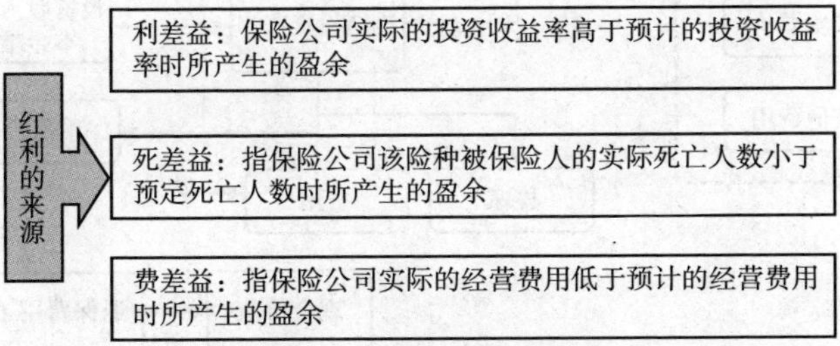

图2–2　分红型保险红利的来源

在每个会计年度结束后，保险公司按一定比例（我国银保监会规定70%）以红利方式向保险客户分配上一会计年度的可分配盈余，保险客户根据红利任选条款参加红利分配。

（二）投资连结保险

投资连结保险也称为变额人寿保险。投资连结保险除保险保障功能外，至少在一个投资账户中拥有一定的资金价值。投保人支付的部分保费进入保障账户以获得风险保障，另一部分进入投资账户以积累现金价值，保险公司只收取一定的资产管理费，投资结果完全由投保人自行承担，因此可以从投资账户中获得资金积累也可能出现亏损。因此，购买投资连结保险的客户需要具备相应的心理承受能力和财务承受能力。投资连结保险具有投资账户独立、保险金额可变、投资风险由投保人承担、高度透明等特点，如图2-3所示。

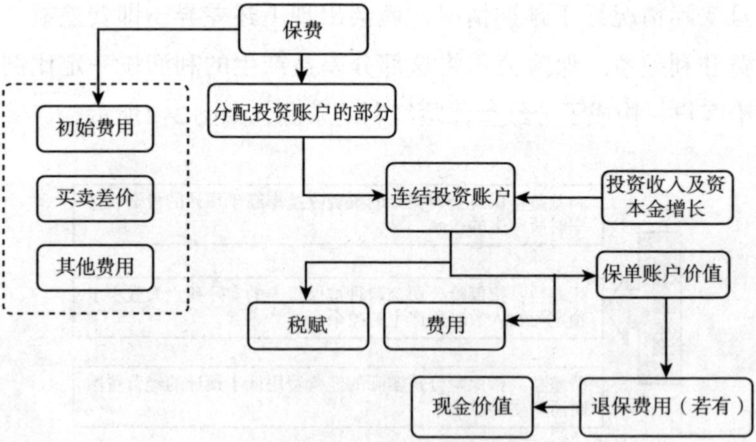

图2-3 投资连结保险账户构成

（三）万能险

万能险是指交纳了首期保费后，可以在任何时间任意选择支付任何金额的保费并且任意提高或降低死亡给付金额的保险。万能险也分为个人账户和投资账户，投资账户用来积累现金价值。与投资连结保险不同，保险公司对万能寿险的现金价值提供了最低保证利率，如果投资情况良好，实际结算利率会高于保证利率。

万能险的特点为：灵活性强，保险费缴纳的可选择性和保险金额的可调整性强；透明度高，保单持有人可以每年获得与保单信息有关的年度报告，并且保单持有人可以了解保单的内部经营并获得保单的相关信息；单独设置投资账户并承诺最低保证利率。

四、如何配置人寿保险

无论是一年期寿险、终身寿险，还是减额寿险或增额寿险，都有一定的局限性，所以定额定期寿险是目前最主流的寿险产品，定额定期寿险在续保、保险金额、保费预算等方面相对较为全面。建议以定额定期寿险为主，视情况选择其他险种进行补充，如果房贷或债务较高，可以考虑购买减额定期寿险加以补充，在房贷压力较大时获得更多的保障。

（一）保额的选择

在了解了人寿保险的意义和功用后，了解到保险金额是根据家庭生活费用、子女的教育费用、家庭贷款或债务、父母赡养费用等必要支出确定的。人寿保险是留给家人的爱和责任，保险金额应足以覆盖掉家庭必要的开支，在考虑通胀和预算的情况下，应尽量购买充足的保额，每年增加几百元的预算，可以为将来增加数十万的保障。

案例2–3： 甲先生和乙女士是一对夫妇，他们有一个4岁的孩子。甲先生的收入占家庭总收入的70%，是家庭收入的主要来源。每年的生活费用约为10万元，全家仍有100万元房贷，需要偿还30年。

案例解析： 为甲先生购买人寿保险时，可按以下方式计算保险金额：生活费用以未来5年为基础；子女的教育费用要负担到孩子上大学；家庭债务应尽可能多地偿还。（生活费用10万元×5年+子女教育费用50万元+房贷100万元）×甲君收入占比70%=140万元。因此，甲先生的人寿保险覆盖至少140万元，以获得足够的保障。

（二）保障期的选择

定期人寿保险的保障期限选择众多，从10年、20年和30年到60岁、70岁不等。考虑到现代社会晚婚晚育的人越来越多，因此未来可能会出现延迟退休，建议至少保至60岁或65岁，即保到退休之后。此时子女已经成人，房贷和负债也基本还清，家庭责任相对较轻。从理论上来说，寿险能满足人生责任最大阶段的保障需求即可；从预算上来说，如果预算较充足，保到70岁或终身更好。

（三）交费期的选择

交费期通常从趸交到30年，甚至到60岁、70岁不等。缴费时间越长，每个时期的保费越低，所以保障杠杆（保险金额除以每期的保费）越高。因此，建议尽可能选择较长的缴费期。因为一旦发生了赔付，保险合同即终止，此后的保费也无须继续缴纳。

（四）哪些人群需要购买人寿保险

寿险的本质是收入损失补偿，实际生活中，并不是所有家庭成员都需要购买足额的人寿保险。未成年的孩子、年长的老人、全职家庭主妇这三类人的保额可以小于家庭的经济支柱，因为这三类人都不是家庭主要的经济来源，在寿险，尤其是终身寿险的配置上建议慎重选择。

正确理解人寿保险对家庭的意义非常重要，与重大疾病保险和意外伤害保险一样，人寿保险是每个家庭必备的保障型保险。意外险不能替代人寿保险，而具有死亡责任的重大疾病保险也不能完全替代人寿保险，因此最好单独进行配置。通常，在购买人寿保险时，应根据承担的责任计算保险金额，保险期限建议选择保障到退休之后，而缴费期限则越长越好，优先为家庭主要经济支柱投保。

第三节　健康保险

一、健康保险概述

（一）健康保险的定义

近年来，我国的商业健康保险发展迅速，已超过100家保险公司开展了商业健康保险业务，健康保险，是指由保险公司对被保险人因健康原因或者医疗行为的发生给付保险金的保险，主要包括医疗保险、疾病保险、失能收入损失保险、护理保险四大类，产品共计2200余种，2020年健康险的保费收入已超过8000亿元。中国银保监会副主席黄洪说："从实际角度看，老百姓的医疗费用主要由基本医疗保险和大病保险来解决，缺乏商业医疗保险的保障。如果我们通过某些政策和措施加快商业健康保险的发展，可以建立基本医疗保险、重大疾病保险、医疗救助和商业健康保险有机结合的医疗保障体系，从而可以有效地增加医疗保障供给，减轻老百姓个人医疗费用的负担比例。"

（二）健康保险的疾病成立的条件

疾病是由被保险人自身内部原因引起的。由于明显的外来因素而引起的疾病，例如食物中毒等不在保险责任范围之内。

疾病是由于非先天性的原因所引起的。先天性疾病和保险合同订立之前已经存在的疾病不在健康保险的承保范围之内。

疾病是由于偶然的、非长存的原因造成的。疾病的发生须有病因，由于规律性的生理现象，如年老或衰弱等自然现象而呈现出的病态，如没有病因则不属于疾病的范围。

（三）健康保险的特征

1. 保险的承保标准比较复杂

健康保险的主要风险是疾病，相较于人寿保险的死亡或生存，意外保险的意外，对疾病的定义比较复杂。所以需要对被保险人的身体状况进行非常严格的审查，一般通过对被保险人的病历来进行判断，了解被保险人的既往史、现病史，有时还需要了解家族遗传病史等内容。另外，为防止已经患病的被保险人投保，保单中还会设置一个等待期或观望期。

2.保险金具有补偿性质

健康保险所覆盖的主要风险是疾病导致的医疗费用和收入损失，而疾病导致的残疾或死亡所占的比例相对较小。大多数被保险人恢复健康后，唯一的损失就是医疗费用和收入损失。因此，医疗费用补偿和收入补偿是该险种保险金的主要部分，本质上是补偿性的。当然，如果因疾病残疾或死亡时，保险金又具有给付性质。

3.保险人通常要与被保险人共同承担风险

为了控制被保险人的医疗费用支出，减少道德风险。保险人在健康保险中会设置特殊的条款，如免赔额条款、共保比例条款、给付限额条款，由保险人和被保险人共同负担损失。

二、健康保险的特殊条款

（一）体检条款

体检条款适用于失能收入保险。保险人要求提出索赔的被保险人到指定医疗机构进行体检，保险人只对符合索赔条件的被保险人进行赔付，以此来保证被保险人索赔的有效性。

（二）观察期（等待期）条款

观察期是指健康保险合同成立后到保单正式生效前的一段时间。在观察期内，被保险人因疾病发生的医疗费用或收入损失，保险人不承担赔偿责任，只有超过观察期，保单才正式生效，保险人才承担相应的保险责任，该条款的规定是为了防止投保人的逆向选择。由于在订立保险合同时，保险人仅根据病历等资料很难对被保险人在投保时是否已经患有某种疾病做出正确判断。为了防止投保人为获利，对明知将发生的保险事故进行投保的行为，保护保险人的利益，保单中要规定一个观察期（通常为90天或180天不等）。

在疾病保险中，等待期内确诊重疾不予赔付；确诊轻症，不予赔付，合同可能结束，也可能继续；普通疾病，不影响正常投保。在一般性住院类医疗保险中，观察期一般为30天，60天或90天，如果等待期内生病，无法理赔，但合同仍然有效。意外险没有等待期，以生效日期为准。等待期一般从合同生效日或复效日起算，只适用于第一个保险年度，对可续保保单而言，续保年度一般不再设置等待期。

（三）免赔额条款

免赔额，又称起付线，是指为了避免经常性的小额医疗费用支出，保险公司对医疗费赔付前，需由被保险人自行负担的金额。健康险一般会规定绝对免赔额，如果被保险人实际支出的医疗费用低于免赔额，则由被保险人自理，超过免赔额的部分由保险人负担。规定免赔额的意义在于加强被保险人对医疗费用的自我控制，减少小额理赔造成的不必要浪费。

（四）共保比例条款

共保比例条款，也称比例给付条款，是指超过免赔额以上的医疗费用，由保险人与被保险人按照合同约定各自承担一定的责任比例。共保比例条款的规定，目的在于控制被保险人的医疗费用支出，减少道德风险。

（五）给付限额条款

给付限额条款是保险人为了加强对健康保险的管理，保障保险人和所有被保险人的利益，对被保险人因疾病或意外伤害发生的医疗费用支付的最高限额，且限额种类较多。如规定总保险金额、单次事故费用限额、每日费用限额、总住院天数限额等，超过给付限额的医疗费用部分由被保险人自行承担，以此来控制保险人的总支出。

三、医疗保险

（一）医疗保险概述

1. 医疗保险的概念

指按照保险合同的约定，为被保险人的医疗、康复等提供保障的保险。医疗险最大的作用是补偿医疗花费，赔付的金额最高不会高于本次医疗费用的支出，医疗险的理赔属于“先花费，后报销”。

2. 医疗保险的分类

（1）普通医疗保险又称基本医疗保险。是指对被保险人因疾病和意外伤害所导致的一般性医疗费用进行补偿的保险。主要包括门诊医疗费用保险、住院医疗费用保险、手术医疗费用保险。

（2）综合医疗保险。是一种较为全面的医疗保险，其费用补偿的范围包括医疗、住院和手术等一切费用。综合医疗保险对各种住院和门诊费用都提供了广泛的保障，一般包括住院费、床位费、检查检验费、手术费、诊疗费等保险责任。除此之外，综合医疗保险还对假肢、人工关节和轮椅及救护车等康复治疗的费用进行了补充。在我国综合医疗保险多为团体保险。

（3）高额医疗费用保险。高额医疗费用保险是在基本医疗保险的基础上进行的补充，除基本医疗保险的保障责任外，也为超过基本医疗保险给付水平或不保部分提供保障。

（4）特种医疗费用保险。为特定人群或特种疾病提供保障的医疗保险。主要包括生育保险、牙科费用保险、眼科费用保险等。

（二）医疗保险的配置

1. 挑选医疗险注意的问题

挑选医疗险时，需要注意以下七个方面的内容，从表2–5中可知，包括健康告知、保障类型、报销范围、免赔金额、赔付比例、医院范围和续保条款。

（1）健康告知。无论我们购买何种健康保险，都需要通过健康告知这一环节，否则再好的产品我们也无缘购买。健康告知是不是越宽松越好呢？实际上并不是。健康告知越宽松，就意味着这个产品承保的隐性风险人群越多，这部分人意味着保险公司将来的高赔付率，这可能导致两种情况：一是产品价格提升，二是因为高赔付率而导致产品停售。这对于每个购买了该产品的消费者来说，都是非常不利的，一旦产品突然停售，由于年龄或健康状况等原因，消费者很可能也无法购买其他的保险产品，而使他们将处于无医疗险可投的尴尬境地。因此，建议如果身体健康状况良好，投保健康告知条款宽松适宜的产品，不仅有利于产品的可持续性，对消费者也更加公平。

（2）保障类型。去医院就医，无非是因为疾病或者发生了意外，所以，医疗险分为疾病医疗和意外医疗，疾病医疗包括疾病门诊医疗和疾病住院医疗，意外医疗包括意外门诊医疗和意外住院医疗。通常将意外门诊和意外住院归为意外医疗责任，而疾病医疗通常是住院医疗，门诊医疗相对较少，因为疾病门诊医疗（发烧和感冒等）发生的频率较高。因此，如果含有疾病门诊责任的险种，保费必然很高。目前有一些产品含有疾病门诊责任，但通常会设置免赔额和最高赔付额，如免赔额为100元，限额300—500元，实际作用并不大。表2-3为各类型医疗险的报销范围。

表2-3　　各类型医疗险报销范围

医疗险种类	报销范围	包含该责任的险种
意外医疗	报销因意外事故导致的门诊和住院花费，均属于意外医疗责任	包含一般意外医疗责任的意外伤害保险
疾病住院	只能报销因疾病产生的住院花费	普通住院医疗险：疾病住院责任。 百万医疗险：恶性肿瘤住院医疗责任、重大疾病住院医疗责任等
疾病门诊	只能报销因疾病产生的门急诊花费	个别医疗险种会包含：疾病门急诊医疗责任，目前市场上较少

（3）报销范围。医疗险的保障责任，经常会有这样的描述："符合当地社会基本医疗保险主管部门规定的医疗费用。"指医疗费用的报销范围限制在"医保内"（医保即社会基本医疗保险，又称为社保）。一般的医疗险，只能报销"医保目录内用药"的非自费部分，责任范围更广的医疗险，可以报销"医保目录内用药"的自费部分以及"医保目录外"的自费药。所以，选择医疗险时需明确其报销范围。

（4）免赔金额。即不赔的金额，类似于社保的“起付线”。如500元免赔额，意味着500元以下的部分需要自己负担，超过500元的部分可以申请理赔。免赔额常见类型有0元免赔和×××元免赔两种类型，0元免赔意味着此产品没有免赔额，而×××元免赔通常要求从社保、公费医疗等其他途径获得补偿后，再减去×××元才可以申请理赔，并不是直接用当次就医总花费减×××元。免赔额是影响医疗险费率高低的重要因素，免赔额越高，产品价格越低。

（5）赔付比例。即可以报销的比例，在报销医疗费用时，通常用当次就医总花费减去从社保、公费医疗等其他途径获得的补偿，再减去免赔额后，剩下的金额乘以赔付比例。例如，赔付比例为70%，免赔额100元，可以报销的金额=（当次就医总花费-从社保、公费医疗等其他途径获得的补偿-100元）×70%。

部分产品的赔付比例根据此次就医花费是否已经从其他途径获得了补偿而不同，如果未获得补偿（包括社保）而直接向保险公司报销，报销比例通常较低。所以如果有社保，建议先通过社保报销，再向保险公司报销，赔付比例更高。

（6）医院范围。关于医院的范围，在目前医疗险的约定中，如表2-4所示，基本可以分为四种类型。

表2-4　医疗险医院范围的限定

序号	关于医院范围的描述	其他共有的描述	范围广度	出现情况
1	依照当地国家法律或政府认可而设立的公立或私立医院	不包括护理机构、疗养机构、康复机构、养老院、家居服务机构、酒精或者药物滥用看护机构，以及其他类似目的的机构	范围最大，包括所有类型医院	不常见，主要出现在昂贵的高端医疗保险中

续表

序号	关于医院范围的描述	其他共有的描述	范围广度	出现情况
2	中华人民共和国卫生部门审核认定的二级或以上的综合性或专科医院	还需满足以下条件： 1.不包括：特需医疗、外宾医疗、干部病房、国际医疗中心、VIP部、联合医院、诊所、康复中心、家庭病床、护理机构、精神治疗中心、戒酒戒毒或类似机构。 2.有合格的医生和全天24小时的医疗和护理能力	范围较大，不限定公立、私立和是否医保定点	比较常见，出现在各种重疾险、医疗险中
3	位于境内，拥有合法经营执照，当地基本医疗保险管理机构最近公布的二级或以上的定点医院		未限定公立或私立，但必须是二级或以上的医保定点医院	
4	中国境内，中华人民共和国卫生部门正式评定的二级或以上公立医院		范围最小，必须是二级或以上的公立医院	

第一种把私立医院纳入范围，范围最广；第二种，虽然是综合性或专科医院，但并未限制公立或私立医院；第三种，要求定点医院，但私立医院中也有医保定点医院；第四种，限定为二级及以上公立医院，这是目前绝大多数医疗险中最常见的类型。

（7）续保条款。大多数医疗保险都是一年期产品，因此选择医疗保险时，关键问题是能否一直续保。根据《健康险管理办法》中的定义："保证续保条款是指保险公司在上一个保险期期满后，投保人提出续保申请，保险公司必须继续按照约定的费率和原始条款承保的约定，满足保证续保的三个条件为可连续投保、费率不变、条款不变。"目前，几乎所有的医疗保险产品，保险公司都保留了调整费率的权利，并且还存在停售的可能。许多小额医疗保险（意外医疗保险除外）如果在上一年度理赔过，特别是因为疾病理赔过，很难成功续保，这也是当前小额医疗保险的一个弊端。

医疗保险的保费价格完全根据过往医疗条件下的相关医疗经验数据确定。然而，未来面临着患病率、医疗技术及通货膨胀等因素的不确定性，这将导致理赔成本的增加。因此，如果考虑到上述因素，并且通过精算定价设计一款能够终身保证续保的医疗保险，价格也必然会十分昂贵。目前，由于终身续保存在很多变化且风险很大，因此目前还没有一款普通医疗险可以做到终身保证续保，只有个别百万医疗产品可以保证在几年内续保，并且可以接受“已经发生过理赔”的人继续投保。

表2–5 购买医疗保险应该关注的7个因素

关注因素	关注内容
健康告知	健康告知相对严格更有利于产品持续性和被保险人理赔公平性
保障类型	保险责任：保住院OR门诊，意外OR疾病
报销范围	不限社保越好，越广越好，价格也越高
免赔金额	越低越好，但价格越高
报销比例	越高越好，但价格越高
医院范围	越广越好，但价格越高
续保条款	不因健康变化和理赔而影响续保；保证续保时间越长越好

2. 医疗险的搭配

在对医疗险进行选择时，消费者应从实际需要出发，做好全面的保险保障组合。医疗险一般可以分为以下三种类型：

（1）意外医疗险。通常包含在意外险中，不能单独购买。意外险中的意外医疗保额一般不高，通常在1万—5万元。可以报销意外造成的门诊和住院医疗费用。如果住院是由严重的意外引起的，费用相对较高，需要搭配“百万医疗险”来覆盖。

（2）小额疾病住院医疗险。报销的额度不高，1万—5万元不等，并且只报销因疾病住院产生的医疗费用。普通疾病住院，医疗险只能报销医保目录内的费用，不能报销自费药品，如果因重病住院，费用很高且大部分不可报销。因此，建议搭配“百万医疗险”。

（3）大额住院医疗险。即“百万医疗险”，也包括一些保险金额为数十万的医疗保险。保险金额很高，可以报销大笔住院费用，包含医保目录内用药和自费药，同时包含意外和疾病责任。但是，百万医疗险通常仅补偿住院期间发生的费用，门诊和急诊的费用也仅限于住院前后的一段时间，与此次住院无关的门诊和急诊，则无法报销。另外，百万医疗保险的自付额相对较高，大部分为1万元，这意味着在扣除“总治疗费用——基本医疗保险报销费用”后，再支付1万元后才可以获得赔偿。因此，购买百万医疗保险后，会有一个缺口，即免赔额，可以通过小额医疗保险进行补充。

此外，尽管百万医疗保险的报销额很高，但它不能代替重大疾病保险。因为重大疾病保险的作用是弥补疾病后的长期收入损失，它可以支付医疗费用以外的各种花费。因此，百万医疗保险还必须与重大疾病保险、人寿保险和意外伤害保险相结合，以提高综合保障水平，获得更充分的保障。

3. 不同人生阶段如何选择医疗险

随着国民生活水平的不断提高，人们对健康问题也愈发关注。在生命周期的不同阶段，由于不同的生理特征，面临的风险也不同。

（1）婴幼儿期如何选择医疗保险？婴幼儿是指3岁以下的孩子。随着他们的成长，从母体中获得的免疫力逐渐消失，但他们自身的免疫力还较弱，容易感染传染病。另外，婴幼儿缺乏自我保护的意识和能力，对各种传染病和意外风险的抵抗力较差。因此，婴幼儿的患病率、死亡率和意外事故发生率均高于其他时期。因此，婴幼儿需要优先配置高额住院医疗保险。

（2）从学龄前到学龄期如何选择医疗保险？学龄前是指3—6岁进入小学前的阶段，学龄期指青春期之前6—12岁的阶段。现阶段儿童的发病率低于婴儿期，但也存在发生龋齿、屈光不正、肥胖、缺铁性贫血、传染病、肠道疾病等高发疾病和意外事故的风险。在此阶段，最需要门急诊医疗保险以及意外医疗保险。

（3）青春期如何选择医疗保险？青春期是指继发性特征出现直至身高停止增长的时期，通常在19岁之前。在此阶段，营养不良、痤疮、运动创伤和营养性贫血等症状是高发疾病。相应地，意外伤害医疗保险是首要需求，住院医疗保险是第二需求。

（4）青壮年时期如何选择医疗保险？青壮年时期通常是指19—44岁。在这个阶段，人体器官是最成熟的，身体功能也最完善，受到外部伤害的顺序依次为意外跌倒、车祸、自杀、意外中毒和溺水。随着社会生活节奏的加快，某些疾病变得越来越年轻，心血管疾病和癌症也越来越年轻化。相应地，住院医疗保险和高端医疗保险已成为主要需求。

（5）更年期如何选择医疗保险？更年期因人而异，女性通常从40岁开始，男性通常从50岁开始，一直持续到60岁。在此阶段，由于荷尔蒙水平的变化，人体会出现一些症状，同时癌症、心脑血管等疾病的发病率增加。在这个阶段，高端医疗保险是最主要的需求。

（6）老年期如何选择医疗保险？老年是生命周期的最后阶段，更年期结束之后即进入老年期，身体机能出现退化。在这个阶段，各种医疗保险将成为关键需求。在条件允许的情况下，配置全面的医疗保险是最佳选择。

四、疾病保险

（一）重大疾病保险

1. 重大疾病保险概述

重大疾病保险的起源

1983年，南非著名外科医生马里优斯·巴纳德发明了重大疾病保险。“他曾为一位南非妇女做了肺癌手术，手术非常成功。他告诉病人只需要静养两年，疾病基本可以得到痊愈。病人出院后起初耐心静养，但是没过几个月，因为孩子众多、家庭经济负担大，这位女病人不得不重新下地，从事粗重的体力劳动来维持家用，没多久这位病人旧疾复发，医生再无回天之力……”巴纳德医生意识到他虽然能够拯救一个人的生命，却不能挽救一个家庭的经济生命，由此创造了重大疾病保险。

（1）重大疾病保险的定义。重大疾病保险（简称“重疾险”）是指以特定重大疾病为给付保险金条件的疾病保险，只要被保险人罹患保险条款中列明的某种疾病，无论是否发生医疗费用或发生多少，都可以从保险公司获得合同约定的保险金额。

过去我国保险行业使用的是中国保险行业协会和中国医师协会于2007年联合发布的《重大疾病保险的疾病定义使用规范》（旧规范），旧规范在促进重大疾病保险的快速发展，增强消费者对重大疾病保险的认识以及在保护消费者方面发挥了重要作用。随着医学临床诊断标准和医学技术的不断发展和创新，旧规范的某些内容已不能再满足当前行业发展和消费者的需求，需要对其进行修订和完善。

在中国银保监会的指导下，中国保险行业协会和中国医师协会修订了旧规范，于2020年11月5日正式发布了《重大疾病保险的疾病定义使用规范（2020年修订版）》，旧产品的销售截止日期为2021年1月31日，自2021年2月1日起保险公司销售的重大疾病保险必须符合2020年修订的新规范。

目前市面上的重疾险大多包含数十种，甚至上百种疾病，表2–6为《重大疾病保险的疾病定义使用规范》（2020年修订版），其中规定的28种重度疾病和3种轻度疾病必须包含在内。

表2–6　重大疾病保险的疾病定义使用规范（2020年修订版）

类别	数量	病种
新增	3	严重慢性呼吸衰竭、严重克罗恩病、严重溃疡性结肠炎
未修订	5	多个肢体缺失、深度昏迷、双目失明、严重Ⅲ度烧伤、语言能力丧失
定义完善	13	终末期肾病（或称慢性肾功能衰竭尿毒症期）、急性或亚急性重症肝炎、慢性肝功能衰竭失代偿期、良性脑肿瘤、脑炎或脑膜炎后遗症、双耳失聪、瘫痪、严重阿尔茨海默病、严重脑损伤、严重帕金森病、严重原发性肺动脉高压、严重运动神经元病、重型再生障碍性贫血
范围扩展	4	重大器官移植术或造血干细胞移植术、冠状动脉搭桥术（或称冠状动脉旁路移植术）、心脏瓣膜手术、主动脉手术
精准分级	3	恶性肿瘤、急性心肌梗死、脑中风后遗症（将恶性肿瘤、急性心肌梗死、脑中风后遗症3种核心疾病，按照严重程度分为重度疾病和轻度疾病两级）

案例2-4：某汽车厂的修理工，男性，28岁，在某保险公司投保了100万元保额的重大疾病保险。2020年3月31日，他因“体检发现右前颈部肿块2周”入院，并于2020年4月7日手术后组织病理学报告为“甲状腺乳头状癌”。乳头状癌是最常见的甲状腺癌，约占甲状腺癌的85%，其恶性程度较低，在这种情况下，该客户获得重疾保险金100万元。但是，自2021年2月1日起，根据新规范，该客户属于I期甲状腺癌，不再按照恶性肿瘤的重症赔付，而是按照轻症赔付。

为了便于读者加深对重大疾病定义的理解，表2-7对新旧规范进行了比较。

表2-7　重大疾病保险的疾病定义新旧规范对比

	新定义	旧定义
重疾	新修订规范：28种重度疾病和3种轻度疾病。 新增3种重疾：严重慢性呼吸衰竭、严重克罗恩病、严重溃疡性结肠炎	只定义了25种重大疾病
轻症	新增3种必保轻症：恶性肿瘤—轻度、较轻急性心肌梗死、轻度脑中风后遗症。必保轻症赔付比例上限为30%；其他轻症赔付比例未做统一规定	轻症无统一定义，由保险公司自行决定轻症赔付比例（20%—50%不等）
甲状腺癌	TNM分期为1期或更轻分期的甲状腺癌剔除重疾按轻症理赔，赔30%	按重疾赔付，至少赔100%保额
原位癌	原位癌不在恶性肿瘤和轻度恶性肿瘤保障范围内	原位癌不在恶性肿瘤保障范围内
恶性肿瘤确诊方式	组织病理学诊断（涵盖骨髓病理学检查）	病理学诊断

续表

	新定义	旧定义
重大器官移植术或造血干细胞移植术	包括了小肠移植	不包括小肠移植
冠状动脉搭桥术（或称冠状动脉旁路移植术）	以切开心包为理赔前提，未切开心包的冠状动脉介入治疗不在保障范围内	以开胸作为理赔前提，冠状动脉支架植入术等4项手术不在保障范围内

（2）重大疾病的财务缺口。重大疾病保险不仅解决了医疗费用，还解决了家庭在风险发生后可能遇到的各种财务支出问题，在预算不影响正常生活的情况下，购买的保额应尽量覆盖其财务缺口。如果自己不幸患重病，家庭会出现哪些财务缺口？

①医疗花费陡增且需要流动资金，重疾住院和手术费用的平均支出为20万—30万元起。

②术后治疗和用药等长期康复支出，这部分花费与治疗费相当甚至更高。

③个人3—5年甚至更长时间收入中断的损失，收入出现断崖式下降。

④配偶为了照顾病人，工作受影响，收入可能出现下降，生活开支全部压在配偶身上，需要适当削减不必要的支出，生活品质下降。

2.重疾险的配置

目前，市面上的重疾险主要包括几类：重疾单次赔付，例如重疾赔1次+中症+轻症的重疾险，癌症多次赔付，重疾多次赔付（有的产品目前是将重疾分组，即每次罹患的重大疾病应属于不同分组）。

（1）如何选择重大疾病保险。预算允许的情况下，首先必须确保单次赔付的保额充足；如果满足前一项，将优先考虑癌症多次赔付的重疾；如果满足以上两项，还可以通过搭配增加总保险金额，如配置重疾分组或不分组多次+癌症多次赔付的重疾保终身，再搭配一个单次赔付的重疾险保定期。终身+定期，多次+单次，这样的组合不仅可以覆盖所有的保障范围，而且可以以最少的保费获得更高的保障。

（2）返还型还是消费型。返还型重疾险就是保障期限届满时，返还保费或一定金额的重疾险。消费型重疾险是在一定期限内，不幸罹患合同约定的重大疾病，保险公司赔付，未罹患则不赔付，且不退还保费。

应该注意的是，购买保险的目的不是在几十年后收回严重贬值的保费，而是要以更少的保费支出获得更高的杠杆，才能在风险来临时真正地解决问题。返还型保险设计的初衷不是降低保险成本和增加保障杠杆，而是为了满足被保险人的投保需求。因此，返还型产品实际上是在原产品上增加了返还责任，为获得这种责任需要花费更多的保费，所以要考虑返还型产品的实际收益率。

（3）不同家庭应该如何配置重疾险。购买保险时，除预算外，还必须同时考虑家庭的年龄阶段、长期发展、责任和负担。保险是一种特殊的商品，它受个人年龄和健康状况的影响，年龄越大，购买成本越高，限制条件越多，最后可能无法顺利实现“多种配置”的想法。如果此时20岁，能负担保至70岁，也能负担保至终身的保费支出，建议选择保终身，因为年轻时购买的费率更低。

如果已经30岁以上，能负担50万元保额，也能负担100万元保额的保费支出，建议选择100万元的保额，因为未来身体健康状况可能变差导致无法再增加保额，而且年龄越大保费越高。

（二）特种疾病保险

某些特殊的疾病往往会给病人带来巨额医疗费用的支出，因此，一般要求特种疾病保险的保险金额较高，通常确诊后一次性支付保险合同约定的金额，主要包括生育保险、牙科费用保险、眼科保健保险、艾滋病保险、团体传染性非典型肺炎保险、禽流感保险等。

五、残疾收入补偿保险

（一）残疾收入补偿保险的定义

残疾收入补偿保险也称丧失劳动能力收入补偿保险，是在被保险人残疾、疾病或意外受伤不能继续工作时，对收入损失进行补偿的保险。

在残疾收入补偿保险中，对失能的界定是正确理解残疾收入保险相关内容的关键。失能是指因遭受意外事故或疾病导致被保险人无法正常工作，现在通行的对失能的界定为，被保险人在伤残的初期不能从事其原有的职业，就可以认定为失能，但经过一段时间（一般为2—5年）后，被保险人不能从事任何与其所受教育、训练或经验相当的职业时，才可以认定为失能，领取相应的保险金，可以更好地保护被保险人的利益。

保险金额和给付金额。残疾收入补偿保险的目的是在被保险人因疾病或者意外伤害无法正常工作时，缓解被保险人因收入损失造成的经济困难。因此，一般情况下，保险人确定保险金额时，需要参照被保险人过去的专职收入水平或社会平均年收入水平。同时，为了防止道德风险，避免被保险人为领取失能收入保险金而消极实施康复计划和重新工作，提供的保险金不能完全补偿被保险人致残前的收入，一般会低于被保险人在残疾前的正常收入。但如果保险金太低，会影响被保险人的生活水平，有悖于保险经济补偿的宗旨。因此保险金额一般为被保险人出险前收入水平的50%—80%。

（二）特殊条款

豁免保费条款是指，被保险人连续失能超过一定天数或超过免责期间时，可以豁免其应缴纳的保费。只要被保险人处于失能状态，保费豁免可以持续到一定年龄，如有些保险公司可以豁免康复后90天内的保费。

丧失工作能力收入保险的目的是对被保险人的收入损失进行有效的补偿，对永久失能者而言，保险金的支付是长期的，在此期间发生通货膨胀的概率较大，为了防止被保险人因物价上涨导致生活出现困难，许多公司提供的保单中含有通货膨胀条款，即规定保险金额自动增加，一般为每5年增加一定的比例，一般为5%—6%，被保险人有权拒绝增加保险金额的机会。

六、长期护理保险

中国劳动和社会保障科学研究院研究员王宗凡表示，长期护理保险制度，是一项新的社会保险制度，它是通过大家共同缴费的方式筹集资金，为那些因年老、疾病或伤残的失能人员提供生活照料、护理服务和护理费用的一项社会保险制度，它的目的在于化解失能人员家庭护理费用的负担。根据政策，首先评估老人的失能等级，不同等级的失能老人每周护理服务的时间也不同，护理的费用大部分都从长期护理险基金中进行支付。长期护理保险主要针对的是儿女长期不在身边，需要每周进行护理服务的失能老人。在老龄化越来越严重，养老越来越困难的今天，推出这样一项缓解养老压力的保险必然存在巨大的市场需求，但护理质量、延迟退休等问题也是需要考虑的重点问题。

根据目前的指导意见，长期护理险的主要资金来源仍然是公司、个人以及财政补贴，公司部分直接从公司为员工缴纳的医保资金中扣除，所以不会增加公司的负担，而个人部分从医保个人账户中扣划，部分试点城市每年扣划30元，上海等城市个人账户无须出资。

目前长期护理险只针对职工医保，部分地区居民医保可以参保，一般生活不能自理超过6个月就可以申请理赔。但每个城市的待遇不同，例如之前的试点城市上海属于报销型，最多可以报销护理费用的90%，而成都是定额给付型，按照不同的失能等级确定每个月的补贴额度，基本为1000—1800元/月，总体而言，长期护理保险可以减轻一部分负担。举个例子：在此前的试点城市中，上海的陈阿婆已经获得了长期护理保险提供的服务，陈阿婆今年89岁，患有帕金森、生活不能自理，每周有5天护理人员会到家里为她提供一小时的专业照护服务。根据政策，通过评估的老人，根据不同等级的失能程度，每周可获得3—7小时的服务。陈阿婆每周5小时的上门医疗照护，费用为65元/小时，自己只需掏6.5

元，其余90%由长护险基金支付。2019年，这项服务已经惠及了近50万像陈阿婆这样的失能老人。

李克强总理在2019年“两会”当中提到要扩大长期护理保险的制度试点，让老年人拥有幸福的晚年，后来人拥有可期的未来。长期护理保险一直是作为我国保险行业的相对空白地带，我国长期护理保险市场刚刚起步，由于长期护理保险的特殊性，所以注定是一个带有政策性的保险，未来也必然是保险行业发展的重点。

第四节　人身意外伤害保险

一、人身意外伤害保险概述

（一）人身意外伤害保险的定义

人身意外伤害保险又称“意外伤害保险”或者“意外险”，是投保人向保险人缴纳一定的保险费，保险人对被保险人在保险期限内由于意外伤害而造成死亡或残疾时，按合同规定向被保险人或受益人给付死亡保险金、残疾保险金或医疗保险金的一种保险。

（二）保险语言中的“意外”和“伤害”

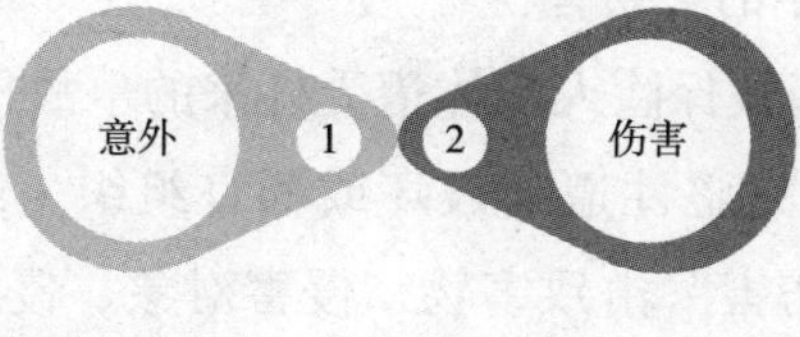

1. 保险语言中的“意外”

在我们的日常生活中，“意外”一般指意料之外的事件，但在保险专业术语中，“意外”定义为外来的、非本意的、突然的。是指伤害事件的发生并非被保险人的主观意愿或伤害发生时被保险人事先无法预见。

（1）外来的伤害。“外来的伤害”是指由被保险人身体之外的原因造成的伤害。如被汽车撞伤、被坠落物砸伤、球赛中被撞倒骨折等，再或者被烧伤、烫伤等。如果伤害是由身体内在的原因造成的，则不属于意外伤害的范畴（如突然发烧感冒，属于健康保险的范畴，不属于意外；如因脑溢血或心脏病突发而摔倒造成了骨折，也不属于意外）。另外，如高原反应、中暑、个人食物中毒、猝死等一些和自身体质或主观行为有关的特殊情形均不属于意外。

（2）非本意的。“非本意的”是指事故的发生是当事人不可预测的、非本人意志的结果。如果事故的发生是故意制造或可以预料的，则不属于意外事故。例如，意外伤害保险的责任范围不包含因打架、斗殴、酒后驾车、强行扒车等引起的伤残或死亡。

（3）突发的。“突发的”是指意外伤害的直接原因是突然发生的，而不是已经存在的。强调伤害必须由瞬间发生的事故造成，且无法避免。例如，多年逐渐形成的职业病不在意外事故的范畴之内。但某些事故虽然没有立即显示出伤害的后果，身体损伤却是由剧烈原因瞬间造成的，则属于意外事故。

2. 保险语言中的“伤害”

“伤害”是指被保险人身体遭受外来的事故侵害，发生损失、损伤，致使人体完整性遭到破坏或器官组织生理机能遭受阻碍的客观事实。“伤害”由致害物、侵害对象、侵害事实三个要素构成。

（1）致害物：直接造成伤害的物体或物质。

（2）侵害对象：致害物侵害的客体，在人身意外伤害保险中指被保险人的身体。

（3）侵害实事：被保险人的身体与致害物以一定的方式破坏性地接触并作用于被保险人身体的客观事实。

（三）人身意外伤害保险的可保风险

意外险是个人必备的险种，可以帮助我们应对生活中意外伤害的风险并减少损失，但意外险并非保障所有的“意外”。在投保之前，必须了解保险产品包含的保险责任、保险期限、赔付上限和其他内容。购买意外险后，许多消费者会遭到保险公司的拒赔，实际上，并非保险公司在欺骗消费者，而是许多投保人在投保时并不了解产品的责任范围。保险公司只对合同约定的意外事故进行赔付，投保时一定注意阅读免责条款、特殊约定等合同内容。

1.一般可保意外伤害

即在正常情况下可以承保的意外伤害。除不可承保的意外伤害和特约承保的意外伤害外，均属一般可保意外伤害。

2.不可保意外伤害

被保险人在犯罪活动中遭受的意外伤害；

被保险人在寻衅斗殴中遭受的意外伤害；

被保险人在酒醉、吸食（或注射）毒品（如海洛因、鸦片、大麻、吗啡等麻醉剂、兴奋剂、致幻剂）后发生的意外伤害；

被保险人由于自杀造成的伤害。

3.特约可保意外伤害

被保险人在战争中遭受的意外伤害；

被保险人在登山、跳伞、滑雪、漂流、赛车、拳击、摔跤等剧烈的体育活动或比赛中遭受的意外伤害；

核辐射造成的意外伤害；

医疗事故造成的意外伤害。

（四）人身意外伤害保险的常见险种

1.普通意外伤害保险

又称日常或个人意外伤害保险、一般意外伤害保险，是指在约定的保险期内，因发生一般性风险而导致被保险人的意外伤害时，保险公司按照双方的约定，向被保险人或受益人支付约定保险金额的保险。保险期限一般较短，以1年及1年以下居多。

2.特种意外伤害保险

特种意外伤害保险是一种保险责任范围仅限于某种特殊原因造成意外伤害的保险。主要包括旅游意外伤害保险、交通事故意外伤害保险及特定职业意外伤害保险。

3.团体意外伤害保险

是以各种机构团体为投保人，以该团体的全部或大部分成员为被保险人，保险人向团体内的多个成员提供保障的保险业务。

主要根据投保单位的行业或工作性质确定保险费率，与被保险人的年龄，性别和健康状况关系不大，适用于从事具有相同风险性质的工作团体进行承保。通常，团体意外伤害保险的费率低于个人意外伤害保险。团体意外伤害保险的保险期限一般为1年，到期后可以申请续保。

二、人身意外伤害保险的赔付

（一）人身意外伤害保险责任的构成条件

1. 被保险人遭受了意外伤害。

2. 被保险人在责任期限内死亡或残疾。

责任期限：意外伤害保险和健康保险特有的概念，指自被保险人遭受意外伤害之日起的一定期限内（如90天，180天，360天）死亡或残疾的，保险人承担保险责任，给付保险金，即使被保险人在死亡或确定残疾时已超过保险期限，只要未超过责任期限，保险人就要承担保险责任。死亡或残疾超过责任期限的，保险人不承担保险责任。

3. 意外伤害是死亡或残疾的直接原因或近因。

（二）人身意外伤害保险金的给付

1. 死亡保险金的给付

人身意外伤害保险死亡保险金的给付通常按照保险条款中规定的保险金额，在责任期限内被保险人因意外身故的，直接赔付保额。

这里的事故并不限制事故的具体原因，包括所有的“意外”。我们经常看到的“航空意外身故、轨道交通意外身故、陆上交通意外身故”等险种的描述都限制了事故的原因。因此，购买意外伤害保险时，不仅要注意保险金额，还要注意“意外”是否为限制性原因。

2. **伤残保险金的给付**

责任期限内因意外事故造成的伤残可以根据伤残程度按不同比例支付，保险金的比例和金额取决于伤残程度。根据中国银保监会发布的最新《人身保险伤残评定标准》，对残疾等级进行统一评定，所有公司均相同。残疾保险金的给付金额计算公式为：伤残保险金=保险金额 × 伤残程度对应的百分比。

“评定标准”对伤残进行了分类和分级，将人身保险的伤残程度划分为一至十级，一级最重，十级最轻。与人身保险伤残程度等级对应的是保险金的给付比例，伤残程度一级对应的为100%，伤残程度十级对应的是10%，每级相差10%。累计给付金额以不超过保险金额为限。当给付金额等于保险金额时，该人身意外伤害保险合同效力即终止。

案例2–5： 2019年4月5日，某市机械厂为其员工投保了“团意险”，每人保险金额5万元，5月26日，工厂员工小王在上班途中骑自行车时被卡车撞伤，双手完全缺失，被确定为4级伤残。交警部门做出裁定，卡车方应当承担全部责任，并赔偿受害人小王3万元，并结案。在治疗期间，小王因急性心肌梗死于9月16日在医院死亡。小王的妻子向保险公司索赔。保险公司应该赔偿吗？如果不赔，请说明原因。如果赔，赔多少？

案例解析： 根据近因原则，被保险人死亡的近因为急性心肌梗死，不属于意外伤害险的保险责任，所以不赔付死亡保险金。但小王被卡车撞伤导致双手完全缺失属于意外伤害险的赔付范围。根据人身伤残等级鉴定可知，4级伤残赔付比例为70%，所以保险公司应该赔付5万 ×70%=3.5万的伤残保险金。

3.意外医疗保险金的给付

目前，市面上大多数的意外险都包含意外医疗责任。例如，因猫抓狗咬、烧伤、摔伤等意外到医院就医时，可以通过意外医疗责任来补偿治疗的费用。通常，在这类险种中，除了约定的意外伤害保险金额（确定死亡保险金和伤残保险金的依据）外，还规定了意外医疗责任的保险金额，是保险人赔偿医疗费用的限额。

但需要注意，意外医疗责任仅能报销因意外产生的门急诊或住院的费用，不能报销因治疗疾病产生的费用，如需报销因疾病产生的门急诊或住院的医疗花费，则需要购买疾病医疗保险。疾病不属于意外，意外也不属于疾病，两个医疗责任互相不冲突，互相不交叉，但如果意外险中单独附加了“疾病住院医疗责任”，则可以报销疾病产生的住院费用。

三、如何配置人身意外伤害保险

（一）确定自己属于哪类人群

1.根据风险等级，意外保险大致可以分为三类

第一类是一般的综合意外保险，适合大多数人购买。如上班族、家庭主妇、退休人员、学生等群体，它具有全面、灵活和普遍的保障责任。保险责任主要包括意外死亡和伤残，附加意外医疗、附加意外住院津贴以及各种交通事故的额外赔付。

第二类是旅行意外保险，适用于外出旅行的游客。重点是保障旅行期间发生的意外、疾病、航班延误、行李丢失和其他问题，以及极为重要的救援服务。有些人认为购买了普通意外险后不需要再购买旅行保险，但事实并非如此，旅行保险针对的是紧急情

况以及旅行中的特殊救助，如在危急时刻提供救援服务，这些都是普通意外险所不具备的。

第三类是高风险职业意外险，适用于从事相对高风险职业的人购买。如表2–8为意外险的一般职业类别的划分，根据工作的危险程度划分为1—6类，职业越危险，等级越高。一般1—4类职业可以投保普通意外险，5类及以上属于高危职业，需要加费或者直接被拒保，具体细节根据各个保险产品的规定而有所不同。

表2–8 意外险职业分类

级别	意外险职业分类
1	机关团体、事业单位的工作人员以及所有文职人员和其他从事无危险职业的人员
2	从事旅游、商业、医院等一般服务行业；非纯文职工作，但不涉及危险的职业，如新闻业、杂志业的人员等
3	从事农业、牧业、钢铁业、汽车机车自行车制造业、造纸业、塑胶业、装潢业、修理业、租车服务业的人员等
4	从事内陆渔业、港口作业、电气电子设备、钻井业、玻璃陶瓷搪瓷制造业、海水浴场、水泥业以及特种营业（如歌厅、酒吧）的人员等
5	从事造林业、木材加工业、陆上油矿开采业、建筑业、铁路铺设、划船以及其他危险程度稍高的人员等
6	从事较危险的职业，如采矿、采石、勘探、采砂石业、空运的人员等

2.不同的人生阶段对应不同的保障计划

尽管风险事故伴随着整个生命周期，但意外伤害风险对生活的主要影响在人生的不同阶段有所差别。因此，当消费者选择意外险时，首先要分析自身面临的风险。

（1）未成年人如何选择意外险？在未成年时期，大多数儿童和青少年生活在家庭和学校的保护下，发生意外事故的风险通常较小，主要是骨折或外伤。但由于未成年人还不够稳重，因此意外伤害发生的频率可能高于成年人。因此，在未成年阶段，最需要基本保险金额为5000—10000元的意外伤害医疗保险。

（2）成年人如何选择意外险？成人意外伤害的发生率低于未成年人，医疗保险、公费医疗和企业补充医疗的存在已帮助许多成人减少了医疗费用的风险。但是，意外风险对成年人的危害最大，因为一旦成年人发生重大意外事故，造成的直接后果是无法保证未来的收入，家庭的主要收入来源甚至会成为家庭的主要经济负担。因此，对成年人而言，高保额的意外伤害保险是最需要配置的保险。一旦发生意外，可以使用理赔金来维持家庭正常的支出。

（3）中老年人如何选择意外险？当人到老年时，发生意外的风险进一步提高，与未成年人相比，每次意外事故造成的损失也显著增加。因此，高额的意外伤害医疗保险是老年人的必要保障，意外死亡和伤残的金额不必太高。同时，当意外伤害医疗不能获得足够的保障时，意外伤害保险和意外津贴保险也可作为保障支持。

（4）特殊时期应该选择哪些意外险？乘驾飞机、轮船、私家车等交通工具时以及旅游、手术等特殊时期，风险在短期内会显著增加。因此，有针对性地选择相应的短期保险，可以为个人和家庭提供更高的保障。

（二）购买意外伤害险时重点关注和次要关注的内容

1. 重点关注点一：普通意外身故和伤残的保额

在市场上的大多数一年期产品中，都有上述两项责任，但一般性意外身故和伤残的保额可能不相等，并且和各项单独的交通意外保额相比，可能非常低。例如，某些产品的意外身故保额为10万元，伤残为5万元，而航空意外、火车意外等交通意外则具有100万元的保额，看似保额很高，但是保障普通意外风险的责任只有10万元和5万元。

普通意外，是指包括上述所有意外，不限定造成意外的具体原因。如“网约车意外、公共交通工具意外、航空意外”等限制了意外事故的起因，购买时可以考虑优先选择足额的普通意外，再补充特定意外。

2.重点关注点二：意外医疗责任、免赔额和赔付范围

首先，购买意外伤害保险时关注是否包含意外医疗责任，用于补偿因意外造成的医院门诊和住院的费用。其次，关注免赔额和补偿比例，两者确定了不赔的金额和比例，按自身需求选择适合的保险产品。最后，关注补偿的范围，包括医保支付范围内和自费部分。目前，大多数意外医疗责任可实现0元免赔，在医保支付范围内100%报销，如果还可以报销自费药品、自费器材等更好，但价格也更高，可以根据自身需求进行选择。

3.次要关注点一：特定交通意外责任和住院津贴责任

意外险中特定的交通意外责任，如乘驾飞机、火车、私家车、网约车等发生的意外，经常旅行或开车频繁的朋友可以重点关注。此外，某些意外险增加了意外住院津贴，通常50元/天，100元/天不等，仅在住院时可以赔付，这项津贴属于额外花销，对家庭和个人的经济不会构成重大影响。

4.次要关注点二：猝死保障，根据自身需要

猝死是生活中常见的死亡原因，许多平时健康的人可能在短短几个小时内死亡，据统计，过去10年，我国每年约有10万人死于车祸，约有180万人死于猝死。但当许多消费者不幸猝死时，却发现意外险并不赔付。

一般情况下，猝死不属于意外，只有意外险中明确包含了猝死责任时，才能得到赔偿。猝死是人体自发性变化导致的死亡，其中约75%是由心脏问题引起的，其余25%是由呼吸系统和脑部疾病等原因引起的。尽管健康的人可能会突然死亡，但猝死仍被视为自身的“急病”，而不是一场“意外”。但在现实生活中，高强度工作、剧烈运动和压抑的生活导致的猝死人数激增，这使我们更加关注猝死的责任。建议久坐、工作强度大、肥胖或患有心脑血管疾病的人重点关注。此外，传统的人寿保险包括猝死赔偿，因此，购买人寿保险可以弥补这一风险缺口，部分意外险也可以附加猝死责任。

（三）一年期意外险还是长期意外险

意外险根据保险期限可以分为一年期意外险和长期意外险两种，一年期意外险是市面上最常见的意外险。由于意外险不设置等待期，也不需要健康告知，因此年龄较大或身体异常者，也可以正常购买，并且基本不会出现被拒保或价格昂贵的情况。

（四）确定意外险的保额

一般而言，目前意外险的保额有3个档次：10万—50万元，属于常规保额档；100万—300万元，属于高保额档；超过300万元，属于超高保额档。选择哪一档取决于自身的实际需求和缴费能力，类似于定期人寿保险的保额。例如，如果被保险人不需要承担过高的债务和家庭责任，购买常规保额档即可；但如果家庭责任大、负债多，则可以考虑购买高保额档。负担越重，收入越高，保险金额也应该越高。

父母为未成年子女购买意外保险时，意外身故的最高赔偿限额为0—10岁20万元，10（含）—17岁50万元。但是，意外伤残赔偿金不受此规定的限制，因此在为未成年子女购买意外险时，保险金额可以超过50万元。给老人购买意外保险时，建议意外身故或伤残的保额满足基本需求即可，重点关注意外医疗责任，保险金额越高，赔偿比例越高，保障越充分。

第三章

保险经营

保险行业是经营风险的行业，为全社会正常的生产、流通和消费提供了重要的经济保障，保险公司的承保和理赔是保险公司最重要的两大业务，保险投资业务是保险公司主要的利润来源。所以，健康、稳定的经营管理活动是保险公司可持续发展的基础和前提。

第一节　保险承保

一、投保人提出投保申请

投保人购买保险，首先需要填写投保单，投保单一般由保险人事先准备，具有统一的格式。投保人依其所列的项目逐一填写，以供保险人考虑是否承保。

二、保险人核保

核保是指保险人通过审核、评估保险标的面临的风险，决定是否承保以及以何种条件承保的重要过程。

（一）核保“核”什么?

投保人在收到投保单后，应仔细对投保单的内容进行审核，主要是对投保资格的审核和对投保标的的审核。对投保人资格的审核主要包括投保人是否具备完全的民事权利能力和行为能力，对保险标的是否具有保险利益，是否具有缴纳保费的能力；对保险标的的审核是进行承保的前提，既要判断投保单上关于保险标的情况是否填报真实，还要鉴别保险标的的风险状况，进而确定承保的费率和条件。

1.财产保险的核保要素

保险核保的要素就是保险人在核保过程中通过审核投保标的，决定是否承保以及以何种条件承保的重要影响因素。

一般而言，对财产保险的核保要素主要包括：一是投保的保险标的所处的环境，例如为房屋投保，需检查房屋所处的地理位置，是否存在易燃易爆等危险，房屋建筑结构等；二是对保险标的的状况进行检查，如主要存在的安全隐患和防护措施；三是检查投保财产是否处于危险状态，财产一旦处于危险状态意味着将来必然发生风险损失，如公司的危楼保险公司一般不予承保；四是对安全管理制度和实施情况进行检查，如发现问题可建议投保人予以解决，若投保方不执行或者整改后仍然不符合条件，保险人可以选择提高费率或者增加特别条款，甚至不予承保。

2.人身保险的核保要素

人身保险业务核保时，主要考虑医学和环境两个方面的风险因素。医学方面主要包括年龄、性别、健康状况、体格、病史等因素，环境方面主要包括被保险人从事的职业和嗜好等因素。

（1）医学方面的核保要素。年龄是影响死亡率的最重要因素，是人身保险最终是否承保以及以何种条件和费率承保的重要参考因素。一般情况下，5岁之前和50岁以后的死亡率相对较高，在此区间段的死亡率相对较低，70岁以后死亡率急速上升，这表明年龄越大，死亡率越高。而且随着年龄的增长，其患病的可能性越高，某些疾病在年龄上也呈现出一定的规律性，如糖尿病、高血压、冠心病等疾病，中年和老年的发病率较高。

性别不同，某些疾病的发生率和死亡率不同。一般而言，女性的平均寿命高于男性，对于以死亡作为保险金给付条件的险种，相同年龄的男性和女性在健康状况等其他条件都基本一致的情况下，有些国家和地区通常采用女性的保险费率低于男性3岁的保费计算方法。性别与某些疾病的发病率也有关，呼吸系统疾病的发病率男性要高于女性，生殖系统疾病的发病率女性要高于男性，有些疾病只有男性才可能发生，如前列腺炎，有些疾病只有女性才可能发生，如子宫肌瘤。

健康状况良好与否，在人身保险实务中也是一个重要的影响因素，对于健康状况的选择不仅要检测被保险人的脉搏、血压、心率、呼吸等基本指标，同时还应注意对个人生活习惯、行为及心理状态、性格等方面的选择。健康状况受多种因素的影响，健康状况较差的人容易诱发多种疾病，甚至导致死亡。

体格包括身高、体型和体重等，是遗传所致的先天个人体质与后天各种影响因素的综合表现，体格是影响某些疾病患病率和死亡率的重要因素。例如，肥胖者的死亡率比正常人的死亡率高3倍，肥胖者患糖尿病、脑中风、肝硬化等易导致死亡的疾病的概率明显高于正常体重的人。此外，体重过轻者患有某些疾病的概率也较高，其死亡率高于正常体重的人。对病态肥胖者或体重过轻者通常会做出延期承保、加费承保甚至拒保的决定。

病史包括既往病史和家族遗传病史。如果被保险人曾经患有某种严重的疾病或者曾经遭受过重大意外伤害，某些疾病仍存在复发的可能，某些后遗症也可能转变为额外的风险因素。同时还需要考虑家族遗传病史，如糖尿病、高血压、有无血液病、精神疾病等，一个人的寿命和健康状况往往与遗传密切相关。

（2）环境方面的核保要素。职业的危险程度。事故危险职业，指容易发生各种意外事故的职业，如矿工、司机、潜水员等。健康危险职业，指容易诱发各种职业性疾病的职业，如经常接触粉尘、放射性物质的职业。常见的职业性疾病有矽肺、工业中毒、放射病等。工作环境危险职业，指在不良的环境里工作，或者从事工资低廉、劳保设施不完善、劳动强度过大、时间过长的工作，这些都可能造成身体健康的损害或诱发意外事故。

嗜好指那些特殊的爱好和习惯，如吸烟或者某些被保险人爱好危险性极高的项目。根据统计，吸烟者的肺癌患病率是不吸烟者的10—20倍，大约85%的男性肺癌病人和46%的女性肺癌病人与吸烟有关。根据世界卫生组织的报告，仅在肺癌和循环系统疾病两个方面，吸烟每年在全世界会导致约300万人死亡，长期吸烟还会引起呼吸道的慢性炎症、心血管疾病、胃肠功能紊乱等疾病。另外一些爱好滑雪、登山、攀岩、漂流等高危险性体育运动的被保险人，面临的危险程度和发生意外的概率较高，核保时也应仔细审查。

（二）保险人做出承保决定

承保决策是指保险人依据对投保资格和对投保标的审核后，决定是否予以承保以及以何种费率和条件承保的决定。

1.控制承保责任

多数情况下，保险人在承保时，为了控制自身的承保责任，会做出一些承保控制，尽量避免道德风险和心理风险。

（1）控制保险责任。保险人对于常规风险，一般按照基本条款予以承保；对于一些具有特殊风险的保险标的，需要和投保人协商进行有条件的承保，如采用附加条款与特约条款，或增加保费、确定免赔额和免除责任等方式。

（2）控制保险金额。保险金额是保险人进行保险金赔付的最大限额，对于一些高风险、高保额的保险，可以通过再保险或者共保等方式控制自身承担的风险责任。

（3）规定免赔额。确定一定的免赔额或者免赔率可以让被保险人承担一部分风险，激励被保险人克服心理风险因素，主动防止损失的发生。

2.确定承保条件及方法

（1）正常承保。对属于标准风险的保险标的，保险公司按照标准费率，不附加任何条件承保，也称无条件承保。

（2）优惠承保。对于风险程度较低的保险标的，保险公司按低于标准费率的优惠条件承保。

（3）有条件承保。对于风险程度较高但又不构成拒保条件的保险标的，保险人可以通过增加保费或限制性条件的方式予以承保。

（4）拒保。对于风险程度明显高于承保标准的保险标的，保险人可以拒保。

（三）缮制单证

保险合同双方就主要内容达成一致后，制定一定格式的单据，如填制保险单、保险凭证或者批单等书面凭证。

（四）复核检查

保险公司再一次检查单证是否齐全，内容是否完整、正确，保费计算是否无误等。

（五）收取保费

保险人向投保人收取保险合同约定的保费。

消费者购买保险产品，可以通过代理人或经纪人向保险公司提出购买意向，也可以直接向保险公司发出要约。不同的公司、不同的渠道，其投保流程可能会有不同。图3–1为投保人通过保险展业人员办理投保业务的流程。

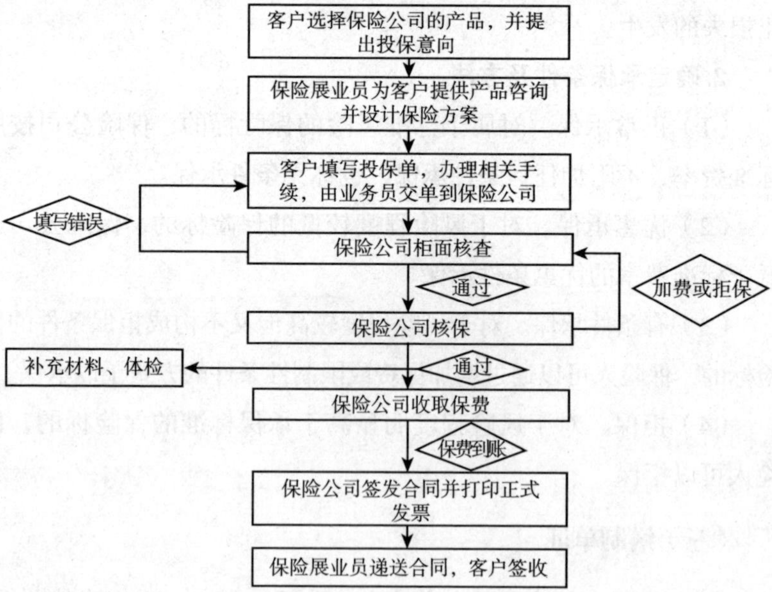

图3–1　保险投保的一般流程

第二节 保险理赔

一、保险理赔概述

保险理赔是保险消费者关心的重要问题，处理不当会给消费者带来诸多问题，保险理赔过程涉及保险合同双方权利和义务的实现，是保险经营的重要组成部分。

被保险人发生风险事故造成的经济损失，可能由承保风险引起，也可能由非承保风险引起。受多种因素和条件的制约，即使损失是由承保风险引起的，保险人也可能只对部分损失进行赔付，所以当保险标的发生风险事故时，保险人需要对被保险人提出的理赔申请进行处理，根据实际情况决定是否进行理赔以及理赔金额的大小。

二、保险理赔遵循的原则

（一）重合同、守信用

保险合同明确规定了保险人与被保险人的权利和义务，保险合同双方当事人都应严格遵守合同约定，保证合同顺利实施。保险理赔是保险人履行保险合同义务的具体体现，对保险人来说，在处理各种赔案时，应严格按照保险合同的条款受理，确定赔偿金额。

（二）实事求是

被保险人提出的索赔案件及案发原因非常复杂。因此，保险人除了按照条款规定处理赔案外，还必须实事求是。既不能夸大事件，也不能缩小范围，应按照实际情况进行处理，既遵守规定，又要实事求是。

（三）主动、迅速、准确、合理

“主动、迅速”要求保险人主动处理赔案，及时赶到事故现场进行查勘、定损、理赔；“准确、合理”要求保险人在审理赔案时，分清责任，准确确定损失，合理履行赔偿义务，是衡量理赔质量的重要标准。

三、保险理赔的流程

保险理赔需要按照一定的程序进行，具体过程如下。

（一）出险后及时通知保险人

发生保险事故后，被保险人或者受益人应当将事故发生的时间，地点，原因和其他有关情况通知保险人，并提出赔偿要求。被保险人应维护出险现场，发出损失通知是被保险人必须履行的义务。

（二）保险人审核相关材料

保险人对投保人、被保险人或者受益人提供的有关事故发生的证明材料或资料进行审核，以确定事故的性质与进行保险理赔。

1.保险单是否仍然有效。

2.损失是否由承保的风险引起。承保人收到损失通知书后，应当查明损失是否是由承保风险造成的。如果属于承保风险，保险人应承担赔偿责任。

3.损失的财产是否为保险财产，保险人必须根据保险单仔细审核被保险人的索赔财产。

4.损失是否发生在保险单所载明的地点。

5.损失是否在保险单有效期内发生。保险单规定了保险的起止时间，并且损失必须在保险的有效期内发生，保险人才会赔偿。

6.请求赔偿的人是否有权提出索赔。申请赔偿的人通常为保单中指定的被保险人，对于人寿保险合同，则应为保单中指定的受益人。因此，在进行赔偿时，保险人必须查明被保险人或受益人的身份，以确定他们是否有资格领取保险金。

7.索赔是否有欺诈。保险索赔中的欺诈往往很难发现。保险人在理赔时，应注意索赔文件的真实性，被保险人是否重复投保，受益人是否故意谋害被保险人，投保日期是否在保险事故发生前等问题。

（三）保险人对损失进行调查

保险人审核保险责任后，应立即派遣工作人员到出险现场进行现场查勘，尽力施救的同时详细了解、调查事故的具体情况及产生的原因，确定损失程度。

1.分析损失原因

只有详细分析损失的原因，才能确定损失是否在保险公司承保责任范围之内。分析损失原因的目的是保护被保险人的利益，明确保险人的赔偿范围。

2.确定损失程度

保险人应当按照被保险人提出的损失清单逐项核对。例如，货物出现短缺时，应根据原始单据确定短缺的数量，不能确定货物损失数量或受损货物仍有部分完好或加工后仍有价值时，则应估算合理的折旧率以确定损失的程度。

3.确定被保险人要求赔偿的权利

被保险人履行保险合同规定的义务是保险人承担赔偿责任的前提，如果被保险人违反了这些事项，保险人可以不予赔偿。

4.履行赔付义务

保险合同约定保险金额及赔偿或给付期限的，保险人应当按照保险合同的规定履行赔偿或给付保险金的义务。保险人应当在与被保险人、受益人就赔偿责任或赔付额达成协议的基础上，属于保险责任的，应在10日内履行赔偿或给付保险金的义务。

5.损余处理

通常情况下，在财产保险中，受损的财产会具有一定的残值。如果保险人按全部损失赔偿，则残值属于保险人，或者从赔偿额中扣除残值；如果按部分损失赔偿，则保险人可以将剩余财产折价给被保险人以抵销补偿金额。

6.代位追偿

如果保险事故是由于第三方的过失或违法行为造成的，则第三方应对被保险人的损失负责，保险人可以按照保险合同或法律的规定先行赔付给被保险人。被保险人应将追偿权移交给保险人，并协助保险人向负有责任的第三方追偿，如果被保险人已经从第三方获得了赔偿，保险人可承担不足部分的赔偿责任。

如图3–2所示，为理赔的一般流程。

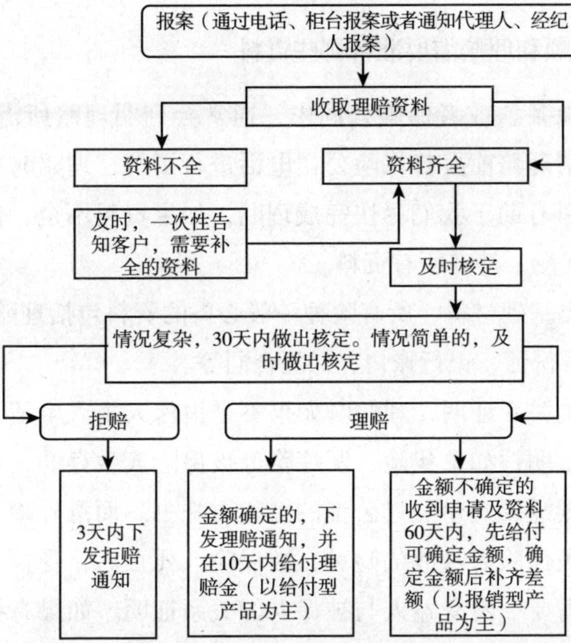

图3–2　理赔流程图

四、寿险如何申请理赔

（一）申请理赔的时效限制

1.人寿保险的被保险人或受益人向保险公司请求赔偿或给付保险金的权利，如果自其知道或本应知道保险事故发生之日起5年内未行使，则该权利消灭。

2.人寿保险以外其他保险的被保险人或受益人向保险公司请

求赔偿或者给付保险金的权利，如果自其知道或本应知道保险事故发生之日起2年内未行使，则该权利消灭。

（二）顺利理赔需要准备哪些资料

在保险条款或者保险合同中，通常会列明理赔所需的资料，或者在申请理赔前拨打保险公司电话进行了解，理赔时一次性提交所需资料有助于我们尽快完成理赔，如果资料不全，保险公司应一次性提醒，补齐所有资料。

第一类基础材料，所有险种一般必备的资料包括理赔申请书，申请人的身份证、银行账户、保险合同等。

第二类关系证明，理赔时如果不是被保人本人申请，则需要出具关系证明，如重疾险、医疗险等被保险人生存的，如果委托他人申请则需要一份经过公证的授权委托书。而意外险、定期寿险等保障被保险人身故的险种，被保险人死亡后，受益人领取保险金时，需要一份受益人与被保人的关系证明。如果有指定受益人，一般由其父母、子女和配偶提供户口本即可，如果没有指定则默认为法定受益人，则需要到公证处确认合法继承权和继承的份额。

第三类是第三方出具的证明或报告，这是理赔材料中最重要的部分，直接关系到是否满足理赔条件。不同险种要求的理赔材料不同，一是疾病类保险，需要医院出具证明被保险人患病的诊断证明书，通常需要二甲及以上的公立医院出具，一些保险公司还要求提供相关证明，例如病历或病理组织检查报告等。二是伤残保险金，需要医院或专业鉴定机构出具的残疾程度鉴定书。三是身故保险金，首先要提供被保人的死亡证明，该证明可以由公安部门和医院出具，如果被宣告死亡，例如下落不明或失踪的，需要法院出具宣告死亡的证明文件，其次是户籍注销证明，由户籍所在地派出所办理。四是门急诊或住院医疗，属于医疗保险范畴，凭发票进行补偿，最重要的资料是原始发票，如果原始发票先由医保报销，可以让医疗保险中心开具一张发票分割单并加盖公章，凭分割单和发票复印件可以进行报销。此外，医院开具的材料最好全部保留，例如用药清单、出院小结、检查报告等。被保险人必须知道自己购买了哪些保险，什么情况下可以理赔，一旦出险应先致电客户服务中心以确认理赔所需的材料。

（三）理赔资料的获取

1.理赔申请书、授权委托书——公司客户服务部门领取、公司网站下载并打印。

2.门（急）诊病历、处方和门诊医疗费用收据——就诊医院的医生、门诊收费处。

3.住院费的收据、住院费结算清单和用药明细——就诊医院住院处。

4.诊断证明书——就诊医院医生单独出具。

5.意外事故证明——意外事故处理机构出具，如交警部门出具的交通事故证明。

6.死亡证明——由医院、公安机关出具的死亡证明或者法院宣告死亡的证明。

7.户籍注销证明——公安机关户籍管理部门出具。

8.丧葬证明——承办丧葬事宜的殡葬机构出具。

9.受益人或继承人与被保险人的关系证明——公安机关、公证机关。

10. 身体伤残鉴定书——法医鉴定中心或公司指定的医院。

五、了解以下信息，避免“理赔难”

消费者购买保险的目的是在发生事故时获得相应的保障，但是我们也经常看到一些关于“保险理赔难”的话题。哪些原因可能导致“保险理赔难”，作为消费者，如何在未来顺利获得理赔是我们关心的问题。

1. 投保时的态度决定了后续理赔的顺利程度

当消费者遇到理赔困难时，并非所有原因都归于理赔环节，实际上，购买保险时的态度在很大程度上决定了后续能否顺利进行理赔。通常情况下，早期购买保险时，以下几点很可能造成理赔纠纷：

首先，购买保险时，消费者应重点阅读保险责任条款和免责条款，这些条款都会在保险合同中明确列出。如意外保险合同明确规定高风险活动导致的死亡不赔，被保险人因从事高风险活动申请理赔时就会遭到拒绝。所以需要在投保时明确，高风险活动是否在保障范围内，如不属于保险责任，可咨询购买专门用于高风险活动的险种。

其次，对保险合同的专业性内容了解不够。保险合同包含很多专业术语和专业内容，由于普通消费者缺乏基本的法律和保险知识，所以许多保险条款对他们而言非常复杂，导致许多客户对这些条款的理解与保险公司所表达的含义存在偏差。鉴于此，选购保险时一定要仔细阅读保险合同的条款。

最后，投保时的如实告知很重要。未如实告知容易导致理赔纠纷。众所周知，投保人比保险人更加了解保险标的情况，保险合同是最大诚信合同，履行告知义务是投保人的法定义务。如果消费者未如实告知，则可能无法在出险后获得理赔，保险人可以解除合同甚至不退还保费。

2.提前掌握理赔知识

为了顺利、快速地进行理赔，消费者除了在早期购买保险时要注意有关事项外，还需要提前了解理赔的具体环节，以便能够以适当的方式做出应对。

（1）正确填写基本信息。基本信息通常是指保险单上的投保信息，例如电话号码、通讯地址、银行账户等信息。如果在签订保险合同时出错，或者在更改个人信息后未及时在保险公司进行变更，则可能会出现理赔难的问题。

（2）提前了解理赔流程和周期。首先，在程序上。出险后，消费者应拨打保险公司的咨询服务电话或与代理人取得联系，向保险公司报案，并向保险公司咨询理赔所需的材料，是否必须是定点医院，以及其他需要注意的事项。

其次，在时间方面。保险公司将在收到被保险人或受益人的索赔请求后的5个工作日内做出核定；情况复杂的，在30日内核定；但如果条款另有规定，应在条款规定的时间内办理。核定后属于保险责任的，应在与被保险人或受益人达成协议后10日内赔偿或给付保险金；核定后不属于保险责任的，应在核定之日起3日内向被保险人或受益人发出拒绝赔偿或拒绝给付保险金通知书，并说明原因。理赔时效是从申请人提供了完整的申请资料后开始计算的。

（3）注意提交的材料。申请理赔时提交的申请材料不完整是理赔中最常见的问题。在保险条款或保单中，通常会列出理赔申请所需要的资料，或者在申请理赔前拨打保险公司的咨询电话或向代理人咨询。在申请理赔时，一次性提交完整的理赔资料，以便更快地进行理赔。

（4）对理赔金额有正确的预期。理赔金额的高低会影响理赔的速度，如果保险金额过高，尤其是涉及死亡和伤残时，保险公司的理赔程序会更加严格，需要更加复杂的审查过程。此外，消费者要了解保险公司赔款金额的计算方式，如保险公司计算医疗险的赔偿金额时，首先要核定保险金额，即保险公司赔偿的最高限额；其次是自费费用，即不可报销的费用；最后是保险合同约定的免赔额（率）和赔付比例。

3.“理赔难”的原因

（1）不属于条款责任。每份保险都有特定的保险责任，保险公司只对保险合同约定的保险事故承担赔偿或给付保险金的责任。例如如果购买了意外险，当被保险人由于罹患癌症死亡时，不属于保险责任。

（2）属于合同的除外责任。保险事故属于除外责任。例如，购买的意外险中明确写明“猝死”属于除外保险责任，则被保险人由于“猝死”申请理赔时必然会遭到拒绝，所以需要投保时明确“猝死”是否属于保障责任。

（3）故意制造保险事故并试图骗取保险金。部分投保人弄虚作假，谎报保险事故，夸大事故损失的程度，经核实后，保险公司可能拒绝赔付。

（4）瞒报被保人健康情况。故意或重大过失而未如实告知被保险人的健康状况，（这些情况通常会影响保险公司是否同意承保或承保条件）。

是否顺利理赔还取决于发生保险事故时，保险合同是否有效，是否在等待期（观察期）内，是否在责任期限内，以及索赔是否仍在索赔时效内，这些直接关系到保险公司是否进行理赔。

（5）保险合同约定理赔需达到一定条件。如重大疾病保险中，某些疾病并非确诊即赔付，有时需达到一定的条件，如冠状动脉搭桥术（或称冠状动脉旁路移植术）以开胸作为理赔的前提，所以冠状动脉支架植入术等四项手术不在保障范围内。

第三节 保险投资

一、保险投资的含义

保险投资的过程实质上就是保险资金运用的过程。保险属于负债经营，保险资金从收取保费到支付保险金之间存在“时间差”和“数量差”，这使得保险公司拥有相当数量的闲置资金可以用来投资，保险投资的根本目的是获取最大的投资收益。在竞争日益激烈的保险业中，保险公司承保的综合成本不断上升，承保利润不断下降，使得保险公司的利润更多地依赖于保险资金的有效运用，目前，保险公司的投资业务已经成为和“承保”及“理赔”并重的第三大业务。因此，保险投资在保险经营中占据了越来越重要的地位。

二、保险投资的资金来源

（一）自有资本金

保险公司的自有资本金包括资本金、公积金和未分配利润等权益性资产。

1. 资本金

根据《中华人民共和国公司法》，资本金是指在公司登记机关登记的所有股东实际缴纳的出资额。它是投资者在企业中投资的各类资产的价值，称为资本，也可称为注册资本。

我国《保险法》第六十九条规定，设立保险公司，其注册资本的最低限额为人民币两亿元，且必须为实缴货币资本。但在保险实践中，大部分保险公司的实缴资本都在10亿元以上。

2. 公积金

保险公积金是指保险公司为满足保险业务发展的需要而保留的盈余。它是资本公积金和盈余公积金的总称，是所有者权益的重要组成部分。

3. 未分配利润

未分配利润是保险公司未作分配的利润。在未分配之前属于所有者权益的组成部分，可以在以后年度继续分配。未分配利润由保险公司的期初未分配利润加上本期利润，再减去提取的各种盈余公积金和分出的利润后产生的余额。

（二）责任准备金

由于保险公司属于负债经营，责任准备金是保险公司为了在保险合同有效期内履行赔偿或给付保险金的义务，按法律规定或业务需要，从保险费或盈余中提存的一定数量的基金。在我国，保险责任准备金根据险种性质的不同而有所不同，通常分为寿险责任准备金和非寿险责任准备金。

（三）其他投资资金

在保险经营过程中，还存在着其他可用于投资的资金来源，如结算中形成的短期负债、企业债券等，这些资金可根据其不同的期限做相应的投资。

三、保险投资的原则

（一）安全性原则

保险投资的安全性原则是指保险投资的资金价值不受侵蚀，在资金投资到期时可以安全收回，投资收益为正的原则。由于保险公司经营的负债性，为保障被保险人和投保人的合法权益，保险公司在投资时必须保证资金的绝对安全。保险公司应充分考虑投资收益伴随的风险，安全性是保险投资应考虑的首要原则。

但是，保证安全性的意义在于保证投资资金的整体安全，并不要求每个投资项目的绝对安全。所以，在投资总额中，投资一部分到风险较大的项目，分散投资的风险，同样可以保证投资的安全性。

（二）流动性原则

保险投资的流动性原则是指保险投资的资产或项目，在保证不发生损失的前提下，需要具备一定的变现能力。

财产保险和人身意外伤害保险由于保险期限短，自然灾害和意外事故存在很大的不确定性，对于保险投资的流动性要求较高。人寿保险由于承担的风险是人的生、老、病、死这一周期性的自然规律，所以其承担的风险较小且较分散，并且保险的核算是建立在保险精算的基础上的，正常情况下人寿保险保险金的收入与给付可以通过测算把握其中的规律，所以人寿保险的保险金可以用做中长期投资，对于流动性的要求不高。

（三）收益性原则

收益性是指保险公司通过投资活动获取收益的能力。如果投资项目有正的现金流，则表示投资项目存在收益。保险公司可以通过选择不同的投资方式，获取不同的收益，保险投资的资金来源主要包括各类准备金和自有资金。准备金是保险公司的重要负债，需要安全、高效地进行投资运作，以提高保险公司的盈利能力及偿付能力，使其不断增值；自有资金是公司发展的资金支柱，使其保值增值，才能发挥更大的作用。因此，收益性原则是保险投资应遵循的重要准则。

四、保险投资的渠道

我国与发达国家相比，资金运用的收益率较低，由于我国保险业发展的时间不长，保险公司的主要力量集中在承保业务上，保险资金的运用长期处于从属地位，没有得到足够的重视，加上我国资本市场发展不成熟、保险资金运用渠道狭窄、可投资品种较少，致使我国保险资金收益率较低。

（一）实物资产

保险公司可以通过购买土地、房产，开发或经营并从中获取收益。虽然投资实物资产收益丰厚，但是投资周期长、流动性差，各保险公司对此持谨慎态度。政府也对实物资产投资有明确的限定，我国保险资金投资不动产的账面余额，不得高于本公司上季度末总资产的10%，投资单一不动产的账面余额，不得高于该计划发行规模的50%，并且不得投资商业住宅，不得直接参与房地产开发，不能投资、设立房地产企业。

（二）金融资产

1. 银行存款投资

银行存款的安全性非常高，但收益率较低，在通货膨胀率高于利率时，存款难以达到资产保值的目的，国外保险机构只保留小部分存款作为机动资金，并不作为主要的投资渠道。我国保险资金过度依赖银行存款，银行存款较低的收益率是限制我国保险公司投资效率的主要因素。

2. 债券

债券是政府、金融机构、工商企业和其他机构直接向社会借债以筹集资金时，向投资者发行，支付利息并按约定条件偿还本金的债权债务凭证。政府债券定期偿还本息，信用较高，税收优惠，且利息水平高于存款；金融债券，一般由金融机构发行，利息固定，收益一般高于政府债券，但信用度低于政府债券；企业债券由具有一定信用的企业发行，在债券中收益最高但风险也最大。

3.股票投资

股票是股份有限公司在募集资金时向投资者发行的股份凭证，代表公司持有人（即股东）的所有权，是一项综合权利，如参加股东大会、投票表决、参与公司的重大决策、收取股息或分享红利等。股票投资的缺点在于高收益背后的风险极大，投资股票需要由有经验的高素质人才专门操作。保险投资的安全性原则要求在进行股票投资时要保证资金的安全，通常利用组合投资分散风险。

4.贷款投资

贷款投资是指保险公司作为信用机构，以到期还款付息为条件，将资金提供给需求者的一种放款活动，一般有信用贷款、抵押贷款、担保贷款、保单贷款等种类。抵押贷款者一般利用有价证券和不动产作为抵押物，从保险公司获取资金；担保贷款包括银团担保贷款和银行保付贷款等；保单贷款一般为人寿保险单贷款，以人寿保险单的现金价值为限额，以保单作抵押物发放的贷款。

五、保险资金运用管理模式

（一）内设投资部门

由保险公司设立投资部门，负责保险公司资金的投资和运作。在该模式下，保险公司负责自身的投资业务决策和执行，公司直接掌控和监督投资活动的各个环节，具有便于监控、操作风险较小等优势，更能保障保险资金运作的安全性，在一定时期内曾是保险公司资金运作的通行做法，尤其是中型寿险公司最常选择的投资管理模式。

（二）委托第三方投资管理公司进行资产管理

是指将保险资金委托给外部专业机构进行投资运作的模式。国内一些保险公司受业务规模和成立年限的限制，只能采取委托第三方投资管理公司进行资产管理的模式，当前我国采用此模式的主要为一些中小型寿险公司、再保险公司和非寿险公司。

（三）自行建立专业的资产管理公司

我国一些大型集团公司因业务发展的需要自行建立了专业的资产管理公司，主要存在以下三点优势：第一，专业化的投资管理可以提高资金的运作水平，为母公司吸引更多的资金，提高投资的收益；第二，可以吸引更多专业人才，有助于建设一支专业化的投资队伍；第三，为第三方管理资产，有助于控股公司适应金融混业经营的发展趋势。目前，这种模式已经逐渐成为中国保险公司进行资产管理的主流模式。

第四章

保险营销

保险营销是以保险这一特殊商品为客体，以消费者对这一特殊商品的需求为导向，以满足消费者转嫁风险的需求为中心，运用整体营销或协同营销的手段，将保险商品转移给消费者，以实现保险公司长远经营目标的一系列活动。本章主要介绍保险营销的理念与市场、渠道与策略，以及保险营销实务。

第一节　保险营销的理念与市场

一、保险营销理念

保险营销与其他产品的营销类似，都是基于经典的4P营销框架而展开，即营销由产品（product）、定价（price）、渠道（place）、推广（promotion）四个部分构成。保险营销是以保险产品为客体，以保险消费者转嫁风险的需求为导向，保险公司通过运用一系列的营销手段，将保险产品销售给消费者，实现保险公司长远经营的营销活动。

（一）保险营销的内容

1. 市场调研

通过一系列市场调研手段，了解当下的市场需求及消费者对已有产品的反馈，为产品开发提供及时有效的建议。

2. 产品开发

保险产品开发是指保险公司为满足市场需求和提高竞争力而开发新产品或改进现有产品的过程和行为。保险人应根据不断变化的市场需求情况，高度重视新产品的开发设计，改进旧产品，最大限度地满足保险消费者的风险保障需求，如图4–1所示。

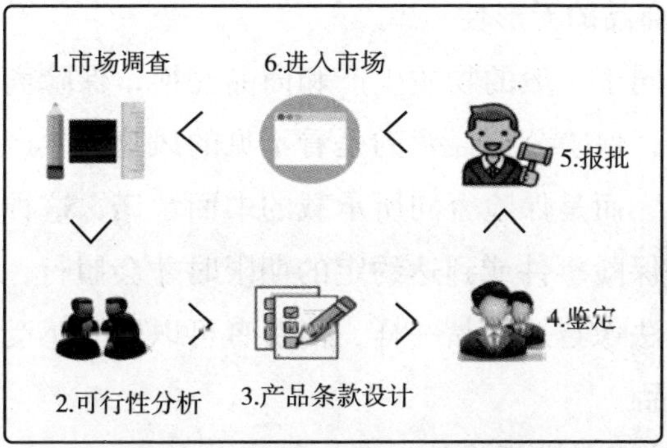

图4–1　保险产品开发流程图

3. 产品推广

产品在上市后需要进行产品包装及推广，保险销售渠道或销售人员一般会用通俗、形象、合规的文字包装保险产品，以便消费者能够快速了解产品具体的保险责任，并做出正确的选择。同时，在产品上市初期，保险公司一般会进行多种方式的推广，包括广告、电话推销、互联网自媒体平台推送、产品说明会等多种手段，以求快速地将产品推向大众视野。

4.售后服务

随着时代的不断进步，保险营销的售后服务不再局限于理赔服务，还包括专业的保单整理、一系列的保全服务等，销售人员通过有效的售后服务，还可以挖掘消费者的潜在需求，获得进一步成交。

（二）保险营销的特点

保险营销既具有一般商品营销的共性，也具备其明显的特点。具体特点如下：

1.保险商品的无形性

保险不同于一般的物质生产和商品交换，保险商品也不同于一般的商品，保险公司经营的是看不见的风险，生产的商品并不是保险合同，而是保险合同所承载的书面承诺，这种承诺只有在发生约定的保险事件或到达约定的期限时才会履行，这就决定了保险商品无法像普通商品一样，消费者可以即时感受到，而是一种无形的商品。

2.保险商品的非渴求性

非渴求商品是指消费者通常不主动购买的产品。因为保险商品的射幸性，购买了保险商品，并不一定能从保险公司获得赔偿，因此很多人在风险事故发生前存有侥幸心理，对保险商品表现出非渴求性。

3.保险消费的滞后性

保险商品是对未来服务的一种承诺，人们购买保险后一般不会立即消费，而是在未来的某一时刻某一时间内消费，也有可能一直都不消费。因此对于购买了保险，但从未消费过的消费者而言，可能感觉并未得到等价的商品，但事实上保险人承担了相应的风险。

4. 保险商品价格的科学性和隐蔽性

保险产品的价格是精算师根据各类风险发生的概率、公司经营成本、未来预期利率等多种因素，结合精确的模型计算得出的，因此是非常专业且科学的。在销售时，不允许讨价还价，消费者只能选择接受或拒绝。另外，不同保险公司提供的保险商品和服务各有特色，不具有完全可比性，因此，保险商品的价格具有隐蔽性，普通消费者很难准确判断一款产品是否真正适合自己。

二、保险营销市场

（一）保险营销市场概念

保险营销市场是在一定时间、一定地点的条件下，对保险商品具有购买意愿和购买力的消费主体的集合。它专指保险市场中的买方，即保险需求。

（二）保险营销市场的构成要素

保险营销市场即保险需求，除现实的购买者外，通过有效的宣传和促销，潜在的购买者也可能会转化为现实的购买者。

1. 保险消费主体

（1）个体投保人。一个国家的人口规模决定着潜在保险营销市场的大小，家庭人口结构直接影响个人对保险产品的需求结构和方向。不同的年龄、性别、职业、收入水平、受教育程度、宗教信仰等，都会影响个体投保人的投保行为。

（2）团体投保人。是指购买保险产品的各类企事业单位、机关团体等，其规模、类型、构成及活动方式都会制约团体购买保险产品的结构和水平，从而影响其投保行为。

2. 交费能力

个人收入水平以及团体财务状况决定交费能力，在实务中，保险的需求方不仅要有购买的意愿还要具备相应的购买能力，这样才能顺利地完成对保险的购买。

3. 投保意愿

投保意愿是指保险消费主体购买保险产品的动机、愿望或要求，是保险消费主体把潜在的保险需求变为现实投保行为的重要条件，因而也是构成保险营销市场的基本要素。

第二节　保险营销渠道与策略

一、保险营销渠道的定义

保险营销渠道即保险分销渠道，保险营销渠道是连接保险公司和顾客之间的桥梁，是保险产品顺利流通和交换的关键。保险营销渠道的起点是保险公司，终点是保险产品的消费者，参与保险产品从公司向消费者转移的个人和组织都是保险营销渠道的组成部分。

二、保险营销渠道的分类及特点

保险营销渠道主要划分为直接营销渠道和间接营销渠道，如图4-2所示。

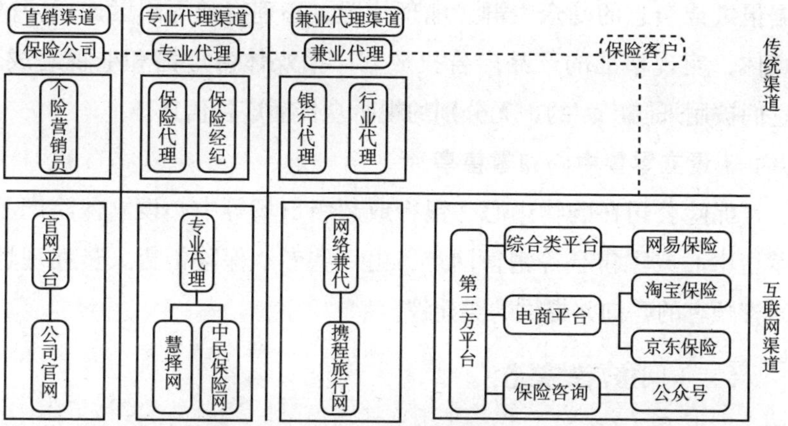

图4-2 保险营销渠道

（一）直接营销渠道

直接营销即保险公司直接与客户建立联系，并直接进行交易，中间没有中介组织参与的保险营销活动。直接营销的销售过程包括传递给准客户销售信息、接受投保申请、签发保险合同等。直接营销的主要方式包括利用员工销售、利用媒体销售、设立零售中心和零售亭等。

1.利用员工销售

主要是指与保险公司签订雇佣合同，由保险公司支付薪资的业务人员向准客户推销产品和服务。这些业务人员由于工作稳定且熟悉保险业务，有利于提高承保业务质量，控制欺诈行为的发生。

2. 利用媒体销售

直接营销渠道中使用的媒体工具主要有印刷媒体和广播媒体。印刷媒体是指各种形式的出版物，如报纸、杂志等，保险公司根据报纸或杂志的受众人群、地理位置、心理特征等因素选择印刷媒体，实现精准的产品广告投放。广播媒体由广播和电视组成，它们被用来向广大的、无分别的视听众传播广告信息。

3. 设立零售中心和零售亭

保险公司在购物中心、银行或超级市场等中心设立保险产品零售中心或零售亭等销售网点，由一些专职保险销售人员在现场回答顾客的咨询并提供购买建议。

（二）间接营销渠道

间接营销渠道又称为中介人制度，是依照《保险法》规定，根据保险公司的委托或基于被保险人的利益而代为办理保险业务的单位或个人。保险间接营销渠道主要分为保险代理人和保险经纪人。

1. 保险代理人

保险代理人是根据保险人的委托，向保险人收入代理人手续费，并在保险人授权的范围内代为办理保险业务的单位和个人。目前，我国保险公司的代理人营销渠道主要有保险专业代理机构渠道、保险兼业代理机构渠道、保险营销员渠道、独立个人代理人渠道。

（1）保险专业代理机构渠道。专业代理机构是指接受保险公司的委托，向保险公司收取佣金，在保险公司授权的范围内专门代为办理保险业务的专业代理机构。在我国境内设立保险专业代理机构，应当符合中国银保监会规定的资格条件，取得经营保险代理业务许可证。根据我国《保险专业代理机构监管规定（2015年修订）》的规定，保险专业代理机构可以采取的组织形式为有限责任公司和股份有限公司，代理销售保险产品是保险代理机构的主要业务之一。

（2）保险兼业代理机构渠道。兼业代理是指保险公司的授权代理机构在从事自身主业的同时，接受保险公司的委托，代为办理各项保险业务。保险兼业代理机构是指符合中国银保监会规定的资格条件，并经银保监会批准取得"保险兼业代理业务许可证"的机构，经营保险兼业代理业务的机构，包括银行、邮政、旅行社、汽车销售店等。

（3）保险营销员渠道。保险营销员是指取得中国银保监会颁发的资格证书，根据保险公司的委托，在保险公司授权的范围内为保险公司销售保险产品及提供相应服务，并收取手续费或佣金的个人。

（4）独立个人代理人渠道。独立个人代理人是指同时代理多家保险公司产品的代理人，保险公司采用独立代理人渠道，仅需支付佣金，不需要承担建立分支机构和承担管理代理人的额外费用，因此成本较低，但公司对独立代理人的控制力较弱。

2. 保险经纪人

根据中国原保监会发布的《保险经纪机构监管规定（2015年修订）》，保险经纪机构是指基于投保人的利益，为投保人与保险公司订立保险合同提供中介服务，并按约定收取佣金的机构，可采用的组织形式为有限责任公司和股份有限公司。在西方国家，保险经纪人是保险公司推销保险的主要形式，保险经纪人作为投保人的代理人，从投保人的利益出发，代为设计合理的保险方案，更容易被消费者认可，越来越成为保险公司营销的重要渠道。

三、保险营销渠道的选择

保险公司在市场上除了需要进行营销渠道的选择，还需要加强对营销渠道的管理和控制，以谋求保险公司和保险中介人之间的相互支持和友好合作。营销渠道的管理成效也直接关系到营销效率，甚至是开拓市场的整体营销计划。

（一）影响保险公司营销渠道选择的因素

保险公司在选择营销渠道时，一般会考虑以下几个因素。

1. 产品因素

保险公司销售的产品类型，直接关系到营销渠道的选择。比如，保险责任简单、费率低、承保条件宽松的险种更适合成本费用较低的直接营销渠道；相反，保险责任复杂，费率较高，且承保条件严格的险种更适合通过代理人或经纪人渠道销售，以防止销售误导的发生。

2. 市场因素

市场因素主要考虑保险消费者的需求，因此渠道服务应考虑以下五个方面：一是市场分散化，购买者越分散，要求渠道提供的服务量越大。二是购买金额，如果投保人选择一次性支付保费较高的产品，往往更希望获得专业的指导和服务，以减少购买风险。三是购买频率，保险期限短的产品到期后需重新购买，购买频率较大，需要渠道的服务保持长期一致。四是购买便利，投保人不需要耗费太多精力，随时随地可以买到合适的产品，要求较高的渠道服务水平。五是售后服务，保险消费者需要越多的附加值服务，如风险管理咨询、投资理财管理等，要求渠道服务水平越高。

3.公司因素

主要包括保险公司的类型、规模与实力、对市场的熟悉程度等。一般而言，实力雄厚，信誉好的保险公司通常有更多的选择，它们既有能力广设分支机构，配置相应的营销队伍进行销售，也可以选择其他渠道；相反，对于刚成立的新公司而言，由于规模较小，对保险市场还未完全熟悉，更需要选择成本较低的渠道，如中介渠道，尽快打开市场。

4.环境因素

经济环境对销售渠道的选择具有一定的影响，如经济萧条时，保险公司的营销重点是控制和降低销售成本，因此会尽量减少中间环节，节省非必要的成本。此外监管政策、法律法规的出台也会对营销渠道的选择产生重要的影响。

（二）保险营销渠道的选择策略

随着保险市场的深入发展，如今，保险公司在选择营销渠道时已不是孤立的选择和运用，而是将多种营销渠道组合运用。保险公司会因险种、地域、对象和阶段的不同而采取不同的营销渠道，具体的选择策略可概括为以下几种。

1.因险种不同采用不同的营销渠道

不同的险种，因其责任不同，产品解读难度也不同，如果是复杂的分红险、万能险，普通消费者很难根据条款或宣传册准确理解产品的要点，所以需要专业的营销员进行解读，否则容易产生销售误导，因而需要借助专业性更强的个人代理人或经纪人营销。

2.因地域不同采用不同的营销渠道

经济发达的地区，客户群受教育程度较高，对保险产品有更深入的理解，同时网络等基础设施环境更优，借助公司便捷的互联网技术，更有利于业务开展。对于经济欠发达的地区，消费者整体的保险意识和知识水平仍处在较低的水平，更适合采用个人代理人渠道，有助于进行详细的观念引导和产品讲解。

3.因对象不同采用不同的营销渠道

保险营销应根据消费者的差异性，选择不同的营销渠道。例如，大众客户需要直截了当的指导和建议，并且需要标准化、简单、迅速的服务，个人营销代理渠道比较适合他们；而高净值客户更需要金融专家针对个人需求进行定制化服务，专业的保险经纪人更适合他们。

4.因阶段不同采用不同的营销渠道

即营销渠道的整合，是指在保险销售过程中，用不同的方式服务销售过程的不同环节，这些方式可以以最低成本优质地完成该环节的销售任务。举例来说，一个完整的销售过程分为寻找潜在客户、客户身份认证、售前、销售完成、售后服务五个阶段，传统的营销通常在这五个阶段都采用个人营销代理模式，成本较高。经过最低成本整合后，第一阶段可以采用间接营销渠道中的互联网模式，第二、三、五阶段采用直接营销渠道中的电话销售模式，第四阶段则采用直接营销渠道中的员工销售模式，这样的组合可以最大限度地降低营销成本，利润也会随之增加。

四、保险营销策略的选择

（一）产品策略

保险产品即险种，它一般以保险单为单位，以保险条款为基本内容，如家庭财产保险、汽车保险、航空意外保险等。图4-3展示了保险经营的产品及其功用。

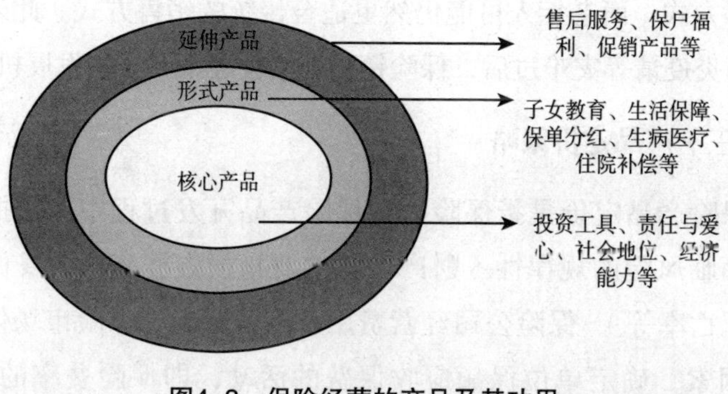

图4-3 保险经营的产品及其功用

产品策略即险种策略，保险市场的需求随着物质财富种类的增加和风险的发展而不断变化，因此，保险公司的产品也应不断发展。在整合有活力和竞争力的产品时，应更加注重新产品的开发和设计，并改进旧产品，以便尽可能满足保险消费者的风险保障需求。开发具有互联网个性化定制特征的产品，使保险产品可以满足客户在地域性职业和年龄方面的不同要求。因此，保险公司可以开发满足目标群体、符合保险消费者需求的组合产品，与兄弟公司共同开发，或与专业中介网站合作开发满足特定保险消费者需求的产品。

（二）推销策略

所谓推销策略，是指选择保险销售渠道和销售方法，其目的是采用最有效、最经济的方式推广尽可能多的保险产品。根据国内外保险营销的发展，保险公司直接销售保险产品是财产保险营销的主要销售渠道，代理销售保险产品是寿险公司的主要销售渠道，非寿险和寿险之间的销售方式存在明显的差别。互联网时代存在多种营销策略，例如，对年轻人而言，保险营销人员更容易采用微信和微博推送等方式，而老年人可能仍然更适合传统的销售方式。此外，如新冠肺炎疫情等灾难过后，保险销售通常会迎来巨大的发展机遇。

（三）产品定价策略

保险产品定价是指保险人在保险产品开发过程中，依据保险标的面临风险的规律性（财产保险主要指损失概率，人身保险主要指死亡率等）、保险公司经营费用及经营状况、保险市场供求状况等因素，确定单位保额应收保费的活动，即保险费率的厘定，产品定价策略是保险营销中至关重要的内容。它的目标：一是维持企业的生存；二是使保险公司利润最大化；三是尽量抢占市场份额。保险定价策略通常包括折扣定价、组合定价、心理定价、差异定价和新产品定价。

（四）促销策略

有了优质的产品、合适的销售渠道和合理的产品价格，还需要强有力的促销方法。只有紧密结合以上四个要素，才能真正全面地实现保险营销的目标。所谓促销，是指保险人为促进保险产品销售而采取的措施和方法。实际上，这是针对保险客户群的特定业务推广活动。

第三节 保险营销实务

一、客户开拓

（一）客户开拓的概念及其遵循的“漏斗原理”

客户开拓即保险公司或销售人员寻找客户的过程，保险营销的本质是将合适的保险产品销售给有需要的客户，拥有大量的潜在客户是保险成交的前提和基础，这部分潜在客户也被称之为准客户，因此客户开拓，又被称为“准客户开拓”。

从客户开拓到保险成交的过程遵循“漏斗原理”，即潜在客户越多，最后能成交的客户也越多，甚至在保险实务中有“客户定江山”的说法，因此，寻找大量的客源至关重要。如图4–4所示，从客户开拓的角度来说，保险成交大致会经历“接触大量客源—寻找潜在客户—筛选意向客户—发展为准客户—成交”五个步骤，五个步骤环环相扣，缺一不可。从上至下转化的过程中，每步都存在一定比例客源的减少，从而形成客户的漏斗效应，如寿险营销中，人们常说的“10—3—1”法则就是对客户开拓的漏斗效应较好地诠释，即营销员拜访10个客户，其中会有3个意向客户，最终会有1个成交客户，这是前人在经历大量实践后总结出来的普遍适用的规律，也证明了客户开拓在保险营销中的重要性。

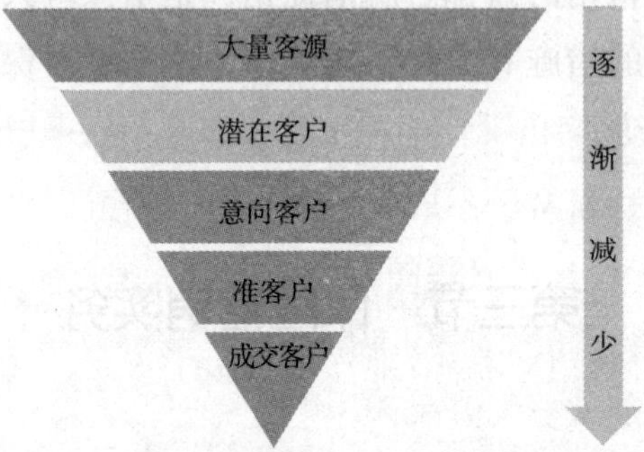

图4-4 从客户开拓到保险成交的“漏斗原理”过程

（二）客户的分类及开拓方法

1. 客户分类

根据客户的不同来源，保险营销中的客户可以分为以下三类。

（1）缘故客户。缘故客户是指营销员的熟人、亲戚、朋友等身边容易接触的客户群体。他们与营销员在保险销售之前就已经建立了良好的关系，相比其他类型的客户，缘故客户的优势在于易接近、易沟通、易信任、易成功，因此缘故客户也是保险营销中新人寻找客户首要瞄准的对象。

（2）陌生客户。即通过陌生拜访接触到的客户群体，营销员销售不能仅仅依靠缘故客户的开发，为了扩展新客户，还需要勇敢向陌生人推销保险。陌生客户与营销员在保险销售之前并没有任何交集，营销员可以直接挨家挨户地拜访，也可以凭借个人敏锐的观察力，通过各种方式收集客户线索，并取得联系。相比其他类型的客户，这类客户具有很大的随机性，同时客户量也是巨大的。陌生客户的开拓需要营销员具备较高的专业素质及良好的形象，只有这样才能尽快获得客户的信任，并最终成交。

（3）转介绍客户。是指经现有客户或准客户介绍而构成客户关系的群体。转介绍客户是营销员获取新客户的重要手段之一，通过对已有客户的热情服务，获得信任和好评，并请求客户转介绍自己身边的亲朋好友，往往能够事半功倍。通过转介绍，既可以避免陌生拜访带来的心理压力和受挫体验，又能迅速积累客户，转介绍的客户再介绍新客户，周而复始，准客户源源不断，便可以无限发展下去。转介绍成功的关键主要有两点：第一是服务好现有客户，第二是主动要求客户进行转介绍。

2.客户开拓的一般方法

在保险营销实务中，不论开拓哪种类型的客户，基本可以遵循“收集名单—整理名单—维护及更新名单”的方法。

（1）收集名单。在现代社会科学技术不断进步以及人们生活方式日益丰富的背景下，收集名单的方式变得越来越多样化，尤其是对陌生客户名单的搜集，营销员可以通过多种方式获得不同类型的客户名单。比如，营销员可以在网络上报名参加自己感兴趣的活动，在活动的过程中就可以结识到与自己兴趣相投的陌生客户，这类客户由于有相同的兴趣爱好，所以更容易接触。客户即资源，在客户开拓之初，搜集大量的客户名单是营销员最终成交的基础。

（2）整理名单。将搜集到的名单，按照不同的类型进行归类。整理名单是营销员进行客户拜访的前提，只有明确各个客户的性质和类型才可以在拜访中有针对性地进行沟通。营销员可以根据已掌握的信息，为客户进行评分，业内也称“建档案卡”。

（3）维护及更新名单。营销员手中所掌握的名单并不是一成不变的，营销员要定期维护和更新名单，营销员只有利用工具和技巧不断开发并建立高质量的准客户群，才能将准客户转化为最终的客户，为自己带来源源不断的收入。如何高效地维护客户名单，有以下几个技巧可以借鉴。

技巧一，建立准客户资料卡，丰富客户资料数据库。营销员要养成给准客户"画像"的习惯，即为每个客户登记已掌握的资料，包括客户年龄、收入、职业、教育背景、兴趣爱好等，从而熟悉客户，在进行保险营销时把握准确的"攻破点"，这是营销员指定拜访计划的重要依据。资料卡的建立形式多种多样，根据营销员的习惯可以采用手写卡片式，也可以使用电子工具登记。

技巧二，做好客户分类。客户分类的目的是识别出成交率较高的客户，营销员可以优先拜访，适当花费更多的时间和成本。常见的客户分类主要有两种：一是根据前述的"漏斗原理"区分出客户的类型，属于潜在客户、意向客户、准客户还是成交客户。二是根据客户的价值进行区分，如交易额度小、购买次数少的普通客户，按照价值贡献以此类推，设置白银客户、黄金客户、铂金客户等，针对不同类型的客户采用不同的维护方法。

技巧三，掌握"二八定律"，这是客户维护中一个非常重要的技巧，时间分配可以参照"二八定律"，即用20%的时间维护老客户，80%的时间寻找和维护新客户；抓住20%最有价值的客户，能为自己带来80%的收入；花20%的时间用来跟进潜在客户，80%的时间用来跟进意向客户。合理的时间分配可以让营销员在客户开拓时游刃有余。

技巧四，定时总结分析。定时总结分析是营销员在展业时需要养成的良好习惯，比如总结客户为什么会流失？最近接触的客户中有没有共同点？客户维护和拜访中有没有忽略和需要改进的地方？尤其对拜访和促成失败的客户，更要分析其中的原因，客户维护过程中需定时总结，避免出现重复错误。

技巧五，做好售后服务。良好的售后服务，不仅能让客户觉得营销员的服务“超值”，还能维护营销员与客户之间的关系，可能从保险服务人员上升为朋友，更有利于培养客户认同感及忠诚度。营销员在维护已成交客户时，应随时了解客户对产品及服务的评价，寻找有无新的需求，以便发现新机会促成二次成交或转介绍。

二、专业化销售流程

保险营销的专业化销售流程包括：寻找准客户—约访接触—销售面谈—成交面谈—售后服务及转介绍，环环相扣，从任何一个步骤开始都可以依次完成整个销售的循环过程，如图4-5所示。

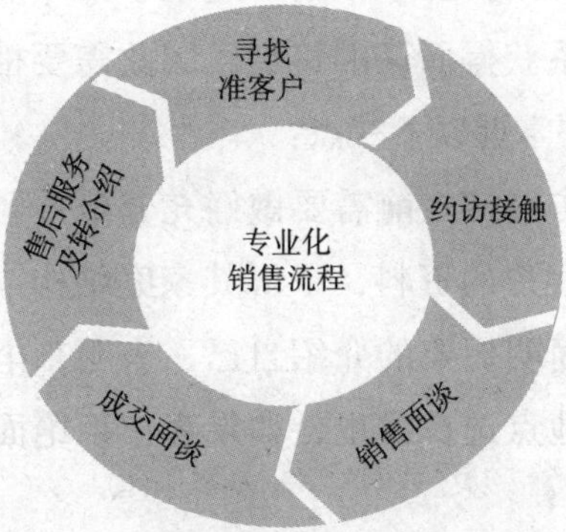

图4-5 保险专业化销售流程示意图

1.寻找准客户

即寻找符合条件的销售对象，即合格的准客户。合格的准客户应该同时具备以下三个基本条件：

（1）有保险需求。一般来说，大部分人都有潜在的保险需求，只是自己并未意识到，营销员可以根据客户的实际情况挖掘保险需求，只有客户有了风险意识和投保欲望，才能最终转化为投保动作，为保险营销带来机会。

（2）有投保资格。是指准客户的财产或人身必须符合保险公司的投保条件，保险标的不同，所要求的投保条件也不相同。如在投保人身险时，不仅要求投保人对被保险人具有保险利益，而且要求被保险人身体健康；在投保财产险时，则要求投保人对保险标的具有经济利益，一个合格的准客户应该具备投保资格。

（3）具备交费能力。只有准客户真正具备缴费能力，才可以将保险需求转化为最终的顺利承保。合格的准客户应该是经济能力较好，有稳定收入的单位或个人。

2.约访接触

约访接触是营销员在整个销售过程中第一次与准客户取得联系，通过本次联系获得面谈的机会，因此需要格外重视。关于约访接触，一般需要掌握以下三点：

首先，在约访接触之前需要做好充分地接触前准备。包括尽可能多地收集准客户的资料，了解其家庭结构、兴趣爱好等；初次联系时，如何简明扼要的介绍自己、表明来电用意；如果客户同意面谈，面谈地点选在哪里，如果客户拒绝面谈，应如何进一步说服客户等。

其次，明确本次接触的目的。一般来说，初次约访接触的主要目的是进一步收集客户资料，通过简单的介绍，引起客户进一步了解的兴趣。除此之外，最好能在第一次约访接触时就激发客户的保险需求，一般而言，根据准客户所处的层级及在家庭中扮演的角色，保险需求可以分为以下几种，如图4–6所示。

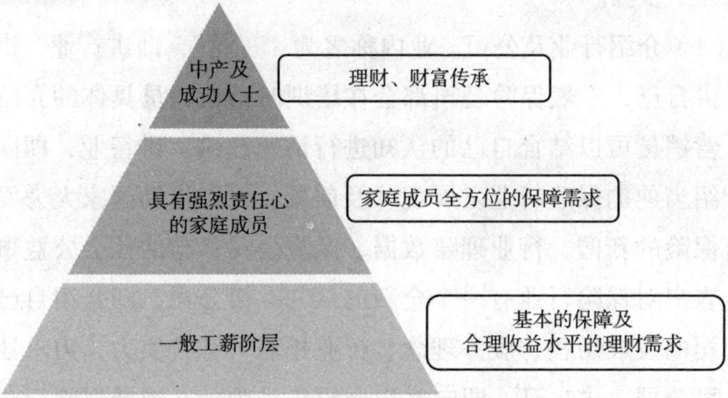

图4–6　不同人群的保险需求

最后，把握接触的原则。首次约访接触，需要掌握一定的技巧及原则，才能为之后的面谈及成交奠定良好的基础，切不可表现出明显的推销用意，以免给客户留下不好的印象。接触约访时把握的原则主要有：第一，以客户的想法引导客户做决定，而非强加给客户营销员自己的主观判断；第二，用提问的方式引导客户，而非简单且强硬的说服方式，让客户被迫接受营销员的想法；第三，大部分客户都不喜欢被推销，因此，营销员要尽量以关心的口吻、真诚服务的态度及满足需求的方式切入话题，这样客户更容易接受。

总之，在首次约访接触时，营销员要做好充分的物质准备、心理准备，并辅以恰当的方式，才能事半功倍。

3.销售面谈

销售面谈是指通过面对面的交流，确定客户的保险需求及额度，并确定下一步成交面谈的时间及地点。销售面谈的重点是挖掘客户的具体需求，找到购买点，具体来说，销售面谈一般分为以下几个步骤。

（1）介绍行业及公司。业内称之为“三讲”，即讲行业、讲公司、讲自己，一般保险公司都会在培训时给营销员具体的介绍模板，营销员可以结合自己的认知进行话术改编。讲行业，即向客户介绍当前的保险行业发展现状及前景，可以借助国家大力发展商业保险的新闻、行业理赔数据、保险公司参与的社会公益事件等让客户对保险行业有一个全新的认知。讲公司，即介绍自己所在公司的发展历程、服务理念、行业排名等综合实力，力求让客户认可公司。讲自己，即向客户介绍自己为什么选择保险行业以及自身获得的成就，如获得的重要奖项和荣誉等，目的是让客户对营销员从陌生到了解，再到熟悉，最后产生足够的信任感。

（2）收集客户详细资料。包括家庭成员及背景、年收入及分配情况、个人及家庭成员的保险配置情况，搜集这些资料是为客户定制保险计划的基础。首先，只有了解准客户的家庭成员及背景，才能为其家庭成员设计全方位的保障方案；其次，只有了解客户的年收入及分配情况，才可以计算出购买保险的合理支出，以防设计的保险方案严重超支，给客户造成压力；最后，了解客户已经配置的保险，可以准确分析其家庭保障的缺口。

（3）激发客户需求，即寻找购买点。以寿险营销为例，可以激发的需求包括家庭保障、教育基金、养老基金、应急现金以及理财计划。寻找购买点需要基于前一步所收集的客户资料，才能做出准确的判断，例如，如果客户的子女已经工作，那教育金保险就不再适合该客户了。

（4）重申客户需求及预算，加深客户印象及理解。分析了客户的需求之后，需要匹配客户的保险支出预算为客户再进行详细介绍，一方面是阐述营销员设计的逻辑；另一方面，也加深了客户对保险方案的理解，有利于进一步的成交。

（5）约定下次会面时间。有时对于比较复杂的保险需求，营销员制定保险方案需要一定的时间，这时，营销员就需要与客户约定下次见面的时间，即给客户讲解定制的保险计划的时间。有时营销员尽管当场为客户设计了保险方案，但客户需要考虑一段时间，因此营销员需要给客户足够的时间。约好下次会面的时间，切忌不可急于成交，而催促客户做出决定而最终适得其反。

4. 成交面谈

成交面谈是指向客户解释营销员为其量身定制的保险方案，解答客户的疑问，最终成交。行业内有“70%接触+30%说明=100%促成”的说法，其中30%说明就是指成交面谈，可见成交面谈在保险营销中的重要地位。成交面谈的重点是解答客户对保险方案的疑问，打消客户的顾虑，并做最后的促成动作。最终的促成也需要营销员具备一定的技巧：首先，要以情绪主导，要在情绪上让客户感知到对保险的需求。其次，如果客户表现出浓厚的兴趣，营销员要把握机会乘胜追击，全力促成，即客户如果情绪上对保险有迫切的需求，一般不会拒绝营销员，大概率可以在谈笑之间轻松促成。再次，适时采用“以退为进”策略，营销员可以使用“试探性”促成，即询问意见式的引导，同时可采用“犹豫期”促成法，以缓解客户的心理压力。最后，采用“速战速决”战略进行促成，对于忙碌的客户，促成一定要简明扼要，理念第一，品牌至上，具备强烈的时间观念，以免引起客户的反感。

5.售后服务及转介绍

保险售后服务从准客户投保完成就开始了，此时，营销员可以请求客户为其介绍身边的亲戚朋友等准客户，由此开始另一个销售循环。良好的售后服务会让客户的满意度大大提升，从而带来源源不断的客源，保险营销进入良性循环。

三、客户服务

保险营销是一种关系营销，具有很强的服务性，这种服务性不仅体现在保单售后服务，而是贯穿于整个保险营销过程，即从第一次接触客户开始就应该体现服务意识，并持续维护客户关系。

（一）定期服务，保持与客户的密切联系

定期服务是指在一些特殊节日，为客户送上祝福或问候的方式。如客户生日、春节、元旦等，这些节日是提供定期服务的好时机，营销员不需送贵重的礼物，只须发送一句真诚的问候，就能让客户倍感温馨。随着互联网技术的运用，实务中，对于已经购买过保单的客户，很多保险公司都会在系统中记录，公司系统会提前给营销员发送客户生日提醒，便于营销员及时为客户送去祝福，也减轻了营销员的工作压力。定期问候可以帮助营销员维护与客户的长久关系，良好的客户关系也是日后成交的前提和基础，需要营销员长期的积累。

（二）不定期服务，全方位多角度为客户着想

1.保单整理

即对个人或整个家庭成员的所有保单进行整理和检查，统计好每位家庭成员拥有的所有保障，整理好保单主要信息并汇总，找到保障缺口，不定期对保障缺口进行补充。由于保险产品的复杂性和专业性，很多人并不清楚自己购买的保险产品的责任，以至于仍然存在风险缺口或出险后不知该如何申请理赔，这部分客户急需专业人员定期为其进行梳理，此时保单整理就显得尤为重要，保单整理不仅能体现营销员的专业性、服务性，还能挖掘客户潜在的保险需求，进而促成下一步成交。

具体来说，保单整理解决的痛点可以概括为以下六点。

痛点一：纸质保单，杂乱无序。

通常客户购买的保险都是纸质保单，很容易损坏，保存困难，有找不到或遗失的风险。实务中，营销员可以借助专业的保单整理App帮助客户梳理，将纸质保单及时上传至App，方便快捷，可随时查看。

痛点二：家庭保障，责任不清。

整个家庭有多张保单，每个人的保单数量不同、种类不同、保障期限也不同，客户很难分清每个人的具体保障，借助保单整理，营销员可以为客户清晰列明每张保单的保险责任，并按照保障类型进行归纳总结，方便客户理解和记忆。

痛点三：保单失效，无人提醒。

营销员存在较大的流动性，一旦原本的服务人员离职后，很容易造成保单到期无人提醒交费，忘记交费或者记错交费金额、

银行卡等信息导致交费失败，最终造成保单失效。后期一旦发生风险，会出现无法理赔的悲剧，借助保单整理App等线上工具，可轻松实现到期提醒等功能。

痛点四：多家保单，平台分散。

保单从多家公司购买，每家公司的联系方式不同，理赔要求提供的资料和流程也各不相同，容易导致后期服务体验不佳。借助保单整理，营销员可以协助联系不同的公司，办理相关业务。

痛点五：发生风险，难以识别。

生活中经常会出现购买的产品种类多，产品的保障责任区分不清，发生风险后不知道哪张保单能够理赔等情况，通过保单整理可以将保险责任归类，将保险条款中晦涩的语言翻译成大众容易理解的场景，客户一目了然。

痛点六：重大事故，无人报案。

有时购买了保险但家人并不知晓，发生事故或火灾、地震、海啸、泥石流、洪水等自然灾害时，无人报案。借助保单整理，可以让家庭成员了解身边亲人所拥有的保障，一旦风险来临，快速报案，避免延误时机。

2.教育训练

这是提升客户保险知识的重要途径，客户在了解和购买保险时，往往也希望获得一些专业的辅导，不仅从营销员一个人身上了解产品和服务，更希望全方位地了解保险，因此适时的教育训练，不仅可以提升客户对保险的认知，还有助于客户深入了解行业、公司、服务及产品。

3.递送保单

客户签单之后，一般需要几个工作日，保险公司会将其专属的保单制作完成。此时，营销员需要将保单亲自送给客户，称为递送保单。保单是保险责任的载体，营销员递送保单的服务很重要，这也是营销员与客户保持密切联系的重要手段之一。

4.保全服务

及时的保全操作可以保持客户基本信息得到及时更新，便于保险公司及时联系到客户。常见的保全项目包括：客户基本资料变更、客户权益变更、保单借款或还款、核保及补退费等。随着互联网技术的广泛运用，大部分保全项目都已经实现在线自助办理，客户无须亲临保险公司，在手机上便可操作，简单便捷，在这种背景下，保全服务更多体现在保险营销员提醒并耐心指导客户如何进行线上操作，让客户感受到科技带来的全新体验。

5.协助理赔

协助理赔服务顾名思义就是帮助客户确认保险责任、准备理赔材料、办理理赔手续等服务项目。对大多数客户而言，理赔手续烦琐且复杂，稍不注意就会出现由于资料不全或流程错误而延长理赔时间，甚至影响理赔金额，因此营销员不仅需要具备专业的销售技能，还需要了解理赔流程，以便为客户提供更好的服务。

6.处理客户抱怨及投诉

保险公司各级机构都应该高度重视客户的抱怨及投诉，通过处理投诉，保险公司可以及时发现合同条款及配套服务上的漏洞和不足，提出相应的改进方案和具体措施并贯彻执行。具体来说，处理好客户抱怨及投诉主要需做好以下几方面：第一，建立简便的客户投诉处理程序，并确保客户了解投诉渠道及程序；第二，加强对营销员的培训，提高营销员化解客户不满的技巧方法，尽量避免投诉严重化；第三，了解投诉客户的真实需求，公司上下各级均应高度重视客户投诉，可以及时解决的要及时解决，无法及时解决的应该告知客户答复期限，并及时追踪处理进度；第四，在赔款及其他问题上，如果客户与公司存在分歧，应本着平等、协商的原则，尽量争取不走或少走法律程序；第五，在诉讼仲裁中，应遵循当事人地位平等原则，尊重客户，礼待客户。

参考文献

［1］约姆－托夫. 医疗大数据：大数据如何改变医疗［M］. 潘苏悦，译. 北京：机械工业出版社，2016.

［2］弗里曼，昆路德. 保险与环境风险管理［M］. 王玉玲，秦余国，王志新，译. 北京：中国金融出版社，2016.

［3］保险区块链研究项目组. 保险区块链研究［M］. 北京：中国金融出版社，2017.

［4］克里斯，格里菲思. 算法之美［M］. 万慧，胡小锐，译. 北京：中信出版集团，2018.

［5］布瑞恩·索利斯. 体验：未来业务新场景［M］. 谢绍东，刘声峰，李黎，译. 北京：机械工业出版社，2016

［6］陈恳. 迷失的盛宴［M］. 浙江大学出版社，2009.

［7］方有恒，郭颂平. 保险营销学［M］. 复旦大学出版社，2013.

［8］格尔德·吉仁泽. 风险与好的决策［M］. 王晋，译. 中信出版集团，2015.

［9］格雷格·伊普. 源风险［M］. 谭浩，译. 广东人民出版社，2018.

［10］龚乐凡. 私人财富管理与传承［M］. 中信出版社，2016.

［11］郭颂平，赵春梅. 保险营销学［M］. 高等教育出版社，2013.

［12］韩宇. 私人财富保障与传承实务全书［M］. 中国法制出版社，2020.

［13］江生忠，薄滂沱. 保险助推脱贫攻坚理论与实践［M］. 南开大学出版社，2019.

［14］金李，袁慰. 中国式财富管理［M］. 中信出版集团，2017.

［15］荆涛. 长期护理保险理论与实践研究［M］. 对外经贸大学出版社，2015.

［16］克劳斯·施瓦布. 第四次工业革命：转型的力量［M］. 李菁，译. 中信出版集团，2016.

［17］雷·库兹韦尔. 机器之心［M］. 胡晓姣，译. 中信出版集团，2016.

［18］李开复，王咏刚. 人工智能［M］. 文化发展出版社，2017.

［19］李亮，高慧. 私人财富传承与管理［M］. 上海财经大学出版社，2020.

［20］李亮，田晓燕，孙平. 保险学［M］. 清华大学出版社，2017.

［21］李小菲. 私人财富保护与传承的法律智慧［M］. 中国法制出版社，2019.

［22］连锦泉. 保险机制服务国家治理现代化：建设保险型社会助推全面深化改革［M］. 商务印书馆，2018.

［23］梁涛. 相互保险组织运作及风险管理研究［M］. 中国金

融出版社，2017.

［24］廖敏，方有恒. 保险营销学［M］. 复旦大学出版社，2019.

［25］林丹. 乌尔里希·贝克风险社会理论及其对中国的影响［M］. 人民出版社，2013.

［26］刘金章，王晓珊. 保险营销理论与实务［M］. 清华大学出版社，2012.

［27］陆剑清，邹咏辰. 保险心理学［M］. 清华大学出版社，2016.

［28］吕克·费希. 超人类革命［M］. 周行，译. 湖南科学技术出版社，2017.

［29］马宜斐，段文军. 保险原理与实务［M］. 中国人民大学出版社，2019.

［30］迈克尔·李. 破译人类的明天［M］. 关成华，译. 江苏凤凰文艺出版社，2018.

［31］彭剑锋，陈春花等. 认知革命：数字生存时代的管理［M］. 复旦大学出版社，2018.

［32］清华大学五道口金融学院中国保险与养老金研究中心. 金融科技发展视角：构建保险科技创新新生态2020［M］. 中国财政经济出版社，2020.

［33］史蒂夫·萨马蒂诺. 碎片化时代：重新定义互联网+商业新常态［M］. 陶丽萍，译. 中国人民大学出版社，2015.

［34］苏珊娜·奇斯蒂，萨宾·L.B. 范德林登. InsurTech：保险科技权威指南［M］. 卢斌，王鹏，张小敏，译. 中国人民大学出版社，2020.

[35] 谭磊，陈刚. 区块链2.0 [M]. 电子工业出版社，2016.

[36] 王和. 保险的逻辑 [M]. 中国金融出版社，2014.

[37] 王和. 保险的未来 [M]. 中信出版社，2019.

[38] 王和. 大数据时代保险变革研究 [M]. 中国金融出版社，2014.

[39] 王洪栋，张光楹，廉赵峰. 财富管理与资产配置 [M]. 经济管理出版社，2013.

[40] 王顺庆，张莺. 绿色保险 [M]. 中国环境出版社，2016.

[41] 魏华林，林宝清. 保险学（第三版）[M]. 高等教育出版社，2011.

[42] 乌尔里希·贝克. 风险社会：新的现代性之路 [M]. 张文杰，何博闻，译. 译林出版社，2018.

[43] 吴军. 智能时代：大数据与智能革命重新定义未来 [M]. 中信出版集团，2016.

[44] 奚玉莉，杨芮，李耀东等. 互联网保险新模式 [M]. 中信出版集团，2016.

[45] 许闲. 保险科技创新运用与商业模式 [M]. 中国金融出版社，2018.

[46] 姚庆海. 从行业意愿到国家意志：中国保险业“十三五”发展前瞻 [M]. 人民出版社，2016.

[47] 易行健. 财富管理：理论与实践 [M]. 机械工业出版社，2016.

[48] 云大慧. 财富管理：家族财富管理与传承法律实务 [M]. 法律出版社，2019.

[49] 赵尚梅，张军欢. 健康保险与大数据应用 [M]. 中国财

政经济出版社，2018.

[50] 郑秉文. 中国养老金精算报告（2019—2050）[R]. 中国劳动社会保障出版社，2019.

[51] 中国保险行业协会. 中国互联网保险行业发展报告 [R]. 中国财政经济出版社，2017.

[52] 中再集团，众安科技公司，汉诺威再保险公司，德国通用再保险公司. 再保险区块链（RIC）白皮书 [R]. 2018.

[53] 众安金融科技研究院. 新保险时代：金融科技重新定义保险新未来 [M]. 机械工业出版社，2018.

[54] 周小全，苑德军. 财富管理理论与实务 [M]. 中国金融出版社，2020.

[55] 朱进元，刘勇，魏丽. 保险科技 [M]. 中信出版集团，2018.

[56] 朱铭来，李新平. 护理保险在中国的探索 [M]. 中国财政经济出版社，2018.

[57] 朱淑珍. 金融风险管理 [M]. 北京大学出版社，2017.

财富大棋局

保驾护航 乘高居险

李丽英 著

中国财经出版传媒集团
中国财政经济出版社

图书在版编目（CIP）数据

保驾护航．乘高居险　财富大棋局 / 李丽英著．—
北京　：中国财政经济出版社，2022.6
ISBN 978-7-5223-1280-4

Ⅰ．①保…　Ⅱ．①李…　Ⅲ．①保险业—产业发展—研究—中国　Ⅳ．① F842

中国版本图书馆 CIP 数据核字（2022）第 048542 号

责任编辑：陈志伟　　　　责任校对：胡永立
封面设计：卜建辰　　　　责任印制：史大鹏

中国财政经济出版社 出版
URL：http：//www.cfeph.cn
E-mail：cfeph @cfemg.cn

社址：北京市海淀区阜成路甲 28 号　邮政编码：100142
营销中心电话：010-88191522
天猫网店：中国财政经济出版社旗舰店
网址：https：//zgczjjcbs.tmall.com
北京时捷印刷有限公司印刷　各地新华书店经销
成品尺寸：147mm × 210mm　32 开　3.875 印张　83 300 字
2022 年 6 月第 1 版　2022 年 6 月北京第 1 次印刷
定价：100.00 元（全套5册）
ISBN 978-7-5223-1280-4
（图书出现印装问题，本社负责调换，电话：010-88190548）
本社质量投诉电话：010-88190744
打击盗版举报热线：010-88191661　QQ：2242791300

PREFACE
序言

“一人为众，众为一人”，保险是人类经济领域最伟大的发明之一。作为社会的稳定器，保险能解困济穷，尤其对普通家庭来说，让每个生命在疾病面前不再低头，不委屈自己，不拖累家人，有了对生命选择的权利和尊严。

保险业是社会风险管理体系的重要支柱。新冠肺炎疫情是百年来全球发生的最严重的传染病大流行，保险业在应对这场席卷全球的巨大灾难中防灾防损、救死扶伤，为快速解决突发公共卫生事件发挥了重要作用。保险业也是现代金融体系的重要支柱。特别是在经历过20世纪90年代日本经济大萧条、1997年亚洲金融危机，以及2008年全球金融危机等经济动荡以后，人们对于保险的认识由最初的人身和财产安全的基本保障，进展到对家庭资产配置和家族财富传承的深入思考。于是，广大消费者逐渐开始转变风险管理观念，希望通过运用保险的金融工具职能，实现家庭资产保值与增值、家族财富管理与传承的全流程解决方案。

面对日益纷繁复杂的经济社会新形势，全球保险业借助大数据、人工智能、区块链等新兴科学技术的加持和赋能得以持续发

展进步，金融市场理财手段也不断丰富升级。在新态势下，如何深刻地认识保险在风险管理中的重要地位，怎样有效融合保险手段与科技赋能，积极应对瞬息万变的全球经济波动的新特征和社会环境变化的新风险，已经成为每个企业和家庭进行全面风险管理、实现财富保值增值，所需考虑的头等大事和必备技能。

纵观我国现代保险业的发展历程，自1949年10月中国人民保险公司成立以来，历经停办、恢复、对外开放、高速增长等多个历史发展阶段，虽道路坎坷，但成果卓著。2020年底保险业年保费收入4.5万亿元，保险公司总资产23.3万亿元，235家保险机构（含160家中资保险公司、61家中外合资保险公司、14家保险集团公司）百花齐放、百舸争流。我国保险业综合实力不断增强，服务能力持续提升，发展环境逐渐步优化，成为保障国民经济发展与服务社会管理的重要支撑。广大消费者也从不了解、不认可保险，逐步实现到主动认知、主动购买保险的巨大转变。特别是随着保险科技的推广和消费者行为习惯的改变，新型互联网保险业务模式得到大力发展，市场规模不断扩充，大量新场景、新产品、新消费应用纷纷问世，我国保险业得到了社会舆论的极大宣传和社会资本的鼎力支持。

对于广大消费者，只有准确地了解保险背后的经济原理和商业逻辑，才能更好地制定切实符合实际需求的保险规划和保障方案。本书在广泛汲取保险学术界和业界现有研究成果的基础上，结合笔者多年的从业经验和深度思考，从近年来引爆社会舆论的一些保险热点话题出发，旨在通过通俗易懂的语言，阐述新视野下保险行业发展与财富管理的五大基本问题。为什么要买保险？什么是保险？保险实务中的业务流程是什么？为什么说保险是财富管理的“压舱石”？未来保险该何去何从？只有准确地解决这五大基本

问题带来的困惑，才能真正深刻理解保险贯穿从“摇篮”到“天堂”每一个人生阶段的实际意义，更好地体会保险渗透到家庭财富管理方方面面的现实影响，切实掌握运用保险这一资产配置管理工具应对不确定风险的重要作用，才能在面对未来经济和社会发展的新形势、新动态、新问题时，真正地做到未雨绸缪和有的放矢。

围绕经济社会新动态下的保险发展问题，本书用五册、共计十六章的内容进行深入思考和系统阐述。

第一册，“化险为夷　保险大变局”，全面介绍了保险在生产和生活中的应用。从传统文化观念中的“养儿防老”到未来市场发展“以险养老”思维模式的转变；从冲上热搜的“社保第六险”到趋利向好的银保监会合并；从《民法典》颁布到第七次人口普查公布；从新冠肺炎疫情下的保驾护航到后疫情时代十四五规划，都对保险业发展产生深远影响，保险早已渗透到人们生活中的点点滴滴，成为保障日常生活不可或缺的一部分。

第二册，“有惊无险　保障大全局”，基于经济理论详细阐述了“究竟什么是保险”的问题。从保险的基本要素入手，介绍了保险的产生与发展历程、保险的基本原则，以及保险合同的相关内容和投保注意事项。同时让所有的国人认知保险工具在人生每一个阶段扮演的角色以及实际的作用。

第三册，“山高水险　财产大布局”，系统展示了当前保险实务中的运营模式。考虑到根据业务类别的不同，保险实务中需要应用到保险精算、营销、财务管理、投资、法律、大数据、人工智能、医学等多学科领域交叉的专业知识，因此从财产保险、人身保险、保险经营流程和保险营销策略等方面展开介绍。

第四册，“乘高居险　财富大棋局”，在前三册保险基本理论

的应用场景基础上，运用保险工具进行财富管理与家族传承。随着经济社会的发展进步和国民财富的迅速增长，人们在解决温饱问题之后，开始赋予生命新的价值，本册运用保险的工具，从生命周期的经济管理视角出发，解决个人、家庭和家族在不同时期所面临的保值增值和财富传承问题。

第五册，“负嵎依险　科技大时局”，基于保险与科学技术的融合发展历程，分析保险科技的理论与实践，探索保险行业的未来发展方向。随着人工智能、区块链、物联网等核心科技逐步运用到保险行业，颠覆性地革新了传统保险的业务模式，使原本保险流程中的诸多“不可能”和“人工”功能逐步转变为“可能”和“智能”。在一些“头部”保险公司的引领下，广大中小型保险市场主体也逐步意识到科学技术促进保险业发展的巨大潜力，纷纷加码保险科技创新。

本书立足新形势，放眼新视野，擘画新蓝图。系统阐述了保险发展与财富管理的知识理论与实务体系，帮助读者由表及里、从知到行，综合运用保险职能手段，真正掌握行之有效的个人风险及家族财富管理解决方案。

作为一名保险人，深耕细作，砥砺前行。由衷期望借助大数据与人工智能技术等新型科技赋能，未来保险行业能够早日实现智能化的运营管理综合体系，覆盖产品定价、市场营销、投核保、客户服务等保险业务全流程，升级服务保险新生态，真正实现广大消费者和保险公司的“互利共赢”，铸就保险业发展新辉煌！

作　者

2022年1月

CONTENTS
目录

第一章

财富管理的理论与实务

市场经济的快速发展带来了社会财富和国民财富的迅速增长，人们开始赋予生命新的价值，对生活有了新的期许和憧憬。这种新生活的梦想对经济条件提出了更高的要求，财富管理应运而生。本章从个人和家庭全生命周期的经济管理出发，研究个人和家庭在不同时期所面临的财务挑战，通过科学的方法和手段，为人们实现更高的生活目标和人生追求提供管理策略和有效途径。

第一节 财富管理概念及背景

一、何为财富管理？

财富管理是指通过为客户提供现金及存款、股票、基金、保险等一系列金融服务，从而设计一套完备的财务管理方案，对客户的资产负债和现金流进行管理，满足客户不同时期的财务需求，协助客户降低财务风险、合理规划支出、实现财富保值增值和安全传承的目标。

财富管理涉及的“客户”是指居民个人和家庭而不是企业，所能提供的产品包含现金及存款、股票、债券、保险、理财产品、信托计划、各类资产管理计划、公募基金、私募基金等金融资产，所以，财富管理实际是为居民个人和家庭进行金融资产配置的一种管理行为。

二、财富管理的历史沿革

（一）全球财富管理发展历程

1.财富管理起源于欧洲

欧洲的财富管理非常重视资产安全，在中世纪末期，欧洲的银行专为贵族提供定制化的私密金融服务，形成了财富管理的雏形。世界大战期间，由于瑞士保持中立，其私人银行形成了独特的保密原则，大量的财富和金融专业人士逐渐流向瑞士，从而推动了财富管理的发展。“二战”后，随着综合性银行、投资银行等逐渐增多，形成了以私人银行、综合性银行、金融顾问等机构为主体的现代财富管理服务体系。

2.财富管理盛行于美国

20世纪30年代，美国经济危机爆发，引起了人们对财富管理的重视，保险公司开始为客户提供投资管理、收益分析等服务，理财业务成为财富管理的主要形式。“二战”后，美国一跃成为全球第一大经济体，社会、家庭、个人财富在一时期快速增长，加速了理财业务的发展。到1999年，美国《金融服务现代化法案》颁布，金融产品更加丰富，私人股权基金、风险资本、对冲基金等财富管理业务发展壮大，美国财富管理市场成为全球最大、最成熟、竞争最激烈的市场。

3.财富管理壮大于亚太

亚太地区财富管理业务出现较晚，但随着经济的发展和国民财富的增加，财富管理市场日渐壮大。1987年，花旗银行在东京设立分行，将理财服务传递到了日本，在之后理财业务逐渐兴起并得到广泛发展。根据波士顿咨询公司统计报告，2016年，亚太地区私人金融财富增长9.5%，而中国作为亚太地区的主要成员，增速更是高达13%。但是亚太地区居民个人或家庭在资产配置方面以储蓄为主，占比高达65%，债券和权益类资产占比仅35%，与全球平均水平60%相比，还有较大的提升空间。

（二）我国财富管理发展历程

我国的财富管理发展到今天，依次经历了产生、发展、崛起三个阶段。

1.我国财富管理的产生

改革开放后，国民经济发展步入正轨，坚持对外开放使得人们对财富的管理理念有了初步认知，当时国家发行的国库券受到大众青睐，人们不再单纯依赖银行存款进行家庭理财，我国的财富管理业务开始起步。

2.我国财富管理的发展

20世纪90年代后，上交所和深交所相继成立，证券市场正式拉开帷幕，随着上市公司数量的不断增加和证券市场监管的逐步完善，进入证券市场的人群和财富总量屡创新高，股票和基金开始成为我国财富管理的重要组成。这一时期，我国人民的财富管理需求空前高涨，奠定了财富管理业务的发展基础。

3. 我国财富管理的崛起

进入21世纪后，我国财富管理的内容很快丰富了起来，从最初的银行存款，到债券、股票、基金，再扩展到保险、信托、定增、股权投资等范畴，我国财富管理业务快速崛起。2010年诺亚财富在纽约证券交易所上市，迎来了我国财富管理行业的黄金期；2013年阿里巴巴推出余额宝理财业务，将我国带入“互联网金融元年”；不久，众筹平台开始起步，第一家专业网络保险公司（众安保险）获批，银行、券商等金融机构也以互联网为依托，对业务模式进行改造，加快建设线上创新型平台。至2018年底，我国有银行4588家、证券公司131家、保险集团12家、人身保险公司96家、财产险保险公司89家、公募基金公司131家，私募基金管理人超2.4万家，信托公司68家。从全球来看，我国的金融服务体系已比较庞大，服务机构数量占据全球第二的位置。另外，中国高净值客户已经超过200万人，也跃居全球第二，财富管理需求的目标不再只是套利增值，定制化和多元化的需求愈来愈迫切。

三、财富管理的全生命周期

就居民个人和家庭而言，财富管理的需求随着个人和家庭的成长而演变，在人生的不同阶段，财富所有者有不同的财富管理方式与目标，因此，要做好财富管理，必须掌握财富管理的生命周期。财富管理的生命周期分为三个阶段：创造与积累财富，保值与增值财富，享受与传承财富。

（一）创造与积累财富

在个人和家庭还处于贫穷时，人们需要通过辛苦打拼来不断积累财富。在这个时期，人们财富管理的目标是保证稳定的生活和财富的顺利积累，防止因为各种风险导致财富的骤减，比如家庭成员突发的重大疾病、意外伤害等。那么就需要采用必要的手段，对这些风险加以管控，达到积累财富的目的。

（二）保值与增值财富

在拥有一定财富积累的基础上，人们的财富管理目标发生了变化，因为财富本身也时刻处于风险之中，例如，持有的现金面临通货膨胀的风险，债权面临债务违约的风险等。另外，人们还迫切希望手中的财富能变为一种资源，通过一定方式的投资，再创造出新的财富。这个阶段人们财富管理的目标是在保护好手中财富的基础上，通过对财富科学合理的管理，达到保值增值财富的目的。

（三）享受与传承财富

除了考虑到财富的保值和增值外，还需要平衡现在支出和未来支出的关系，以及为剩余财富的继承做出安排，这就属于财富传承的范畴。一方面，将目前结余的财富合理规划在未来的支出上，这种财务规划我们称之为自我传承，也可以叫自我享受，例如对未来的子女教育、退休后的生活水平等做出的财务安排，这需要充分考量未来财富消耗的时间和财富量。另一方面是代际传承，更多的是要考虑百年后财富要传承给谁？以什么样的方式去传承不会引发纠纷？传承的过程中可能面临的税务、法律、债务和婚姻等问题，所以，代际传承中主要需要解决道德风险、税务风险和法律问题等。

这三个阶段并非先后依次经历的，每当个人或家庭达到一个新的财富平台时，这三个阶段就会往复一次，如图1–1所示。许多人往往认为财富管理就是通过投资多赚钱，其实这只是财富管理目标中的财富增值，而财富管理贯穿于财富创造、保值增值和传承全流程中，是通过构建一种系统性的财务规划，形成一个财富创造、保值增值、传承的良性循环。

图1–1　财富管理的生命周期

四、财富管理与资产管理的异同

一谈到财富管理人们马上联想到资产管理，所谓资产管理，指的是资产管理机构依照与客户签订的资产管理合同，对客户提供金融产品的投资管理服务，目标是客户金融资产的保值与增值。其实，财富管理与资产管理既有着密切的联系，同时也有区别。

（一）两者的联系

第一，资产管理是财富管理保值与增值阶段的必要内容。财富管理过程中如果要实现客户金融资产的保值与增值，必须对客户现有资金进行划分和配置，并根据客户的预期收益目标将资金在股票、基金、保险、理财产品等领域做投资。

第二，资产管理实则是财富管理的基础形态。在社会经济发展的同时，金融业也同步发展，人们收入水平超越消费水平后，财富有所结余，资产管理能够对实现结余财富的保值增值。但伴随人们财富量的增加，特别是高净值人群的迅速崛起，财富管理的目标由起初的保值与增值转变为更高层次的、成熟的财富管理需求。

（二）两者的区别

第一，财富管理的服务内容比资产管理更为宽泛。资产管理所涉及的内容一般只包含金融的投资服务，着眼于资金收益的投资管理。而财富管理则从财富积累期的资金损失风险规避开始，至财富增值期的资金合理配置，一直延伸到财富传承期子女教育、养老保障、税收筹划、遗产继承等整个人生旅程的规划。

第二，两者服务管理的侧重点不同。财富管理是以客户需求为中心，采用多元和定制的资产配置为客户提供综合性服务，关注客户经济情况和个性需求，重点在资产的合理化配置。而资产管理以产品为中心，主要是向大众销售标准化产品，着眼于扩大产品销售和提升市场份额，更注重投资时机选择、投资风控以及投资市场研判等专业技能，为了获取到高的投资收益。

综上所述，应该说资产管理是财富管理保值增值阶段中的必要组成部分，在财富管理过程中需要借助资产管理的专业优势，为客户获取到更高的资产增值收益，助力客户财富管理阶段性目标的实现。财富管理方式随着社会经济的发展，在不断完善和提升，进而将迈向更为高端和成熟的业态体系。

第二节 财富管理核心理论

欧洲文艺复兴时期的大文学家莎士比亚，曾在他的戏剧作品《威尼斯商人》中传达了“分散投资”的思想。在开场的时候，安东尼奥告诉他的老友：“不，相信我。感谢我的命运，我的买卖的成败并不完全寄托在一艘船上，更不是倚赖着一处地方。我的全部财产，也不会因为这一年的盈亏而受到影响，所以我的货物并不能使我忧愁。”到20世纪中叶，马科维茨（Harry M. Markowitz）在《金融杂志》上发表学术论文《资产组合选择——投资的有效分散化》，开创了财富管理理论的先河。

时至今日，关于财富管理的方法论和方法论的引申理论已经非常多，在这里我们介绍三种重要的财富管理方法论，是我们在财富管理过程中所需具备的核心思维方式，针对每种方法理论都做了财富管理应用建议，有助于更好地掌握财富管理理论并付诸实践。

一、资产组合理论

（一）资产组合理论由来

1952年，马科维茨发表了学术论文《资产组合选择——投资的有效分散化》，主要论述了分散投资的重要性，概括来讲探讨的问题是在当承受的风险一样大时，怎样的投资组合可以实现收益最大，或者寻求在收益一定的情况下，承受风险最小的投资组合。

其实质是针对人们预期设定的收益目标，将资金分散投资在各类低关联性的资产上，降低和分散非系统性风险。

（二）资产组合理论内容

1. 收益的衡量标准

马科维茨用资产组合的收益率均值来衡量该组合的收益。单一资产来讲，该资产的收益率即可衡量该资产的收益，而在资产组合中，各个资产收益率的算术加权平均可以用来衡量该资产组合的收益。

2. 风险的衡量标准

马科维茨用资产组合的方差来衡量风险大小，方差实质是用来度量各类资产收益率和平均收益率之间的离散程度，方差越大代表资产组合的稳定性越差，风险也就越高；相反方差越小代表资产组合的稳定性越高，风险自然越低。方差即各个资产收益率与资产组合平均收益率之差平方的算术加权平均数。

3. 收益与风险的抉择

资产组合理论就是研究各种资产组合在预期收益一定时，比较哪种资产组合的方差值最低，也就是资产组合面临风险最小。这是假定投资者为风险厌恶者，如果投资者为风险偏好型，则情况会大有不同，我们来举例说明：

如果给一个投资者两个选择，选择一是投资一定的资金就可以100%的概率得到100万元；选择二是投资者投入同样多的资金50%的概率得不到任何奖励，50%的概率得到200万元。同样100万元的预期收益，选择二要比选择一的风险更大，那么投资者会如何做选择？

如果投资者选择一，那么该投资者就属于风险厌恶型，当预期收益相同时，更偏好持有低风险的资产；如果投资者选择二，那么该投资者属于风险偏好型，当预期收益率相同时，偏好持有高风险的资产。对风险偏好型投资者来讲，如果有可能获得高收益，他就愿意去追求。对于风险厌恶型投资者来讲，他更愿意追求低风险的稳定收益结果，这种选择对他来讲获得的效用更大。

马科维茨资产组合理论中，假定投资者都为风险厌恶型，在预期收益相同的投资组合中，应该选择风险最小的投资组合，也就是低关联性的投资组合。分散投资是马科维茨资产组合理论的重要贡献之一。

（三）鸡蛋不要放在同一篮子里

马科维茨资产组合理论带来的分散投资思想，正如西班牙人塞万提斯在其传世巨作《堂吉诃德》里劝诫读者的那句话："鸡蛋不要全都放在同一篮子里。"

全球具有巨大影响力的信用评级机构标准普尔，通过对全球十万个资产稳健增长家庭的调研，分析和总结得到标准普尔家庭资产象限图，目前被认为是合理稳健的家庭资产配置典范，这也正体现了分散投资的理论思想。家庭资产象限图如图1–2所示。

家庭资产象限图将一个家庭的资产分成了四个部分，每个部分都有其明确的用途。

第一部分：要花的钱。这里是指一个家庭的日常开销，如吃、穿、住、行、用等。一般占到家庭资产的10%，可以放在活期账户中，主要用于家庭短期开销，可以随取随用，有着较强的流动性。在这里要注意的一点是，这部分钱不能占比过高，否则导致没有钱准备其他部分。

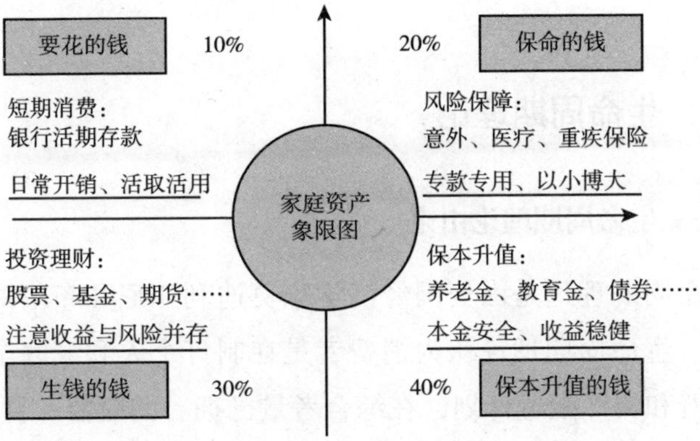

图1-2 家庭资产象限图

第二部分：保命的钱。一般占家庭资产的20%，主要购买意外伤害、住院医疗、重大疾病等保险产品，为的是通过保险杠杆的作用以小博大。无须占用太多资金，用时又有大笔的资金，专门用于解决因意外或疾病导致的大额开支，平时可能看不到具体作用，但是到了关键时刻却起到了保障整个家庭财富的作用，这部分的资金必须专款专用。

第三部分：生钱的钱。用于做投资理财，一般占家庭资产的30%，主要用于购买基金、股票、房产等较高收益的回报类资产，为家庭创造更多的收益。但不可以因为阶段性的高收益而将其他部分的钱挪用到此处来进行投资，这样会产生高风险，追求长期稳健的收益才是最终目标。

第四部分：保本升值的钱。用于应对未来较大支出的特殊事件，大概占家庭资产的40%，主要用来为家庭成员的养老或者为孩子教育、婚嫁、创业等做准备，建议购买人寿保险，资金安全可靠的同时又有部分收益。这部分的资金也必须是专款专用，长期固定投入。

二、生命周期理论

（一）生命周期理论由来

生命周期理论是由美国经济学家莫迪利亚尼和布伦博格共同创建的。生命周期理论认为消费者是在制订个人和家庭全生命周期的消费和资产配置计划，在综合考量已拥有的财富、目前收入、将来工作时间、可预期消费支出、可获得的理财收益，以及现在和将来面临的经济风险等情况下，合理安排自己的消费以及资产配置，维持稳定生活水平，实现整个人生旅程的最佳消费享受。

（二）生命周期理论内容

莫迪利亚尼的生命周期理论将人的一生分为三个阶段：少年、壮年和老年，在少年和老年阶段，人的支出是大于收入的；而在壮年阶段，收入要大于支出。绝大部分的人都希望在自己的一生中实现均衡消费，维持稳定的生活水平，那么就要用壮年阶段收入超过消费的部分，偿还少年阶段的债务或家庭财富支出，并且调剂部分财富到老年阶段的消费支出。

人自出生开始便有了消费支出，这个时期的吃、穿、住、行等生活支出，上学的教育支出，疾病或意外导致的医疗费用支出等都需要花费父母的积蓄或产生部分债务。随着年龄的增长，走向工作岗位后，收入的增长会超过支出的增长速度，便产生了一定的收支盈余，这时便需要科学合理地规划盈余财富的管理，在这个阶段需要进行养老、投资和保险规划，以防止未来收入下降导致生活难以为继的情况发生。当人们退休进入老年期后，收入降低的速度便会超过消费支出降低的速度，就要利用前期所积累的财富来应对支出，同时需要对资产的传承做出合理规划。图1–3展示了人生收支图。

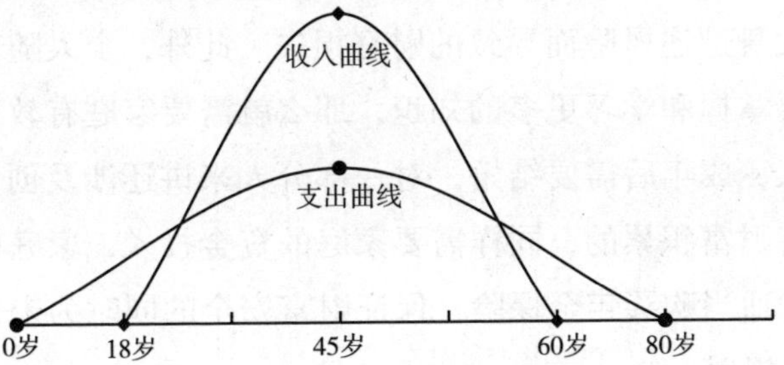

图1–3　人生收支图

（三）生命周期理论应用

生命周期理论将人的一生划分为上述三个阶段，主要的贡献在于引导我们从个人和家庭全生命旅程的维度出发，规划财富的消费支出和储蓄投资。在生命周期理论中，壮年阶段的收入用来均衡到少年阶段和老年阶段，这在理论上很容易能够理解，但是如果要具体到财富管理的执行策略中，则有些不易操作。众所周知，一个人在参加工作后，一般收入的增长是在提升的，但是刚走向工作岗位的人和有10年工作经验的人在财富积累上是完全不同的，同样，快要退休的人和退休后的人在收入上也是完全不同的。为将生命周期理论真正应用于我们的财富管理，我们需再次细分个人和家庭的生命阶段，为每个阶段设定具体目标，并且运用生命周期理论的基本思想实现财富管理目标。

少年期，个人的年龄来框定大致是0—22岁的阶段，这个时期人的身体和大脑发育还不成熟，且没有收入来源，主要依靠家庭或负债来维持消费支出，所以此阶段的个人不存在去做投资和理财的能力。但这个时期，个人人身却有着疾病和意外等风险，家庭适宜配置重大疾病保险、医疗保险、意外伤害保险等，来降低或避免人身遭遇风险而导致的财富损失。此外，个人随着年龄的增长需要掌握和学习更多的知识，那么就需要家庭有教育方面的资金投入，成年后需要结婚，对一部分人来讲还涉及创业，而个人是没有财富积累的，同样需要家庭的资金投入，家庭可以视经济情况，适当购买年金保险，保证财富安全的同时为未来提前做好了财务规划。

壮年期，这个阶段我们将它再次细分为：单身阶段、家庭形成阶段、家庭成长阶段、退休前。

在单身阶段，个人年龄大概处于23—28岁，这个时期人有了一定的知识储备和对社会的基础认知，开始步入社会，走向工作岗位，收入还较低，主要开销是生活用品购置和住房租赁费用，财富会有初步的积累，可以开始适当购买医疗保险、意外伤害保险等保险产品来充实自己的人身保障。此外，可以视情况购买一些理财和尝试投资。

到了家庭形成阶段，个人年龄大概处于29—32岁，婚姻刚建立，还没有孩子的负担，此时大部分积累和收入要用来购买家庭住房和偿还房贷，在理财和投资方面的投入可适当减少，但在人身保障方面，除了配备医疗保险、意外伤害保险外，还需要为自己和爱人配置适量的重疾保险来提升保障水平，防止因病致穷。

步入家庭成长阶段后，个人年龄大概处于33—50岁，在此期间，家庭收入达到人生的最高峰段，支出也较大，除去日常生活开销用度，需要投入适度的资金进入理财和投资实现财富快速增值。这个时期处于人生创造财富的关键时期，要保障家庭不能被人身风险所击垮，一是要为孩子配备好少年期的各种保险准备，二是要为自己和爱人准备更充足的重疾保障和养老保障，未雨绸缪，使财富能够安全、稳定、快速地积累。

进入退休前阶段，年龄已经达到50—60岁，子女都可以独立生活，收入稳定但在逐步减少，更多的是做恰当的项目投资和理财投资，同时更注重退休后养老生活筹划，需要通过人寿保险来做好养老规划以及债务隔离等重要事项。

到60岁退休后，只有生活消费支出，并且前期的项目和理财等投资也带来了财富的增值，财富积累达到最高峰，就需要做好财富传承的规划，要考虑到税收、债务、道德等多种因素的影响，把自己的一生所得传承给自己的心仪人选，这个时候，人寿保险就发挥了至关重要的作用，可以通过购买大额的人寿保险单来达成自己的目标。这里，我们用的表1-1归纳一下人生各阶段的财务目标。

表1-1　人生各阶段财务目标

阶段	境况	措施	目标
少年	需生活费，有人身风险，未来有教育、婚姻等支出	购买医疗、意外、重疾、年金等保险	防范人身风险 规划未来支出
单身	收入低，有所结余	适当金融投资 购买医疗、意外等保险	防范人身风险 财富保值增值
家庭形成	收入上升，需购买住房使资金负担加重	减少金融投资 购买重疾等保险产品	提升人身保障

续表

阶段	境况	措施	目标
家庭成长	收入达到峰值，支出较大，需要实现财富保值增值，防范好人身风险	金融投资 为孩子购买保障保险，为自己和爱人提升重疾保障，购买养老保险	实现财富快速增值 提升人身保障 规划养老保险
退休前	收入稳定，支出负担大幅减轻	适度金融投资 适度重要项目投资 购买充足养老保险	实现财富快速增值 做足养老筹划 债务隔离
退休后	财富积累达到峰值	购买大额人寿保险	财富传承

三、经济周期理论

（一）经济周期理论由来

经济周期理论是2004年由美国的美林证券公司提出的财富管理经典理论，它运用宏观经济周期分析，将资产与经济周期变化、行业轮动有机联系在一起，采用通货膨胀和经济增长两个指标的组合对经济发展态势进行周期划分。

（二）经济周期理论内容

所谓经济周期，是指经济运行中周期性出现的经济扩张与经济紧缩交替更迭、循环往复的一种现象，也体现为国民总产出、总收入和总就业的波动，以及国民收入或总体经济活动扩张与紧缩的交替变化。

在经济周期理论中，把宏观经济形势划分为四个阶段，即衰退、复苏、过热和滞胀。衰退阶段，经济下降连带通胀率下降，甚至出现通缩；复苏阶段，经济上升，通胀率下降或者维持在低位；过热阶段，经济上升且通胀率持续上升；滞胀阶段，经济下降但通胀率维持在高位。经济周期循环如图1–4所示。

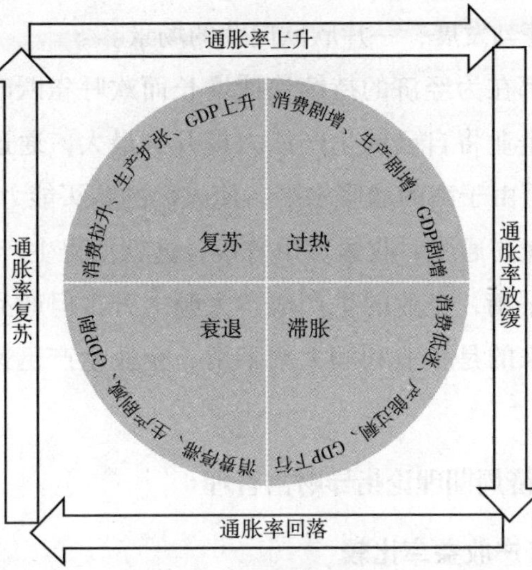

图1–4 经济周期循环图

当处于经济衰退阶段时，市场经济活力下降，失业率处于高位，政府为挽救经济，必然会推出宽松的货币政策，以此来刺激经济复苏。但是政策的作用具有明显的滞后性，此时消费者的消费欲望低迷，前期的过剩产能导致经济体中供求关系失衡，很多企业都面临库存积压和销售不畅甚至倒闭的窘境。

前期通胀率持续的下降，使得企业的生产成本和社会物价水平较低，人们消费能力逐步回升，伴随宽松政策的不断实施，过剩产能逐渐被消费掉，企业开始恢复盈利，这使企业有了发展的动力，消化库存同时扩大再生产，刺激社会生产逐渐回升，经济增长开始加速。

由于经济市场逐步活跃，经济周期开始向过热期转变，随着经济增长率的不断攀升，通货膨胀率开始快速上升，加之不能轻易改变的宽松货币政策，产能迅速提升，消费也异常火热，经济形势展现出蓬勃发展，一片欣欣向荣的场景。

当人们都在为经济的持续快速增长而欢呼雀跃时，往往就到了滞胀期，企业将自己的生产能力提升到最大，通过各种方式扩大再生产，但由于高的通胀水平，使人们的购买能力降低，同时，政府往往会在高通胀时收紧货币政策，这就使得生产无法被消费，供需严重不平衡，企业的生产成本大幅上升，但产品价格开始暴跌，随之而来的是企业利润大幅下滑，企业生产迅速紧缩，经济增长停滞。

（三）经济周期理论指导财富管理

1. 大类资产收益率比较

立足于经济周期理论，我们期望通过对理论的基本原理分析，为人们寻找出最佳的财富管理方案。

根据经济周期理论，当处于经济衰退阶段时，通胀率下行，有宽松的货币政策，股票表现低迷，此时债券投资收益更为亮眼。经济在下行到一定阶段，宽松货币政策的使得人们消费能力提升，同时企业生产成本降低，经济发展走向复苏，这个阶段投资股票能为人们带来更大的收益。当经济进入过热阶段，通胀的使得现金贬值，同时债券不再具备强大吸引力，股价已经偏高，而投资大宗商品是这个阶段投资者的最佳选择。到了滞胀阶段，紧缩的货币政策和高的通胀率，使得人们消费能力骤然下降，物价的下降，让大宗商品不再具备高收益价值，而同时股市呈下行趋势，在这个阶段持有现金最为明智。从以上分析可以得出在经济周期的每个阶段资产的收益排序如下：

衰退期：债券>现金>股票>大宗商品；

复苏期：股票>债券>现金>大宗商品；

过热期：大宗商品>股票>债券>现金；

滞胀期：现金>债券>大宗商品>股票。

上述理论分析是否符合实际经济发展的运行规律？在中国的经济市场上是否同适用？我们来观察一下2002—2016年，中国市场上这几种资产的实际收益情况，实际表现如表1-2所示。

表1-2　　2002—2016年中国大类资产收益率

阶段	债券	股票	大宗商品	现金
衰退	3.76%	–23.96%	–23.04%	2.36%
复苏	3.28%	68.07%	–0.83%	1.82%
过热	3.57%	8.14%	15.65%	1.95%
滞胀	3.59%	–3.14%	–10.70%	2.21%
平均值	3.58%	6.16%	–1.03%	2.08%

数据来源：东方财富Choice。

由实际历史数据来看，衰退阶段，债券和现金明显强于股票和大宗商品，符合理论分析；在复苏阶段，股票的表现显著好于债券、现金和大宗商品，也与理论相符合；在过热阶段，大宗商品的表现较为突出，股票表现也较优，其次债券也略强于现金，完全符合理论；在滞胀阶段，债券略强于现金表现，再有股票损失较大宗商品要低，整体表现基本符合理论。由此可见，中国经济发展实际经验数据是符合经济周期理论的。

但是综合来看，在整个经济运行周期中股票平均收益最大但稳定性不足，现金平均收益率一直处于低位，债券表现稳定且平均收益率略高于现金。那么，是否存在其他类型资产表现稳定性且收益率也能有较好的表现，下面来看一下人寿保险资金的投资收益情况。

2. 借助人寿保险稳增收益

人寿保险产品主要包括终身寿险、两全保险、年金保险、分红保险、万能保险、投资连结保险等储蓄类保险，目前我国寿险类产品大部分对保单持有人提供预定2.5%—3.0%的保底收益，在保底收益的基础上，根据保险公司的寿险资金市场投资情况，再享有分红或获取浮动收益。2004—2016年，寿险类资产的投资收益率如图1–5所示。

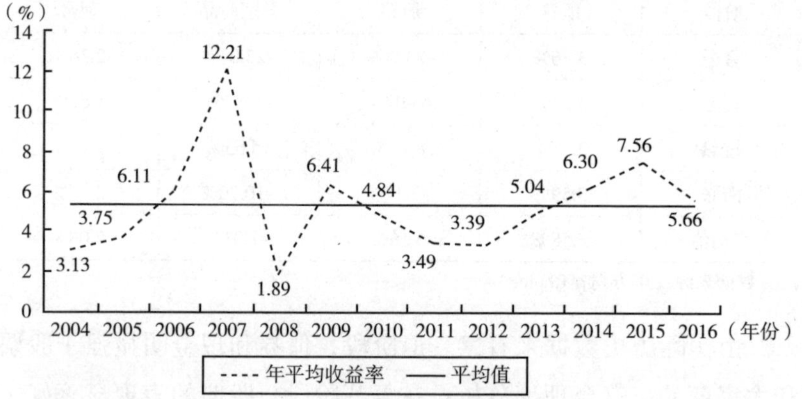

图1–5 寿险资产投资收益率

数据来源：Wind数据库。

2004年起初，我国寿险资金年平均投资收益率为3.13%，2007年和2008年，受到次贷危机的影响，2007年达到12.21%，到2008年降至1.89%，至2015年牛市达到7.56%，2016年我国寿险资金年平均投资收益率约为5.4%，受经济市场影响有所波动但整体收益水平较为稳健。近年来，我国多次出台政策拓宽寿险资金运用渠道，整顿金融市场秩序，为寿险资金投资提供良好的环境，同时各大保险公司积极完善投资结构，扩大投资渠道和增加投资产品，建设更完备的投资体系，招揽专业型投资管理人才，对寿险资金的运作更加专业化、高效化和规范化，未来寿险资金投资收益将会稳步提升。

借助购买人寿保险，一方面享受无风险保底收益，不受经济周期带来的各资产收益轮动影响，所有投资风险由保险公司承担，在全经济周期中分摊；另一方面又获得保险公司专业投资的优势，购买人寿保险可以获得可观的分红或浮动收益。相比债券全经济周期的平均投资收益，人寿保险稳定性更高、资金更加安全且收益率相当；相比较股票的全经济周期的平均投资收益，人寿保险收益较低，但无股票市场的重大风险，不需要有对经济周期和所投资股票的专业准确的判断；相较于现金类资产，特别是在低利率环境下，人寿保险既安全可靠又有着较高的收益。所以，借助人寿保险可以避免经济周期风险，实现财富的保值增值。

第三节　财富管理发展前景

随着我国经济的持续增长，居民家庭资产规模也进入快速增长期。根据瑞银信贷发布的《2018年全球财富报告》，中国居民家庭总财富达到52万亿美元，位居全球第二。中国中产阶层正在崛起，这不仅带来消费和投资的变化，更对财富管理提出了新的要求。与此同时，中国人口结构在计划生育、性别比例失衡和人口基数庞大等因素的影响下，迅速步入老龄化阶段，“未富先老”给中国社会保障体系带来空前的压力，实现家庭的财富管理目标对家庭和金融机构而言都是不小的挑战。通过研究发达国家的家庭资产配置情况，对比和分析我国家庭的资产配置存在的问题，可以为我国未来财富管理的发展探明方向。

一、中外家庭资产配置对比

根据瑞银信贷《2017年全球财富报告》内容显示，我国家庭财富总规模虽位居世界第二位，但是人均总资产29252美元，与日本252244美元相差甚远，与美国448790美元悬殊更大。从图1–6 2017年中、日、美家庭资产配置可知，2017年美国和日本人均金融资产占比分别为71.3%和61.1%，我国人均资产配置中金融资产配比仅占45.4%，而非金融资产占比54.60%，其中非金融资产主要由房地产构成，过高的房产资产吸收了大量的流动性，挤压了金融资产的占比。

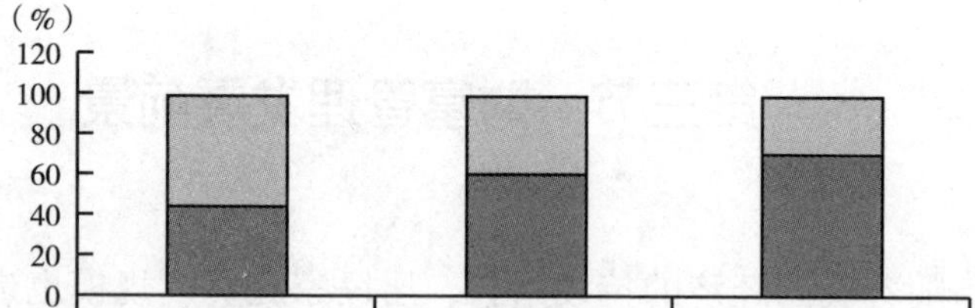

	中国	日本	美国
□非金融资产	54.60%	38.90%	28.70%
■金融资产	45.40%	61.10%	71.30%

图1–6　2017年中、日、美家庭资产配置

数据来源：瑞银信贷《2017年全球财富报告数据手册》。

（一）美国家庭的金融资产配置

美国消费者金融调查（SCF）数据显示，美国家庭金融资产的构成比较多元，不仅包括交易账户、储蓄账户、储蓄型债券等非风险性金融资产，也包括股票、共同基金、退休账户、人寿保险和其他托管资产等风险性金融资产。如表1–3美国家庭金融资产结构所示，各项金融资产中退休账户排在第一位，从2001年的29%逐年提高至2016年的35.6%，加上人寿保单折现值占比的2.2%，美国应对退休后养老的稳定资产占家庭总资产比例高达37.8%。

表1–3　美国家庭金融资产结构

年份	2001	2004	2007	2010	2013	2016
交易账户	11.4%	13.1%	10.9%	13.3%	13.3%	11.8%
储蓄账户	3.1%	3.7%	4.0%	3.9%	2.0%	1.5%
储蓄债券	0.7%	0.5%	0.4%	0.3%	0.3%	0.2%
债券	4.5%	5.3%	4.1%	4.4%	3.2%	2.8%
股票	21.5%	17.5%	17.8%	14.0%	15.9%	13.7%
共同基金	12.1%	14.6%	15.8%	15.0%	14.8%	23.2%
退休账户	29.0%	32.4%	35.0%	38.1%	38.8%	35.6%
人寿保单折现值	5.3%	2.9%	3.2%	2.5%	2.7%	2.2%
其他托管资产	10.5%	7.9%	6.5%	6.2%	7.6%	7.7%
其他金融资产	1.9%	2.1%	2.1%	2.3%	1.5%	1.3%

数据来源：美国消费者金融调查（SCF）。

美国的共同基金作为第二大投资品种，从2001年的12.1%增加到2016年的23.2%，美国家庭自2008年金融危机之后，不少家庭金融资产缩水，也意识到风险规避的重要性，2010年储蓄账户一度占比3.9%。然而随着经济的复苏，储蓄账户和储蓄型债券的占比又再次下降，到2016年非风险类金融资产占比不足15%。也正因为美国拥有健全发达的金融市场体系和个人退休账户，使得美国家庭更青睐于做共同基金的投入，来提高收益。

（二）日本家庭的金融资产配置

根据2019年日本银行和研究部门的统计数据，如表1–4日本家庭金融资产结构显示，日本家庭资产主要集中在现金及银行存款上，且该项资产比例一直维持在50%以上。同时，受人口老龄化影响，保险、年金及养老基金也备受青睐，约占日本家庭金融资产30%，排在第二位。风险类金融资产的配置，如股票、基金占比不到15%。

整体来看，日本家庭的金融资产配置更偏向保守，注重安全性，以非风险类金融资产为主。究其原因，第一，自20世纪90年代经济泡沫破灭后，使日本家庭逐渐形成了稳健、保守的投资风格；第二，受中国传统的儒家文化影响，日本在消费习惯上也推崇克制和自律，更加勤俭节约，不追求过度消费，家庭储蓄率较高；第三，日本面临老龄化加剧和出生率持续下降的人口结构趋势，使得日本家庭控制消费和增加储蓄的同时，也加大保险、年金和养老基金账户方面的投入，以应对未来养老的需求。

表1–4　日本家庭金融资产结构

年份	2001	2004	2007	2010	2013	2016
现金及银行存款	54.0%	51.4%	51.3%	53.3%	52.7%	52.6%
债券	2.9%	2.5%	2.9%	2.5%	1.7%	1.4%
股票与基金	8.7%	11.7%	12.1%	10.8%	13.1%	14.0%
保险、年金及养老基金	29.5%	31.4%	30.7%	30.4%	29.6%	29.1%
其他	4.9%	3.0%	3.0%	3.0%	2.9%	2.9%

数据来源：日本银行。

（三）中国家庭的金融资产配置

根据表1–5中国家庭金融资产结构可知，2013—2017年中国家庭金融资产配置不均衡，虽然现金及银行存款占比呈下降态势，但仍然占据主体地位，2017年占比46.6%。保险及年金账户到2017年占中国家庭金融资产比例17%，虽排在第二位，但是距离2016年日本的29.1%和美国的35.6%仍然有不小差距。中国家庭持有的风险类资本如股票和基金的比例较低，虽然2015年上涨到13.3%，但是与2015年中国股市的大涨大落有关，2015年后回落到低位。

整体来看，中国家庭金融资产以流动性强、安全性高的现金和银行存款为主，风险类金融资产配置较少，保险及年金账户的准备不足。

表1–5　　中国家庭金融资产结构

年份	2013	2015	2017
现金及银行存款	51.70%	48.20%	46.60%
保险及年金账户	20.00%	17.10%	17.00%
理财产品	4.40%	8.20%	13.40%
股票	8.30%	10.60%	8.10%
基金	2.40%	2.70%	3.20%
债券	0.77%	0.40%	0.70%
其他资产	2.43%	1.00%	0.75%
借出款	10.20%	11.90%	10.30%

数据来源：中国家庭金融调查报告（CHFS）。

二、中国家庭财富管理思考

基于上述的对比，结合我国的实际国情，中国家庭财富管理所存在的问题主要体现在以下四个方面。

（一）资产配置分散程度低

我国家庭资产配置中高风险和无风险资产占比过大，呈现“U”形分布，中间部分低风险类资产配置不足。我国家庭资产配置种类单一，2017年中国家庭房地产资产占比高达54.6%，金融风险类资产除股票占比较高外，其余占比均很低。而反观美国，2015年家庭资产配置中房产仅占比34.6%，金融资产占比42.6%，其他类资产占比19.6%，各种类型资产配置比例较为均衡，美国家庭除投资股票外，还广泛投资于低风险固定收益产品，通过资产组合分散投资，有效降低非系统性风险。

（二）金融理财技能欠缺

观察2013—2017年我国家庭金融资产配比情况，现金及银行存款始终占据半壁江山，过分偏好无风险金融资产，究其原因，我国家庭理财观念还不普及，普遍缺乏理财能力，虽然家庭财富逐年增长，但缺乏财富管理知识和技能。相比日本和美国，我国金融市场起步较晚，现仍处于探索阶段，使得我国家庭对金融市场的了解还不及发达国家。

（三）风险防范手段失当

我国家庭对未来子女教育、婚嫁，家庭成员的疾病和意外等支出抱有极大不确定性，而社会保障体系的广度和深度都很有限，家庭会将一大部分资产用来预防风险和筹备未来支出，考虑到流动性和安全性，主要选择了现金、银行储蓄及其他无风险类资产。由此可见，我国家庭缺失科学防范风险和合理进行财富规划的手段，对保险的财务规划和风险保障不了解，使得家庭没有运用保险的杠杆和社会稳定器作用来合理进行财富管理。

（四）养老保障储备不足

从家庭资产配置来看，2017年养老保障准备在我国家庭金融资产中占比仅为17%，而且家庭金融资产在总资产中占比也很低。我国社会保障目前还不足，又加之人口结构逐渐步入老龄化，使得养老保障问题更为突出，通过将高风险和无风险资产向养老保障迁移，利用商业保险应对养老问题已成为必经之路。

综合以上问题，未来我国应对人口结构老龄化和我国家庭进行合理化资产配置的关键举措在于保险普及程度，所以我们财富管理未来的主要战场在保险的推广和应用上，如何利用保险实现个人和家庭的财富管理目标将成为金融行业的主要课题。

第四节 保险与资产配置

资产配置是财富管理的基础和重心，在财富管理的各个阶段，都需要进行资产配置，以满足财富所有者的管理需求，而保险在资产配置中占据着重要的位置，是实现资产配置职能和解决财富所有者经济管理问题的核心。

一、资产配置的概念

所谓资产配置，是指把投资合理分配在不同种类的资产上，如股票、债券、保险、房地产及现金等，达到有效控制投资风险与增加投资回报，以实现客户财富管理目标的过程。财富管理机构按照客户自身风险承受能力、投资期限、投资回报预期等确定资产配置计划。

二、资产配置的意义

在财富管理中，资产的多元化配置不仅可以行而有效地降低投资的非系统性风险，获取较为丰厚的投资回报，还可满足客户在财富传承、税收筹划等方面的需求。

（一）资产配置是财富管理的关键

资产配置是财富管理全流程中的重要一环，没有资产配置就谈不上投资和风险管理，自然也就没有财富管理。资产配置是降低投资风险和获得最佳投资业绩的重要因素，资产配置的能力决定了客户财富管理目标能否实现。因此，财富管理机构加大物力财力投入，广招高素质专业人才，提升资产配置技能，打造财富管理的核心竞争力。

（二）资产配置平衡收益与风险

从国际财富管理的实践经验来看，在成熟的财富管理市场中，投资组合收益的90%都由资产配置所决定。资产配置的贡献远大于投资具体资产和投资时机的选择，是因为投资资产的选择、不同资产投资比例的拿捏、投资规模与期限的确定等资产配置的基本因素，都对投资组合风险和回报有着影响。资产配置的核心是根据客户的收益预期和风险偏好，实现多元化投资，追求最高效用的收益和风险水平。通过把相关程度低的资产纳入投资组合，把投资资金科学地分配在不同资产上，实现投资资产的分散化，促进投资组合收益与风险的平衡，有效降低投资组合的非系统性风险，提高投资组合收益。

（三）资产配置有助于财富传承

财富传承本身非常复杂，制订合理的资产配置方案是实现财富传承的重要手段。所投资产的种类不同，财富传承的难度也明显不同。同时，由于不同种类的资产其法律属性不同，这一点会对财富传承的成本产生影响。比如股票类资产和保险类资产的传承在复杂程度上就有很大区别，所以传承成本也大相径庭。通过资产配置将财富合理布局在不同的资产种类中，有助于实现财富的安全、定向传承，降低家庭变故、债务等风险因素对财富传承的影响，也有助于实现财富传承成本的合理化与均衡化。

（四）资产配置有利于税收筹划

财富管理中的税收筹划指的并不是偷税漏税或隐瞒应报的资产与收入，而是在合法合规的情况下，通过转嫁税收、降低计税基础、递延缴税等途径，来降低财富管理客户的税负水平。不同资产的税率不同，单一的资产配置结构可能会增加税收成本，进而影响到投资收益。而建立多元化、分散化的资产配置结构，以此为基础提供的资产配置方案，有助于达到降低税负水平的目的。

三、从资产配置视角看保险

通过选择和配置股票、基金、债券、银行存款等金融资产，是为了满足家庭对生活消费、财富保值、增值投资和财富传承的需求。银行存款类具有流动性强、风险低的特征，主要用于日常开销，是生活消费的重要来源。债券、股票、基金类一般投资时间较长，由于风险较高，收益也相对较高，是理财投资的重要组成。相比银行存款、债券、基金、股票等金融资产，保险所表现出的独特功用，可以完全满足家庭在这四方面的财务需求，表1–6展示了保险与家庭财务问题的关系。

表1–6　　　　保险与家庭财务问题的关系

家庭财务问题		功能
类型	描述	
生活问题	日常生活消费、婚嫁、子女生育、教育、养老等财务问题	消费规划
财富流失	疾病、伤残、死亡、失业等财务问题	经济补偿
增值投资	资产增值保值有关财务问题	增值投资
财富传承	财富继承、债务和税收等有关财务问题	财富传承

（一）保险规划未来消费

资产配置首先要解决的就是家庭消费规划的问题，需要对当前和未来生活做出消费规划，包括准备吃穿住行用、旅游花费、婚嫁费用、子女教育金、养老金等。

保险作为消费规划的一柄利器，在对特殊事件支出的规划上具有明显优势，计划性强而且安全性高。比如年金保险，可以提前规划好使用的时间区间，通过前期的投入，使得当婚嫁、生育、养老等人生重要时刻来临时，有充足的资金做后盾支撑。这点类似于储蓄，但保险更注重专款专用，储蓄更易于被损耗。

（二）保险提供经济补偿

资产配置要考虑到家庭成员的人身风险，由于生老病死等风险的客观存在，家庭会因此而遭受财富损失，甚至有可能会导致家庭破裂。因此，在家庭进行理财规划时，风险保障是必不可缺的一部分。

各种金融资产都在不同程度上发挥着保障的功能。例如，人们通过银行储蓄和股票投资使得财富增加，来应对意外或疾病的发生。但是除保险外，其他金融资产都缺乏资金的杠杆作用，在应对风险造成的重大损失时不能提供充分的保障，而且其自身可能就存在资产减值的风险。保险利用大众财富来应对个人之险，将损失进行分摊，以个人小的保费支出换来大的风险保障。所以，保险在抵御家庭人身风险方面的作用是其他任何投资工具所不能替代的。

（三）投资保险安全可靠

资产配置还要能保障财富安全，由于通货膨胀，财富本身也面临缩水的问题。虽然投资股票、基金等能获得收益，抵御通胀，可是风险过高，而且需要专业的投资技能，而储蓄的通胀抵御能力太弱，大概率跑不赢通胀。而保险则迥然不同，一方面由于保险公司不允许倒闭，保险是非常安全的金融资产；另一方面，通过投资保险，可以享受保险公司专业投资的优势，获得较高收益，抵御通胀压力。例如投资连结保险、分红保险、万能保险等收益情况都与保险公司的投资业绩挂钩，但是投资风险不会影响到保单价值本身。

（四）保险担当传承大任

资产配置最终要解决的是财富的传承问题。而在众多的可配置资产中，谈到财富传承方面的功能，人寿保险可以说是首屈一指。客户购买人寿保险产品时，通过直接指定大额寿险保单的身故受益人，便可以按照自己的意愿分配财富，实现财富的定向传承。这种传承方式具有债务隔离和合理避税优势，能够实现对家族财富的有效保值，减少财富损耗，同时可以保护家族隐私，避免家族内部遗产纠纷。

第二章 资管新规下的保险与财富管理

近年来，我国金融机构资产管理业务（以下简称“资管业务”）飞速发展，在满足我国家庭财富管理需求、优化融资结构、提升金融机构盈利能力和支持实体经济发展等方面发挥了积极作用。但也爆发出各类风险问题，如安邦被接管事件、兴业银行的基金宝理财纠纷案、中诚信托的诚至金开1号兑付危机案等。

由此，2018年8月人民银行会同银保监会、证监会、外汇局等部门共同制定《关于规范金融机构资产管理业务的指导意见》（以下简称“资管新规”），通过规范同类资管产品的监管标准，推动资管业务健康发展，有效防范金融风险，促进融资更好地服务实体经济。资管新规的出台为保险业务的发展提供了有利机遇，使得保险在财富管理中的优势地位更加凸显。

第一节 资管新规下的财富管理市场

一、资管新规重拳出击

目前，我国资管业务存在资金池管理模式带来的流动性风险、金融机构刚性兑付、通道业务套利、产品嵌套等问题，资管新规通过以下四大重点举措，规范资管业务的发展，控制金融风险的发生。

（一）禁止资金池运作管理

资管新规提出单独管理、单独建账、单独核算的“三单”管理要求，明令禁止资金池运作的模式。每个产品的独立管理使得投资者的收益与风险相对等，维护了投资者的公平性权益。此外，规定封闭式资管产品期限不能少于90天，要求金融机构加强产品的长期管理，根据产品期限长短决定管理费多少，期限越长的产品，管理费率越低，以此引导资管产品向长期转变，减少和消除资金池模式下资金来源和资产投资的混同管理，规避期限错配和流动性风险。

（二）破刚兑实行净值管理

资管新规要求金融机构对资管产品应实行净值化管理，及时反映资产的投资收益情况，让投资者加强风险意识，不得承诺保本保息并且对产品的收益进行刚性兑付。在以往，金融机构为了获得投资者的长期信赖，做出保本保息的承诺，因为资产的风险不能及时反映到产品的价值变化中，投资者对自身承担风险大小没有认知，若投资经营不当，就采取刚性兑付行为，这只会加剧重大金融风险的发生。实际中，金融机构直接将投资收益超过承诺兑现的部分转化为管理费或中间收入，却没有给到投资者，这也就难以要求投资者自担风险。所以，回归资管业务的本源，推动承诺收益型产品向净值型产品转化，会从根本上破除刚兑，让投资者在明晰风险、自享收益的基础上自担风险，真正实现“卖者尽责、买者自负”。

（三）合理管控杠杆水平

资管产品的杠杆分为两类。一是负债杠杆，即产品募集后，通过拆借、质押回购等负债行为，增加投资杠杆。假设有1000万元的本金全部用来购买债券，质押回购率为0.8，那么可以换来800万元的资金，再次买债券，再次质押，可以换来640万元的资金，反复循环，以此一直滚动的话，理论上最高可以实现远高于本金的资金使用效果。资管新规对公募和私募产品、分级私募产品负债上限都做了具体限定，并且要求资管产品持有人不得质押所持产品进行融资，个人不得使用银行贷款等非自有资金投资资管产品，资产负债率过高的企业不得投资资管产品，以此限制负债杠杆水平。

二是分级杠杆，即对产品进行优先、劣后的份额分级，杠杆倍数等于优先级份额与劣后级份额之比。譬如，有支产品90%的份额为优先级，提供3%的固定收益，剩余10%为劣后级，当这支产品的收益率在0到10%之间时，劣后级份额的收益率就在-27%到73%之间，劣后级认购投资者的收益率风险越被放大。资管新规对可以进行分级设计的产品有严格的限定，控制了杠杆比，例如，开放式运作或投资于单一标的或标准化资产投资占50%以上的私募产品，以及公墓产品不得进行份额分级。

（四）去嵌套和消除通道业务

在开展资管业务方面，资管新规要求监管机构给予各类金融机构平等准入机制和公平待遇，从动机出发抑制了通道业务。其次，严格规范产品嵌套，明确资管产品只可投资一层资管产品，并要求金融机构不得为其他金融机构的资管产品提供规避投资范围、杠杆约束等通道服务。

二、金融市场格局动荡

（一）募集资金端——银行资管

1. 保本理财产品逐渐退出

资管新规出台后，银行的保本理财产品在陆续清退，零售金融新视角的监测数据显示：2020年5月以来保本理财产品加速退出，7月份占比降至8.96%，为近年来最低水平。整体来看，银行保本理财产品的发行量占比不断在下降，清退效果显著。随着资管新规的进一步深化，保本理财将逐步退出历史舞台。

2. 理财产品期限水平提高

在资管新规出台前期，由于其征求意见稿的问世，银行理财中短期理财产品发行量已在减少，平均投资期限拉长。2018年6月，理财产品中90天及以下理财产品发行量占比为21.99%，环比下降2.45%。未来银行理财产品的平均期限定将持续拉长。

3. 银行资管需要设立理财子公司

根据资管新规，在2020年过渡期后，具备证券投资基金托管业务资质的商业银行都需要设立具备独立法人地位的子公司，以此来开展资管业务。虽然商业银行设立专业理财子公司大方向已然明确，但在牌照属性、业务范围、制度管理、投研能力建设、专业人才储备等诸多方面还需进一步探索，具有较大不确定性，与成熟的一流资管机构相比，理财子公司还存在不小的差距，专业化经营任重而道远。

（二）通道业务端——非银资管

1.对信托资管的影响

从资管新规要求来看，一方面通道业务大幅收缩，造成信托行业收入大幅下降；另一方面，信托产品投资门槛虽然有所降低，但由于合格投资者被重新定义，特别是家庭金融资产达到500万元、个人净资产300万元这一标准，使得合格投资者门槛大幅提高，人数骤降，未来信托产品的销售压力无疑会更大，信托机构将面临巨大的挑战。

2.对券商资管的影响

去除通道业务和禁止资金池运作模式，使得券商资管业务从资金来源端和资金运作模式上受限，产品发行总数短期内迅速下滑。其次，在合格投资者限制方面，同信托资管要求一致，大幅度提升了合格投资者的准入门槛，这意味着高净值的优质投资者将成为资管行业的稀缺客户资源。券商资管不但需要进行业务模式的调整，而且在客户资源方面面临更大的竞争压力。

3.对基金资管的影响

对基金资管的影响主要体现在对私募基金的影响，资管新规提升了合格投资者的门槛，直接减少了合格投资者的人数。此外，去嵌套和禁止资金池运作，限制负债和分级杠杆，统一了资管产品分类，同时又规范了私募基金的投资范围，使得私募资金原有的管理机制面临较大幅度调整甚至重塑。对公募基金而言，对其产品分类分级、投资范围和比例、质押融资等方面均有不同程度的影响。

（三）保险资管

从保险资管的视角出发，资管新规带来的发展机遇要大于面临的挑战。一方面，银行保本理财产品大幅下滑，使得原先购买保本理财的人需要重新选择投资机构，而储蓄类保险产品对这些人群有了足够大的吸引力，依托保险最低保证收益的天然优势，销售规模有望突破；另一方面，受到资管新规对银行理财产品的冲击，保险资管受银行委托的投资业务，规模会有所下降，这也激发保险资管采取销售策略，跳过银行直接面向更多有需求的投资者。

第二节　资管新规助力保险开拓

资管新规的出台，规范了金融市场秩序，合理管控了金融风险，为保险企业的稳定发展提供了良好的金融环境。其次，金融产品的规范和对人民群众投资理念的正确引导，使得保险产品的外部竞争压力大幅减小，优势日益显现，逐渐将会受到人们的青睐。

一、保险竞争优势凸显

在保险业务开展过程中，竞争对手一方面来自保险同业，另一方面源于替代品竞争者，而在替代品竞争方面，绝大部分竞争压力来源于银行理财业务。

一般情况下，投资产品无论收益或损失都应该由投资者自己负担，但金融机构特别是银行理财为了能长期吸引投资者，而做出保本保收益的承诺，如果投资收益未达到期初承诺，就需要银行对产品的损失和承诺收益做出垫付。一方面，这种行为会致使投资者逐渐丧失对风险的判断能力，使金融市场出现劣币驱逐良币的现象；另一方面，当发生系统性风险时，金融机构无法进行刚性兑付，最终酿成投资者和金融机构双输的局面。

资管新规打破了刚性兑付，不再有保本保息的银行理财，吸引力大幅度减弱。与之相反，保险具有最低保证利率的天然优势，当投资者单一对比短期银行理财收益时，保险产品不一定能占优势。但当净值化管理后，由于一切都存在不确定性，原来为图保本保息的保守型人群会更偏向于购买安全可靠的保险产品来理财。此时，保险业务的替代品竞争劣势已显，外部竞争压力下降，有利于保险业务的开展。

二、投资理念回归理性

以往投资者争先购买的理财产品，具有期限短、付息快、收益较高的特点，而隐藏于背后的期限错配、账户间不独立核算、收益与风险不对等、资金流动性风险等问题，以及类似于庞氏骗局的管理乱象，是绝大部分投资者不能预见的。投资者对资金投资并没有风险自担的概念，习以为常的认为依靠短期产品的连续投入，资金既安全又有比较乐观的收益，以此来规划和管理自己的财富，而保险产品时间长、回款慢的特点为投资者所诟病。

资管新规的发布和施行，从政府层面清晰地揭露和提示了投资风险，并通过制度管理，在投资者心中植入了财富管理长期规划的核心理念。此外，资管新规让理财回归理性，投资者对理财的认识更加清楚，周期短、支取灵活，收益高、本金安全的理财产品是不存在的。

对保险而言，人们理性思想的回归是最大的利好。其实，金融机构往往希望拿到期限长而收益要求低的资金，而投资者却希望产品收益高且流动性强，两者本就是天然矛盾的。但是财富管理是以人为本，注重的是人的生老病死，而不是以资金收益为第一要义，投资者理念的转变会使其逐渐从财富管理视角出发解决资金问题。正因为保险自出现便天然带有以人为本的思想理念，所以在投资者逐渐了解金融知识和转变投资理念的过程中，将对风险管理、子女教育、养老规划、财富传承等有更合理的认知和科学的安排。

三、保险经营更加稳健

资管新规第一次真正意义上将保险资管列入资管行业，不仅能使保险资管可以在同一起点与其他金融机构公平竞争，而且在资管业务的开拓上也有章可循。资管新规导向与目前保险资管追求的低风险、长期化、流动性等特征相契合，与其他金融机构相比，保险资管更加注重收益的稳健性。此外，保险资管的投资模式与资金池模式的混同运作不同，主要以资管产品、专户等形式出现，而且在资金投向、投资比例、管理模式和信息披露方面，保险监管对保险资管规定更加严格，更强调主动管理，对风险掌控能力更强。

随着资管新规进一步深化落地，一方面，保险资管需要持续加强主动管理，增强自身竞争优势，夯实人才队伍建设，提升专业投资技能和风险管理能力；另一方面，保险资管也需要积极主动与其他金融同业相合作，提升客户服务和渠道开拓能力。资管新规提倡的稳健投资理念有助于保险资管业务更稳健的发展，使投资者愿意将资金投资到这一领域。

第三节 保险在财富管理中的应用

财富管理关系到人生财富目标的实现，保险的应用深入财富管理的每个阶段，是非常全面的财富管理工具，对保险的掌握和合理使用，有助于成就个人和家庭的财富梦想。

一、风险管理的必备要素

什么是风险？古语有云："天有不测风云，人有旦夕祸福。"这句古语深切地反映出风险的特征。首先，风险是客观存在的，不以人的意志发生变化，无论人们是否意识到风险的存在，或者是否希望风险发生，它都会以它的方式在固有环境下发生。其次，风险的发生一定会造成人经济状况、身体健康等某方面的损失。最后，风险的发生和其所造成的损失是不确定的，没有人可以准确预测风险的发生和后果，也就无法采用方法来应对它。

其实，风险就是一种损失发生具有不确定性的状态。在财富管理的全生命周期中，从创造和积累财富，到保值与增值财富，再到享受和传承财富，每个阶段都是在与风险做斗争，一般的风险管理方法可分为以下三类。

（一）风险回避

风险回避是在考虑到有风险时，就放弃或拒绝实施可能导致风险损失的方案。风险回避简单易行，全面彻底的优点，能将风险的概率降低到零。

风险回避在现实中的可用范围很小，且过于保守，主要可以用在投机风险上，比如投资，就存在投资成功、投资失败两种后果，为了规避投资失败导致的生活品质下降，选择不投资，同时也放弃了投资成功能带来生活水平提升的可能性。而在纯粹风险面前无力抵挡，比如人不可能规避掉生老病死，或者要到达一个目的地，为了规避航空意外选择不乘坐飞机，可选择其他的交通工具如汽车、火车、轮船等，但是其他交通工具仍然有发生交通意外的风险。

（二）损失控制

损失控制主要包括防损和减损两种方式。防损是为了减少损失发生的可能性，通过对风险的认识和了解，采用一定的方法来预防风险发生，如兴修水利预防洪涝灾害的发生，加强体育锻炼预防疾病的发生等。减损是采用方法减轻损失的程度，如发现身体不适及时就医、加入年度体检计划在疾病轻微阶段治愈。

损失控制能在一定程度上减少风险损失，其对风险的识别判断和预防管理的专业要求非常高，个人或者企业在日常生活中所面临的风险非常之多，而且各不相同，一一识别和预防的可能性不大。

（三）风险转移

风险转移是指将风险从一个主体转移到另一个主体上，通过购买保险将自身存在的人身风险转移到保险公司，是最为稳妥的风险管理方式。

根据风险标的的不同，主要风险有财产风险和人身风险两类。财产风险导致的财产直接损失和间接损失，都可通过企业财产保险和家庭财产保险将风险转移。人身所面临伤残、疾病、死亡、劳动能力丧失等风险，造成的收入能力损失和财富积累损失，可以通过购买医疗、重疾、意外等保障型保险来转嫁风险。

保险作为社会的稳定器，是不可或缺的风险管理组成。保险的风险转移功能以确定的支出将不易识别和控制管理的风险转移给保险公司，实现对自身风险行之有效的管理，符合个人和企业的实际需求。

二、遗产规划的重要组成

遗产规划的目标是按照财富所有者的预定方案，将财富有计划、安全地转移给继承人，以寻求财富的永续。遗产的继承往往面临诸多问题，因为争夺遗产引发的家庭矛盾冲突，无论是名人事迹还是普通人的周遭都屡见不鲜。

台塑集团创始人王永庆先生2008年突然病逝，留下600多亿元的财产，而如此庞大的一笔财产，他却并未制定任何遗产传承的规划，导致财产继承人之间发生了激烈的矛盾冲突，多次因为遗产分割展开诉讼、对簿公堂，而到最后不得不缴纳100多亿新台币的遗产税。遗产规划一方面需要解决传承给谁的问题，另一方面需要解决以什么方式传承更安全、更有效的问题。保险作为财富管理的重要工具，在遗产规划方面的突出作用自然极为醒目。

（一）定向传承

财富所有者购买寿险保单后，可以按照自己的财富分配意愿，指定保单的受益人和受益比例，以达到自己期望的遗产继承效果。受益人间的继承份额明确，受法律保护，不会酿成各继承人之间因财产分割不清而争斗不休的局面，遗产继承的效率显著提升，因纠纷而产生的诉讼和中途费用也会大幅度减少。

人寿保险单作为一种特殊的遗嘱，不需要经过公证机构的公证，也就不会产生公证费、律师费等支出。一般情况下，受益人在被保险人身故后，按照保险条款和保险公司的流程进行申请领取保险金，其流程和手续简单便捷，无须像遗嘱般需要经过一些法律程序，有时还涉及财产分割和拍卖等手续。人寿保单在实现精准传承的同时又简化了获得财富的流程，极大降低了遗产传承的成本。

（二）税收筹划

关于遗产继承的纳税支出或税款支出，一方面来自国家对继承人的个人所得税征收，另一方面是国家对财富所有者的遗产税征收。

1. 保险免征个人所得税

根据《中华人民共和国税法》第四条第五款规定：保险赔款免纳个人所得税。可以看到，财富所有者若购买保险，在其身故后，以保险赔款的方式将财产传承给继承人，这种方式是不需要计入继承人的个人所得税额的，也就无须支付个人所得税。

2. 保险合理规避遗产税

遗产税是一个国家或地区对死者留下的遗产征税，国外有时称为“死亡税”。随着税改的进一步推进，遗产税离我们已经不再遥远。那财富所有者如何进行遗产规划，合理规避遗产税呢？购买人寿保险单指明身故受益人，这种方式可以帮助财富所有者实现合理避税。由于身故保险金不属于遗产范畴，所以也就不存在征收遗产税的可能，可以合理合法地规避遗产税，这也体现出保险在遗产继承中减少税收支出、避免财富流失的重要功能。

（三）债务隔离

遗产继承过程中还面临一个重要问题，财富所有者特别是高净值人群在生产经营过程中很可能会背负债务，如何有效地将财富所有者自身债务与家庭成员应享财产进行隔离，而不影响家庭成员的财富享受？

在国外，许多高净值人群会通过保险来为自己合理隔离债务风险，保证家庭成员的生活不受影响。2002年美国安然公司宣告破产，首席执行官肯尼思·莱夫妇的全部财产被冻结。唯一没有被冻结的是这对夫妇曾购买的人寿保险。肯尼思·莱夫妇每年可以从这份人寿保单中领取92万美元，受法律保护，债权人也无法要求用这笔巨额年金来抵偿债务，在百年之后，这份人寿保险也可以传承给指定的身故受益人。

在我国，财富所有者也可以通过购买人寿保险和指定受益人的方式，使得自身财富不受债务风险的侵蚀，从而达到安全传承财富的目的。虽然国内外法律体系有所不同，但是我国法律对此也有明确的规定，《中华人民共和国合同法》第七十三条规定：因债务人怠于行使其到期债权，对债权人造成损害的，债权人可以向人民法院请求以自己的名义代位行使债务人的债权，但该债权专属于债务人自身的除外。代位权的行使范围以债权人的债权为限。而且在最高人民法院关于《中华人民共和国合同法》的若干问题解释（一）中第十二条明确表示：合同法第七十三条第一款规定的专属于债务人自身的债权，是指基于扶养关系、抚养关系、赡养关系、继承关系产生的给付请求权和劳动报酬、退休金、养老金、抚恤金、安置费、人寿保险、人身伤害赔偿请求权等权利。从法律规定上给予保险债务隔离的功能。

三、教育金规划的不二之选

随着社会的不断发展，国民素质逐渐提高，家庭中孩子的受教育层次也在逐步改善，各种养育成本的费用也随之增加。古语有云：“父母之爱子，则为之计深远。”由于教育费用高昂，所以规划好教育金的支出就尤为重要。许多家庭通过日常储蓄为子女积攒教育金，全部靠个人主动性来维持教育金的规划，在这个过程中很容易出现为应急而挪用教育金储蓄的现象。此外，家庭收入的来源者自身也会面临疾病和意外等风险，当风险来袭，怎么保证子女的教育不受影响？这是存款储蓄无法解决的，而教育金保险在这方面表现出色。

（一）强制储蓄

一般情况，子女教育金储备是应对高等教育支出，如果家庭对此没有提前做好规划的话，一旦子女开始接受高等教育或者留学海外，家庭支出会突然增加，给生活质量造成一定程度的影响。

教育金储备是刚性需求，需要建立专属账户，确保子女在某个教育阶段可以顺利用到属于自己的教育金，在此过程中不会被随意挪用，可以购买教育金保险实现这一计划。当因一时之需想要挪用时，退保的损失也会使得投保人打消这个念头，这就在动机上约束了投保人，从而保证教育保险计划一定能够完成。

通过保险教育金的强制储蓄，在子女开始接受高等教育或者留学海外时，开始启动年金返还，保障子女顺利完成高等教育，获得知识财富，走向社会后可以与其同龄人有相同的起跑线，从而实现其理想与抱负。

（二）投保人豁免

教育金储备面临的第二个问题就是投保人的自身风险问题，教育金计划少则三五年、多则十几年，在此期间，除了要保证教育储备的专款专用，作为经济支柱的投保人其人身保障也同样重要。当投保人遇到意外或是重病，教育金储备的来源就被切断，因此，一份完整的教育金储备计划一定要配置足额的人身风险保障，它的重要性甚至比教育金本身还大，但是如何做到科学地储备教育金方面，而不受风险侵袭的困扰呢？这是否意味着一个家庭需要把资金都投入到重疾保险或意外保险上防范风险？显然不是，教育金保险在这方面有其周密的安排。

投保人可以附加其投保人豁免险，当发生风险事故时，教育金保险的后续所有保费不用再缴纳，被保险人照常可以在相应时点获得专项教育资金，用以完成学业。而投保人为自己购买的重疾保险或者意外保险，还是按照原定计划用以支付医疗等费用和弥补收入损失，两者之间的用途都不会被改变。如此可以说教育金保险确是教育费用规划的不二之选，无可取代。

（三）安全保值

人们之所以把资金投入存款储蓄来做教育金的储备，而不进入股市或者项目投资，是因为对教育的重视，这部分的规划不容发生投资风险，对其安全性有很高的要求。另外希望获得收益，而存款储蓄的风险固然低，可是收益相应也很低。由于我国法律规定寿险公司不允许倒闭，所以，教育金保险的是非常安全可靠的，而且通常分批返还，加之有保险公司的专业投资团队运作，能够在很大程度上抵御通货膨胀的影响，达到保值增值的目的，是具有长期稳定回报和安全性高的教育金规划渠道。

四、养老生活的收入来源

受计划生育政策影响，在经济社会高速发展的同时，我国人口结构正在发生着巨大变化，据2021年的第七次人口普查结果显示，60岁及以上人口为26402万人，占18.70%；其中65岁及以上人口为19064万人，占13.50%。我国人口老龄化程度进一步加深，按照目前的趋势判断，中国将在十四五末期进入中度老龄化社会，即老年人占比数超过20%，预计在2040年前后，将进入深度老龄社会，老龄化水平超过30%。我国的养老保障体系由基本养老保险、企业年金（职业年金）和个人养老保险三大支柱构成，随着老龄化问题日益严峻，养老金需求持续增长。

（一）基本养老保险不堪重负

先来看我国的养老保障第一支柱——基本养老保险，它包括城镇职工基本养老保险和城乡居民基本养老保险两类。2019年末，我国基本养老保险总体覆盖近10亿人，但是养老金替代率却呈现显著下降的趋势，由2001年的73.2%降至45%，表现出“广覆盖、低保障”的特点。主要有以下原因。

1.老龄人口比重不断上升

1960—1975年，我国的新生人口大约达到3.5亿，这些人口将会在未来几年开始退休。由于大量人口由原来的缴费者变为领取人，抚养比（参保在职职工人数与领取养老金的退休人数的比例）快速下行，2019年，全国参加基本养老保险人员数量是43488万，退休人员数量是12310万，退休人员数量比2018年增加了512万，远远超过了参保人员总数量的增加。参保人数与退休人员的比例已经降到了2.54∶1，即不到3个在职职工便需要赡养1位退休人员。

2.历史缴费缺口过大

基本养老保险的资金主要由统筹账户和个人账户组成，由于历史问题，个人账户长期被统筹账户借支而形成了大规模空账，从2014年开始，我国养老基金就已开始出现缺口，2018年养老基金收入7.9万亿元，收支缺口已达6000亿元以上，财政补贴已达1.8万亿元，占比养老基金收入22%。

3.工资增速远高于养老金增速

自2005年起，我国已连续10年提高企业退休人员基本养老金。但是，基本养老金的增速仍低于在岗职工平均工资增速。城镇单位在岗职工平均工资从2001年月均906元上涨至2019年7541元，增长7倍，而城镇退休人员人均养老金支出从2001年月均572元上涨至2019年月2700元，增长不到4倍，远低于在岗职工工资增长。

4.基本养老金投资收益长期偏低

我国基本养老保险的计划资产长期由地方政府归集和运营，缺乏统一和专业化的管理，主要投资于银行存款，因此历史收益率低于同期CPI增速，处于实际的贬值状态。

随着老龄化加剧和退休人员数量扩大，需要填补的养老金支出缺口越来越大，预计未来基本养老保险替代率会持续下行。

（二）企业年金短期难有起色

我国的第二养老支柱企业年（职业年金）试行于20世纪80年代，但至今企业年金（职业年金）覆盖率仍然较低，根据人社部数据显示，截至2018年底，参加企业年金（职业年金）计划的职工人数仅2338万人。一方面，由于企业年金（职业年金）的税收优惠有限，企业所得税抵扣比例仅5%，参保动力有限；另一方面，企业的基本养老保险缴费负担过重，无力持续发展企业年金。由于与企业年金相关的税收和社保缴费政策环境很难有所改善，预计企业年金（职业年金）在短期内发展仍会迟缓。

（三）商业养老保险堪当大任

我国养老保障体系的第三支柱是商业养老保险，主要包括年金产品和储蓄型长期寿险产品，家庭或个人可以根据自身经济状况，自愿选择购买。

目前我国商业养老保险的参与度较低，人均长期寿险保单持有量仅为 0.1 份，远低于发达国家 1.5 份以上的水平。由于基本养老保险替代率持续下行，购买商业养老保险将成为现有养老保障体系中最重要的补充力量。大家津津乐道的基本养老保险并不尽如人愿，要想真正为退休后的幸福生活所谋划，保障退休后生活待遇不发生重大变化，实际更需要倚重的是商业养老保险。通过购买商业养老保险提前规划养老后的收入，弥补和提升自己的养老金替代率水平，减轻对基本养老保险的依赖，无论从个人和家庭视角出发还是从国家政策层面观察都是大势所趋、势在必行的。

第四节　财富管理中的保险产品

在了解保险在财富管理中的具体用途后，我们按照购买顺序，依次介绍几类人身保险产品，来体会保险的财富管理特征。

一、意外保障产品

意外保险产品以人身作为保险标的，主要应对外来的、非本意的、突发的风险导致的人身伤残。目前市场上种类非常丰富，包括个人意外伤害保险、航空意外伤害保险、学生平安意外伤害保险、出国人员意外伤害保险等。这些产品在主要保障责任上并没有太大差异，都是保障意外事故，只是对保障人群或事故条件做了限制，例如航空意外伤害保险只是针对飞机失事而设计，明确了事故发生的条件。

（一）保障期限

现在保险市场上的意外保险产品根据保障期限的长短可以分为短期和长期两类，短期意外保险指在保障期限在1年以内的产品，保障期限短的甚至只有几天，如为应对春节或国庆假期推出的假期意外保险一般只有7天，为学龄期未成年人设计的学生平安意外伤害保险和个人意外伤害保险一般保险期间为1年；长期意外保险保障期间在1年以上，最长的可达终生。

（二）产品形态

为了增强意外保险的适用性，保险公司在设计意外保险时会给保险产品附加上意外医疗和意外住院津贴等保障责任，在提升产品竞争力的同时也为客户提供了更完善的保障。保障责任涵盖因意外导致的死亡、伤残，及住院发生的医疗费用，还有因此而产生的收入损失或者陪护费用等。

（三）赔付标准

若在意外事故发生后，直接致使被保人死亡的，赔付意外保险身故保险金额。若在意外事故发生后，被保人未死亡，而在医疗住院期间按照原中国保监会发布的《人身保险伤残评定标准及代码》确认了伤残标准，则按对应的伤残标准比例乘以身故保险金额赔付。伤残标准分为1—10级十个标准，伤残程度依次增加，10级伤残最为严重等同身故，赔付比例100%，依次每降低一个等级赔付比例减少10%。在伤残判定时间上，被保人自意外伤害事故发生之日起180天内治疗仍未结束，一般按事故发生之日起第180天的身体状况进行伤残评定，并以此作为伤残等级进行赔付。

在意外事故发生后，被保人住院而产生的医疗费用以意外医疗的保险金额为限给予赔付，一般意外医疗不设置免赔额度和赔付比例，但具体要根据保险条款的约定，不同保险公司不同产品此处设定会有所差别。此外，还会有限制医保目录范围用药的差别。意外医疗赔偿适用补偿性原则，如果针对本次意外事故被保险人已经从社会保险、公费医疗等其他途径获得赔付，则对应赔付需要从意外医疗赔付中扣减。

住院期间意外住院津贴的赔付是以住院天数为单位做给付，约定每天的补贴金额，通常情况下会设置免赔天数，而且累计赔付天数也通常以180天为限。

（四）财富管理特征

无论是长期还是短期意外保险产品，保费都比较低，具有明显高杠杆的特征，在财富管理的每个阶段都应该为家庭成员配置意外保险产品，来完善家庭的财富管理。在财富积累阶段，即使家庭成员遭受意外风险，家庭也不用将积累的财富用于风险的补偿，只需少许保费，即可保证积累的财富安全；在财富的保值增值阶段，家庭无须打破原来的保值增值计划，避免了投资甚至本金的损失。此外，由于意外保险产品的高杠杆，也使得发生不幸后能有一笔额外财富传承给后代。

二、医疗补偿产品

医疗保险产品对由于意外或疾病导致医疗费用支出有补偿作

用，市场上常见的医疗保险都属于1年短期医疗保险，包括普通医疗保险、百万医疗保险。与意外伤害保险不同，在医疗保险产品中，不同产品间是有较大差异的，主要体现在保障程度上。

（一）普通医疗保险

1.产品形态

普通医疗保险对于因意外或疾病导致的住院期间医疗费用，在医保目录范围内进行补偿，通常有少部分产品设计会增加门诊责任，而且有部分住院医疗保险产品会拓展部分非医保目录范围药品和项目。

2.赔付标准

前面已经讲解了因意外导致的住院医疗费用补偿，不再赘述，这里主要介绍由于疾病住院医疗费用的赔付标准。首次投保住院医疗保险的会有疾病观察期，在此期间由于疾病住院不在赔付范围内，观察期的设置少的有30天，长则90天。针对每次住院医疗费用支出都有几十到几百的免赔额度，且不全额赔付，会有赔付比例的设置，赔付金额按照下列公式计算：

赔付金额=（合理费用-免赔额度）×赔付比例

合理费用是指根据住院医疗保险的保障责任核算的费用，按照医保目录范围标准进行核算，如果扩展了非医保目录范围项目或药品，这部分也被纳入合理费用。住院医疗赔偿同样适用补偿性原则，如果被保险人已经从社会保险、公费医疗等其他途径获得赔付，则对应赔付需要从赔付金额中扣减，通常保险公司会对有社保赔付和无社保赔付设置不同的赔付比例，有社保赔付的赔付比例会更高，鼓励先行社保赔付。

3. 产品特点

住院医疗保险的产品定位可以理解为社保的补充赔付，提高住院医疗费用支出的补偿额度，由于有疾病住院责任，成人的保费会比较便宜，接着是小孩的保费稍高，老人的保费比较前两者会稍贵，60岁以上老人的住院医疗保险产品较少，80岁以上几乎没有对应的产品销售。另外，住院医疗保险产品在次年续保的时候会取消观察期，但是该产品停售后就需要投保新的产品，这会产生风险暴露期，对此保险公司会推出迭代升级产品来规避风险暴露期问题，新旧产品的切换同样不计观察期。

（二）百万医疗保险

1. 产品形态

百万医疗保险相较于住院医疗保险属于高端医疗保险范畴，其保障责任范围更为宽泛，包含住院医疗责任和特定疾病医疗责任。一般来讲，除住院医疗费用外，还会包含门诊手术费用、住院前7天后30天的门急诊医疗费用；在特定疾病医疗方面包含特定疾病医疗费用、特定疾病门急诊费用及特定疾病住院前后30天门急诊费用。另外，赔偿会突破医保目录范围。百万医疗保险保障额度很高，通常会高达几百万元，但会有终身保额限制，例如每年200万元额度的百万医疗，终身累计赔付限额800万元。

2. 赔付标准

观察期与住院医疗保险类同，但免赔额和赔付比例都设置较高，常见有免赔额1万元，100%比例赔付。需要注意的是，百万医疗保险责任中，住院医疗费用和特定疾病医疗费用的赔付关系要明晰。比如购买200万元保障的百万医疗产品后，在当年度因特定疾病住院，各种医疗费用支出300多万元，经保险公司理算，可赔偿费用总计300万元，那么先通过住院医疗责任赔付200万元，再通过特定疾病医疗责任赔付100万元。也就是说，住院医疗责任和特定疾病医疗责任是不共用保额，如果是发生特定疾病医疗责任保额是双倍的。

3.产品特点

住院医疗保险与百万医疗保险不可相互替代，而是相互补充的关系，百万医疗有着较高的免赔额，无法覆盖常发普通疾病的小额医疗支出，而住院医疗保险刚好弥补这点。百万医疗保险在应对重大疾病方面有着显著特点，因为它保费较低，保障额度又高，在家庭资金不充裕情况下用来抵御重大疾病风险是非常有效的。

（三）财富管理特征

医疗补偿产品可以为家庭提供疾病或意外产生住院相关费用，减少财富损耗，是财富积累和保值增值阶段必备资产。通过普通医疗和百万医疗的相互补充，无论小灾小病困扰还是大病来袭，都为家庭财富撑起了一把保护伞，保证了家庭财富能够正常积累和保值增值，从而走向富裕，实现理想的生活目标。

三、重疾保障产品

重疾保险产品是以被保人身患恶性肿瘤、心肌梗死、脑溢血等大病作为给付保险金额条件的保障产品。随着重大疾病发生率的不断提升，目前市场上所有重疾保险产品非常丰富，按保障到期后是否有现金价值可以分为消费型和返还型两种，消费型重疾保险在保障到期后是无现金价值返还的，而返还型在保障到期后有接近保险金额的现金价值返还。

（一）保障期限

由于重大疾病具有明显潜伏特征的，发生不同于意外和一般疾病，市场上的重疾保险产品大部分为长期重疾保险，有限定保障期限的定期重疾保险，如保障至65岁，保障至80岁，也有保障终身的终身重疾保险产品。

（二）产品形态

保险公司在设计重疾保险时，会根据疾病的严重程度，将疾病划分为轻症、中症和重症，轻症的保险金额设置在重症的20%—30%，中症的保额设置在重症的30%—50%，都可多次赔付，但是以重症的保险金额的1—1.5倍为限，原保监会规定重疾保险都必须含有其公布的25种高发重大疾病，重疾保险往往还会带有身故责任，身故与重症共用一个保险金额。此外，由于消费者为获得保险的射幸性，重疾险通常会采用期交方式交费，为避免在交费期间投保人因意外或重疾丧失交费能力，还会设置投保人豁免和被保人豁免的保障责任，保证期交保单的有效性。

（三）赔付标准

重疾保险的根据轻症、中症和重症发生的先后顺序不同，带给被保险人的保障赔付也有所不同，如果投保了投保人豁免或者被保人豁免保障责任，情形又会有新的变化。以近年市场上热销的华夏常青树2016版为例：2017年1月1日，30岁的丈夫小章为

30岁的妻子小高投保了一份华夏常青树终身重疾保险，交费期20年，每年保费9965元，重疾保额为50万元，保险期间终身；并且同时附加投保人豁免重大疾病保险，保费为403元。表2-1展示了华夏常青树2016年版保障责任。

表2-1 华夏常青树2016年版保障责任

保障对象	保险责任	保障病种	保障期限	保险责任（观察期外）
妻子小高	身故保险金	—	终身	给付保额，合同终止
	全残保险金	—	终身	给付保额，合同终止
	重大疾病保险金	77种	终身	给付保额，合同终止
	疾病终末期保险金	—	终身	给付保额，合同终止
	轻症疾病豁免保费	33种	至交费期满	豁免后期保费，合同继续有效
	轻症保险金	33种	终身	额外给付保额20%，5次为限
丈夫小章	重疾豁免保费	77种	至交费期满	豁免后期保费，合同继续有效
	轻症豁免保费	33种	至交费期满	豁免后期保费，合同继续有效
	身故/全残豁免保费	—	至交费期满	豁免后期保费，合同继续有效

1.场景一

（1）2017年12月1日，丈夫小章不幸罹患轻症/重疾或者不幸身故/全残，那么：

2018—2036年9965×19=189335元保费全部豁免，附加投保人豁免重大疾病保险终止，重大疾病保险合同继续有效。

（2）2026年6月1日妻子小高不幸罹患轻症，那么：

给付轻症保险金500000×20%=100000元，重大疾病保险合同继续有效。

（3）2038年12月7日，妻子小高不幸再次罹患与前次不同轻症，那么：

给付轻症保险金500000×20%=100000元，重大疾病保险合同继续有效。

（4）2040年7月13日，妻子小高首次确诊重疾，那么：

给付重大疾病保险金500000元，重大疾病保险合同终止。

整体来讲，丈夫小章花费10368元保费，为妻子获得70万元的保险金赔偿。

2.场景二

（1）2018年6月1日，妻子小高不幸罹患轻症，那么：

给付轻症保险金500000×20%=100000元，2019—2036年9965×18=179370元保费全部豁免，附加投保人豁免重大疾病保险按现金价值返还，重大疾病保险合同继续有效。

（2）2067年1月1日，妻子小高80岁，身体健康，丈夫小章退保了此款保险，那么，获得退保现金价值，可以作为养老生活支出。因未发生合同终止的保险事故，丈夫小章为妻子购买保障的同时，也就为家庭养老生活留存了一份养老保障。

因此可以看出现有重疾保险的设计非常人性化，轻症与重症的保额互相独立，但是轻症的赔付需要看重症是否已经赔付、重症赔付合同是否终止，返还型重疾险也正体现了"有病防病，无病养老"的多重功能。投保人豁免保障的加入使得重疾保险有良好的持续性，当投保人遭受风险侵袭而缴纳保费困难时，被保险人的保障不受到影响。

（四）产品特点

首先，重疾保险产品属于给付性质，与医疗保险产品的补偿报销性质不同，确诊即可获得保险金额赔付，而医疗保险产品是在保险金额范围内进行实际费用补偿。而且重疾保险产品的持续性很好，医疗保险产品因为大多属于一年期产品，受产品停售或拒保的影响较大，但是重疾保险的保费较高。

其次，重疾保险的消费型和返还型相比，消费型价格要比返还型便宜，但是如果未发生保险事故，消费型重疾保险没有现金价值返还，而返还型则有不低的现金价值返还。

最后，重疾保险的保费随着人年龄的增长不断在增加，男性保费较女性保费更贵，所以投保重疾保险要趁早购买，60岁后再购买重疾产品不仅产品很难找到，而且保费与保额的杠杆效用会大打折扣。

（五）财富管理特征

重疾保障产品不但可以抵御大病风险，而且返还型的重疾保障产品更有“有病防病、无病养老”的特征。所以，在财富管理的整个生命周期中发挥着巨大的作用。首先，在财富积累和保值增值期可以守护财富和保证投资计划的正常运作。其次，当无病发生时，可以将此作为养老储备，用于老年的生活费用。此外，由于其具备高杠杆的作用，还可以通过重疾保障产品来实现传承财富的目的。

四、储蓄规划产品

储蓄规划类的保险种类包含年金保险、分红保险、投资连结保险、万能保险等人寿保险产品，随着保险市场的逐步崛起，同保障类保险一样，实际的保险产品并不单独归属于一种类型的保险，而是融合各类保险的优势，推出保险产品。市场上常见的会将年金保险、分红保险和万能保险融合成一个产品，既有现金的分步流入特性，又有保险公司的分红收益，还兼备万能保险的灵活性；为增加保单有效的持续性，还会增加投保人豁免的功能。

（一）产品形态

1. 年金奠基

此类产品以年金保险为基础，根据自身经济能力设定好储蓄计划，例如每年投入固定金额3万元，可以连续投入20年时间。自保险合同生效日起满5年，每个保单年度生效对应日开始一定金额的返还，至保单期间结束，通常保单期间是终身，以100岁为限，返还的金额不直接领取而是进入万能账户累计生息，获取收益。

2. 分红增收

保单有效期间的每个年度生效对应日，保险公司会根据自身经营状况、保单保费、缴费期间等综合因素派发保单红利，保单红利不直接领取也是进入万能账户累计生息，获取收益。

3. 万能运作

保单的返还年金和保单的红利进入万能账户后累计生息，万能账户有2.5%—3%的保底收益，实际收益则根据保险公司的资金运作收益情况而定，要高出保底收益。

一般自第五个保单年度开始，若需使用就可以申请领取万能账户的金额，有着较强的流动性；如果比较看好万能账户的实际收益，也可以直接投入资金到万能账户，通常只需要交纳很小比例的账户管理费用，而年金金额和红利流入无须交纳账户管理费用。

（二）产品优势

1. 财务规划

年金保险的缴费方式可以选择一次性交纳，也可以分期交纳，投保人根据自身经济情况和可持续性，可以选择适合自身的缴纳方式，并且设置好投入计划。根据保险公司的演示表，可提前知晓各种投入方式下，每个阶段自己可使用的实际资金量，合时宜地在自己需要资金时领取，如子女上学、夫妻养老时，资金安全又可持续获得增值。

2. 投入灵活

根据万能账户的运作收益情况，可以适时再次投入资金，达到理财收益的目的。当万能账户收益超出前期的预期情况下，外部有安全可靠的投资渠道时或确有急需用钱，可以领取万能账户的资金来做投资，当然，前提是不打破自己前期的资金规划。

3. 持续性强

与重疾保险产品类似，许多产品都设计了投保人豁免功能。当投保人因为意外或疾病而无法延续设定的投入计划时，投保人豁免功能开始发挥作用，使得原投入计划不被改变，保险继续有效，能够正常获取保险的收益。

4. 财富传承

此类保险产品通常以家庭中年轻成员作为被保险人，不会因被保人身故而使得保单责任终止。一方面可以通过设定身故受益人和更换投保人的方式，将资金传承给子女；另一方面也可以为养老生活做打算，传承给退休后的自己。

储蓄规划类的保险产品，通过险种间的相互配置，各自取长补短，在财富管理方面有着其突出地位，现在我们通过表2–2的储蓄类产品对比，分析储蓄类保险的具体优势。

表2–2 储蓄类产品对比

理财产品	定期存款	国债	储蓄类保险
期限	三个月到五年	一年至十年	长期
收益率	1.1%—4%	4%—5%	保底2.5%—3%
流动性	中途取出使用只能获得活期存款利率收益	不可以中途取出	万能账户五年后可无损失领取
财务规划效果	无强制性，易被使用；投资者发生风险，投资计划不能继续	可能购买不到，连续投入计划受阻，持续性差；投资者发生风险，投资计划不能继续	有长期投入规划，计划性强；带有强制储蓄特点，不易被使用；投保人发生风险，投资计划不受影响
财富传承效果	无债务隔离、合理避税功能，按遗产继承	无债务隔离、合理避税功能，只按遗产继承	可实现债务隔离、合理避税，载明受益人精准传承

从收益率方面来看，国债略强于定期存款，但三者之间并无明显差距。就流动性而言，定期存款具有明显优势，但是会影响到收益，储蓄类保险在5年后，流动性增强，优于前两者。在财务规划和财富传承方面，储蓄类保险的长期规划、强制储蓄及债务隔离、税收筹划、精准传承等功能，使其具备突出优势，在财富保值和财富传承中发挥着重要作用。

第三章

人寿保险与家族财富传承

古语有云“富贵传家，不过三代”，先驱者创造财富实属不易，守业更比创业难，而要想让财富在后世子孙身上得以长久传承，则更是艰难。随着我国企业家和高净值人群阵营的不断扩大，财富传承的关注度得到了前所未有的提升，如今财富传承已经成为社会的热点话题，更是财富管理全生命周期中重要的一环。本章通过财富传承方式的讨论和比较，旨在分析人寿保险在我国企业家和高净值人群的家族财富传承中的运用。

第一节　家族财富传承的概念及意义

一、什么是财富传承?

（一）财富传承的概念

所谓财富传承，是指财富所有者按照自己的意愿，将财富有规划、安全、顺利地传递给后代或心仪人选，以达到财富永续，避免财富流失的过程。财富传承过程中，会面临债务侵扰、税收过重、继承纠纷等各种问题，阻挠财富所有者意愿的实现，通过研究财富传承的途径，可以帮助财富所有者选择安全有效的方式，实施传承计划，从而达到财富传承的最终目标。

（二）财富传承与遗产继承的关系

财富传承与遗产继承在概念上比较接近，两者的目标都是对财富所有者持有财富的继承，但遗产继承只是财富传承的方式之一，财富传承范畴更加宽泛。两者的主要区别如下。

1.对象范围不同

遗产继承是以法定的亲属关系为基础，根据《中华人民共和国继承法》规定，遗产由第一顺序继承人配偶、子女、父母先行继承，无第一顺序继承人的，由第二顺序继承人兄弟姐妹、祖父母、外祖父母继承。而财富传承的对象则更为广泛，可以传承给财富所有者心中的意向人选，也可以实现跨代继承，而不拘泥于法律约定的亲属关系。

2.实施条件不同

遗产继承是根据法律规定的一种被动继承方式，事先可以不约定继承人，在财富所有者身故后，按照法律规定予以实施。而财富传承更强调主观能动性，提前进行财富传承规划，符合原有规划方案，在财富所有者生前也可启动落实。

3.传承效果不同

遗产继承是财富传承过程的一种初始方式，在财富的传递过程中往往会面临继承人之前的纠纷、外部债务的侵扰、税收减值等问题，导致财富缩水，而财富传承可以利用各种有效途径来解决这些问题，保证财富的增值和保值。

二、家族财富传承的意义

财富传承现在已经成为家喻户晓的热词，那么一个家族有什么必要去进行财富传承？它的实际意义和价值主要体现在以下四个方面。

（一）避免家族内斗不休

财富传承是在财富所有者在世时规划的一套财富交接方案，当达到方案设定的条件时，按照既定实施方案，将财富传承给继承者。将哪类财富和多少财富传承给谁是事先已经约定好的，遵从财富所有者的意愿，受到法律保护，也就不会产生家族内部成员之间激烈的争夺和纠纷。

家族内部财富的争夺很大程度上来源于婚变，根据2017年民政部发布的《2016年社会服务发展统计公报》，2016年离婚率已经达到了30%，且呈逐年上升态势。于高净值人群而言，婚变带来的不仅是感情破裂和夫妻反目，更会造成财产的纠纷和家族财富流失。对财富传承的提前规划有助于帮助化解此类风险，提早根据自身的财产构成、家庭成员情况以及分配意愿，合理使用不同传承工具，确保财富的有效传承。

（二）避免家族财富受债务侵袭

财富传承的第二项作用是可以实现债务隔离。企业家们在创业阶段或企业经营困难时期，有时会为了企业的生存和发展而欠下债务，这些债务虽是由企业产生的，但可能因为债务关系的复杂性，往往会关联到企业家自身的家庭财富，如果企业经营不善，就会导致家庭资产被冻结偿债。

（三）减轻财富传承税收负担

对于财富所有者来讲，在其财富传承过程中需要有税收方面的支出，而其中最负担最重的就是遗产税。美国的遗产税采用超额累进税率，高达55%。未来我国遗产税也征收在即，其税率水平预估也不低。一旦遗产税真正开始实施，首当其冲就是高净值人群的财富流失，这不利于家族财富的长远延续。

根据财富所有者的个人财富结构来制订科学的节税方案，依法合理避税，可以减少不必要的税收支出，减轻税收负担，有助于财富所有者更理想的实现代际传承。

（四）有效实现财富传承控制

对继承者的约束是财富的传承过程中又一重要问题，古语有云“富不过三代”，最根本的原因就是子女继承财产后的恣意妄为和挥霍无度，导致坐吃山空局面的形成，若是如此，前期所做的各种努力就会付诸东流。

关于这点香港著名影星梅艳芳女士做出了表率。知道自己的母亲喜欢赌博，所以梅艳芳女士采用家族信托的方式将财产传承给其母亲，财富每年以生活费的形式进行发放，有效地保障了正常生活。其实，除信托方式外，通过保险金分次给付也可以达到同样的效果，重点在于依照不同继承者的个性和传承目的，提早规划财富的传承，而不是依赖于遗产的自动继承。由此可见，财富传承地合理设计也可以有效约束财富继承者，更好地保障其生活水平不受影响，实现传承目的，这也正体现出财富管理以人为本的核心理念。

三、研究财富传承的动因

财富传承是在人民财富不断积累的背景下逐步发展和兴起的，一方面我国高净值人群和可投资资产规模在飞速增长，另一方面许多先驱企业家已经进入财富交接期，需要后人继承，由此，我们不难发现财富传承市场需求空前扩张。

（一）我国高净值人群和可投资资产激增

改革开放以来，我国经济总量跃升至世界前列，国民个人财富也呈现快速增长态势，涌现出了一大批高净值人群（可投资资产规模达到1千万元的个人）。如图3-1中国2008—2021年高净值人群规模所示，在2008—2020年，我国高净值人群从30万人增长到262万人，接近8倍的涨幅。越来越多的人加入到了高净值人群行列，高净值人群的增长速度也越来越快，预计到2021年底，中国高净值人群会高达296万人。

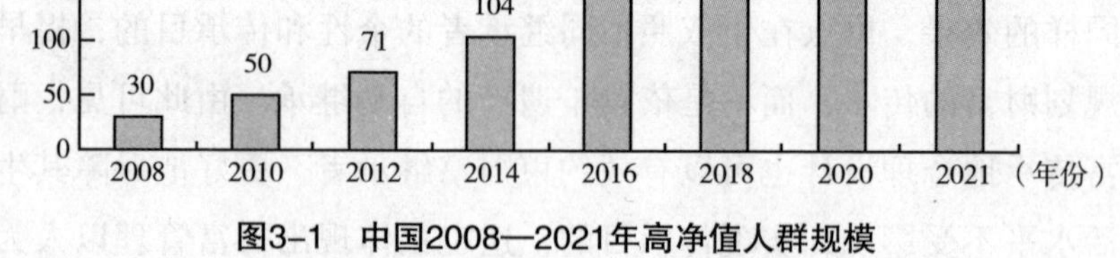

图3-1 中国2008—2021年高净值人群规模

数据来源：《2021贝恩中国私人财富报告》。

同时，高净值人群所拥有的财富规模也在快速上升，如图3-2中国2008—2021年高净值人群可投资资产规模所示，2008年高净值人群可投资资产总规模8万亿元，至2020年提升至84万亿元，总规模增加9.5倍，人均可投资资产规模也由2008年的2905万元提升至3209万元，增长率11.84%。预计到2021年底，中国高净值人群的财富总量将会达到96万亿元的规模，人均可投资资产规模将会上升至3249万元。

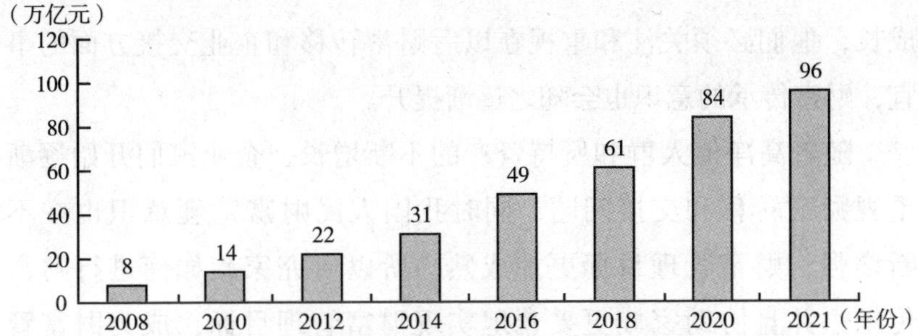

图3-2 中国2008—2021年高净值人群可投资资产规模

数据来源：《2021贝恩中国私人财富报告》。

根据招商银行《中国私人财富报告》显示，在高净值人群中，财富传承的提及比例超过了50%，有一半以上开始关注财富传承，随着高净值人群规模的扩大和可投资资产规模的上升，财富传承必将受到高净值人群的高度重视。

（二）先驱企业家进入财富交接期

根据胡润研究院《2017财富报告》显示，中国千万元级别高净值人群中，企业家的占比为55%，而亿元级别的高净值人群中，企业家占比更高，达75%。先驱企业家为我国的经济发展和祖国建设奉献了青春和热血。但是随着时间的推移，这些企业家逐渐老去，根据2017年胡润研究院发布的《36计·胡润百富榜2017》显示，截至2017年8月15日，财富超过20亿元人民币的上榜企业家共2130位，平均年龄为54岁，这些人群子女的年龄基本在25岁左右，许多开始步入社会，这也反映出先驱企业家们已经逐渐进入财富交接阶段。

胡润研究院的调查表明86.2%的企业家开始考虑或者已在着手准备家族的财富传承规划，伴随企业家年龄的增长和子女的不断成长，他们必须关注和重视在以后财富转移和企业交接方面的事宜，财富传承的意识也会随之逐渐提升。

随着高净值人群和所持资产的不断增长，企业家们开始逐渐重视财富转移和交接问题，同时我国人民财富管理意识也在不断增强，财富管理目标更加成熟，所以研究家族如何进行财富传承，并且协助家族更妥善地实现财富管理目标，成为财富管理至关重要的内容，为推动我国经济发展和社会稳定提供有力支撑。

第二节 财富传承方式比选

介绍了财富传承的概念和意义后，我们需要了解财富传承的方式，掌握实现财富传承目标的手段，主要包括遗嘱、赠与、信托和保险。下面通过比较各种方式的优势和缺点，设计合适的传承规划。

一、遗嘱真能如其所愿吗？

遗嘱是指人们生前在法律允许的范围内，按法定方式对其遗产或其他事务所做的处理决定，并在创立遗嘱人身故时产生效力的法律行为。公证遗嘱、自书遗嘱、代书遗嘱、录音遗嘱和口头遗嘱是五种遗嘱形式。

公证遗嘱是由遗嘱人亲至公证机关订立的遗嘱，公证人员会对遗嘱的真实性和合法性全面地进行严格审查，确认遗嘱的有效性后出具“遗嘱公证书”。

自书遗嘱是指通过遗嘱人亲笔书写而订立的遗嘱。自书遗嘱不需要见证人在场也可以确认生效。

代书遗嘱是指因遗嘱人不会写字或身体问题不能书写，而委托他人代为书写的遗嘱。

录音遗嘱是指遗嘱人利用录音器材将自己的口述内容保留为遗嘱。

遗嘱人在危急情况下，可以立口头遗嘱。口头遗嘱应当有两个以上见证人在场见证。

遗嘱财富传承方式可以对财富所有者的全部资产种类进行传承，包括有形的现金、股票、企业股权、房产、生活用品、文物资料等，也可包括著作权、专利权等无形资产，具有可传承资产范围广的优点。但是其不足也很明显，体现在以下四个方面。

（一）遗嘱人意志体现受限

自书遗嘱有被篡改和伪造的可能，自书遗嘱无须两个以上见证人在场见证，这就可能使别有用心的继承人通过字迹模仿篡改和伪造遗嘱。虽然其他形式的遗嘱有见证人或者公正机关，但是面对财富时人们往往不肯就此罢手，未达到心理预期的继承人可能会主动挑起事端，甚至对簿公堂。而以文件资料保留的遗嘱，在文字或口语表述上是否清晰易懂、是否没有歧义、是否完整准确、是否符合法律规定，这些能否经得起“咬文嚼字”律师们的反复推敲，都可能使遗嘱人的意志体现受到影响。

此外，《中华人民共和国继承法》规定遗嘱不得取消缺乏劳动能力又没有生活来源的继承人的继承权，那么这就表示有些继承人选是法律规定好的，但可能并不属于遗嘱人的心仪人选。

（二）继承人之间的关系影响时效

通过公证遗嘱形式传承财富的，在办理遗产继承前需要得到继承权公证书。根据中国公证协会颁发的《办理继承公证的指导意见》规定：遗嘱为公证遗嘱的，公证机构应当对遗嘱内容是否符合法律规定进行审查，并向全体法定继承人核实。在继承权公证流程中要求全部继承人到场办理双录程序，并且达成一致意见，而未达到心理预期的继承者可能会想办法阻挠继承程序的进行，这就极大增加了传承难度。

（三）不利于财富的增值保值

《中华人民共和国继承法》第三十三条有明确规定：被继承人在继承遗产之前，应当依法缴纳所有的债务及对应的税款，缴纳税款和清偿债务以他的遗产实际评估价值为限。超过遗产实际价值部分，继承人自愿偿还不在此限。其实，遗嘱继承是对立遗嘱人财产的限定继承，继承人的遗产继承权需要偿还遗嘱人生前的债务和税负。另外，我国遗产税征收势在必行，这无疑是使得财富在遗嘱传承过程中产生缩水。

（四）不利于家族财富隐私保护

遗嘱传承需要在遗嘱人去世后，继承人继承时，公开遗嘱内容，各继承人都知道遗嘱的全部资产情况。而当在各继承人之间达不成一致时，若通过法律诉讼手段解决争议，一些名人或企业家本身就受公众的重视，遗嘱内容也难免会进入公众视野，不利于保护家族财产隐私。例如，2014年，著名的国画大师许麟庐遗产继承案在经过两年多时间的审理后，最终告一段落，但是此事被外界各种媒体争相报道，直接将许麟庐20亿元的家产暴露在公众面前。

二、赠与的问题与局限

赠与是赠与人将自己的财产无偿给予受赠人，赠与行为一般要通过法律程序来完成，即签订赠与合同。赠与从形式上来看是一个比较简单易行的传承方式，而且是在生前就做好交接，看似提前规划又切实可行，但是如果用赠与来进行财富传承，其中存在着诸多的问题。

（一）缴纳税收较多

赠与是需要缴税的，其中最为主要的是赠与税，世界已有100多个国家和地区征收赠与税，赠与税其实是遗产税的补充，美国一年内不用缴税的赠与额度仅为27000美元，超出部分需要缴纳赠与税。虽然我国目前未立法开征，但是伴随遗产税征收在即的趋势，赠与税作为补充也将随之而来。

其次，赠与需要额外的税费支出。我国目前对于房产的赠与，一方面需要支付公证费，另一方面可能涉及契税、个人所得税、印花税、土地增值税等；个人赠与公司股权的，属于股权转让行为中的“其他股权转让行为”，转让方应按转让所得的20%缴纳个人所得税。

（二）赠与撤销受限

《中华人民共和国合同法》对赠与合同的撤销权有明确限制，如果赠与的财产已经完成转移，则不能撤销赠与，虽然法律也规定了三种情形下可以法定撤销，即当受赠人严重侵害赠与人或者赠与人的近亲属、受赠人对赠与人负有扶养义务而不履行、受赠人不履行赠与合同约定的义务，但是如果义务只履行部分，或者举证困难，就无法撤销或产生纠纷。

（三）婚姻变动纠纷

根据《中华人民共和国婚姻法》中有关规定，夫妻在婚姻关系存续期间由继承或赠与所得的财产属于夫妻共同财产。那么一旦子女的婚姻关系破裂，原本属于男方或女方父母赠与个人的财产也即变为夫妻共同财产，在离婚时需要分割。虽然也规定遗嘱或赠与合同中确定只归夫或妻的财产属于一方财产，但是现实中的厘定并不见得就泾渭分明。

最常见的是男方父母出资为小夫妻付首付买房子，由夫妻共同偿还贷款，这里男方父母的行为是一种赠与，但是赠与的是只归属其儿子还是归属夫妻双方并不明确，即使签署了赠与协议并明确只归属于其儿子，但是需要举证来证明首付的出资方确实属于男方父母，这可能已经是很多年前的证据了，相关的转账凭证、银行流水等很可能都没存留，中途也可能有其他款项往来，不一定可以说得清、道得明。

三、家族信托的“能”与“不能”

信托是一般涉及三方面当事人，即委托人、受托人、受益人。委托人将其财产委托给受托人，受托人依循委托人的意愿，按照规定的条件和范围将财产传承给受益人。

信托最早起源于古罗马帝国时期，在世界人民财富积累的过程中，信托逐步推广到全世界，而在其发展演变的过程中也诞生了家族信托，当今家族信托最为发达的国家是美国。

我国家族信托起步较晚，到2018年，68家信托公司只有36家开展了家族信托业务。今天我们许多人都对家族信托略有耳闻，那么家族信托到底能在我们的财富传承中发挥怎样的作用？主要有哪些局限？我们在这里来探讨一下。

（一）家族信托助力财富传承

1.婚姻风险隔离

家族信托的建立，首先能有效隔离财富所有者与配偶的婚姻风险，在夫妻双方婚姻破裂后，通过家族信托传承的财富不属于夫妻共同财产，转移给信托受益人。其次，可以有效隔离子女的婚姻风险，在设置家族信托时明确子女一方为信托受益人，不包含配偶，这样即使子女的婚姻有变故，规避了夫妻财产混同，同样可防止财富流失。

2. 财富的传承控制

为了防止后代铺张浪费、挥霍无度，家族信托可以根据家族成员的具体情况，因地制宜地向受益人分配信托利益，如设定特定时点，在后代上学、结婚、重大疾病、养老等人生重要时刻给予资金，可以涵盖从出生到老年的全过程，在未来为其提供终身资金保障，满足生活需求。

3. 保护家族财富隐私

家族信托直接由财富所有者作为委托人，与受托人订立合同，其他人等没有知情权，受托人也无权向外界披露任何信息，有为委托人和受益人保密的职责，这极大限度地保护了家族的财富隐私。

（二）家族信托效用受限

1. 受托人监管待完善

由于信托在我国起步较晚，目前法律和监管措施还不完备，受托人在接到大笔财产后极易在利益驱动下违反约定，自2014年起每年都有大量的信托纠纷案件发生，且在逐年增多，许多受托人违反信托目的处置信托财产，或者滥用管理职责，处理事务不当致使信托财产遭受损失等。目前我国出台信托法对于受托人的约束还很有限，而且缺少信托财产登记制度，使得受托人的道德风险防范困难，有待进一步完善和规范监管制度。

2. 合理避税功效不显

不同于欧美国家，目前我国信托方面在不同环境下有对受益人征税的，又有对受托人征税的，甚至也有对两者同时征税的情况，而且由于信托的相关法律法规尚不完备，信托业务的相关税收还不明确，是否可以合理避税还未可知，随着信托业务的不断发展，有待国家相关部门进一步明确。

3. 设立条件较高

我国家族信托规模的门槛设定较高，一般是1000万元，极少数信托公司设定在500万元。虽然我国的高净值人群和可投资资产量在迅速增长，但对于中产阶级及以下人群而言，还没有考虑家族信托进行财富传承的必要性。

4. 可传承财产范围有限

就家族信托模式而言，可传承的资产范围涵盖股票、现金、企业股权、实物资产等动产，以及土地、房屋等不动产，也可以是专利权和著作权等无形财产。但是由于我国的家族信托发展尚不成熟，许多问题和矛盾的解决还需要法律法规的进一步完善，目前的家族信托产品范围有限，仍集中在现金资产上。

四、人寿保险的“得天独厚”

人寿保险在财富传承中发挥着不可替代的重要作用。首先，人寿保险可以按照投保人的意愿指定身故受益人，完成财富的定向传承；其次，人寿保险的保险金领取和赔偿金给付都是不用缴纳税负的；再有，人寿保险可以隔离投保人的债务风险，更好地保证投保人的财富传承。所以，单从功能比较，人寿保险较之遗嘱、赠与和家族信托具有很大优势，实际应用中的效果更为明显。

（一）与遗嘱相比

遗嘱作为一种财富传承的方式，虽然比起自然的遗产继承已有提前规划的优点，但还是比较落后的，存在两个最大的问题。

一是受到法律限制，继承人选需要与其他法定继承人统一意见，才能完成继承权的实施，而这种意见的统一往往是继承人选的单方让步和妥协，与遗嘱人的初衷和目的不符，甚至大相径庭。二是在遗嘱继承过程中财富容易受到债务风险和高税收的侵蚀，继承人选费经周折所继承的财富可能大幅缩水。

受到保险法和继承法保护的人寿保险，直接有效地避免了这种的问题的产生。财富所有者只需要与保险公司订立保险合同，将财富作为保费投入保险公司，再约定好心仪人选成为保单的身故受益人，单方面告知受益人自己的传承规划，达到保险合同约定给付条件或者财富所有者身故后，受益人即可向保险公司申请领取保险给付金或赔偿金。在全过程中，都是与保险公司打交道，不涉及其他法定继承人，便不会滋生事端、造成纠纷，更不会被外界所知晓而闹得沸沸扬扬，很好地保护了财富所有者和继承人的隐私，避免产生家族矛盾纠纷。继承人以此方式得到的财富被完美的保护起来，不会因为所有者的债务和遗产税而折损，最大化的传承给继承人选。

（二）与赠与相比

赠与是一种事前规划和财富安排的行为，但比较“简单粗暴”，缺点也很明显，除了可能面临较高的税收之外，还有两大弊端：第一个弊端，当财富所有者的意愿发生变化时，赠与不能随之而改变。譬如再婚家庭，特别是“老夫少妻”，财富所有者可能因为再婚妻子的不良结婚动机，或者出轨等情况产生意愿的更改。年迈丈夫为了避免百年后，首任妻子的子女为了争夺遗产而与再婚妻子发生纠纷，在生前把财产赠予给自己再婚妻子的子女。但随着时间推移，发现再婚妻子出轨，更糟心的是再婚所生孩子并非自己的亲生骨肉，这时如果赠与财产已完成转移，再想撤销则悔之晚矣。第二个弊端，无法防范继承人婚姻变动的风险。因为赠与所得财产按照法律的规定属于夫妻的共同财产，当财富所有者赠与子女财产后，子女婚姻破裂，这时所传承的财富就会按照子女与配偶的共同财产来处理，很容易被划分走。

人寿保险合同订立后，当投保人想更换受益人时，只需要向保险公司提出申请，无须得到原受益人的同意，这就实现了投保人的意愿自由。另外，最高人民法院《第八次全国法院民事商事审判工作会议（民事部分）纪要》规定：婚姻存续期间，一方作为受益人依据死亡为给付条件的人寿保险合同获得的保险金，宜认定为个人财产。由此即使是子女日后婚姻出现问题，通过人寿保险身故赔偿金传承给继承人的财富也不会被划分。

（三）与家族信托相比

家族信托在我国财富传承的实际效力要远远小于期望预期，家族信托以正式产品出现是在2012年，经过短短几年的发展，规模有所增加，但是受法规和监管约束，应用实践还较少，甚至曝出不少负面影响，这与成熟监管和长期实践应用下的人寿保险不可同日而语。

首先，就资金投入的安全性而言，《中华人民共和国保险法》自1995年6月30日第八届全国人民代表大会常务委员会第十四次会议通过，根据实践经验，又在2002年、2009年、2015年进行了三次修订，最高人民法院关于保险法又分别做了四次司法解释，从多方面维护了投保人、被保人、受益人的权益。此外，银保监会和中国人民银行等金融监管机构，从保险公司对资金的运作及管理方面都有严格的要求和规范标准。而反观信托，《中华人民共和国信托法》于2001年4月28日通过，自2001年10月1日起施行，由于缺少实践应用，尚未修正过，其中关于家族信托的最长期限、所有权等重要内容依然不够明晰，加之缺少严格规范的监管环境，使得受托人存在滥用职权、违规运作等问题。保险资管由于长期以来的规范性，资管新规对其影响较小；而信托资金池运作模式和通道业务带来的金融风险，则是资管新规重点的规范对象。

其次，家族信托的避债功能还只是坊间传言，并无明确规定和法律依据，以此作为财富传承方式实在有欠考虑。我们反对任何形式的恶意逃债行为，但是提倡出于非恶意性质的资产保全。《中华人民共和国信托法》第十二条规定：委托人设立信托损害其债权人利益的，债权人有权申请人民法院撤销该信托，而《中华人民共和国合同法》中对于人寿保险避债功能的授予却是不争的事实。

综上所述，人寿保险方式的财富传承在功能和实践应用中都具备突出优势，是需要财富所有者去合理掌握和应用的。有人说人寿保险只适合对现金的财富传承，这种理解也是没错的。财产到最后都是以金钱价值来衡量的，当财富管理到了财富传承阶段，适当地将其他类型的财产转变为现金，再通过现金购买人寿保险，运用人寿保险完成财富传承是非常必要的，尤其适合传承财富规模庞大的高净值人群。

第三节 人寿保险的财富传承实务

我国保险业快速崛起，发展态势迅猛，随着保险监管和法律法规的不断完善，广大群众的保险意识不断增强，人们从最初“保险并不保险”的怀疑和不信任，逐渐开始意识到“保险姓保”，具有风险保障和经济补偿的功能，这些并不能充分体现保险对经济社会的全部作用。只有了解和掌握了人寿保险在财富传承中的功能，并指导和应用于实践，才能使社会大众乃至精英人群更好地认识到保险的魅力所在。

一、遗产纠纷何时休

遗产在继承过程中，令财富所有者最为苦恼也最容易出现的问题是家族成员间的纠纷，绝对的公平是不存在的，而人的贪念和欲望也是无止境的，所以财富所有者心中的那杆秤才最值得守护。人寿保险能通过定向传承和隐私保护功能，减少和避免纠纷的产生，下面给出具体实践案例。

（一）案例描述

老徐是国内知名网球运动员，曾在多次大赛中获得过大奖，通过发展网球培训产业和代言广告等多项收入渠道，拥有了过亿元的财富。老徐的家庭生活也基本稳定，与妻子感情很好，并育有一儿一女，可惜妻子先他而去。儿子虽已成家，但是由于从小管教不严，成天游手好闲、不务正业。小女儿却出类拔萃，十分争气，出国留学攻读硕士，回国后在一家上市公司工作，事业发展很顺利，且对老徐照顾有加。

老徐对小女儿的表现看在眼里、爱在心里，对儿子则不甚满意。感觉自己年老体衰，将不久于人世，老徐便立下遗嘱，将自己90%的财产遗留给小女儿继承，10%留给儿子只做日常生活费用。

老徐去世后，女儿与儿子都拿到了遗嘱。女儿想通过公证机构认领遗产，认为这是父亲的意愿，自己应该按90%继承。可这时儿子哪里肯干，认为老徐厚此薄彼，对自己不公，坚决反对遗产的分配。儿女意见不一致，儿子拒不配合办理继承手续，公证人员按照法定程序拒绝遗产过户，一时间此事就此搁置。

（二）案例分析

在此案例中，我们不难发现，其实老徐对财产继承的安排是有欠妥当的。虽然老徐在生前规划了遗产继承，但是显然对于遗嘱的作用、相关法律法规和继承流程不甚了解。中国公证协会颁发的《办理继承公证的指导意见》第十四条规定：遗嘱为公证遗嘱以外符合法定形式的遗嘱的，公证机构应当取得全体法定继承人对遗嘱内容无异议的书面确认，并经审查认为遗嘱的内容符合法律规定，可以确认遗嘱的效力。老徐的遗嘱明显非公证遗嘱形式，需要法定继承人的一致同意后方可执行，儿子单方的阻挠使得老徐的遗嘱不能如其所愿。

另外，即使老徐立下公证遗嘱，也不见得事情如想象中那么顺利，在继承权公证流程中要求全部继承人到场办理双录，如果儿子找各种理由干扰双录程序的实施，那么到最后还是需要得到儿子的配合，才能保证财产过户。

再有，继承权公证的费率也很高昂，1000万元以上的公证费率达到0.1%，如果继承财产为1亿元，那么公证费就需要花费10万元，这可是一笔不小的支出。

（三）解决方案

其实，利用好人寿保险，就能避免这些问题的发生。关于老徐的财富传承规划，我们提出解决方案：老徐可以对照传承财富比例，建立两份终身寿险保单。第一份终身寿险保单投保人和被保险人都为老徐，身故受益人为女儿，保费为财产的90%；第二份终身寿险保单投保人和被保人也为老徐，不过身故受益人为儿子，保费为财产的10%。并且把两份保单分别交给儿子和女儿保管，不告知两人对方所持保单的信息。这个设计方案有三点好处。

一是不会产生纠纷。儿子和女儿作为身故受益人各自向保险公司申请身故保险金，儿子受益的部分无须得到女儿的同意，女儿受益的部分同样不需儿子认可，那么在分配比例时就不存在要双方确认的过程，从而也就不会产生分歧。

二是子女间不会留下隔阂。有人可能疑问，为什么需要两份终身寿险保单，直接通过一份保单，将受益比例按照女儿90%和儿子10%作约定不是更方便吗？这正是化解子女隔阂的关键，产生隔阂是因为确切知晓对方的继承财产金额，两份保单方式的传承，使儿子并不清楚女儿所得身故保险金的金额，即使觉得有所不公也无从查证。这样不必像遗嘱一样，将老徐的全部财富都暴露出来，完美地保护了老徐和继承人的隐私，避免儿子心生芥蒂，儿子与女儿的相处也会比较融洽。

三是操作简单，无需额外费用。通过终身寿险身故保险金的方式继承财产，只需准备保险公司所要求的申请材料，无须像遗嘱般需要较高的公证费用。此外，领取的身故保险金通常会比所缴纳保费更多，从而也就实现了财富的保值增值。

二、债务中的财富保全

许多伟大的企业家终其一生为社会做出了贡献，然而可能因为企业的经营和发展背负上债务。这些债务本身并不一定与企业家的家庭财产有直接关系，但由于资金的长时间往来交错，最终家庭资产可能也难以幸免。下面介绍的李先生就是这样一位企业家。

（一）案例描述

李先生是A公司的创始人之一，公司为了扩大生产，需要一笔资金周转，李先生凭借自己丰富的社会资源筹措了一笔贷款，应银行方面要求，作为贷款担保人，不久后李某因故去世。

由于公司经营不善，贷款不能如期偿还，银行方面向法院起诉A公司和李先生的遗产继承人（李先生的妻子和儿子），法院支持了银行，不仅冻结了A公司的相关资产，而且还查封了李先生妻子和儿子的遗产继承部分，其中李先生为其自身购买的大额终身寿险理赔金也被冻结，原因是该保单没有指定身故受益人。李先生的妻子和儿子对此表示不解，为什么保险理赔金还需要负担债务？向法院提出异议，但是法院依法驳回了李先生妻子和儿子的申请，维持原判。

可惜李先生作为一代企业家，奋斗一生，不仅没有给家庭留下财富，反而由于债务使得家庭成员也身陷困境，不禁令人扼腕叹息。

（二）案例分析

分析上述案例，我们不难发现，人寿保险抵御债务的功能并没有得到发挥，究其原因是保单设置的问题，由此带来的结果也是完全不一样的。

首先，根据《中华人民共和国继承法》规定：被保险人死亡后，有下列情形之一的，保险金作为被保险人的遗产：

（1）没有指定受益人，或者受益人指定不明无法确定的；

（2）受益人先于被保险人死亡，没有其他受益人的；

（3）受益人依法丧失受益权或者放弃受益权，没有其他受益人的。

受益人与被保险人在同一事件中死亡，且不能确定死亡先后顺序的，推定受益人死亡在先。

在此案例中，李某虽然购买了大额的终身寿险用于规避债务，但没有为保单指定身故受益人，那么保险理赔金会按照遗产继承，这就使得保险理赔金同样需要承担债务。

其次，在指定身故受益人时，也要意识到夫妻共同债务的问题。《最高人民法院关于适用〈婚姻法〉若干问题的解释（二）》第二十六条规定：夫或妻一方死亡的，生存一方应当对婚姻关系存续期间的共同债务承担连带清偿责任。许多人认为李某的生前债务没有用于家庭日常生活，这部分债务不应属于共同债务。然而依据《最高人民法院关于审理涉及夫妻债务纠纷案件适用法律有关问题的解释》规定：夫妻一方在婚姻关系存续期间以个人名义超出家庭日常生活需要所负的债务，债权人以属于夫妻共同债务为由主张权利的，人民法院不予支持，但债权人能够证明该债务用于夫妻共同生活、共同生产经营或者基于夫妻双方共同意思表示的除外。实际上，李某经营过程中，企业的分红和收益都由家庭成员享受，很容易被银行举证为共同债务。由此我们可以看出，即使李某身故理赔金以身故受益人的方式给到妻子也无济于事，需要以其自身财产承担债务的连带清偿责任。

（三）解决方案

对于此种情况，需要在设计保单身故受益人时，规避偿债风险。李某的终身寿险保单可以将身故受益人设定为其儿子。根据《中华人民共和国继承法》第三十三条规定：继承遗产应当清偿被继承人依法应当缴纳的税款和债务，缴纳税款和清偿债务以他的遗产实际价值为限。而通过身故受益人方式领取的保险理赔金不属于遗产范围，属于儿子的自身财产，是不用偿还李某所欠债务的。

由于法律的复杂性，这里我们需要注意一下，终身寿险保单合同要趁早成立，并指定好儿子作为身故受益人，而不要在有明确债务责任后才开始购买保险，否则法院可能会以此为由，认为是恶意避债，产生其他变故。

三、婚前财富归属有序

婚姻是爱情的结晶，两个毫无血缘关系的人，因为缘分和爱情走到一起，这固然美好，但是生活充满希望和美妙的同时，也伴随着困苦和考验。我们每个人都应该理性的对待婚姻，意识到婚姻本身也存在破裂的风险，对于婚前财产，通过保单来隐晦隔离，是对待婚姻和守护财富的正确方式，王先生就是对此认识不清，才遭受重大损失。

（一）案例情形

王先生出身演艺世家，从小受家庭文化熏陶，长大后也成了一名演员，在出演多部优秀作品后，开始为大众所熟知。随着人气的一路高涨，演艺事业也到达巅峰，通过辛勤演出和苦心经营，积累了大量财富。

王先生在功成名就后，也终于迎来了人生最重要的时刻，与年轻貌美的蔡女士相识相知，两人很快步入了婚姻的殿堂。然而，婚后生活并不如预想中那么美妙，由于王先生日常演出事业忙碌，长时间出差，无暇顾及家庭，夫妻感情日渐降温，经常由于各种细小问题产生矛盾。终于，两人不再隐忍，结婚不到两年便要离婚。由于就财产分割问题争执不下，王先生将蔡女士起诉到法院，要求其净身出户。

经过法院一番审理，将两人财产的近一半分割给了蔡女士。要知道两人的财产绝大部分都是王先生辛苦打拼挣得的，王先生对此非常不满，一段维系短短两年的婚姻就将自己努力获得财富的一半分割走，一时难以接受。但是基于法院的判决，王先生也无可奈何，只能怨天尤人，空留懊悔，眼睁睁看着自己的财富流失。

（二）案例分析

王先生的所遭所遇和困惑，社会上的很多人都经历过。当今社会经济不断发展，个人财富迅速积累，婚姻本应是幸福生活的开启，然而随着离婚率的持续走高，感情的世界也不再单纯，但对财富的守护却是我们一直追寻的目标。

根据调查显示，案例中王先生没有对婚前财产做混同隔离是最大的弊病，是导致财富流失的最主要原因。要想做到婚前财产的隔离，首先需要了解相关的法律规定。根据《中华人民共和国婚姻法》：

第十七条　夫妻在婚姻关系存续期间所得的下列财产，归夫妻共同所有：（一）工资、奖金；（二）生产、经营的收益；（三）知识产权的收益；（四）继承或赠与所得的财产；（五）其他应当归共同所有的财产，夫妻对共同所有的财产，有平等的处理权。

第十八条　有下列情形之一的，为夫妻一方的财产：（一）一方的婚前财产；（二）一方因身体受到伤害获得的医疗费、残疾人生活补助费等费用；（三）遗嘱或赠与合同中确定只归夫或妻一方的财产；（四）一方专用的生活用品；（五）其他应当归一方的财产。

显然，在法律规定中婚前财产属于个人所有，那就理所当然不会被分割，这是包括王先生在内多数人的想法。然而在实际中，婚前财产的划分未见得如此简单，王先生需要举证财产属于婚前财产，如果发生证据的遗失或不充分，就会被认定为夫妻共同财产，很少有人能在日常生活中时刻保留各种票据单证，这种规定方式对于现金类财产认定更是难上加难。

（三）解决方案

这种婚前财产保护问题很容易通过人寿保险解决。对于王先生而言，只需要在婚前通过趸交的方式购买一张年金保险保单，投保险人和被保险人都是自己，为了防止道德风险，可以把保单的身故受益人设定为父母。需要强调的是，保费要婚前趸交，避免婚后继续缴纳，致使保费来源发生混同。这种保护方案具有如下优点：

第一，婚前的保单所有权属于王先生本人，只王先生有处置权，起到了防止夫妻现金混同的作用，很好地保护了王先生的婚前财产。

第二，年金保险给付的年金王先生可以日常领取，用于日常的生活开销使用，但一次不会有太多，即使存在和其他现金流混同的风险，也不会有太大损失。

第三，如果不幸万一发生意外，导致王先生身故，保单的身故保险金也会理赔给王先生的父母，不会发生财富外流情况。订立的年金保险合同，封闭了财富流失的出口。

四、巧用保单合法避税

随着各方的呼吁，相信在不远的未来，我国也将会征收遗产税，这对于高净值人群而言，无疑是一把切割财富的利刃。崔氏夫妇为此而头痛不已，下面探究一下有什么好的解决方案。

（一）案例描述

崔氏夫妇有着出色的经商天赋，两人从结婚开始辛勤打拼，经过二十多年的时间，经营的企业一跃成为行业独角兽。虽然工作紧张忙碌，少有闲暇，但两人感情一向很好，并且有个乖巧的儿子。儿子秉承两人勤奋刻苦的精神，学业很是用功，在美国重点大学攻读硕士毕业后，就职于美国一家高科技研究所工作，并已获得美国绿卡。

时光荏苒，崔氏夫妇到了退休的年纪，打算移民美国，想要一家人在一起享受家庭温馨，不愿再与儿子隔海相望。此时老夫妇俩却犯了难，大半辈子所积累的财富肯定是想在百年之后，由儿子全部继承。可是如果俩人移民美国，就面临税务申报问题，考虑到美国高额的遗产税和赠与税，两人不禁有些失落。要知道美国的遗产税税率最高可达到50%，换言之，可能一半的遗产要用来缴纳税负，这可是一笔不小的财富流失。

最后经过深思熟虑，崔氏夫妇还是决定在国内终老，淡化了亲情，面对现实利益，做出了妥协，希望儿子能够在美国工作一段时间后，再找机会回国定居。

（二）案例分析

近些年来，为了使得子女接受更好的教育，我国越来越多的高净值人群有向海外移民的计划，其中的问题除了风土人情、生活习性、语言沟通外，更多的在于对家族财产的担忧。

我国政府也已多次提出征收遗产税，具体方案正在调研和拟定中，一般赠与税作为对遗产税的补充税种都会同步出台。以后即使崔氏夫妇在国内终老，也不见得没有遗产税和赠与税的烦恼。人们对此也曾提出多方面的解决办法，如前文中提到的家族信托，可是尚未在实践中检验和完善，存在诸多变数，并不能直接有效地解决现实问题。

实际上，只要掌握了人寿保险的实用技巧，这种问题并不难解决。虽然人寿保险在不同国家的具体表现有所差异，譬如美国人寿保险的身故保险金也是要纳入遗产税中计算的，但是我们也有应对之策。

（三）解决方案

第一种情况，如果崔氏夫妇选择移民美国，那么可以先将大量财产转移到一个人的身上。比如由崔先生作为投保人，夫人作为被保险人，通过交叉投保成立人寿保险保单，并指定儿子作为身故受益人。这种设置的合理之处在于，人寿保险属于投保人的资产，被保险人只是其保障对象，在被保险人去世后，保险的身故保险金不会作为被保人的遗产计入遗产税，而是会直接赔偿给身故受益人，这就合理合法地规避了高额的遗产税，使得家族财富受到了较好的保护，成功传承给儿子。夫妇俩人也能在有生之年，无忧无虑地与儿子共享天伦之乐，成为事业和生活双丰收的人生赢家。

第二种情况，如果国内开始征收遗产税，上述方法也可以使用，但更为简单的是崔氏夫妇任一方都可成立保单，不用迁移资产，也没必要必须交叉投保，可选择空间更大。例如崔先生可以为自己投保人寿保险，投保人和被保险人都是自己，指定受益人为儿子。依照《中华人民共和国继承法》，明确指定身故受益人的情况下，身故保险金是不符合遗产处理的范围的，既然不属于遗产，也就不存在征收遗产税的问题。

第四章

财富管理政策动态

一、解读共同富裕

共同富裕是全体人民通过辛勤劳动和相互帮助最终达到丰衣足食的生活水平，也就是消除两极分化和贫穷基础上的普遍富裕。是邓小平建设中国特色社会主义理论的重要内容之一。中国人多地广，共同富裕不是同时富裕，而是一部分人一部分地区先富起来，先富的帮助后富的，逐步实现共同富裕。共同富裕是社会主义的本质规定和奋斗目标，也是我国社会主义的根本原则。

习近平同志指出，“消除贫困、改善民生、实现共同富裕，是社会主义的本质要求，是我们党的重要使命”。2013年11月，习近平总书记在湖南湘西考察时首次提出了“精准扶贫”，后来又在多种场合进一步阐述并丰富这一概念的内涵，从理论到实践形成了系统的思想，不仅成为指导我国扶贫工作的重要方针，为我国扶贫攻坚全面建成小康社会能够取得成功奠定了思想基础。2016年7月20日，习近平总书记在银川主持召开东西部扶贫协作座谈会并发表重要讲话。讲话指出，东西部扶贫协作和对口支援，是推动区域协调发展、协同发展、共同发展的大战略，是加强区域合作、优化产业布局、拓展对内对外开放新空间的大布局，是实现先富帮后富、最终实现共同富裕目标的大举措，必须认清形势、聚焦精准、深化帮扶、确保实效，切实提高工作水平，全面打赢脱贫攻坚战。习近平总书记指出："广大人民群众共享改革发展成果，是社会主义的本质要求，是我们党坚持全心全意为人民服务根本宗旨的重要体现。我们追求的发展是造福人民的发展，我们追求的富裕是全体人民共同富裕。"十八届五中全会通过的"十三五"规划建议提出了创新、协调、绿色、开放、共享五大发展理念，其中的共享发展就有这层含义。所谓共享发展就是人人参与，人人尽力，人人享有，要让更多人参与到中国的现代化进程，分享中国改革发展现代化的成果。

党的十九大报告提出的2035年目标和2050年目标，都鲜明地体现了改善人民生活、缩小差距、实现共同富裕的要求。比如，到2035年的目标提出，"人民生活更为宽裕，中等收入群体比例明显提高，城乡区域发展差距和居民生活水平差距显著缩小，基本公共服务均等化基本实现，全体人民共同富裕迈出坚实步伐"；到2050年的目标提出，"全体人民共同富裕基本实现，我国人民将享有更加幸福安康的生活"。虽然实现共同富裕要有一个过程，但我们要努力去做、不断推进。

"十四五"时期将按照《建议》的要求，扎实推动共同富裕，坚持按劳分配为主体、多种分配方式并存，提高劳动报酬在初次分配中的比重，健全工资合理增长机制，着力提高低收入群体的收入，扩大中等收入群体；完善按要素分配政策制度，增加中低收入群体的要素收入；完善再分配机制，加大税收、社保、转移支付等调节力度和精准性；发挥第三次分配的作用，发展慈善事业。

2021年8月17日，中共中央总书记、国家主席、中央军委主席、中央财经委员会主任习近平主持召开中央财经委员会第十次会议，研究扎实促进共同富裕问题，研究防范化解重大金融风险、做好金融稳定发展工作问题。习近平在会上发表重要讲话强调，共同富裕是社会主义的本质要求，是中国式现代化的重要特征，要坚持以人民为中心的发展思想，在高质量发展中促进共同富裕；金融是现代经济的核心，关系发展和安全，要遵循市场化法治化原则，统筹做好重大金融风险防范化解工作。会议强调，共同富裕是全体人民的富裕，是人民群众物质生活和精神生活都富裕，不是少数人的富裕，也不是整齐划一的平均主义，要分阶段促进共同富裕。

二、国家共同富裕示范区

2021年6月10日，中共中央、国务院发布《关于支持浙江高质量发展建设共同富裕示范区的意见》，赋予浙江重要示范改革任务，先行先试、作出示范，为全国推动共同富裕提供省域范例。意见紧扣推动共同富裕和促进人的全面发展等，围绕构建有利于共同富裕的体制机制和政策体系，提出6方面、20条重大举措。

共同富裕是社会主义的本质要求，是人民群众的共同期盼。改革开放以来，通过允许一部分人、一部分地区先富起来，先富带后富，极大解放和发展了社会生产力，人民生活水平不断提高。党的十八大以来，以习近平同志为核心的党中央不忘初心、牢记使命，团结带领全党全国各族人民，始终朝着实现共同富裕的目标不懈努力，全面建成小康社会取得伟大历史性成就，特别是决战脱贫攻坚取得全面胜利，困扰中华民族几千年的绝对贫困问题得到历史性解决，为新发展阶段推动共同富裕奠定了坚实基础。

党的十九届五中全会对扎实推动共同富裕作出重大战略部署。实现共同富裕不仅是经济问题，而且是关系党的执政基础的重大政治问题。共同富裕具有鲜明的时代特征和中国特色，是全体人民通过辛勤劳动和相互帮助，普遍达到生活富裕富足、精神自信自强、环境宜居宜业、社会和谐和睦、公共服务普及普惠，实现人的全面发展和社会全面进步，共享改革发展成果和幸福美好生活。随着我国开启全面建设社会主义现代化国家新征程，必须把促进全体人民共同富裕摆在更加重要的位置，向着这个目标更加积极有为地进行努力，让人民群众真真切切感受到共同富裕看得见、摸得着、真实可感。

当前，我国发展不平衡不充分问题仍然突出，城乡区域发展和收入分配差距较大，各地区推动共同富裕的基础和条件不尽相同。促进全体人民共同富裕是一项长期艰巨的任务，需要选取部分地区先行先试、作出示范。浙江省在探索解决发展不平衡不充分问题方面取得了明显成效，具备开展共同富裕示范区建设的基础和优势，也存在一些短板弱项，具有广阔的优化空间和发展潜力。支持浙江高质量发展建设共同富裕示范区，有利于通过实践进一步丰富共同富裕的思想内涵，有利于探索破解新时代社会主要矛盾的有效途径，有利于为全国推动共同富裕提供省域范例，有利于打造新时代全面展示中国特色社会主义制度优越性的重要窗口。现就支持浙江高质量发展建设共同富裕示范区提出如下意见。

一、总体要求

（一）指导思想。以习近平新时代中国特色社会主义思想为指导，深入贯彻党的十九大和十九届二中、三中、四中、五中全会精神，全面贯彻落实习近平总书记关于浙江工作的重要指示批示精神，坚持稳中求进工作总基调，坚持以人民为中心的发展思想，立足新发展阶段、贯彻新发展理念、构建新发展格局，紧扣推动共同富裕和促进人的全面发展，坚持以满足人民日益增长的美好生活需要为根本目的，以改革创新为根本动力，以解决地区差距、城乡差距、收入差距问题为主攻方向，更加注重向农村、基层、相对欠发达地区倾斜，向困难群众倾斜，支持浙江创造性贯彻“八八战略”，在高质量发展中扎实推动共同富裕，着力在完善收入分配制度、统筹城乡区域发展、发展社会主义先进文化、促进人与自然和谐共生、创新社会治理等方面先行示范，构建推动共同富裕的体制机制，着力激发人民群众积极性、主动性、创造性，促进社会公平，增进民生福祉，不断增强人民群众的获得感、幸福感、安全感和认同感，为实现共同富裕提供浙江示范。

（二）工作原则

坚持党的全面领导。坚定维护党中央权威和集中统一领导，充分发挥党总揽全局、协调各方的领导核心作用，坚持和完善中国特色社会主义制度，把党的政治优势和制度优势转化为推动共同富裕示范区建设、广泛凝聚各方共识的强大动力和坚强保障。

坚持以人民为中心。坚持发展为了人民、发展依靠人民、发展成果由人民共享，始终把人民对美好生活的向往作为推动共同富裕的奋斗目标，瞄准人民群众所忧所急所盼，在更高水平上实现幼有所育、学有所教、劳有所得、病有所医、老有所养、住有所居、弱有所扶。

坚持共建共享。弘扬勤劳致富精神，鼓励劳动者通过诚实劳动、辛勤劳动、创新创业实现增收致富，不断提高劳动生产率和全要素生产率。充分发挥市场在资源配置中的决定性作用，更好发挥政府作用，体现效率、促进公平，坚决防止两极分化，在发展中补齐民生短板，让发展成果更多更公平惠及人民群众。

坚持改革创新。坚定不移推进改革，推动有利于共同富裕的体制机制不断取得新突破，着力破除制约高质量发展高品质生活的体制机制障碍，强化有利于调动全社会积极性的重大改革开放举措。坚持创新在现代化建设全局中的核心地位，深入实施创新驱动发展战略，率先在推动共同富裕方面实现理论创新、实践创新、制度创新、文化创新。

坚持系统观念。立足当前、着眼长远，统筹考虑需要和可能，按照经济社会发展规律循序渐进，脚踏实地、久久为功，不吊高胃口、不搞“过头事”，尽力而为、量力而行，注重防范化解重大风险，使示范区建设与经济发展阶段相适应、与现代化建设进程相协调，不断形成推动共同富裕的阶段性标志性成果。

（三）战略定位

高质量发展高品质生活先行区。率先探索实现高质量发展的有效路径，促进城乡居民收入增长与经济增长更加协调，构建产业升级与消费升级协调共进、经济结构与社会结构优化互促的良性循环，更好满足人民群众品质化多样化的生活需求，富民惠民安民走在全国前列。

城乡区域协调发展引领区。坚持城乡融合、陆海统筹、山海互济，形成主体功能明显、优势互补、高质量发展的国土空间开发保护新格局，健全城乡一体、区域协调发展体制机制，加快基本公共服务均等化，率先探索实现城乡区域协调发展的路径。

收入分配制度改革试验区。坚持按劳分配为主体、多种分配方式并存，着重保护劳动所得，完善要素参与分配政策制度，在不断提高城乡居民收入水平的同时，缩小收入分配差距，率先在优化收入分配格局上取得积极进展。

文明和谐美丽家园展示区。加强精神文明建设，推动生态文明建设先行示范，打造以社会主义核心价值观为引领、传承中华优秀文化、体现时代精神、具有江南特色的文化强省，实现国民素质和社会文明程度明显提高、团结互助友爱蔚然成风、经济社会发展全面绿色转型，成为人民精神生活丰富、社会文明进步、人与自然和谐共生的幸福美好家园。

（四）发展目标

到2025年，浙江省推动高质量发展建设共同富裕示范区取得明显实质性进展。经济发展质量效益明显提高，人均地区生产总值达到中等发达经济体水平，基本公共服务实现均等化；城乡区域发展差距、城乡居民收入和生活水平差距持续缩小，低收入群体增收能力和社会福利水平明显提升，以中等收入群体为主体的橄榄型社会结构基本形成，全省居民生活品质迈上新台阶；国民素质和社会文明程度达到新高度，美丽浙江建设取得新成效，治理能力明显提升，人民生活更加美好；推动共同富裕的体制机制和政策框架基本建立，形成一批可复制可推广的成功经验。

到2035年，浙江省高质量发展取得更大成就，基本实现共同富裕。人均地区生产总值和城乡居民收入争取达到发达经济体水平，城乡区域协调发展程度更高，收入和财富分配格局更加优化，法治浙江、平安浙江建设达到更高水平，治理体系和治理能力现代化水平明显提高，物质文明、政治文明、精神文明、社会文明、生态文明全面提升，共同富裕的制度体系更加完善。

二、提高发展质量效益，夯实共同富裕的物质基础

（五）大力提升自主创新能力。以创新型省份建设为抓手，把科技自立自强作为战略支撑，加快探索社会主义市场经济条件下新型举国体制开展科技创新的浙江路径。实施好关键核心技术攻关工程，强化国家战略科技力量，为率先实现共同富裕提供强劲内生动力。支持布局重大科技基础设施和平台，建设创新策源地，打造"互联网+"、生命健康、新材料科创高地。高水平建设杭州、宁波温州国家自主创新示范区，深化国家数字经济创新发展试验区建设，强化"云上浙江"和数字强省基础支撑，探索消除数字鸿沟的有效路径，保障不同群体更好共享数字红利。畅通创新要素向企业集聚通道，鼓励企业组建创新联合体和知识产权联盟，建设共性技术平台。加大对科技成果应用和产业化的政策支持力度，打造辐射全国、链接全球的技术交易平台。

（六）塑造产业竞争新优势。巩固壮大实体经济根基，夯实共同富裕的产业基础。加快推进产业转型升级，大力推动企业设备更新和技术改造，推动传统产业高端化、智能化、绿色化发展，做优做强战略性新兴产业和未来产业，培育若干世界级先进制造业集群，打响"浙江制造"品牌。促进中小微企业专精特新发展，提升创新能力和专业化水平。推动农村一二三产业融合发展，建设农业现代化示范区，做精农业特色优势产业和都市农业，发展智慧农业。加快服务业数字化、标准化、品牌化发展，推动现代

服务业同先进制造业、现代农业深度融合。畅通金融服务实体经济渠道。

（七）提升经济循环效率。落实构建新发展格局要求，贯通生产、分配、流通、消费各环节，在率先实现共同富裕进程中畅通经济良性循环。深化供给侧结构性改革，扩大优质产品和服务消费供给，加快线上线下消费双向深度融合。支持适销对路的优质外贸产品拓宽内销渠道。加快构建现代流通体系，推动海港、陆港、空港、信息港“四港”联动。统筹推进浙江自由贸易试验区各片区联动发展，开展首创性和差别化改革探索。畅通城乡区域经济循环，破除制约城乡区域要素平等交换、双向流动的体制机制障碍，促进城乡一体化、区域协调发展。支持浙江发挥好各地区比较优势，加强大湾区大花园大通道大都市区建设。更加主动对接上海、江苏、安徽，更好融入长三角一体化发展。加快建设“一带一路”重要枢纽，大力发展数字贸易、服务贸易，发展更高水平开放型经济。

（八）激发各类市场主体活力。推动有效市场和有为政府更好结合，培育更加活跃更有创造力的市场主体，壮大共同富裕根基。高水平推动浙江杭州区域性国资国企综合改革试验，完善国有资产监管体制，规范有序开展混合所有制改革，做强做优做大国有资本和国有企业，充分发挥国有经济战略支撑作用。完善产权保护制度，构建亲清政商关系，促进非公有制经济健康发展和非公有制经济人士健康成长，破除制约民营企业发展的各种壁垒，完善促进中小微企业和个体工商户发展的法律环境和政策体系，建立企业减负长效机制。加快建设高标准市场体系，持续优化市场化法治化国际化营商环境，实施统一的市场准入负面清单制度。

坚持发展和规范并重，建立健全平台经济治理体系，督促平台企业承担质量和安全保障等责任，推动平台经济为高质量发展和高品质生活服务。加大反垄断和反不正当竞争执法司法力度，提升监管能力和水平，实现事前事中事后全链条监管，防止资本无序扩张。

三、深化收入分配制度改革，多渠道增加城乡居民收入

（九）推动实现更加充分更高质量就业。强化就业优先政策，坚持经济发展就业导向，扩大就业容量，提升就业质量，促进充分就业。支持和规范发展新就业形态，完善促进创业带动就业、多渠道灵活就业的保障制度。统筹各类职业技能培训资金，合理安排就业补助资金，健全统筹城乡的就业公共服务体系。鼓励返乡入乡创业。完善重点群体就业支持体系，帮扶困难人员就业。创造公平就业环境，率先消除户籍、地域、身份、性别等影响就业的制度障碍，深化构建和谐劳动关系，推动劳动者通过辛勤劳动提高生活品质。

（十）不断提高人民收入水平。优化政府、企业、居民之间分配格局，支持企业通过提质增效拓展从业人员增收空间，合理提高劳动报酬及其在初次分配中的比重。健全工资合理增长机制，完善企业薪酬调查和信息发布制度，合理调整最低工资标准，落实带薪休假制度。完善创新要素参与分配机制，支持浙江加快探索知识、技术、管理、数据等要素价值的实现形式。拓宽城乡居民财产性收入渠道，探索通过土地、资本等要素使用权、收益权增加中低收入群体要素收入。丰富居民可投资金融产品，完善上市公司分红制度。鼓励企业开展员工持股计划。深入推进农村集体产权制度改革，巩固提升农村集体经济，探索股权流转、抵押

和跨社参股等农村集体资产股份权能实现新形式。立足当地特色资源推动乡村产业发展壮大，完善利益联结机制，让农民更多分享产业增值收益。支持浙江率先建立集体经营性建设用地入市增值收益分配机制。

（十一）扩大中等收入群体。实施扩大中等收入群体行动计划，激发技能人才、科研人员、小微创业者、高素质农民等重点群体活力。加大人力资本投入力度，健全面向劳动者的终身职业技能培训制度，实施新时代浙江工匠培育工程，加快构建产教训融合、政企社协同、育选用贯通的技术技能人才培养培训体系，完善技能人才薪酬分配政策，拓宽技术工人上升通道。对有劳动能力的低收入群体，坚持开发式帮扶，提高内生发展能力，着力发展产业使其积极参与就业。拓展基层发展空间，保障不同群体发展机会公平，推动更多低收入群体迈入中等收入群体行列。规范招考选拔聘用制度，完善评价激励机制。完善党政机关、企事业单位和社会各方面人才顺畅流动的制度体系。实行更加开放的人才政策，激发人才创新活力。

（十二）完善再分配制度。支持浙江在调节收入分配上主动作为，加大省对市县转移支付等调节力度和精准性，合理调节过高收入。依法严厉惩治贪污腐败，继续遏制以权力、行政垄断等非市场因素获取收入，取缔非法收入。优化财政支出结构，加大保障和改善民生力度，建立健全改善城乡低收入群体等困难人员生活的政策体系和长效机制。

（十三）建立健全回报社会的激励机制。鼓励引导高收入群体和企业家向上向善、关爱社会，增强社会责任意识，积极参与和兴办社会公益事业。充分发挥第三次分配作用，发展慈善事业，完善有利于慈善组织持续健康发展的体制机制，畅通社会各方面参与慈善和社会救助的渠道。探索各类新型捐赠方式，鼓励设立慈善信托。加强对慈善组织和活动的监督管理，提高公信力和透明度。落实公益性捐赠税收优惠政策，完善慈善褒奖制度。

四、缩小城乡区域发展差距，实现公共服务优质共享

（十四）率先实现基本公共服务均等化。推进城乡区域基本公共服务更加普惠均等可及，稳步提高保障标准和服务水平。推动义务教育优质均衡发展，建成覆盖城乡的学前教育公共服务体系，探索建立覆盖全省中小学的新时代城乡教育共同体，共享“互联网+教育”优质内容，探索终身学习型社会的浙江示范，提高人口平均受教育年限和综合能力素质。深入实施健康浙江行动，加快建设强大的公共卫生体系，深化县域医共体和城市医联体建设，推动优质医疗资源均衡布局。积极应对人口老龄化，提高优生优育服务水平，大力发展普惠托育服务体系，加快建设居家社区机构相协调、医养康养相结合的养老服务体系，发展普惠型养老服务和互助性养老。健全全民健身公共服务体系。

（十五）率先实现城乡一体化发展。高质量创建乡村振兴示范省，推动新型城镇化与乡村振兴全面对接，深入探索破解城乡二元结构、缩小城乡差距、健全城乡融合发展的体制机制。推动实现城乡交通、供水、电网、通信、燃气等基础设施同规同网。推进以人为核心的新型城镇化，健全农业转移人口市民化长效机制，探索建立人地钱挂钩、以人定地、钱随人走制度，切实保障农民工随迁子女平等接受义务教育，逐步实现随迁子女入学待遇同城化。促进大中小城市与小城镇协调发展。推进以县城为重要载体的城镇化建设，推进空间布局、产业发展、基础设施等县域统筹，

赋予县级更多资源整合使用的自主权。以深化“千村示范、万村整治”工程牵引新时代乡村建设。

（十六）持续改善城乡居民居住条件。坚持房子是用来住的、不是用来炒的定位，完善住房市场体系和住房保障体系，确保实现人民群众住有所居。针对新市民、低收入困难群众等重点群体，有效增加保障性住房供给。对房价比较高、流动人口多的城市，土地供应向租赁住房建设倾斜，探索利用集体建设用地和企事业单位自有闲置土地建设租赁住房，扩大保障性租赁住房供给，加快完善长租房政策，使租购住房在享受公共服务上具有同等权利。全面推进城镇老旧小区改造和社区建设，提升农房建设质量，加强农村危房改造，探索建立农村低收入人口基本住房安全保障机制，塑造江南韵、古镇味、现代风的新江南水乡风貌，提升城乡宜居水平。

（十七）织密扎牢社会保障网。完善社会保障制度，加快实现法定人员全覆盖，建立统一的社保公共服务平台，实现社保事项便捷“一网通办”。健全多层次、多支柱养老保险体系，大力发展企业年金、职业年金、个人储蓄型养老保险和商业养老保险。规范执行全国统一的社保费率标准。推动基本医疗保险、失业保险、工伤保险省级统筹。健全重大疾病医疗保险制度。做好长期护理保险制度试点工作，积极发展商业医疗保险。健全灵活就业人员社保制度。健全统一的城乡低收入群体精准识别机制，完善分层分类、城乡统筹的社会救助体系，加强城乡居民社会保险与社会救助制度的衔接，按困难类型分类分档及时给予专项救助、临时救助，切实兜住因病、因灾致贫等困难群众基本生活底线。保障妇女儿童合法权益，完善帮扶残疾人、孤儿等社会福利制度。

（十八）完善先富带后富的帮扶机制。加快推进省以下财政事权和支出责任划分改革，加大向重点生态功能区的转移支付力度。强化陆海统筹，升级山海协作工程，挖掘海域和山区两翼的潜力优势，支持一批重点生态功能区县增强内生发展能力和实力，带动山区群众增收致富。全域参与海洋经济发展，建设海洋强省。探索建立先富帮后富、推动共同富裕的目标体系、工作体系、政策体系、评估体系。深入实施东西部协作和对口支援，持续推进智力支援、产业支援、民生改善、文化教育支援，加强对省外欠发达地区帮扶，大力推进产业合作、消费帮扶和劳务协作，探索共建园区、飞地经济等利益共享模式。完善社会力量参与帮扶的长效机制。

五、打造新时代文化高地，丰富人民精神文化生活

（十九）提高社会文明程度。推动学习贯彻习近平新时代中国特色社会主义思想走深走心走实，实现理想信念教育常态化制度化。坚持以社会主义核心价值观为引领，加强爱国主义、集体主义、社会主义教育，厚植勤劳致富、共同富裕的文化氛围。推进公民道德建设，支持培育“最美浙江人”等品牌。扎实推进新时代文明实践中心建设，深入实施文明创建工程，打造精神文明高地。完善覆盖全省的现代公共文化服务体系，提高城乡基本公共文化服务均等化水平，深入创新实施文化惠民工程，优化基层公共文化服务网络。弘扬诚信文化，推进诚信建设，营造人与人之间互帮互助、和睦友好的社会风尚。加强家庭家教家风建设，健全志愿服务体系，广泛开展志愿服务关爱行动。

（二十）传承弘扬中华优秀传统文化、革命文化、社会主义先进文化。传承弘扬中华优秀传统文化，充分挖掘浙江文化优势，

深入推进大运河国家文化公园、大运河文化带建设，振兴非遗记忆。传承红色基因，大力弘扬革命文化，提升爱国主义教育基地建设水平。实施重大文化设施建设工程，打造具有国际影响力的影视文化创新中心和数字文化产业集群，提供更多优秀文艺作品、优秀文化产品和优质旅游产品，更好满足人民群众文化需求。

六、践行绿水青山就是金山银山理念，打造美丽宜居的生活环境

（二十一）高水平建设美丽浙江。支持浙江开展国家生态文明试验区建设，绘好新时代“富春山居图”。强化国土空间规划和用途管控，优化省域空间布局，落实生态保护、基本农田、城镇开发等空间管控边界。坚持最严格的耕地保护制度和最严格的节约用地制度，严格规范执行耕地占补平衡制度，对违法占用耕地“零容忍”，坚决有效遏制增量，依法有序整治存量，强化耕地数量保护和质量提升。深化生态文明体制改革，实行最严格的生态环境保护制度，健全明晰高效的自然资源资产产权制度。坚持山水林田湖草系统治理，全面提升生物多样性保护水平。完善生态保护补偿机制，推广新安江等跨流域共治共保共享经验。继续打好蓝天、碧水、净土保卫战，强化多污染物协同控制和区域协同治理，推进生态环境持续改善。推进海岸带综合保护与利用。推进海岛特色化差异化发展，加强海岛生态环境保护。

（二十二）全面推进生产生活方式绿色转型。拓宽绿水青山就是金山银山转化通道，建立健全生态产品价值实现机制，探索完善具有浙江特点的生态系统生产总值（GEP）核算应用体系。高标准制定实施浙江省碳排放达峰行动方案。推进排污权、用能权、用水权市场化交易，积极参与全国碳排放权交易市场。大力发展

绿色金融。全面促进能源资源节约集约利用，进一步推进生活垃圾分类，加快构建家电、汽车等废旧物资循环利用体系。深化“无废城市”建设。大力推行简约适度、绿色低碳、文明健康的生活方式，广泛开展绿色生活创建行动，促进人与自然和谐共生。

七、坚持和发展新时代“枫桥经验”，构建舒心安心放心的社会环境

（二十三）以数字化改革提升治理效能。强化数字赋能，聚焦党政机关整体智治、数字经济、数字社会、数字政府、数字法治等领域，探索智慧治理新平台、新机制、新模式。推进“互联网+放管服”，全面推行“掌上办事”、“掌上办公”。深化“一件事”集成改革。健全党组织领导的自治、法治、德治、智治融合的城乡基层治理体系，完善基层民主协商制度，推进市域社会治理现代化，建设人人有责、人人尽责、人人享有的社会治理共同体。推进“最多跑一地”改革，完善县级社会矛盾纠纷调处化解中心工作机制。

（二十四）全面建设法治浙江、平安浙江。健全覆盖城乡的公共法律服务体系，加大普法力度，推动尊法学法守法用法，促进公平正义，建设法治社会。构建全覆盖的政府监管体系和行政执法体系。高水平建设平安中国示范区，把保护人民生命安全摆在首位，加强社会治安防控体系建设，全面提高公共安全保障能力。建立健全覆盖各领域各方面的风险监测防控平台，健全防范化解重大风险挑战体制机制，守住不发生系统性风险底线。

八、保障措施

（二十五）坚持和加强党的全面领导。把党的领导贯穿推动浙江高质量发展建设共同富裕示范区的全过程、各领域、各环节。

落实全面从严治党主体责任、监督责任，持之以恒加强党风廉政建设，不断深化清廉浙江建设，营造风清气正的良好政治生态。以正确用人导向引领干部干事创业，落实“三个区分开来”要求，做好容错纠错工作，加强对敢担当善作为干部的激励保护。

（二十六）强化政策保障和改革授权。中央和国家机关有关部门要结合自身职能，加强对浙江省的指导督促，根据本意见有针对性制定出台专项政策，优先将本领域改革试点、探索示范任务赋予浙江，并加强对改革试验、政策实施的监督检查。根据浙江高质量发展建设共同富裕示范区需要，在科技创新、数字化改革、分配制度改革、城乡区域协调发展、公共服务、生态产品价值实现等方面给予改革授权。涉及重要政策、重要规划、重大项目的，要依法依规办理并按程序报批。有关改革政策措施凡涉及调整现行法律或行政法规的，按法定程序经全国人大常委会或国务院统一授权后实施。

（二十七）建立评价体系和示范推广机制。加快构建推动共同富裕的综合评价体系，建立评估机制，坚持定量与定性、客观评价与主观评价相结合，全面反映共同富裕示范区建设工作成效，更好反映人民群众满意度和认同感。建立健全示范推广机制，及时总结示范区建设的好经验好做法，归纳提炼体制机制创新成果，成熟一批、推广一批，发挥好对全国其他地区的示范带动作用。

（二十八）完善实施机制。健全中央统筹、省负总责、市县抓落实的实施机制。依托推动长三角一体化发展领导小组，加强对浙江建设共同富裕示范区的统筹指导，国家发展改革委牵头设立工作专班负责协调推进本意见提出的任务措施。浙江省要切实承担主体责任，增强敢闯敢试、改革破难的担当精神，始终保持奋进姿态，立足省情和发展实际，制定具体实施方案，充分动员各方力量，不断开辟干在实处、走在前列、勇立潮头新境界。重大事项及时向党中央、国务院请示报告。

参考文献

［1］约姆-托夫. 医疗大数据：大数据如何改变医疗［M］. 潘苏悦，译. 北京：机械工业出版社，2016.

［2］弗里曼，昆路德. 保险与环境风险管理［M］. 王玉玲，秦余国，王志新，译. 北京：中国金融出版社，2016.

［3］保险区块链研究项目组. 保险区块链研究［M］. 北京：中国金融出版社，2017.

［4］克里斯，格里菲思. 算法之美［M］. 万慧，胡小锐，译. 北京：中信出版集团，2018.

［5］布瑞恩·索利斯. 体验：未来业务新场景［M］. 谢绍东，刘声峰，李黎，译. 北京：机械工业出版社，2016.

［6］陈恳. 迷失的盛宴［M］. 浙江大学出版社，2009.

［7］方有恒，郭颂平. 保险营销学［M］. 复旦大学出版社，2013.

［8］格尔德·吉仁泽. 风险与好的决策［M］. 王晋，译. 中信出版集团，2015.

［9］格雷格·伊普. 源风险［M］. 谭浩，译. 广东人民出版社，2018.

［10］龚乐凡. 私人财富管理与传承［M］. 中信出版社，2016.

[11] 郭颂平，赵春梅. 保险营销学 [M]. 高等教育出版社，2013.

[12] 韩宇. 私人财富保障与传承实务全书 [M]. 中国法制出版社，2020.

[13] 江生忠，薄滂沱. 保险助推脱贫攻坚理论与实践 [M]. 南开大学出版社，2019.

[14] 金李，袁慰. 中国式财富管理 [M]. 中信出版集团，2017.

[15] 荆涛. 长期护理保险理论与实践研究 [M]. 对外经贸大学出版社，2015.

[16] 克劳斯·施瓦布. 第四次工业革命：转型的力量 [M]. 李菁，译. 中信出版集团，2016.

[17] 雷·库兹韦尔. 机器之心 [M]. 胡晓姣，译. 中信出版集团，2016.

[18] 李开复，王咏刚. 人工智能 [M]. 文化发展出版社，2017.

[19] 李亮，高慧. 私人财富传承与管理 [M]. 上海财经大学出版社，2020.

[20] 李亮，田晓燕，孙平. 保险学 [M]. 清华大学出版社，2017.

[21] 李小菲. 私人财富保护与传承的法律智慧 [M]. 中国法制出版社，2019.

[22] 连锦泉. 保险机制服务国家治理现代化：建设保险型社会助推全面深化改革 [M]. 商务印书馆，2018.

[23] 梁涛. 相互保险组织运作及风险管理研究 [M]. 中国金

融出版社，2017.

［24］廖敏，方有恒. 保险营销学［M］. 复旦大学出版社，2019.

［25］林丹. 乌尔里希·贝克风险社会理论及其对中国的影响［M］. 人民出版社，2013.

［26］刘金章，王晓珊. 保险营销理论与实务［M］. 清华大学出版社，2012.

［27］陆剑清，邹咏辰. 保险心理学［M］. 清华大学出版社，2016.

［28］吕克·费希. 超人类革命［M］. 周行，译. 湖南科学技术出版社，2017.

［29］马宜斐，段文军. 保险原理与实务［M］. 中国人民大学出版社，2019.

［30］迈克尔·李. 破译人类的明天［M］. 关成华，译. 江苏凤凰文艺出版社，2018.

［31］彭剑锋，陈春花等. 认知革命：数字生存时代的管理［M］. 复旦大学出版社，2018.

［32］清华大学五道口金融学院中国保险与养老金研究中心. 金融科技发展视角：构建保险科技创新新生态2020［M］. 中国财政经济出版社，2020.

［33］史蒂夫·萨马蒂诺. 碎片化时代：重新定义互联网+商业新常态［M］. 陶丽萍，译. 中国人民大学出版社，2015.

［34］苏珊娜·奇斯蒂，萨宾·L.B.范德林登. InsurTech：保险科技权威指南［M］. 卢斌，王鹏，张小敏，译. 中国人民大学出版社，2020.

［35］谭磊，陈刚. 区块链2.0［M］. 电子工业出版社，2016.

［36］王和. 保险的逻辑［M］. 中国金融出版社，2014.

［37］王和. 保险的未来［M］. 中信出版社，2019.

［38］王和. 大数据时代保险变革研究［M］. 中国金融出版社，2014.

［39］王洪栋，张光楹，廉赵峰. 财富管理与资产配置［M］. 经济管理出版社，2013.

［40］王顺庆，张莺. 绿色保险［M］. 中国环境出版社，2016.

［41］魏华林，林宝清. 保险学（第三版）［M］. 高等教育出版社，2011.

［42］乌尔里希·贝克. 风险社会：新的现代性之路［M］. 张文杰，何博闻，译. 译林出版社，2018.

［43］吴军. 智能时代：大数据与智能革命重新定义未来［M］. 中信出版集团，2016.

［44］奚玉莉，杨芮，李耀东等. 互联网保险新模式［M］. 中信出版集团，2016.

［45］许闲. 保险科技创新运用与商业模式［M］. 中国金融出版社，2018.

［46］姚庆海. 从行业意愿到国家意志：中国保险业“十三五”发展前瞻［M］. 人民出版社，2016.

［47］易行健. 财富管理：理论与实践［M］. 机械工业出版社，2016.

［48］云大慧. 财富管理：家族财富管理与传承法律实务［M］. 法律出版社，2019.

［49］赵尚梅，张军欢. 健康保险与大数据应用［M］. 中国财

政经济出版社，2018.

［50］郑秉文. 中国养老金精算报告（2019—2050）［R］. 中国劳动社会保障出版社，2019.

［51］中国保险行业协会. 中国互联网保险行业发展报告［R］. 中国财政经济出版社，2017.

［52］中再集团，众安科技公司，汉诺威再保险公司，德国通用再保险公司. 再保险区块链（RIC）白皮书［R］. 2018.

［53］众安金融科技研究院. 新保险时代：金融科技重新定义保险新未来［M］. 机械工业出版社，2018.

［54］周小全，苑德军. 财富管理理论与实务［M］. 中国金融出版社，2020.

［55］朱进元，刘勇，魏丽. 保险科技［M］. 中信出版集团，2018.

［56］朱铭来，李新平. 护理保险在中国的探索［M］. 中国财政经济出版社，2018.

［57］朱淑珍. 金融风险管理［M］. 北京大学出版社，2017.

科技大时局

保驾护航
负嵎依险

李丽英 著

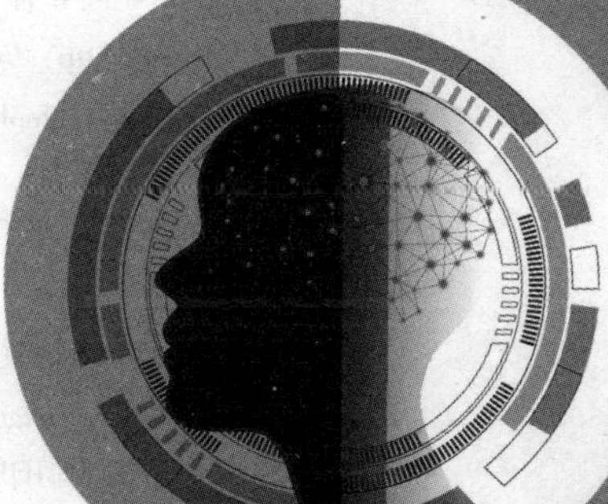

中国财经出版传媒集团
中国财政经济出版社

图书在版编目（CIP）数据

保驾护航．负嵎依险　科技大时局／李丽英著．—北京：中国财政经济出版社，2022.6

ISBN 978-7-5223-1280-4

Ⅰ．①保…　Ⅱ．①李…　Ⅲ．①保险业—产业发展—研究—中国　Ⅳ．① F842

中国版本图书馆 CIP 数据核字（2022）第 048539 号

责任编辑：陈志伟　　　　责任校对：胡永立

封面设计：卜建辰　　　　责任印制：史大鹏

中国财政经济出版社 出版

URL：http：//www.cfeph.cn

E-mail：cfeph @cfemg.cn

社址：北京市海淀区阜成路甲 28 号　邮政编码：100142

营销中心电话：010-88191522

天猫网店：中国财政经济出版社旗舰店

网址：https：//zgczjjcbs.tmall.com

北京时捷印刷有限公司印刷　各地新华书店经销

成品尺寸：147mm × 210mm　32 开　3 印张　64 400 字

2022 年 6 月第 1 版　2022 年 6 月北京第 1 次印刷

定价：100.00 元（全套5册）

ISBN 978-7-5223-1280-4

（图书出现印装问题，本社负责调换，电话：010-88190548）

本社质量投诉电话：010-88190744

打击盗版举报热线：010-88191661　QQ：2242791300

PREFACE
序言

“一人为众，众为一人”，保险是人类经济领域最伟大的发明之一。作为社会的稳定器，保险能解困济穷，尤其对普通家庭来说，让每个生命在疾病面前不再低头，不委屈自己，不拖累家人，有了对生命选择的权利和尊严。

保险业是社会风险管理体系的重要支柱。新冠肺炎疫情是百年来全球发生的最严重的传染病大流行，保险业在应对这场席卷全球的巨大灾难中防灾防损、救死扶伤，为快速解决突发公共卫生事件发挥了重要作用。保险业也是现代金融体系的重要支柱。特别是在经历过20世纪90年代日本经济大萧条、1997年亚洲金融危机，以及2008年全球金融危机等经济动荡以后，人们对于保险的认识由最初的人身和财产安全的基本保障，进展到对家庭资产配置和家族财富传承的深入思考。于是，广大消费者逐渐开始转变风险管理观念，希望通过运用保险的金融工具职能，实现家庭资产保值与增值、家族财富管理与传承的全流程解决方案。

面对日益纷繁复杂的经济社会新形势，全球保险业借助大数据、人工智能、区块链等新兴科学技术的加持和赋能得以持续发

展进步，金融市场理财手段也不断丰富升级。在新态势下，如何深刻地认识保险在风险管理中的重要地位，怎样有效融合保险手段与科技赋能，积极应对瞬息万变的全球经济波动的新特征和社会环境变化的新风险，已经成为每个企业和家庭进行全面风险管理、实现财富保值增值，所需考虑的头等大事和必备技能。

纵观我国现代保险业的发展历程，自1949年10月中国人民保险公司成立以来，历经停办、恢复、对外开放、高速增长等多个历史发展阶段，虽道路坎坷，但成果卓著。2020年底保险业年保费收入4.5万亿元，保险公司总资产23.3万亿元，235家保险机构（含160家中资保险公司、61家中外合资保险公司、14家保险集团公司）百花齐放、百舸争流。我国保险业综合实力不断增强，服务能力持续提升，发展环境逐渐步优化，成为保障国民经济发展与服务社会管理的重要支撑。广大消费者也从不了解、不认可保险，逐步实现到主动认知、主动购买保险的巨大转变。特别是随着保险科技的推广和消费者行为习惯的改变，新型互联网保险业务模式得到大力发展，市场规模不断扩充，大量新场景、新产品、新消费应用纷纷问世，我国保险业得到了社会舆论的极大宣传和社会资本的鼎力支持。

对于广大消费者，只有准确地了解保险背后的经济原理和商业逻辑，才能更好地制定切实符合实际需求的保险规划和保障方案。本书在广泛汲取保险学术界和业界现有研究成果的基础上，结合笔者多年的从业经验和深度思考，从近年来引爆社会舆论的一些保险热点话题出发，旨在通过通俗易懂的语言，阐述新视野下保险行业发展与财富管理的五大基本问题。为什么要买保险？什么是保险？保险实务中的业务流程是什么？为什么说保险是财富管理的“压舱石”？未来保险该何去何从？只有准确地解决这五大基本

问题带来的困惑，才能真正深刻理解保险贯穿从“摇篮”到“天堂”每一个人生阶段的实际意义，更好地体会保险渗透到家庭财富管理方方面面的现实影响，切实掌握运用保险这一资产配置管理工具应对不确定风险的重要作用，才能在面对未来经济和社会发展的新形势、新动态、新问题时，真正地做到未雨绸缪和有的放矢。

围绕经济社会新动态下的保险发展问题，本书用五册、共计十六章的内容进行深入思考和系统阐述。

第一册，“化险为夷　保险大变局”，全面介绍了保险在生产和生活中的应用。从传统文化观念中的“养儿防老”到未来市场发展“以险养老”思维模式的转变；从冲上热搜的“社保第六险”到趋利向好的银保监会合并；从《民法典》颁布到第七次人口普查公布；从新冠肺炎疫情下的保驾护航到后疫情时代十四五规划，都对保险业发展产生深远影响，保险早已渗透到人们生活中的点点滴滴，成为保障日常生活不可或缺的一部分。

第二册，“有惊无险　保障大全局”，基于经济理论详细阐述了“究竟什么是保险”的问题。从保险的基本要素入手，介绍了保险的产生与发展历程、保险的基本原则，以及保险合同的相关内容和投保注意事项。同时让所有的国人认知保险工具在人生每一个阶段扮演的角色以及实际的作用。

第三册，“山高水险　财产大布局”，系统展示了当前保险实务中的运营模式。考虑到根据业务类别的不同，保险实务中需要应用到保险精算、营销、财务管理、投资、法律、大数据、人工智能、医学等多学科领域交叉的专业知识，因此从财产保险、人身保险、保险经营流程和保险营销策略等方面展开介绍。

第四册，“乘高居险　财富大棋局”，在前三册保险基本理论

的应用场景基础上，运用保险工具进行财富管理与家族传承。随着经济社会的发展进步和国民财富的迅速增长，人们在解决温饱问题之后，开始赋予生命新的价值，本册运用保险的工具，从生命周期的经济管理视角出发，解决个人、家庭和家族在不同时期所面临的保值增值和财富传承问题。

第五册，“负嵎依险　科技大时局”，基于保险与科学技术的融合发展历程，分析保险科技的理论与实践，探索保险行业的未来发展方向。随着人工智能、区块链、物联网等核心科技逐步运用到保险行业，颠覆性地革新了传统保险的业务模式，使原本保险流程中的诸多“不可能”和“人工”功能逐步转变为“可能”和“智能”。在一些“头部”保险公司的引领下，广大中小型保险市场主体也逐步意识到科学技术促进保险业发展的巨大潜力，纷纷加码保险科技创新。

本书立足新形势，放眼新视野，擘画新蓝图。系统阐述了保险发展与财富管理的知识理论与实务体系，帮助读者由表及里、从知到行，综合运用保险职能手段，真正掌握行之有效的个人风险及家族财富管理解决方案。

作为一名保险人，深耕细作，砥砺前行。由衷期望借助大数据与人工智能技术等新型科技赋能，未来保险行业能够早日实现智能化的运营管理综合体系，覆盖产品定价、市场营销、投核保、客户服务等保险业务全流程，升级服务保险新生态，真正实现广大消费者和保险公司的“互利共赢”，铸就保险业发展新辉煌！

作　者

2022年1月

CONTENTS
目录

第一章
保险科技理论前沿

科技创新是科学思想与最新技术完美结合的先进生产力。2021年3月，中国人民银行发表《“十四五”期间中国的潜在产出与经济增长动力的测算研究》，强调了科技进步对经济增长拉动的持续上升态势。没有科学技术的发展就没有现代文明，科技的创新与应用是现代企业管理的必然选择。保险科技就是运用人工智能、区块链、5G等新兴技术，把先进的科学思想转变为保险生产力的过程。随着在保险业发挥作用的突出显现，保险科技作为一项重塑传统行业的新兴力量得到越来越多的关注与青睐。

第一节　保险科技生态现状透视

随着保险科技发展日趋完善，在一些头部保险公司的带领下，广大中小保险公司、互联网保险公司等其他市场主体纷纷跟进，将“保险+科技”提高到了公司发展战略的高度。保险科技逐步成为一把破局利器，为保险行业的创新转型带来了巨大的发展机遇。

一、保险科技的市场现状解析

（一）全球形势

纵观保险行业与科技的发展历史，大致分为三个阶段。从1.0阶段，电子化、信息化后保险运营效率的逐步优化，发展到2.0阶段，移动化、网络化后保险新场景推动客户体验升级，再进入到3.0阶段，智能化和数字化后风险集中点及市场变化的敏捷洞察。科技的快速迭代为保费规模带来了阶段式的爆发性增长，以人工智能、区块链、5G等新兴科技进步带来的变化集中体现为更加深入的智能化，更加全面的互联互通，更加透彻的感知，为保险业的发展提供了巨大的活力。

从世界各国对保险科技的投资上看出，近些年来全球各地对保险科技的关注热度持续上涨。如图1–1所示，全球保险科技投融资额自2014年起持续攀升，特别是2018年以后较之前几年相比大幅上升，2019年全球保险科技投融资金额一跃升至

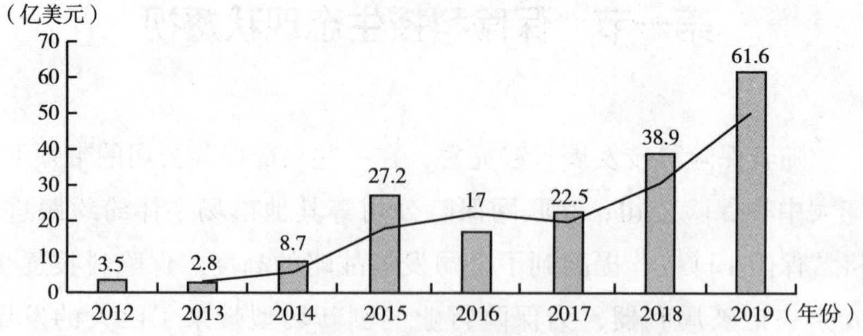

图1–1　2012—2019年全球保险科技投融资总额

61.6亿美元。粗略统计，2020年全球保险科技领域发生融资交易377笔，全年累计融资总金额达到71亿美元，与2019年相比，交易量增加了20%，融资总额增加了12%，投融资额再上新的台阶。

具体来看，如图1–2所示，目前全球保险科技投融资市场主要聚集于美国，而健康保险领域的投资占到了其中一半以上的份额；投资发展水平相对成熟的是德国市场，其保险科技历经多年的发展，目前已迈进成熟发展阶段；另外，新加坡、英国等其他国家也都纷纷在保险科技方面投入巨大的人力和物力，积极抢占市场的制高点和主动权。虽然各个国家发展水平参差不齐，但都基于本国实际情况开展了一些个性化的项目。如汽车保险、旅游保险、健康保险等领域的差异化产品定制，保险公司基础设施及数据建设，以及针对标准化产品的比价平台的搭建等，快速增长的投资规模，吸引了大量投资者的关注和认可。

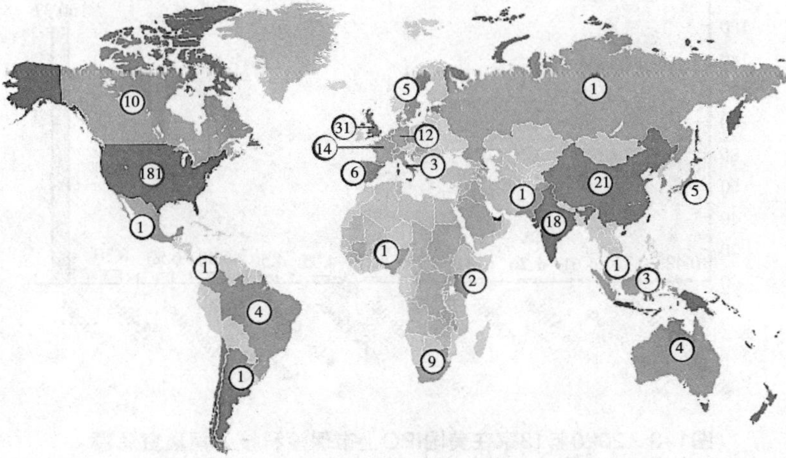

图1–2　2020年全球保险科技投融资数量地域分布

2020年新冠肺炎疫情肆虐全球，包括美国在内的全球金融市场陷入动荡和不安，但美国的IPO数量却得到大幅增长，融资总金额达到781亿美元，同比上涨68%，平均IPO收益率达到75%，实现近20年来的最高水平。仅一年，13家保险科技相关公司相继在美股成功上市，融资金额达到203.02亿美元。其中包括5家保险产品和技术服务公司，4家医疗健康保险科技公司，以及4家直保的保险公司和保险产品分销平台。作为美国大数据领域的巨无霸，Palantir旨在为大型机构客户提供大数据分析和服务，自2013年进军保险行业后，通过提供保险营销、反欺诈和产品三大解决方案，短短时间内做到国内保险科技公司的独角兽。2020年9月29日上市后，Palantir的IPO融资金额超160亿美元（如图1–3所示），成为全球最炙手可热但依旧神秘的独角兽。显示出保险科技公司以其巨大的发展潜力和市场价值，逐步得到了金融资本的认可和青睐。

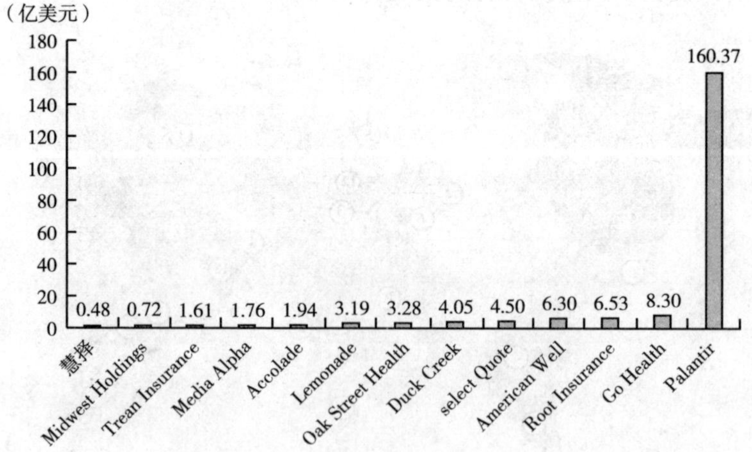

图1–3　2020年13家在美国IPO上市保险科技公司融资总额

资料来源：韦莱韬悦《2020年全球保险科技融资报告》。

（二）我国现状

我国保险科技的发展历程，相比发达国家基础较为薄弱。但相对宽松、开放的政策环境为我国的保险科技提供了较为自由的发展空间，在先进核心科技和资本力量的支持下发展迅速，大有后来者居上之势。结合全球保险科技的发展历程，我国目前保险科技的发展历程大致分为以下三个阶段。

以保险电子化、信息化为标志的萌芽期（1999—2008年）：该阶段的主要表现为会计账务电子化和金融业务电子数据处理，将原本依靠人力、纸质版相关材料转变为电子数据信息处理和存储，大大提高了运营效率。

以保险网络化、移动化为标志的积累期（2008—2014年）：该阶段的主要表现为移动互联网和软件应用等技术的发展，大大提高了移动化、网络化应用场景的适用范围，使业务流程更加自由、便捷，客户体验更加舒服、顺畅。

以保险数字化、智能化为标志的爆发期（2014年至今）：该阶段的主要表现为人工智能、大数据等新兴科技的引入，重塑了传统业务模式，使万物互联互通，业务流程更加数字化和智能化。

若以具体事件为划分点，大致以“互联网+保险”即2000年平安上线“PA18”为起点，以2013年11月6日国内首家互联网保险公司——众安在线财产保险股份有限公司的揭牌营业作为标志进入到专业化运营阶段，目前受益于区块链、人工智能、基因检测、物联网等科技的广泛运用，我国保险科技已处于快速发展和不断创新实践的新阶段，如图1-4所示。

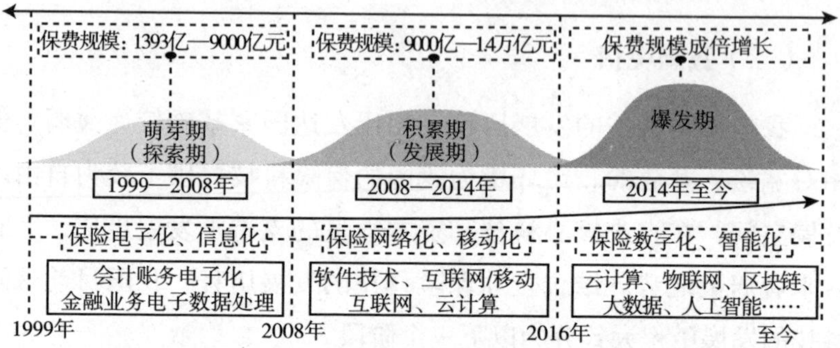

图1-4　中国保险科技发展历程

据统计，在保险科技投融资方面，如图1-5所示，2012—2019年中国保险科技投融资金额呈指数形势的高速上涨态势。从2012年的年投融资金额0.03亿美元，到2019年实现投融资金额38.98亿美元，中国保险科技投融资金额在七年间上涨了1300倍，保险科技投融资发展势头迅猛，显示出国内对保险科技发展的关注度越来越高。

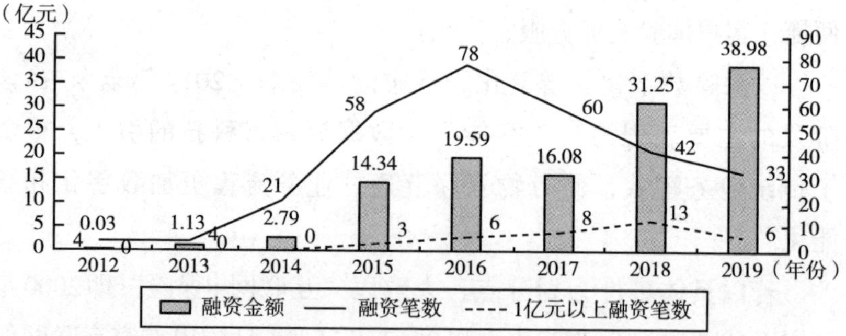

图1-5　2012—2019年中国保险科技投融资金额

资料来源：北京金融科技研究院《2020年中国保险科技洞察报告》。

中国保险科技经过二十余年的发展，已经逐步发展形成了一套较为完整的企业体系（如图1-6所示）。无论是传统保险公司，还是新兴的互联网保险公司，无论是To A端的经纪人和代理人工具使用，还是To B端的专业化企业平台支持，抑或是To C端的直接面向消费客户服务，国内相继涌现出了一系列的专业保险科技公司。从中国人保、中国平安等传统行业巨头的数字化转型，到众安在线、泰康在线等互联网保险公司应运而生，从保险师、i云保解决百万保险代理人远程电子化出单，到保准牛、量子保开发多样化、多场景的用户体验，从迪纳科技等公司通过科技实现车联网UBI差异化产品创新，到大特保、悟空保等打造私人定制式的保险专业服务，中国保险科技企业发展日新月异。

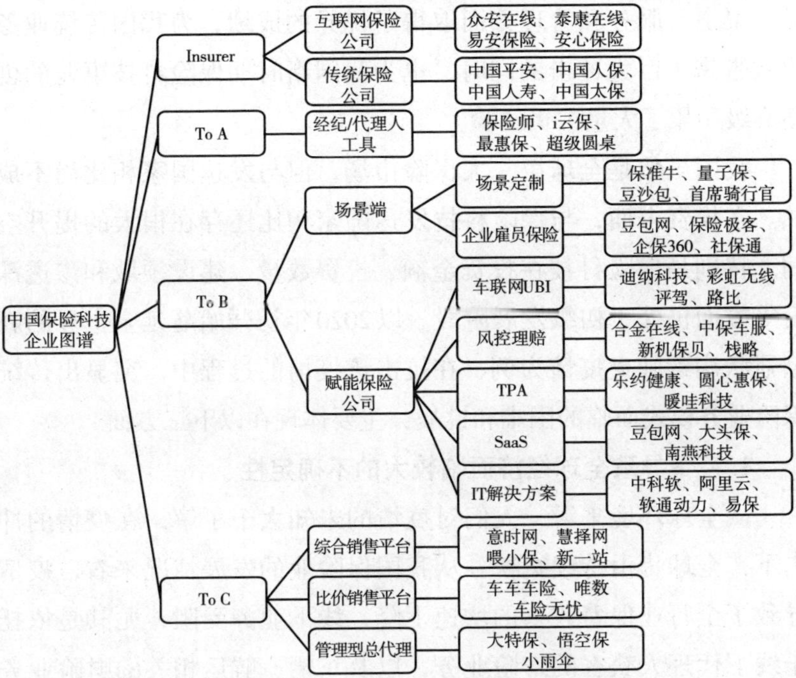

图1-6 中国保险科技企业图谱

二、传统业务模式面临的挑战和机遇

（一）面临挑战

随着科学技术与保险业的加速融合，保险业务效率得到巨大提升，服务方式得到显著改变，保险业进入了难得的发展机遇期。尤其是2020年12月7日正式下发的《互联网保险业务监管办法》，为我国保险科技在新时期、新环境下的发展创新提供了必要的政策和制度环境。通过积极的不断探索和实践，我国保险科技在产品、渠道、服务和管理方面取得了优异的成绩，为我国传统业务模式带来了巨大冲击的同时，也为我国新时期保险科技事业的创新升级积累了大量宝贵经验。

我国虽然是全球第二大保险市场，但与发达国家相比尚不成熟。在投资方面，与保险科技发达国家相比还存在很大的提升空间。特别是保险科技在投资金额、投资数量、建设领域和渗透深度等方面仍处于初级发展阶段。以2020年初开始蔓延全世界的新型冠状病毒肺炎疫情为例，在抗击该疫情的过程中，突显出传统保险业务模式面临的困难和挑战，主要体现在以下三方面。

1. 疫情导致全球经济面临较大的不确定性

从全球环境来看，人们对疫情的未知大于了解，在疫情的冲击下，全球货币持续宽松。从我国保险业的发展情况来看，疫情导致了全行业保费收入的增速下降，线下业务受阻，尤其是依托于线下代理人获客的寿险业务，以及车辆、航运相关的财险业务受到很大影响。为了配合疫情防控，2020年2月3日，中国银保监会中介部发布紧急通知，明确要重视从业人员自身防控，做好防疫安排。在保障从业人员做好风险防控的强制要求下，显示出线下依赖度较高的工作环节在客观疫情面前的力不从心。单就产险公司保费数据看，2020年产险公司原保费收入1.36万亿元，同比增长4.36%，较之2019年同期增速下降了6.36%。承保利润方面，2020年全年，产险业承保净利润3013.38亿元，同比下降3.36%，相较2020年上半年下降了8.8%。保费增速下降，承保亏损放大，疫情的突袭使原本跑马圈地的传统保险业务模式的弊端暴露无遗。

2. 人口红利的利弊共存，保险业亟须更多的保险需求

2021年5月，第七次全国人口普查的主要数据结果相继得以发布。全国人口出生率的不断降低、社会老龄化程度的不断提高、人口分布和流动的地域差异的不断显著，显示出我国的人口红利正在逐步消退。在此日益严峻的人口结构国情下，对于专业经营人身生命周期的保险行业来说，既有城镇化过程中人口众多促进保险消费者活力逐渐释放的有利一面，也有人口老龄化大势下老年人口占比过大、高龄生存风险的不利一面。特别是疫情形势下社会消费能力及消费意愿的不足，导致人口红利不利因素的影响越来越大。

另外，在近年来互联网共享经济场景的刺激和影响下，国内快递小哥、外卖骑手、网约车司机等大量灵活就业人员及中低收入群体已逐渐萌发了保险意识和保险意愿，开始主动去关注、了解或直接寻求符合自身需要的意外、养老、健康等保险保障需求。在疫情的影响下，这些群体更加意识到保险保障的存在对自身的重要意义，因此亟须保险业加快对不同年龄、不同职业人群提供多样化、多层次的保险产品供给。

3. 在疫情的考验下，保险业的数字化转型迫在眉睫

随着疫情期的持续延长，由此带来的疾病险、健康险、医疗险等产品的理赔增多，所需赔付的支出也明显增长。2020年上半年，银保监会等相关主管部门相继发布《关于加强银行业保险业金融服务配合做好新型冠状病毒感染的肺炎疫情防控工作的通知》（银保监办发〔2020〕10号）、《中国银保监会办公厅关于进一步做好疫情防控金融服务的通知》（银保监办发〔2020〕15号）等文件，将以前人身险种对新冠肺炎的赔付条件与范围进行规范和扩展，保险业在抗击疫情方面的巨大贡献，也着实大幅增加了保险公司的赔付成本。

在此背景下，疫情倒逼保险公司进行数字化转型以降低保险运营成本。譬如AI赋能保险能够大大地降低客户的恶意投保、逆选择等风险，优化业务品质的同时，极大地减少了人为干预对理赔核赔工作的影响，大幅地降低了保险公司的赔付成本、提高了理赔效率和客户的极致体验。同时，线上化的短信通知、智能外呼、小程序、App自动消息推送等新型科技的应用，能显著减少客户重复电话咨询量等，大大降低保险公司的人工成本。

（二）未来机遇

面向未来，当线下渠道受阻时，企业面向线上的科技化建设是必然选择。

中国人民银行《中国金融业信息技术"十三五"发展规划》和国家国民经济和社会发展"十四五"规划建议中均强调了大数据、云计算、移动互联网等新技术在未来推动保险业发展过程中的巨大作用。本次新冠肺炎疫情的暴发，在显示出传统保险业在面对疫情时的短板之外，也给各行各业展示出了保险科技未来所能带来的巨大机遇。从以往经验来看，公众疫情的暴发会大幅提升人们的健康安全风险防范意识，促进保险业务量的增长。同时，疫情带来的公众健康意识的提高，也会让保险业的社会关注度随之提升，成为企业加强公众认知度和树立良好口碑的机会。面对当前的巨大挑战，众多保险公司都在思考未来行业发展该何去何从，保险科技则是赋能企业积极应对挑战和重塑未来行业格局的重要利器。

1.保险科技可以培养出强大的市场拓展能力

科技的升级有助于优化直销、营销的管理，科技的介入能够增加渠道合作的话语权与选择权，信息技术的管理是实现综合开拓与交叉销售的重要前提，高科技网络的全覆盖是实现电销、网销等新型销售方式的重要保障，新型科技的应用对现代社会有效资源的共享等有着巨大的推动与支持作用。

2.保险科技可以成就卓越的客户服务能力

依靠科技能够建设科学而强大的客户服务管理系统，依靠科技能够整体推出适合现代人及未来人的销售产品及方式，依靠科技能够实行价值分类、客户分类，从而提供个性化服务，依靠科技能够跟上现代人的服务节奏，建立起强大广泛的客户增值服务体系，依靠科技能够有效调配公司资源，科学而便捷地为庞大客户群体实现优质服务，依靠科技能够最大程度地彰显企业的服务品质与效率。

3.保险科技可以催生全新的需求创造能力

第七次全国人口普查显示，伴随着我国人口结构的转变和老龄化社会的加速，更高的受教育程度和更开放的消费观念催生出了大量全新的需求场景和需求体验。保险科技的赋能可以最大程度上将这些新的需求由理论转化为实践，并便捷、便利地实现与时俱进、创新变革。

4. 保险科技是实现杰出的风险管理能力的前提

缺乏科技系统支持的制度、系统与规则，一定存在执行的漏洞，是及时、全面、有效地发现既有风险及防范和预警系统性风险的重要保障。

目前来看，保险业的科技化主要包括打造线上“零接触”保险业态，实现从营销、获客到承保、核保，从定损查勘到理赔服务，实现全链条的科技化，打造健康、生活、消费金融全线上生态体系。展望未来，保险业的科技化将会颠覆传统保险业务模式，为当前保险业的快速、高质量发展带来巨大的机遇，为实现智能化保险新模式创造无限可能。

第二节　保险科技监管政策解析

随着科技创新与保险业融合发展的不断加深，保险科技正在逐步重塑保险业态，推动保险业回归风险保障和风险管理本源。世界各国也逐步意识到加强保险科技监管和规范保险科技企业经营在国民经济体系中的巨大影响，相继制定了专项的鼓励和监管政策。

一、国外监管政策百家争鸣

美国国家保险专员委员会（NAIC）为了更好地了解美国市场

保险科技的发展情况，重点把握核心企业的关键技术进展，成立了专项的技术和创新小组，并负责向监管部门提供相关领域监管方法的具体实施建议。同时，美国财政部联邦保险办公室（FIO）还通过制定法规、举办网络安全培训等途径，迫使各州监管机构提高保险公司的网络安全和数据保护意识，旨在加强对保险科技的合法规范以及消费者信息的权益保护。

英国金融行为监管局（FCA）为金融科技的发展制定了专项的发展方案，并对保险科技企业提供了巨大的人才储备和政策倾斜支持。英格兰银行召集各领域的专家建立了同盟组织，用以监测国内保险科技的发展以及监管部门的监管情况，尤其重视新型风险的评估，旨在多方面促进保险科技的发展。

新加坡金融监管局（MAS）则直接放松了保险科技创新企业的监管规范，制定相应政策鼓励企业进行大胆和快速的数字化创新。并成立了专项的金融科技与创新小组，用以帮助相关企业应对市场中面对的问题，鼓励当地、区域及国外保险科技的入驻及交流合作。

中国香港保险业监管局（IA）也一直在密切关注保险科技的发展和应用，并积极协助市场人士应对保险科技相关的监管问题。监管局通过设置保险科技沙盒、为新型科技工作设置快速业务授权审批渠道和设立保险科技促进小组等方面的措施，促进保险科技发展。

二、国内监管引导铿锵有力

党的十九大报告指出：“创新是引领发展的第一动力，是建设现代化经济体系的战略支撑”。国家国民经济和社会发展“十四五”规划，以及中国人民银行《中国金融业信息技术“十三五”发展规划》，也明确地强调了人工智能、大数据、云计算、移动互联网等新技术对金融保险业的巨大作用，给予了保险科技高度肯定。随着人工智能、大数据、云计算、移动互联网等新兴技术的发展成熟，先进的科技赋能必将对银行、保险和证券等传统金融业带来前所未有的影响和推动。

为加快国内保险业与科技融合，更好地实现科技赋能和促进我国保险业健康快速发展，我国保险业监管部门相继发布了一系列具有针对性的监管措施：

2011年9月20日，中国保险监督管理委员会印发了《保险代理、经纪公司互联网保险业务监管办法（试行）》（保监发〔2011〕53号），该办法自2012年1月1日起施行，针对部分保险中介机构利用互联网销售保单的行为进行了规范。

2015年10月1日，《互联网保险业务监管暂行办法》（保监发〔2015〕69号）开始施行，该办法对互联网保险业务在前期施行过程中暴露出来的风险点进行防范，杜绝了发生全行业发生系统性风险的可能性。

2018年10月，针对新时期、新形势、新问题，中国银保监会对《互联网保险业务监管暂行办法》进行了全面修改，并就修订后的《互联网保险业务监管办法（草稿）》（征求意见函）向全社会征求意见。

2019年12月13日，酝酿一年之久的《互联网保险业务监管办法（征求意见稿）》正式下发。新办法体现了支持创新和防范风险间的平衡，并提出了允许在风险可控的前提下试点和推广成熟的先进技术的思想。创新驱动发展战略成为国家战略，为我国保险科技创新提供了前所未有的发展机遇。互联网保险业务监管办法根据我国保险市场的具体情况和不同时期科技发展的不同特点得以逐步完善，在规范科学技术与保险业务行为有机融合的同时，积极防范相关风险，促进了我国保险业的多样化、多层次的健康快速发展。

2020年1月，备受关注的《关于推动银行业和保险业高质量发展的指导意见》发布，在该《意见》中，中国银保监会明确要加大对金融产品创新的科技投入和政策支持力度。强调了扎实打好信息科技基础工作的重要性，要求要积极利用大数据、区块链、云计算、人工智能等新兴科学技术，充分地结合当下我国保险业发展的实际情况，统筹组织机构、运营模式等工作机制的调整，强化信息安全建设，从而最大限度地降低企业经营成本、提高客户服务质量和效率。

2020年12月7日，经过长时间的讨论和研究论证，中国银行保险监督管理委员会正式下发《互联网保险业务监管办法》（中国银行保险监督管理委员会2020年第13号令），并宣布《互联网保险业务监管暂行办法》（保监发〔2015〕69号）同步废止，标志着自2019年12月《征求意见稿》发布一年后，新版的《互联网保险业务监管办法》正式落地。该办法详细介绍了在我国当前互联网保险发展情势下，规范合规经营的具体要求和相互注意事项，从整个互联网保险体系入手对目前经营互联网保险相关业务流程及法制建设进行完善和补充，切实地维护消费者用户的切身利益。

针对我国保险行业信息化程度不高、数据真实性广被质疑的历史旧疾，随着信息技术体系建设的不断完善，快速提高保险中介机构的信息化建设的呼声越来越高。为加强保险中介监管，提高保险中介机构信息化工作与经营管理水平，构建新型保险中介市场体系，推动保险中介行业高质量发展，2021年1月12日，银保监会正式发布《保险中介机构信息化工作监管办法》（以下简称《办法》），并表示《办法》自2021年2月1日起施行，《关于加强保险中介机构信息化建设的通知》同时废止。这是第一次在政策层面明确了保险中介信息系统的最低进入标准要求，强调了保险中介信息系统应具备的基本功能和条件，同时也对今后监管现场检查工作的重点工作内容进行解释。明确了保险中介机构信息化建设的要求，对规范和引导我国保险行业提高信息化建设和能力起到了巨大的推动作用。

2021年10月22日下午，银保监会官网发布《中国银保监会办公厅关于进一步规范保险机构互联网人身保险业务有关事项的通知》（以下简称"《通知》"）对险企经营不同类型互联网人身险业务须具备的条件、可网销的产品范围等做出明确规定。相对于最早的征求意见稿，《通知》适度降低某些业务的准入门槛，同时给予险企更多政策过渡期，但整体来看，《通知》所体现的监管理念没有发生变化：

第一，对于互联网人身险产品经营实施分级分类监管，不同资质的险企可经营的互联网人身险产品范围也将有所不同，险企要想网销长期储蓄型产品，比如近年来中小公司热衷的网红产品"增额终身寿"等，将面临更高门槛。过去几年一些热衷网销长期储蓄型产品，但同时线下分支机构较少、实力较弱的小新公司将受到更多影响。

第二，贯彻一致性监管原则，堵住套利漏洞。伴随线上线下业务的融合发展，不同渠道间的界限愈发模糊，但由于不同渠道间存在监管尺度不一的问题，导致渠道套利行为普遍存在，《通知》对此进行明确，堵住了渠道套利的漏洞，同时也强调了服务的一致性。对财产险、人身险公司在业务准入、产品定价、监管机制等方面保持一致性监管；对保险公司和保险中介机构在宣传销售、运营服务、检查处罚方面保持一致性监管。

第三，重点解决互联网渠道不当创新、销售误导、恶性竞争等问题，实施定价回溯机制。《通知》要求险企定期进行定价回溯，并由总精算师对结果承担责任。严防“报行不一”。

值得注意的是，表面看来，《通知》是一项针对互联网人身险业务的监管规定，但实际上，其影响的不仅仅是线上市场格局，随着不符合条件的小新险企加码线下渠道，尤其是银保渠道，其将给市场带来哪些影响同样值得关注。

我国保险业监管部门立足我国保险业发展实际情况，广泛参考全球保险科技的发展与监管动向，十多年来在支持科技创新服务保险发展的前提下，坚持促进行业健康有序发展，有的放矢，有力地引导了我国保险科技的快速发展。

第三节 保险科技赋能客户服务升级

客户服务是保险公司获得市场认可和实现自身价值的重要立足点。传统保险行业客户服务方式的单一和不足，一直以来都是亟待解决的行业痛点。随着保险科技快速地融入人们的日常生活，在便利了客户的同时，也不断催生出新的应用场景和个性化需求。

一、赋能客户多样化需求

保险科技的高速发展和不断成熟，不仅为保险行业的发展变革注入了全新的动力，也创造了巨大的发展机会。借助保险科技强大的技术支持，针对不同人群的客户需求从无到有，从有到优，从单一到全面，从全面到高端，多种多样的产品方案和需求类型不断地得到开发和优化，用户的多样化需求逐步得以实现和满足。

随着2019年新版《健康保险管理办法》明确提出了“鼓励保险公司提供创新型健康保险产品，满足人民群众多层次多样化的健康保障需求”的表述，健康管理服务也越来越受到各类保险公司的重视，管理理念从对被保险人的被动治疗，转向主动进行保险客户的预防管理转变，从事故发生后的被动理赔逐渐，转向面向特定客户的前期预防、中期精准治疗与服务、后期康复跟踪的整个流程。基于保险科技和健康状况预测模型的输出结果，可方便、快捷地掌握用户的个体健康水平和患病风险，并以此为基础制定针对性的健康促进计划，以帮助客户提升个体健康水平，同时也可以降低健康险出险概率和赔付金额，从而实现客户和保险公司的双赢。

譬如以客户的脸部图像为基础，通过客户的实时自拍照片，基于深度学习算法建立个体风险和脸部图像中所包含的特征信息之间的关系，对其吸烟状况、BMI指数、心脑血管疾病风险等进行判断，进而评估客户的整体健康风险水平，从而实现基于个体差异、千人千面的风险定价。通过个性化和精准化定价的产品设计，完善产品矩阵，可以满足不同人群的健康保障需求，提升产品的市场竞争力，同时有效进行风险防控。对于超优体客户提供超优的保险费率，简化客户的投保流程，提升产品对优质客户的吸引力。

二、赋能个性化优质服务

保险科技赋能也可以支持保险公司为消费者提供专业化、个性化、定制化的中高端服务。通过运用客户行为数据、标签数据、大数据分析技术等方式，可以赋能保险公司革新原有的保险产品定价模型和定价思路。基于全局数据的大数据分析，可以根据用户特点设计出真正满足用户需要的个性化产品，或者根据用户的期望和设想，设计出全新场景下的特色产品，从而最大程度上优化客户的体验。

比如，利用保险科技大数据、物联网可以改变原有传统保险产品的定价和升级思路，实现个人健康险和团体健康险的动态核保，实现保险产品的实时定价。另外，以客户的脸部图像为基础，通过深度学习算法，建立个体风险和脸部图像中所包含的特征信息之间的关系，也实现基于个体差异的定制化风险定价。通过个性化精准化定价的产品设计，完善产品矩阵，有助于满足不同人群的健康保障需求，定制个性化优质服务，提升产品的市场竞争力，同时有助于公司进行有效的风险防控。

三、赋能新式产品体验和服务效率

保险科技在赋能保险公司提高新式产品体验和服务效率方面发挥重要的作用。随着相关技术的日益发展和成熟，基于保险科学技术的健康状况预测可以应用于保险业务的全流程，以提供更多元的创新产品组合，降低优质投保客户的保费价格，提升客户的健康水平和体验，在保证保险公司风险控制水平的前提下，助力新式产品体验和服务效率的快速发展和进步。

例如，中医诊断凭借的“望闻问切”，就是一种最早的基于面部特征进行健康状况辨识的人类智能。随着人脸识别技术的日益发展和成熟，基于人脸识别技术进行健康状况预测，结合最新的深度学习算法、大量训练数据样本、GPU计算能力等元素，提取人脸特征、建立特征和健康状况之间的关联关系，能使机器具备这种“望五官知五脏”的能力，通过脸部图片对个体的健康状况，包括BMI、体脂率、血压等健康指标，吸烟情况，及遗传疾病、心脑血管疾病等患病情况，进行识别和判断，大大地简化了客户的投保流程，提升了产品对优质客户的吸引力，从而极大地优化了产品体验，提高了服务效率。

第四节　保险科技重塑中介渠道拓展

保险公司价值的体现，很大程度上依赖于公司与客户之间沟通的经济性和有效性。保险科技的介入，打破了原有传统中介渠道单一、刻板的拓展方式，重塑了中介渠道与客户需求之间便捷高效的沟通纽带。

一、重塑精准客户画像

客户画像就是通过对一系列海量数据的清理、整合和研究分析，概括出不同风险属性和不同用户行为习惯下的虚拟用户特征，也可以说，客户画像是虚拟用户的代表。而企业则通过各种调研手段，从消费者的消费观念、消费行为和决策过程出发，整合相似行为分类，并分别设置客户标签，对于分类后的结果，抽取各自不同类别的显著特征，进行姓名、图像、身高等统计要素的数字化表述，从而形成企业对客户的精准客户画像。通过精准客户画像，可以准确地查找出潜在的用户群体及保险保障需求，向其推荐适合的寿险、财险产品，以降低营销成本、提高销售效率。

在企业形成客户画像实现中介渠道扩展的过程中，保险科技可谓发挥着中流砥柱的作用。例如，通过保险科技分析数据来实现对客户标签化处理，可能涉及年龄、性别、学历、收入等级、日常消费习惯、日常生活区域、个人生活轨迹、日常交际圈，以及亲友区域分布等数百个行为静态和动态指标，无死角、全方位地覆盖和监控个人生活的方方面面。再比如，通过分析可知，对于高收入男性，其中高年龄段的人群，在消费习惯上更加注重商品和服务的品牌，对价格的敏感度也会比较低，同时对新型商品和服务的接受程度和接受意愿也比较强烈；而低年龄段人群，则对商品和服务的消费更倾向于专业性，偏向于文艺青年。对于低收入的男性，高年龄段人群相对比较保守和传统，作为一家之主，家庭负担很重，疲于奔波，因此消费能力不足；而低年龄段人群对于新事物新观点的接受力不强，不大注重生活品质，日程生活以低消费为主等。通过对相关指标的分析和解读就能够全面地了解客户的真实需求，从而有的放矢地提供相应的产品服务。

二、重塑成本优化与效率提升

2020年12月6日，备受关注的中国保险创新发展大会在湖北武汉成功召开，“科技创新重构保险中介新生态论坛暨保险业协会保险中介专委会成立会议”是九个平行分论坛之一围绕科技赋能保险中介、行业转型升级等主题进行了高端对话，开展圆桌讨论。会议指出，当前市场环境纷繁复杂，需要找到新途径去谋篇布局、解决问题，共同推动保险中介业务的高质量发展。其中，首要解决的就是拥抱科技创新，推动传统保险中介机构的业务转型和服务升级，创建更便捷、更精确、更友善的中介新业态。而保险合同的主体、营销渠道各方、保险公司的股东、国家监管机构等都是保险行业产业链上的一环，围绕着保费收入、股东利益和资产保值增值等内容，具体体现在理赔成本、销售成本、经营成本、营业利润和税收等。因此，保险科技重塑中介渠道的扩展还突出表现在公司成本的优化和精准营销效率的提高。

保险科技助力公司及行业数据库价值的真正实现，很大程度上提高了企业与客户之间沟通行为的经济性和有效性，从而大幅降低营销成本。因此，精准营销能否成功地运用于保险行业中，主要的影响因素是保险公司能否将数据库进行最大化程度地使用，充分利用客户信息，包括教育、家庭结构和财务等各个方面的数据优势，助力保险精准营销，实实在在地提升沟通效率，使客户获得更好的满足感。以往保险行业的人海战术已不适合现行市场的发展需求，随着行业增员困难、人员流失加剧，导致传统营销模式难以为继，如何有效提升人员产能成为行业痛点。通过大数据和人工智能找准客户需求，给予恰当的推荐，对于提高客户转化率、促进留存，效果颇为显著。

事实上，国内外保险企业不断利用新科技创新保险产品、服务，提升运营效率及准确度，已取得显著成效。譬如泰康在线保险运用大数据和云计算将人脸识别技术运用到保险的各个环节，代替人工审核，提升客户体验的同时，优化了业务流程，并探索将人脸识别技术应用于养老社区、医疗大健康等业务，进行更多的业务创新。众安保险作为国内首家互联网保险机构，利用人工智能、云计算和大数据，打造出众安精灵智能投顾，通过识别用户所处的场景来收集具体需求，向用户提供定制化的保险配置方案，实现了为用户随时随地提供私人定制家庭保险方案的目标。

三、重塑业务筛选与风险管控

当前，大数据、人工智能等技术的发展日新月异，赋予了传统保险行业更多的创新可能，推动保险业朝着更加场景化、智能化、移动化的方向发展。保险科技还可以重塑中介渠道精准的鉴别优质和劣质业务，有效地规避逆选择等道德风险。近些年随着保险行业的大力发展，特别是专业中介渠道的不断扩张，已经逐步发展成为能够与个险营销员相抗衡的第二大专业销售渠道。保险公司为更好地规避保险风险，也逐步与大型的中介渠道商们建立了利润分配和风险共担的一体化风险管控体制。有效地筛选优质业务、规避逆选择和投保人的骗保行为不再是保险公司一方的个体行为，已转变为行业的共同目标。

第二章

保险科技创新实践

科学技术发展的终极目标是提高生产力。科技的创新推动了现代文明的发展进程，尤其是对改进现代企业管理决策产生巨大影响。随着人工智能、区块链等新兴科技越来越多地应用到保险行业，推动了全面线上化的生态体系建设和科技转型战略升级实践过程，保险科技的高效便捷生产力受到业内外的高度关注和认可，“保险+”模式得以广泛应用与实践。

第一节 “保险+”核心科技应用日新月异

人工智能、区块链等高新科技的出现，极大地革新了传统保险业务模式。随着这些核心科技在保险行业的不断融合和深化渗透，很多原本“不可能”的功能和应用逐步转变为“可能”和“智能”。

一、保险+人工智能

从阿尔法围棋战胜世界围棋冠军，到智慧医疗、智慧教育、可穿戴设备及智慧家居等创新概念的落地实施，人工智能技术的迅速发展，已经给我们的教育、娱乐、生活、工作等各个方面带来了深远的影响。

如图2-1所示，人工智能致力于研究通过机器运行那些人类智力才能完成的复杂工作，最终期望实现机器替代人类工作的一种全新应用科学。从过去几年的行业发展速度和未来市场发展空间展望来看，人工智能发展潜力最大的领域将是智能机器人技术、图像识别技术和机器学习技术三个方向。目前，这些新技术的应用已经给保险行业各个环节带来了许多积极的改变。2018年，复旦大学联合中国保险学会发布的《人工智能保险行业运用路线图》预测，至2025年、2030年、2036年，人工智能的运用率将分别达到25%、50%、75%，届时人工智能将颠覆性地改变人们的日常工作和生活。

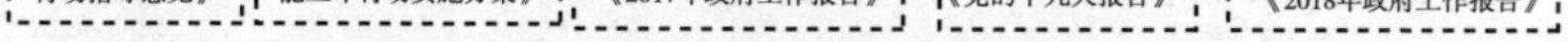

图2-1　我国人工智能政策背景发展历程

保险科技的应用涉及对整个保险生态流程的优化升级：从前端销售环节要求产品创新和多样化场景的塑造，到中端核保核赔要求的审批程序和客户材料的标准化和处理效率的提高，以及后端产品定价环节定价模型的优化和定价因子的选择、校验、回溯和更新。如图2-2所示，在互联网科技迅速发展的背景下，保险行业持续进行科技创新和转型升级，通过人工智能实现公司的扩大保险销售空间、整合保险市场潜力和创造利润。

首先，搭建智能化的客服系统。对于保险公司而言，人工智能的应用除了能够减少作业风险、提高客户定制化服务等问题外，可以大幅降低公司的人力成本。目前很多保险公司都开发了智能客服机器人，整理汇总部分简单信息，解答常见的客户咨询问题，极大降低人工成本的同时，减少了用户咨询的等待时间，进而改善客户体验，提高客户服务效率。

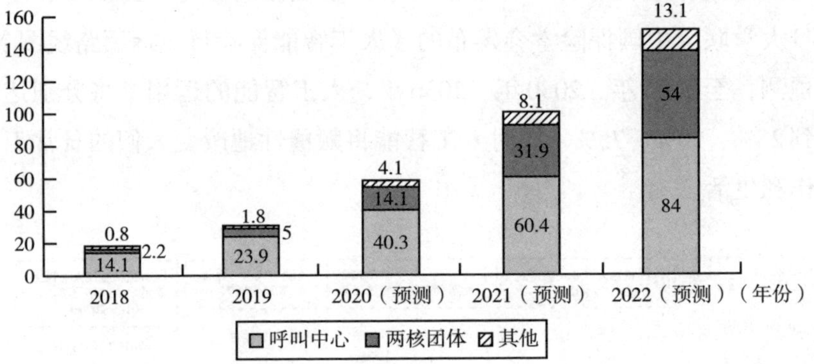

图2-2 2018—2022年人工智能为保险公司带来的潜在人力降本价值

资料来源：艾瑞咨询。

其次，完善智能化的核保系统。智能系统通过与用户进行线上沟通的方式了解客户信息、识别客户风险、出具核保意见，同时还可以识别客户提供的照片的真实性，通过技术手段识别和规避骗保等事件的发生，从而降低赔偿风险。

再次，优化智能化的定价模型。智能定价模型融合大数据和人工智能技术，能弥补传统大数法则下的数据局限，通过运用大数据和云计算技术，达到对费用支出和损失频率和损失程度的最优拟合，从而提高定价的准确度，实现差异化费率厘定，优化产品定价。

最后，实现智能化的资产管理。资产管理是一项涉及海量数据收集和复杂数据处理的高技术考验工作，应用人工智能进行智能投顾和智能投研，可以运行高效的数据分析和处理能力，便捷高效地为众多专业投资者提供准确快捷的数据支持，协助资产管理者精准把握投资机会，提高投资收益。

目前人工智能技术尚处于前期发展的基础阶段，随着人工智能技术的不断完善，将会在保险售后、核保、核赔、数据搜集和处理等领域拥有广阔的应用和巨大的发展空间。

二、保险+区块链

区块链起源于比特币，是人类对数学算法的一种共识，依赖于这种共识，即使没有相关政府的信用做担保和保障，仍然跌跌撞撞地不断前行发展，在此过程中，作为比特币底层技术之一的区块链也日益受到重点关注。

区块链结合了点对点通信技术和加密技术，本质是一个去中心化的分布式账本数据库，基于这个数据库可以开发出无数的应用，开放性和可拓展性俱佳，缺少了中间环节的交互，因此可以极大降低合约执行成本，显著提升执行效率。

基于区块链的上述优势，广泛运用在保险行业的产品开发、投保承保、报案理赔、流程优化以及风险防范等领域。首先，区块链可以根据客户的具体情况提供个性化定制保险，为新兴市场提供低赔付、高净值的产品，提高客户参与度，推动保险产品创新。其次，区块链技术可以通过固定的、不可篡改的身份证明信息，识别真实的被保险人身份，减少保险欺诈事件的发生。

三、保险+物联网

物联网的提出最早可追溯到20世纪90年代，初衷是希望实现人与物、物与物之间的关系能够像人与人之间的关系一样，互通有无和信息传递。简单的说，物联网是一种新兴科学技术，把所有物品通过特殊的介质和方法联系到了一起，从而达到了相互连接和信息共享。

专家认为，物联网技术一旦发展成熟，将彻底颠覆现有保险精算定价方法。一方面，保险行业通过物联网能获得全面准确的风险数据，特别是特定细分人群的风险状况，所以能够进一步细划市场，为实现精准和差异化定价提供数据基础。比如，通过行车记录仪就可以准确地判断车辆在出险时是否存在超速行驶行为；安装智能家居用品能够及时发现家中存在的风险隐患，发生事故时及时通知救援，从而降低财产损失，降低家财险保险费。另一方面，物联网和大数据的应用，可以弥补传统保险精算方法多度依靠历史数据的不足，通过实时获得动态数据，掌握客户的现实状况，及时修正预测结果，从而更精准地掌控客户的风险状态，实现动态核保，实时定价。

在汽车保险中，物联网打破了“保险随车走”的传统模式，创新了“保险从人、保险从用”的费率厘定方法，将汽车保险市场进行市场细分，使保险定价更加精准，风险管理更加高效，理赔成本逐步降低。目前，基于用户行为定价的UBI车险（Usage Based Insurance），即基于使用行为的车险，是在该技术领域较为成功的应用实践。随着自动驾驶技术的渐趋成熟，通过分析车辆及驾驶人员信息，保险公司对可以变被动为主动，镜像风险事故管理，从而降低理赔成本，提高客户服务水平。随着可穿戴设备技术、智能家居等技术的发展成熟，在保险行业将会出现更多的应用场景。

四、保险+基因诊疗

基因诊疗是基因诊断和基因治疗的组合：前者是指通过详细分析普通遗传病和家族遗传病，经过基因诊断、基因分析，对遗传病做出诊断；后者是通过基因转移技术将外源正常基因导入靶细胞，纠正或补偿因基因缺陷和异常引起的疾病。

人类基因组计划已于2005年完成测序工作，为包括基因诊疗在内的延伸领域提供了数据基础和跨国合作基础。近年来，我国相关部门也开始逐步鼓励发展精准医疗和基因检测的相关研究。2016年3月，科技部出台了“精准医学研究”重点专项申报指南，指导和规划了未来五年精准医疗示范体系的建设与推广，基因诊疗行业在国内受到广泛关注。

基因诊疗技术在保险行业的应用，主要是保险机构与三甲医院、民间医疗公司等基因检测机构合作，为个人消费者进行基因检测。对保险消费者来说，可以准确掌握可能罹患的高风险疾病种类，有针对性地提前预防和治疗；对保险公司而言，运用基因检测纳技术可以收集大量的客户健康数据，实现风险定价，并更好地提供个性化的健康管理服务，提升行业竞争力和品牌影响力。比如2015年6月，华大基因和众安保险联合推出了国内首款互联网基因检测保险计划“知因保”，客户可以检测得知罹患乳腺癌的概率，并享受相应的专项体检服务和保障计划，开辟了国内“保险+基因”的早期市场。

五、保险+云计算

云计算是一种帮助用户通过互联网工具，快速便捷地获取计算资源的方法。云计算在数据存储、管理、编程等相关领域进行了创新，通过大量访问和高速吞吐来实现客户的需求。基于效率高、速度快、数据量大的特点，云计算在保险定价和核保中得到广泛应用，众多保险公司纷纷尝试运用云计算技术，解决诸多信息不对称等问题。

云计算技术在保险行业中的应用，主要体现在大大提高了数据处理的速度和质量。云计算能够快速、高质量地完成保险公司海量的峰值处理和算力需求等，灵活地根据不同客户人群的多样化需求完成精算建模和数据处理，最大限度地发挥海量数据的实际价值。

六、保险+大数据

大数据技术在保险行业的应用主要体现在：提供强大的基础数据支撑，为不同保险业务场景下的差异化产品实现精准定价；帮助保险公司精细分析客户的需求，进行产品迭代升级；根据不同客户群体的差异化特征，进行精准营销，赋能保险代理人更好地筛选定位客户群；根据交叉信息建立完善的核保反欺诈信息库，实现保险公司的后台风控等。

通过运用用大数据技术，保险公司可以细分市场，这有助于开发投保人新的保险需求，并实现差异化定价、开发差异化产品。计算机通过海量数据积累，可以提高理赔申请处理速度，并降低错误率。把大数据与区块链和云计算技术结合起来，可以实现信息的完全迁移，从而在保险行业应用中打破公司界限，实现全行业的升级进步。

七、保险+无人驾驶汽车

当前无人驾驶技术日趋成熟，无人驾驶汽车已在多地进行试点上路。许多机构预测，到2040年，大量的道路交通驾驶工具将变为无人驾驶汽车，这有望大大降低机动车事故的发生率，对汽车及相关类型保险也会产生重大影响。

首先，事故率降低必然使得保险费率大幅度降低，这将改变目前汽车保的险盈利模式。其次，目前我国汽车保险占财产保险市场的70%以上，如果现有人为驾驶的汽车未来被大量无人驾驶汽车替代，将增加无人驾驶汽车制造商和经销商的责任风险，那么汽车第三者责任险的购买者就不再是当前的驾驶人，而将是生产无人驾驶汽车的厂商。

八、保险+无人机

无人机在保险领域的运用，主要表现在索赔发生时的查勘定损方面。无人机可以进入查勘人员难以进入的较大范围面积区域，开展危险复杂环境下的实时勘察，既可以有效地指导客户进行事前有效防范，突发灾难事中及时应对，还可以确保调查人员安全，降低人工成本，并定期地监督评估和风险预警，尤其是在损失发生前采取预防措施。

第二节　国外保险科技应用引领行业创新

依托于较为领先的科学技术发展水平和成熟的市场环境，先进的“保险+”核心科技最早在德国、美国等发达国家得到探索和应用。随着应用成果的丰富，保险科技赋能理念逐渐深入人心，国外保险科技企业的应用创新水平得到持续提升。

一、Allianz Group：百年传统险企的数字化转型

随着保险产品面向不同互联网生态的持续迭代创新，亟须丰富、高频、实时的保险产品，这对保险公司的即时承保出单提出了更较高要求，需要针对不同投保主体进行实时精算和逐一定价。得益于云计算、大数据、人工智能等技术的支撑，保险公司在面对该类业务需求时具备了应对能力。安联保险作为行业巨头，也是积极进行数字化转型升级以保持行业领先地位的杰出代表。

作为一家全球性的金融服务提供商，安联集团（以下简称“安联”）主要为公司和个人提供保险与资产管理的解决方案。安联于1890年成立在德国柏林，历经一个多世纪的发展，目前已经

成为全球最大的金融集团之一和德国最大的保险公司。至2016年，安联拥有超过14万名员工，业务分布超过70个国家，总客户数量超过8600万，在金融与保险行业具有非常广泛的影响力。

安联由内到外推动科技化过程，设立科技部门，升级科技系统，改善保险流程，以优化客户体验，应用新技术开发保险产品，打造全流程的智能化承保数字化系统。安联提出数字默认（Digital by Default）和技术卓越（Technical Excellence）战略，利用数字技术和平台来运行智能业务，优化业务流程，实现“完全数字化”的目标。在具体的转型策略上，安联定义了五个生态系统，即移动、健康、智能家居、资产管理和人工智能，并设立了五大转型支柱，包括全球数字工厂、全球数字合作伙伴、完全数字业务（Digital Pure Play）、Allianz X、高级商业分析，全角度实现数字化转型升级。

二、Back Me Up：细分市场保险产品

针对年轻群体缺乏财产保险意识，在购买保险方式和财险需求上也与传统客户群体有较大差异，Back Me Up通过精细的数据分析和保险科技应用，设计了高效的特定投保方案。客户每月只需支付最低9.99英镑的保费，就可以为自己的任意一件物品进行投保。

Back Me Up保险公司成立于2016年，隶属于富通保险旗下，是基于手机移动端的保险平台，主营业务是为00后年轻群体提供随时生效、个性化设计的财产保险产品。Back Me Up敏锐地捕抓到千禧一代年轻人群的鲜明特点和巨大市场潜力。首先，他们的购买习惯和传统人群迥然不同。其次，由于年轻人群的经济情况

和拥有物品种类的特殊性，他们对于保险产品的需求更为直接。而现有的传统财产保险条款复杂、保障范围广泛、价格高昂，无法满足年轻人群的保险需求，因此缺乏主动购买财产保险的积极性，这就形成了潜在的市场需求。

Back Me Up保险产品的三个特点是购买方便、保障灵活和可随时变更保障物品。Back Me Up研究发现，大量年轻人没有购买过任何财产保险产品，即使在出国旅游面临较高财产损失风险时也一样。手机是目前年轻人最为常用的物品，而有接近一半年轻人并没有为手机投保，在购买手机保险的年轻人中有28%表示过去一年中发生过保险事故，进行了相应理赔，因此Back Me Up认为仅手机保险的市场潜力就非常巨大。此外最具有投保价值的物品是电脑和服装，但同样分别有44%和63%的年轻人表示没有为这些物品购买保险。

除了Back Me Up以外，目前市场上还没有专门提供小件物品财险服务的保险公司，其他大多是保险中介机构，比如Sure、Trōv和Friendsurance等。保险产品的独特设计和优惠价格是Back Me Up的竞争优势，性价比高、条款灵活和使用便捷更能吸引年轻群体。

三、Singapore Life：新型互联网险企的健康管理

互联网保险公司的主营业务一般都是财产保险或健康险。而人寿保险具有复杂性、期限长、保费高等特点，因此很少有公司通过互联网销售人寿保险产品。针对该痛点，Singapore Life提出希望实现保险全行业的数字化，通过金融科技简化线上投保流程、推动行业发展。

2014年Singapore Life在新加坡成立，是一家通过互联网经营人寿保险业务的公司。2017年6月新加坡金融管理局（Monetary Authority of Singapore）给Singapore Life颁发了人寿保险经营牌照，而这也是新加坡40年来颁发的首张新的保险牌照。Singapore Life以D2C（Direct-to-Consumer）模式运营，主要销售定期寿险产品和疾病险产品，同时也为高净值客户提供长期寿险产品，其人寿保险产品主要面向四类人群：职场人士、年轻父母、中年父母和有养老需求的人群。

针对主要客户群体推出健康管理项目（Stay Active），是Singapore Life的特色创新。Singapore Life鼓励客户使用可穿戴设备，随时监测身体各项指标、维持健康的生活习惯，以此提高客户的健康水平并相应降低保费。

Stay Active的使用流程是：注册→添加设备并同步→保持经常运动→收到奖励回报。仅Singapore Life的保单持有人有资格参加Stay Active项目，参加方式是在网站门户注册，自行管理同步设备。Singapore Life为客户提供智能化的投保流程，通过完全线上电子化投保，流程简便高效，网站界面和合同内容易于理解，在线客服和FQA随时解答客户问题，通过Stay Active计划进行客户健康管理，还可以降低保费。

互联网与大数据将促进寿险市场无纸化销售趋势的大力发展，而Singapore Life就是该股浪潮中众多互联网保险公司的佼佼者。

四、Captricity：保单数字化处理助手

Captricity作为一家全球领先的“数据即服务”提供商（Data

as a Service，DaaS），利用图片识别技术将抓取的手写资料或文件中的数据转为可读的数据集，并协助用户对数据进行分析和处理。目前，全美约一半的大型保险公司使用了Captricity的转换工具，Captricity的准确率能达到99%以上，其中包括对笔迹的识别和转换，极大程度上改进了保险公司客户的投保效率和投保体验。

Captricity于2011年成立于美国加州奥克兰，通过深度学习技术（Crowd-guided Deep Learning Technology），从多种客户渠道（包括手写文档、扫描、传真、电子邮件、呼叫中心数据和Web表单等）提取和增强99.9%精度的数据，将其无缝地传递到下游系统和工作流程中，并自动连接到后端系统，提供高级分析功能，减少手动输入数据的成本和时间。美国排名前20的人寿保险公司中有13家使用Captricity的结构化数据来降低成本，加强风险管理，进而增加收入。

Captricity服务于多个行业，包括保险、医疗保健、政府和非营利组织。Captricity为保险公司提供的服务覆盖工作流程中的多个步骤：首先，从任意输入源中获取精确度为99.9%的数据；其次，在数据被利用前，修复乱序（Not In Good Order，NIGO）数据和修正数据输入错误；接下来，通过公共数据库和内部数据库的自动交叉引用，验证客户信息；然后，丰富数据，增加数据价值和精度来更好地衡量个人风险；最后，与RPA供应商合作，将数据无缝、自动整合到旧系统中。

值得一提的是，Captricity能够识别手写资料，并识别、获取相关客户数据，由于保险和健康领域中的手写资料仍然是主要形式，此项技术尤为意义重大。Captricity可处理的纸质文件包括：保单、申请表、潜在客户列表、客户问卷调查等。

此外，Captricity还能够帮助保险公司减小风险暴露，汇集客户的陈旧数据和遗留系统，而无须大规模“拆解和更换”项目。通过Captricity的SaaS解决方案，保险公司可以缩短投保周期，实现自动化流程。

目前，许多大型的保险机构使用Captricity的深度学习模型，筛选数亿页的投保人数据。保险公司可以从投保人的死亡证书中提取数据，训练跨越投保人一生的纵向数据，下一代保险产品可以充分利用这一数据转化优势。例如，Captricity提取了New York Life的全部10年纸质死亡证明的死亡数据，帮助New York Life改进寿险精算模型。

五、Tractable：智能车险定损

随着科技的发展，保险公司的自助理赔、快赔、闪赔等服务开始逐步普及，虽然“理赔难”的问题仍没有完全解决，但与传统理赔方式相比，更为便捷和高效。

Tractable是一家以提供人工智能计算机视觉服务为特色的创新型公司，成立于2014年9月，总部位于伦敦，目前总融资金额达到了990万美元。Tractable的图像识别范围覆盖车险定损图像识别、医疗图像识别和基础设施维修图像识别，识别能力超越人类专家。

Tractable立足于行业车险评估定损的痛点，致力于为车险定损提供智能化的解决方案。在目前的车险定损操作流程中，发生保险事故以后，由保险公司的查勘定损员、保险公司核赔人员和汽车维修商，三者之间相互传送事故汽车的受损图像，通过人工计算维修费用和理赔费用。而Tractable则可实现当事人现场拍照后

自动识别和判断车辆的受损情况，并估算维修费用，而且预估准确率非常高，该种智能车险定损方案具有三大优势。

首先，大幅减低查勘成本。据统计，在发生汽车保险事故时，在伦敦查勘定损一次的成本大约为30英镑，边际成本大概为15英镑。而Tractable使用该智能车险定损系统将大幅降低公司的查勘成本，甚至可以逐步实现边际成本近乎为零。

其次，极大地提高理赔效率。Tractable与美国软件供应商Mitchell International合作，模型分析了2亿车辆的定损照片，并将结果应用到英国车险市场。该系统能够有效地降低人力劳动成本，快速分析事故现场照片，即便质量较低的图片，也可以进行视觉识别，图像分辨率、光线、角度、缩放比例、车型、画面背景等因素都不影响结果。操作者只需上传车祸中的各个角度车辆照片，系统就可以自动识别照片属于车辆的哪一部分，并做出判断是否需要维修或更换，最后出报价方案。这些操作将原本属于查勘定损员的工作通过人工智能技术进行简化实现，极大地提高了理赔效率。

最后，提高查勘理赔透明度。在信息不对称的情况下，汽车维修商的报价可能会过高，损害保险客户和保险公司利益，而Tractable的算法能够快速地大致估计汽车的受损情况和维修费用，更好地保护客户利益。

Tractable的核心是深度学习图像识别检测技术，该行业处于成长期，具有高技术壁垒，存在可观的潜在市场。目前由于人工成本的提高，越来越多的保险公司决定自主研发AI定损系统，希望将数据库及智能算法运用到不同领域，给消费者提供多样化的解决方案。

六、Slice Labs：按需付费的碎片化保险实验室

经济条件的提升和科学技术的进步也催生了新的需求。Slice Labs作为一家创业公司，就是一个为随需应变经济提供按需付费的保险平台。该平台经济高效，易于操作，为用户提供卓越的服务和广泛的适用范围。Slice Labs的目标是通过设计优化、数据分析和技术应用来重新架构保险产品。

Slice Labs成立于2015年，致力于利用人工智能和机器学习等技术设计个性化保险产品，帮助共享经济和按需经济相关从业人员一键购买特定情境下的按需保险。Slice Labs定位为一家保险科技公司而非传统的保险公司，专注于为按需经济提供创新的个性化服务，并与保险巨头合作，成为数字化保险领域的平台型企业。自2016年10月在Airbnb和Homeaway等平台上正式推出第一个按需保险产品Homeshare之后，Slice Labs的月营业收入增长率达到两位数，同年获得Horizons Ventures和XL Innovate领投的390万美元种子轮融资。目前Slice Labs已获得美国50个州和华盛顿哥伦比亚特区的经营许可，并与保险巨头慕尼黑再保险建立合作关系，主要瞄准共享经济市场，相继推出了面向Airbnb等共享房屋房主的Homeshare保险产品，以及Uber等共享交通车主的Rideshare产品。

Slice Labs改变了按需经济中的保险部分，使得用户可以一键购买需要的保险。Slice Labs整合了科技、设计和数据，帮助按需经济中的工作人员在需要时购买保险，而不必一定按年购买保险。另外，Slice Labs简化了冗长的询价环节，用户在购买保险时，也

无须再回答各种繁复的信息问询。

Slice Labs的保险产品颠覆了传统保险产品在核保时根深蒂固的观念和陈旧的流程，在移动端实现了一键式保险服务。与传统的保险产品相比，Slice Labs的按需保险具有很多优势：用户获得简便、快速、公平和可负担的保险保障；产品针对个人而非公司设计，直接为消费者的利益服务；允许用户随需随买，无须在不需要保障时支付不必要的保费；投保过程简便，3—5分钟内即可完成整个投保流程。

第三节　国内保险科技重构业态新模式

2013年11月6日，众安在线财产保险股份有限公司作为国内首家互联网保险公司揭牌营业，标志着我国保险科技进入专业化企业运营阶段。自此以后，我国保险科技相关企业如雨后春笋般相继涌现，中国保险业进入了一个全新的发展阶段。

一、众安在线：做有温度的保险

众安在线财产保险股份有限公司是我国第一家家互联网保险公司，也是国内首家市值突破千亿的保险科技公司，于2013年11月6日揭牌开业，2017年9月28日在香港联交所主板上市，2020年实现了IPO后首度盈利，众安在线不断刷新业内多项“第一”记录，成为持续推动保险行业数字化转型当仁不让的旗舰保险科技公司。

图2–3展示了众安保险的科技解决方案。由“保险+科技”双引擎驱动，众安在线专注于应用新技术重塑保险价值链，围绕健康、消费金融、汽车、生活消费、航旅五大生态，提供个性化、定制化、智能化的新保险。得益于大数据、云计算、人工智能等新技术的鼎力相助，公司在应对丰富、高频、实时的保险产品需求时，具备了面向不同投保主体逐一精算、个性定价和实时报价的能力，在面向不同互联网生态场景需求，以及更具挑战性的业务需求方面，也具备了更为高效和出色的应对和处理能力。从火遍全网的电商场景化产品——退货运费险，到风靡全国的国民爆款——尊享e生，再到利用生物识别技术开发的儿童防走失互联网基因检测保险计划——“童安保”儿童基因身份证，众安在线始终走在国内保险科技的创新前沿，真正践行着“做有温度的保险”的企业价值追求，让保险产品更加亲民，切实满足客户的自身需求。

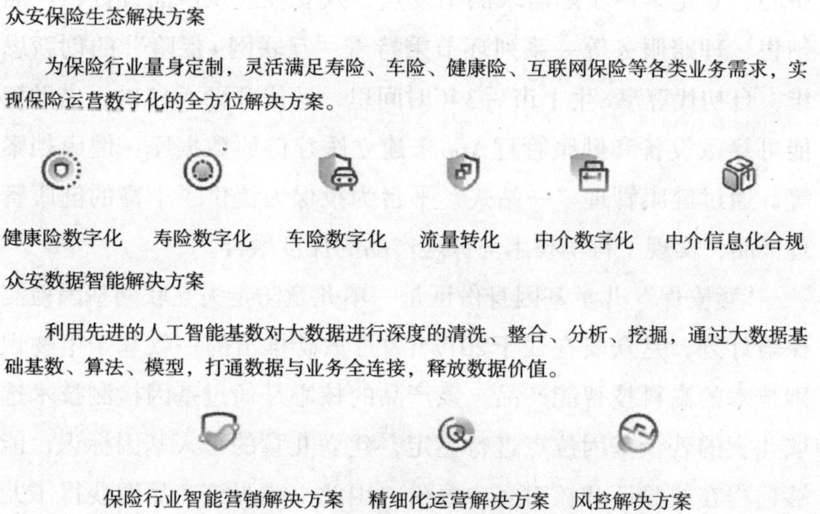

图2–3 众安保险科技解决方案

退货运费险属于动态个性化定价产品，是通过大数据处理和人工智能技术得以实现的典型代表。基于电商场景而生，根据用户及店铺的实时信息利用模型计算出该产品的保费，并在用户的商品支付界面实时展示。由于该产品交易量基数大，交易波动明显，特别时段对计算资源需求巨大，因此对计算资源、数据维度及模型算法等方面都提出了极高的要求。众安在线通过引入多达数万参数的人工智能模型，科学地处理用户、商品、交易记录、物流等多维度大数据信息，最终实现了一人一店一价的动态实时精准测算和定价，具备了每秒处理3.2万份保单的高压作业能力，有效地保障了该产品的高效持续运行。

尊享e生作为近年来最为火爆的一款医疗保险产品，因其高保额低保费的亮点，一经上市便掀起了巨大的市场浪潮，受到众多消费者及公司的追捧，被亲切地称为“国民产品”。凭着以客户为中心、立足客户实际需求的出发点，众安在线从产品设计、产品销售、理赔服务等一系列环节秉持着“互联网+保险”的创新思维，自初代尊享e生上市后3年时间里，迭代升级了12次，借助智能可穿戴设备和健康管理App来建立医疗健康数据库、健康档案等，通过健康管理“一站式”平台为投保人提供了丰富的健康管理产品，实现了科学技术与保险产品的深度融合。

“童安保”儿童基因身份证是一项儿童防走失互联网基因检测保险计划，是众安在线于2017年9月重磅推出的一款基于生物识别技术的高科技智能产品。该产品的核心是通过基因检测技术选取儿童的若干基因位点进行鉴定，建立儿童的个人基因标识，能够远程在线验证和核对客户身份。因此，购买该产品即获得了儿童基因身份检测服务，出险后即可通过DNA测序精准匹配确认丢失儿童。通过保险与基因检测的有机结合，改变了国内儿童走失年龄小、寻找难的现状，有助于帮助走失儿童尽快回家。

二、爱保科技："芯极限"AI智能理赔

针对国内保险行业的理赔难问题，各家公司也在不断思索相应的解决对策。比如怎样进一步优化理赔系统或与服务机构合作提供理赔服务，能够避免骗保事件的发生，如何控制成本、优化客户体验等。

爱保科技有限公司作为一家以科技引擎为支撑，旨在为保险行业进行数字化赋能的创新型金融科技企业，坚持以"保险+科技+服务"作为核心理念，将新型技术与优质服务结合，持续对保险经营的关键环节进行数字化赋能。同时，变革商业模式，最终为家庭提供全流程、全生命周期的保险解决方案。爱保科技持续用语义识别、神经网络模型等多项技术为行业赋能，获得了业界的高度认可。爱保旗下"芯极限智能理赔项目"荣获2019年度首都金融创新激励项目大奖。

爱保科技推出的"芯极限"AI智能理赔解决方案，是在图像识别、维修逻辑算法与核保规则引擎、历史大数据验证、维修精准定价等多项领先核心技术的支持下，以客户为中心，通过深度模拟各类保险理赔业务场景，颠覆传统的理赔业务与服务流程，面向C端客户研发建设的智能自助秒赔产品，同时面向B端客户研发建设了智能化芯极限系列的智能理赔产品。该智能理赔方案通过挖掘和分析保险公司的海量高标准数据，对所有车辆的外观物件损失进行图像识别和模型构模，在车辆碰撞实验数据的智能

算法和后台本地化工时配件价格库的支撑下，实现了小额车险理赔案件的全流程、线上化、智能化处理。用户可以直接通过手机App、小程序等方式及时报案，一键化自助拍照上传事故损失照片等信息，根据车辆受损程度自主选择理赔方式，系统自动识别并快速理赔。“芯极限”AI智能理赔解决方案运用AI简化理赔流程，大幅提高理赔效率，降低了理赔成本，特别是小额、无人伤等简单案件现场就能赔付到账，有效提升了客户的满意度。借助科技的支持，保险公司可以主动管理风险事故，为客户提供方便的同时，也给公司节省了巨大的人力成本，如图2-4所示。

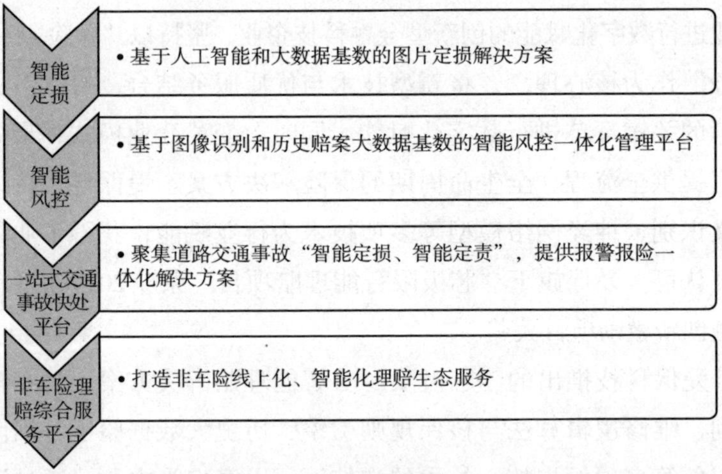

图2-4　“芯极限”智慧车险产品概述

未来，随着科技的不断发展进步，“芯极限”AI智能理赔解决方案必将进一步优化理赔系统，很好地助力保险公司控制成本，优化客户体验，实现企业和客户的双赢。

三、蚂蚁金服：场景化平台保险服务

保险中介营销平台是保险交易活动的重要桥梁和纽带，在保险产品的销售、保险服务的改善和市场效率的提高等方面发挥着重要作用。随着保险科技的不断发展，越来越多的互联网公司开始在该领域深度布局。

蚂蚁金服在2015年底正式成立保险事业部，通过提供用户保障需求匹配、客户潜在需求挖掘、大数据风控技术输出、改善理赔体验方案、消费者保险意识的培养和引导等服务，搭建细分场景的营销平台。

如图2-5所示，蚂蚁金服通过深挖阿里生态体系中的不同板块需求，从"衣、食、住、行、乐"等多个生活场景中提炼用户的保险保障需求，将其打造成为切实可执行的应用项目。并在实践过程中不断地提高技术创新能力，优化产品和服务，改进用户承保和理赔体验，对产品和服务进行迭代升级，实现了数据反哺方案，将数据的能量发挥到最大化。对场景化服务的整体思路是，充分整合蚂蚁金服集团和阿里巴巴集团各电商平台的资源，借助巨大的用户流量，尽量提高用户覆盖面，培养用户的保险意识和感知，最终实现保费规模的突破。在具体的实操方面，一方面是对目前已相对成熟的场景产品继续深耕，不断迭代升级，比如支付宝账户安全保险、退货运费险等；另一方面是继续开拓和深挖生态圈的其他场景需求，譬如在电商领域，继续挖掘从淘宝平台到天猫平台、从国内购到国际购；在农村金融方面，利用保险科技促进普惠金融的发展，目标是实现阿里巴巴的淘计划大战略；在O2O领域，针对目前线上线下信息不对称和品质效率低下的问题，努力打造透明、公平、公正交易平台；在出行领域，从用户角度打造出行的多场景切换，实现多功能多样化保障。

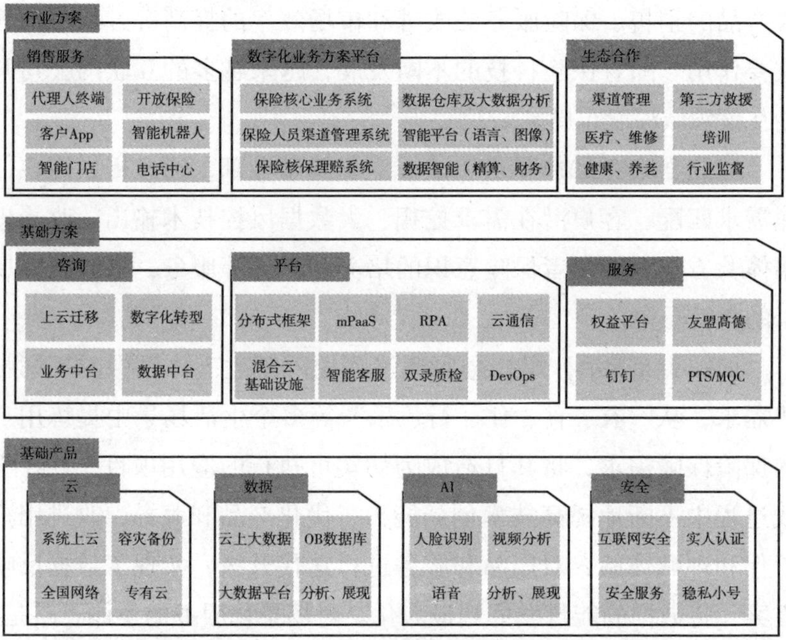

图2-5　蚂蚁金服保险上云解决方案总体架构

另外，蚂蚁金服在打造保险场景服务的同时，也在塑造保险平台服务。这里的保险平台并不是平时意义的“保险超市”，而是希望通过数据分析用户行为、阿里生态内会员权益对接和场景交叉推介等运营方案，做到千人千面的平台体验。蚂蚁金服通过对创新产品的支持，以及对流量平台的数据分析，重点加强对保险公司的运营推进，实现针对不同消费者推荐不同的保险产品计划，真正地做到按用户细分市场群体的垂直平台。

蚂蚁金服如此大力度地发展场景化保险和开拓细分市场平台，得益于牢固的风控端保障。随着物联网、人工智能、生物识别等科技手段的深度应用，保险公司不仅在风控效率、流程以及风控能力等方面获得了质的改变，而且已开始将保险服务嵌入实体企业的管理与生产流程中，通过行业定制化保障产品，实现风险等量管理向风险减量管理的转变。基于人工智能、实时流计算和生物识别等先进技术，蚂蚁金服已打造了不仅应用于蚂蚁保险平台，同时赋能为金融机构提供事前监控预警、事中识别决策以及事后分析的风控系统，从而在短时间内即能进行不同维度和层次的风险防控，还可以预测未知风险事态，实现了以技术驱动的智能风控。

四、轻松筹：打造透明公益阳光链

场景化的平台营销也体现在对市场的精细化划分和市场开拓。比如，北京轻松筹网络科技有限公司（轻松筹）依托区块链技术，是一个基于社交网络、面向全民的健康保障平台，旗下拥有“大病救助”“轻松互助”和“轻松保”三个品牌，旨在打造透明公益的阳光链。

如图2–6所示，轻松筹在国内首创大病救助模式，是一个主打“社交众筹”和“轻众筹”概念的众筹平台，借助区块链技术可溯源和不可篡改的特性，旨在提高大众对公益项目的信任感，将社交的强关系运用到大病筹款中，为求助者提供透明、高效、便捷的筹款“阳光链”。特别是在大数据和人工智能技术的加持下，轻松筹“智爱”系统得以快速上线，不仅加快了审核效率，人机协作的方式也令资金管理更加公开、数据更为透明，解决了公益事业多年来的症结，开创了全新公益救助模式的先河。

图2-6　筹款案例——已累计帮助253万个家庭

“轻松互助”开创了一种抱团取暖的互联网场景新机制，引导用户在健康的时候预存少量费用加入互助组织，形成互助资金池，当有成员生病的时候，大家均摊医疗费，帮助患病的用户筹集治疗资金。让更多人有钱看病是这种健康互助新模式的宗旨，因此尽量保证加入该互助计划的人群覆盖了全部的年龄段。比如，覆盖出生28天—17周岁的“少儿健康互助行动”，覆盖18—50周岁的“微爱大病互助行动”，覆盖51—65周岁的“老年关爱互助行动”，以及专为轻疾人群设立的病友防癌互助行动等等。价格亲民、覆盖面广的特点，让轻松筹得到广泛认可，短期内汇集了大量用户群体。

轻松保是轻松筹旗下的互联网保险销售平台，专注于为民众精选符合需求的保险产品。利用轻松筹平台6亿用户的海量数据，通过云计算和大数据分析技术，精准客户画像、提炼客户需求，大幅提高了业务链条的风险筛选和运营能力。通过保险产品的精准定位和人工智能技术支撑，既不断优化了客户体验，又节约了大量人力成本，使其快速成长成为互联网保险销售行业的一匹黑马。

五、平安科技：基于人脸识别技术的健康状况预测

随着人脸识别技术的日益发展和成熟，它的应用领域也在不断扩展。基于人脸识别技术进行健康状况（主要包括健康指标和患病风险）预测，具有操作方便快捷、用户体验良好等优点，近年来获得了学术界和产业界的重点关注。

平安科技是平安集团旗下的科技解决方案专家，致力于运用人工智能、云等技术，赋能金融、医疗、房产、汽车、智慧城市五大生态圈。作为平安科技的核心技术之一，平安科技运用人工智能技术打造了预测AI、认知AI、决策AI等系列解决方案。其中，基于人脸识别技术进行健康状况预测AI，主要基于两类方法，传统的几何特征提取方法，以及近来广泛发展和应用的深度学习方法。前者易于理解，但是对特征的准确定义和提取往往比较困难；后者基于深度学习算法，力求使机器具备视听和思考、学习等人类能力，准确率远高过传统方法，如图2–7所示。

目前基于人脸识别技术预测个体的健康状况，主要应用于各类健康指标，包括身体健康指数（BMI）、体脂率、血压等。以BMI、血压、血糖等为代表的身体健康指标，是反映个体健康水平的重要指数，部分指标甚至是疾病的重要诊断依据。有研究表明，脸部的胖瘦程度、皮肤纹理、肤色等特征，与BMI、体脂率、血压

等指标有显著相关性。这一结论对男性和女性群体同样适用。比如，发表在2017年的《心理学前沿》(*frontiers in Psychology*)的一项研究发现，脸型为个人的生理健康状况识别提供了有效线索，即脸型更瘦的人更加健康。研究人员甚至根据理想的身体质量指数(BMI)、体脂率、血压和整体健康水平总结出了“健康”的脸型。这些研究结果为健康指标预测的可行性提供了理论支撑。

图2-7　人脸识别技术的健康状况预测

在2019年上半年，平安科技与平安健康险合作，基于人脸识别技术预测BMI，推出了名为“i康保·重疾医疗”的AI医疗险产品。客户投保时用手机拍摄正脸照片，如果通过人脸识别技术测得BMI值小于30，就能获得全年保费八折优惠。该技术的应用降低了健康体投保客户的费用水平，提升了他们的投保体验。

除此之外，平安科学技术研究院研发了平安智能健康助手，一个面向健康管理业务提供AI健康预测技术的服务平台。该平台希望只通过智能手机，就可以完成一些基础的体检项目。科技的支持可以更大限度地满足客户的个性化需求，助力更多的传统业务向智能化转型。

第三章

保险智能服务生态体系的前景与展望

科技战略是每个公司发展战略中的重要组成部分，随着保险科技越来越多地渗透我们的日常生活，社会各界对保险科技的认知逐渐由观望演变成习惯。新型公司管理和决策方法的实践，新式管理平台的建立，精细化保险管理设施的建设，以及先进科学技术的使用，都是公司经营的创新方向。建立全流程的保险生态圈，形成健康生态、生活消费生态、消费金融生态的全方位保险智能服务生态体系，成为保险公司未来发展的必由之路。

第一节　保险公司智能化管理决策流程

经营状况在很大程度上决定了公司的竞争力和未来发展高度。建立全流程保险智能服务生态体系，保险公司内部实现智能化管理决策流程最为重要。充分利用大数据与人工智能技术等新型科技赋能，有助于在最大程度上提供企业经营管理的可行性方案，辅助解决企业管理过程中问题和痛点，助力公司提升企业管理水平。

一、智能化管理决策方法解析

企业的经营管理过程大致可以分为规划目标、经营活动、问题分析、决策优化四个阶段的闭环流程，四个阶段周而复始的循环往复，实现公司阶梯式上升的经营管理模式，驱动企业管理水平的不断提升，如图3-1所示。

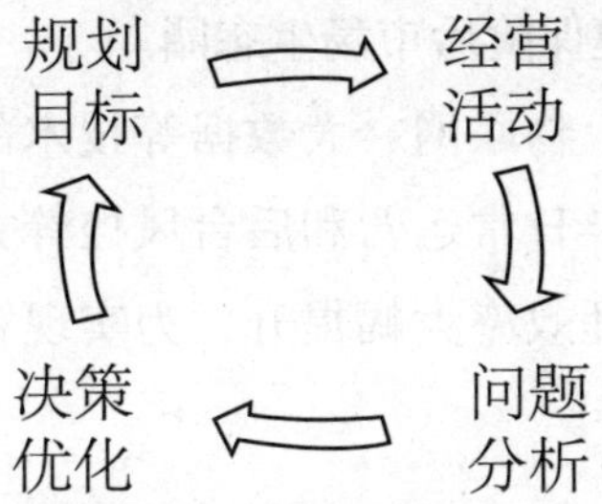

图3-1　企业智能化管理决策四阶段闭环流程

而保险企业经营管理要想实现既定的规划目标，关键是如何准确地分析现状，精确地定位存在的问题和痛点，具体可描述为以下几个方面问题。

规划预期经营目标过程中如何精准预测未来趋势，制订准确规划方案?

经营活动执行中如何化繁为简，节约成本，提升效率，保证决策实施与战略的执行?

面对经营过程中的各种问题，如何从复杂的数据和业务知识中快速定位出关键的影响因素?

如何更好地利用仅有的有限资源，保障策略方案的持续迭代优化和提升效率？

针对上述痛点问题，众多大中型保险公司纷纷大力推进科技转型，实现数字化、智能化的战略发展。如中国人寿全面启动了“科技国寿”的建设行动，通过综合使用大数据、物联网、人工智能等新兴科技手段赋能保险价值链，推动公司从传统人力驱动型发展战略向人力与科技双轮驱动型发展战略的快速转型；中国人保也相继提出了“创新驱动战略”“数字化战略”“一体化战略”等计划，推动以科技力量赋能保险销售、客户服务、风险控制，优化保险供给，构建保险后市场生态圈。

随着人工智能、物联网、大数据等技术的逐步发展成熟，保险服务在企业获客、日常运营和后台风控等方面的成本得到有效控制，企业经营管理效率大幅提升，为实现智能化管理决策提供了强有力的技术支持。

（一）规划目标

随着人工智能技术的广泛应用和大数据分析能力的不断提升，保险公司可以充分利用以往历史数据情况，更为精准地预测未来总体趋势的变化，并转化为具体的量化指标，为决策者提供更为准确的决策依据。比如，保险公司可以通过历史数据有效预测未来保费收入规模、预期用户数量、用户年龄分布、用户行为习惯、未来准备金金额等。通过提前的趋势分析和客户画像分析，帮助管理者综合内外部各种影响因素实现超前预判，从而制定更为合理的经营目标和实施计划。

（二）经营活动

新型保险科技的发展和应用极大地丰富了企业经营活动的各

个业务流程，助力实现经营决策和战略的贯彻执行。产品开发环节可以针对不同的业务场景创新产品险种，基于科技支持的算法模型可以对不同风险水平、不同个体的风险进行精细化的预测，从而实现产品的个性化定价。营销环节可以通过构建客户画像模型，实现平台的个性化推荐，不同客户的精准营销，以及客户群体之间的差异化服务，从而满足不同层次的个性化、定制化、精准化、多样化产品需求。通过搭建风险评估模型，在投保环节识别高风险、逆选择客户群体，在理赔环节筛选疑似欺诈的高风险案件，在客服、面试、培训等场景，综合运用语音识别合成、文字识别（OCR）、人脸识别等先进的AI技术，从而大幅改善和提升工作效能。

（三）问题分析

运用技术手段识别异常数据，是及时发现问题和风险预警的重要保障。通过识别不匹配的预期模式，或者数据异常集中项目的观测值和事件，及时标记为风险点，实时提示预警。基于机器学习算法的风险路径分析，可以实现全流程的问题诊断，当检测的业绩指标等发生变动时，可以从各种影响因素中快速精准定位到最大影响点，以便能够及时调整来解决问题。另外，利用AI技术可以实现交互式的对话效果，通过多维度的数据查询与统计，实现随时随地、实时高效的无门槛数据交互。

（四）决策优化

基于多样化、多维度的问题分析，建立决策模型，协助管理和决策者清楚地认识各项参数变化对目标变量的影响，动态调整影响参数，掌握不同目标变量的观察结果，针对规划目标的量化决策，通过权衡利弊可供选择的各项方案，最终实现有限资源条件下的最佳方案。

二、智能化管理决策实践

2019年9月，平安科技人工智能中心的副总工程师徐亮博士，荣获EmTech全球新兴科技峰会“全球35岁以下科技创新35人”荣誉。由其主导的平安驭策智能辅助决策平台，旨在打造成为一个为政府、企业各职能部门，提供更懂行业、更懂场景、更懂落地的智能决策辅助服务的专业平台，主要通过人工智能科技赋能政企效能的提高，以及为政企决策提供强有力的技术支持。

（一）智能预测系统协助规划目标

通过综合行业数据、用户数据及平安数据智能，精确地分析各种规则和情况的变化对业务发展趋势的影响，从而做出相对准确的决策结果。例如，通过疾病预测平台，面向医疗主管单位，能够解决传统的疾病预防控制数据滞后性、缺乏基于大规模多维度数据的预测模型、难以动态监测预警、疾病防控效率低等关键痛点。通过结合城市医疗健康数据，搭建疾病监测、检测、预测可视化平台，可以实现提前1周防控疫情，3秒完成数据异常识别，准确率均达95%以上，而对于生活中常见的手足口病或流感的模型预测准确率一般也可达到90%以上，对于慢阻肺筛查的模型准确率甚至可以达到92%以上，准确的预测结果能够为制定高质量的规划目标提供可靠的决策依据。

（二）智能运营系统支持经营活动

系统设置了多种不同的应用场景，通过为用户提供基础信息管理、人事信息管理、政务信息管理等自动化的运营管理服务，帮助用户实现高效率的智能化运营。例如，智能稽核方案，面向企业内风险监测中心、稽核部门，通过数据市集+规则引擎+机器学习的方法对风险信息进行风险判断和排查，将非现场分析时间由7天缩短至7分钟。智能合同方案，面向有法律合同审核需求的各类客户，提供AI拆解合同、审查关注点和风控点，提供合同法审、智能生成等多项服务，目前合同审核准确率已达90%以上，平均审核耗时小于10秒。

（三）智能分析系统辅助问题分析与决策优化

自动智能地分析不同的决策场景中的关键因素，梳理不同关键因素对决策结果的影响程度，从而协助用户做出最优的选择方案，并帮助政府用户的政策制定提供可靠的大数据分析指导。例如，健康预期寿命测算方案，通过采用多维度融合数据，分析区域人口健康折损因素，降低传统抽样、自评方法带来的偏差，辅助卫生健康决策。海关通关查验方案，协助海关稽核部门，采用首创的智能决策+关联分析+多维画像组合的模型技术，大大提高了走私案件查获率，增幅达到20%以上，极大地提升了海关风险管控和走私稽查能力。

第二节　智能化居家健康护理保险模式新探索

居家健康护理问题一直以来是横跨在全球人口老龄化社会面前的一道巨大关隘，也是最能体现保险业商业价值，以及建立保险智能服务生态体系所无法避免的关键问题。积极探索智能化居家健康护理保险新模式，是向综合运用保险科技、搭建保险智能、服务生态体系目标前进的勇敢尝试。

一、居家健康护理现状透视

（一）需求日益严重

据第七次全国人口普查结果，2020年我国总人口为14.1亿人，其中60岁及以上老年人口数量大约为2.64亿人，约占全球老年人口总数的24.3%，老龄人口抚养比（65岁及以上人口与15—64岁人口比）为20%，与2010年相比，老龄化程度进一步加深。预计未来20年间，我国老年人口增长速度仍会保持较快速度上涨，人口数量将会进一步扩大，其总规模将会超过4亿人，我国将长期面临人口高龄化的问题。而且，随着人口总体规模和老年人口占比的持续膨胀，慢性病人群规模也不断扩大。数据显示，我国目前已有超过4亿人口患有高血压和心脑血管疾病，且仍以每年1000万人的速度在不断增加；目前有9240万糖尿病确诊患者，另有1.4亿人面临着血糖不断升高的困惑，即将成为潜在的糖尿病患者。不仅如此，据《中国居民营养与慢性病状况报告（2020年）》显示，我国高胆固醇血症、糖尿病、高血压、慢性阻塞性肺疾病等慢性病患病率逐年上升，患病人群年龄结构逐年下降，2019年总体死亡人口中，有88.5%的人口死亡原因为慢性病导致，其中80.7%归因于心脑血管病、慢性呼吸系统疾病等慢性病，慢性病的防控工作逐步成为影响我国人口健康的重要问题。

随着我国人口老龄化问题的不断加重，慢性病人群年轻化、普遍化不断蔓延，全社会对日常照料、疾病康复及理疗护理等健康服务的需求日益剧增，居家健康护理已逐步发展成为影响每个家庭的社会性问题，因此健全与发展居家防控医疗服务已刻不容缓，努力建设居家医疗健康护理保险服务体系，已经成为应对全社会人口问题的必然选择。

（二）政策支持不断完善

针对上述人口老龄化及慢性病的诸多问题，2000年以来，我国密集发布了一系列涉及医疗、养老、长期护理相关政策。截至目前，大致可以分为三个阶段：

第一阶段（2000—2007年），初步提及。主要发布了《中共中央国务院关于加强老龄工作的决定》（中发〔2000〕13号）、《关于加快发展养老服务业的意见》（国办发〔2006〕6号）等两项政策，首次提出要“建立以家庭养老为基础、社区服务为依托、社会养老为补充的养老机制”，成为我国后续居家养老政策的重要依据。

第二阶段（2008—2011年），引起关注。相继发布了《关于全面推进居家养老服务工作的意见》（全国老龄办发〔2008〕4号）、《中国老龄事业发展“十二五”规划》（国发〔2011〕28号）等，出台了专项的居家养老服务政策，推动了我国社会养老服务体系的快速发展。

第三阶段（2012年至今），高度重视。密集出台了《国务院关于加快发展养老服务业的若干意见》（国发〔2013〕35号）、《国务院关于促进健康服务业发展的若干意见》（国发〔2013〕40号）、《关于深入推进医养结合发展的若干意见》（国卫老龄发〔2019〕

60号)、《关于开展长期护理保险制度试点的指导意见》(人社厅发〔2016〕80号)等二十多项政策，从宏观政策设计到具体操作层面的实施，明确了多维度、多层次、多部门协调发展的整体制度框架和工作重点，显示出了国家对居家养老服务的重视程度和支持力度。

（三）现行模式解析

在现有养老服务模式中，居家养老服务模式已成为我国居家养老的主要方式。2013年2—8月，由全国老龄办综合部牵头，选取了北京等全国10个大中型城市，主要针对60岁及以上老年人的基本状况和居家养老服务需求，开展了一次“十城市万名老年人居家养老状况调查”活动。调查数据显示，患有颈腰椎病、冠心病、高血压等慢性疾病人群占比为81.9%，认为有必要建立居家养老服务中心的人群占比为89.1%，显示出慢性病护理及居家养老服务的巨大市场需求，需要引起特别关注。

目前，国内开展各类居家护理服务的机构主要存在以下三种形式。

1. 互联网+护理

该种形式主要以在线平台为基础，依托注册的护士和养老服务人员，打造“线上申请、线下服务”的经营模式，为行动不便、罹患疾病或刚刚出院的特殊人群提供日常照护（如居家清洁、饮食照料、卫生照料、排泄照料、安全陪护）和医疗护理（如压疮伤口护理、管路维护、母婴护理、肌肉注射）等健康护理服务。

该模式的优点是：一方面，固定资产投资较小，机构轻资产运营，经营方的资金压力较小；另一方面，依托于互联网技术的加持，注册服务人员的服务范围不受区域的限制，服务范围可以覆盖全国各地，很好地满足了居家客户居住较为分散的特点。

该模式的缺点是：一方面，缺乏实体机构支撑，较难提供较为复杂的、专业性更高的护理服务，特别是医疗类护理服务；另一方面，注册护士人员服务质量管控难度较大，较难提高整体服务质量；另外，产品定价较高，难以适应客户需求，例如助浴一次的价格在100元以上，老年人难以承受，在一定程度上影响了客户的需求。

2. 护理站

护理站是指设置在社区、养老院或医疗机构中，提供基础医疗、专科护理、居家护理等专科医生服务的医疗机构。每个护理站一般拥有10人左右，包含站点主管护士（负责人）、护士、康复师、护理员等岗位，提供护理门诊（基本检查、检测，伤口、失禁护理、母乳喂养护理）、居家护理（一般护理、专科护理、母婴护理、长期护理、临终关怀）等服务。

该模式的优点，一是护理站一般邻近居民区，因为有实体机构的支撑，所以可以提供更为丰富的居家医疗健康护理服务；二是由于有实体门店，更方便与邻近居民沟通，更容易获得周围居民的认可；三是可以获得长期护理保险等财政和保险支持，有效支撑机构运营；最后依靠门店，可以更好地与周边医养机构形成有效联动，以便推进医养结合。

该模式的缺点有，首先，居家医疗护理服务市场价格较高，超出很多消费者的消费能力，因此难以满足部分消费者的需求；其次，机构建设和运营成本较高，特别是随着人员成本的不断提高，持续给机构带来较大的运营压力；最后，因为一般护理站的主要收入来源为长期护理保险等各类政策补贴，因此受相关政策的影响比较大，比如上海等长期护理保险相关政策支持力度比较大的城市，发展速度比较快。

3. 社区嵌入小微养老机构

社区嵌入小微养老机构主要以家庭单元为核心的居家养老服务体系，依托社区，根据自身特点引入养老机构的专业化服务方式。目前主要包括开设在社区内部的日间照料中心、小型养老机构、养老驿站等。该类机构人数规模较小，一般包括1名站长，若干名医护人员，1名财务人员等，辐射邻近小区的居家养老服务。服务内容以日常照护为主，主要包括居家清洁卫生照料、饮食照料、陪伴等日常生活照料，慢性病服务护理、疾病日常观察、卫生消毒等技术护理，以及家庭餐制作、居家保洁等辅助工作。

该模式的优点是：一方面，该类机构分布在家庭居家护理一线，能够提供较为专业的医疗健康服务，可以享受到政府的财政补贴；另一方面，该类机构内嵌至社区内部，更便于向邻近居民提供各项居家护理服务，且由于实体门店的存在，容易得到周围居民的认可和青睐。

该模式的缺点是：第一，尽管可以享受政府财政补贴，但因为机构运行成本较高，因此对运营资金提出较高的要求；第二，高额的运营成本导致居家护理服务价格较高，因此很难保证长期稳定的收入；第三，受限于自身条件，这类养老机构无法取得完备的医疗资质，因此运营内容和服务范围会受到监管政策的限制。

二、智能化居家健康护理保险展望

（一）突破现有模式短板

1. 扩展居家健康护理服务范围

根据2019年中国保险行业协会与中国社科院人口所，对23个已开展长期护理保险制度试点城市的调查，针对老人提供的居家护理服务中，协助服药等医疗护理服务短缺，而大部分日常照护服务，如喂饭、洗澡、做饭或送餐、打扫房间、洗衣服等服务供给过剩。

2. 降低居家健康保险服务定价

据调查，中度及重度失能老人每月居家护理服务费用较高，超过了一半以上购买者的消费能力，导致不少老人放弃选择专业居家护理服务，而改由家人、保姆等非专业人员护理。因此，应加大政府关于医疗、养老、健康、护理的各项政策优惠和财政补贴力度，扩大长期护理保险的覆盖人群及服务类型，有效减轻机构的运营成本和经营压力。

3. 提高居家健康护理人员素质

由于目前从事居家护理的护士普遍存在社会认可度低、福利待遇不够高等问题，导致居家护理服务机构很难招聘到专业护理人员的加入，直接造成了专业居家护理人员的不足。而非专业居家护理人员基本没有接受过系统的专业培训，且大多数人员学历较低，整体素质不高。2020年11月7日，人力资源社会保障部办公厅印发《关于支持企业大力开展技能人才评价工作的通知》，标志着类似育儿嫂等全国将近2亿技能劳动者可以参加职称评定了，从国家层面提高了该类人员的认可度。因此应借此机遇，不断吸引相关专业人员的加入，同时增加培训力度，提高居家健康护理人员的专业素质。

4. 健全居家健康护理组织机构服务

目前我国的居家医疗健康护理服务主要由社区卫生服务中心开展，但因其技术力量较为薄弱，且由于目前我国三级医院、二级医院和社区服务中心的功能定位不太明确，分流措施尚不到位，未形成功能清晰、相互协作的整体居家护理服务网络，这就制约了行业的发展。随着国家支持力度的不断纵深发展，健全居家健康护理组织机构服务的建设势在必行。

（二）智能化体系运营

1. 建立专业指导团队统一服务标准和规范

受制于护理人员素质参差不齐、各机构服务能力差异较大的原因，医疗服务是目前拉低居家健康护理服务整体水平的显著短板。为了更好地向居民提供医疗护理服务，满足居民医疗护理服务需求，可以依托合作医院或专业技术人员，建立多学科专业技术人员共同参与延续护理的团队服务模式，由专业指导团队根据疾病患者出院后的特殊护理需求，制订规范的护理服务方案，并统一服务标准和操作流程规范，强化日常培训、监管，以高质量地保证服务质量和护理效果。

2. 协调各方资源推动一体化连锁运营

搭建三级医院居家护理服务模式，通过向社区护理站提供技术指导，实现三级医院、社区护理站与患者家庭，以及亲属多方资源的无缝连接和资源协同。通过建立一体化连锁运营，统一管理，统一服务，比如根据患者的实际情况，充分满足患者的医疗和护理及需求，满足消费者日益增长的基本医疗服务需求，为患者提供延续性服务。

3. 加强科技突破实现科技赋能

随着保险科技的不断融入和渗透，科技赋能在居家健康护理保险服务方面发挥着越来越重要的作用。特别是随着智能穿戴系统、远程监控和在线就医问诊等新型科技手段的问世，使得原本需要大量护理人员挨家挨户、亲临现场进行的服务事项，逐步被科学技术所远程替代，大幅提高了服务效率和服务质量。除此之外，科学技术的介入和科技平台的使用，使医护人员更容易第一时间掌握患者的身体情况，从而更有针对性对患者实施远程指导和后续的检查、治疗，有效解决了医护资源分布不均衡，消费者居家需求分散的现状。保险公司也能够更好地了解每一位被保险人的身体情况和护理需求，在降低人工成本和保险服务价格的同时，更容易满足不同护理人群的多样化需求，从而逐步实现零接触的居家健康护理保险服务和用户体验。

第三节　智能化零接触保险用户体验管理

随着互联网技术的不断发展成熟，普通消费用户对零接触式科技手段的认可和接受程度越来越高。各种零接触、移动化、云端化科技产品的爆发式出现，也对保险公司打造极致客服理念和优化用户服务体验管理提供了极大启发。能否搭建智能化零接触式保险用户体验管理体系，已逐步发展成为未来打造保险公司市场品牌的核心竞争力。

一、移动应用

随着移动应用普及程度的不断扩大，保险公司应综合应用物联网、5G等先进技术手段，首先实现业务流程的无接触和线上化。以移动应用设备为载体，从移动应用小程序、社交媒体平台和移动共享器具，到移动电话、笔记本电脑和智能穿戴设备，确保实现跨平台的个性化优质体验和用户服务的一致性衔接，目标就是在所有平台上均能实现产品和服务的无缝连接，从而持续满足不断升级的卓越客户体验。

二、人工智能

开拓性的使用人工智能和机器学习技术，通过聊天机器人或智能机器人引导客户完成保单申请或索赔流程等标准化、重复性的业务流程，释放大量人力。同时，可以通过机器学习，预测分析和物联网（IoT）等技术的运用，增强保险客户科技性体验。

如人工智能技术在智能客服方面，基于知识图谱等技术形成智能问答系统，可以及时、快速地响应客户需求，提供7×24小时全天候的在线服务；在智能认证方面的应用，可以通过图像识别技术快速、准确、高效地识别用户证件信息，完成客户个人身份认证；在智能风控方面，可以运用风控模型和大数据模型生成风控规则，完成风控数据筛查；在智能理算方面，可以基于全国各地社保目录及出险案件等相关信息建立保单、产品的赔付模型，实现案件的智能理算和快速赔付，大幅提升运营效率，降低公司经营成本，实现最佳的用户体验。

三、语音语义

据HubSpot分析，2020年语音搜索在所有在线搜索中占比达到一半，未来分析与语音控制设备的融合将会为保险公司带来全新的发展机遇。

通过分析语音语义，可以建立基于声纹识别的智慧保险身份核查系统。该系统可以介入用户保险服务的全流程，无论用户在投保信息录入，还是理赔流程检验，通过电话、App进行声纹识别，只需几秒钟就可以完成用户个人真实身份信息的核对，从而确保客户账户信息和财产的安全。如果声纹识别系统判断其存在身份欺诈可能，则会及时发出预警。同时，客户在购买或更新保单时，保险公司还能快速高效地识别VIP客户，及时便捷地提供高质量、个性化服务。

四、定制化服务

打通保险服务最后一公里，探索智能设备加载保险服务进入客户家庭，通过智能语音或屏幕展服务，为客户提供贴身的保姆式保险服务，如天猫精灵、小度等智能设备。

随着用户自主选择和自我意识的不断提高，用户对于保姆式贴身智能服务的需求越来越多，随叫随到、随问随答、随心所欲的定制化需求，逐步成为年轻一代用户群体的标准配置。通过智能穿戴设备、物联网技术和5G手段的加持，将保险服务融入用户群体智能化日常生活中去，可以满足用户多样化、多层次、多维度的定制化服务需求，最大限度地提高用户体验，打造全面智能化、零接触的保险用户体验管理。

第四节　全流程智能保险服务生态体系

科技赋能重塑了传统保险产品定价、保险营销和客户服务业务模式，客观上加速了保险业的线上化和智能化进程。客户希望从有接触到无接触，从“面对面”沟通到线上“云”沟通，传统保险公司很难满足这些需求，但现在已全部可以实现。因此，能否在产品定价、产品营销、投核保、客户服务的保险全周期，实现全线上、全流程的智能化运营管理和综合金融服务生态体系，已成为衡量保险公司能否及时应对挑战、满足客户需求的重要标准。

一、产品定价

保险科技通过应用大数据分析技术，将大量、多维度的数据指标和用户标签作为健康风险因子指导产品定价，针对海量、高频、碎片化的生活消费需求实现动态定价，筛选优质客户过滤高风险客户，在消费金融生态中实现差异化准入及风险定价。并且借助保险科技赋能，保险公司可以根据场景的不同，及时快速地迭代多样化的个性化产品，以满足不同情景、不同场景下的用户保险保障需求。

以本次新冠肺炎疫情为例，疫情暴发短短一个月内，国内市场便快速上市了600多款针对疫情的专项定制化产品。众多保险公司通过精确定价实现了产品创新和责任拓展，增加了针对新冠肺炎相关的保险责任，比如取消了观察期的要求，降低了免赔额的限制，拓宽了药品及诊疗项目的适用范围等，将突发情况下保险产品的快速供给效率发挥得淋漓尽致。

二、产品营销

保险科技逐步颠覆传统的保险产品营销模式。从业务营销方式来看，传统的线下渠道管理模式得到全面颠覆。寿险营销员从原来的被迫每天参加早上晨会考核和晚上出勤率总结，到现在的远程视频线上会议和培训，从原来的每天上门约访客户，到现在的在线客户经营运维，在线直销渠道的拓展越来越重要。此外，保险科技能够充分利用客户生命周期，结合用户画像和优化算法为客户推荐更为合适的产品，提升客户转化率，还能搭建场景化平台，实现与外部媒体和垂直生态场景的无缝对接。

运用保险科技更好地发挥中介渠道的专业营销作用。保险中介应通过保险产品设计、理赔服务和风控等方面的创新和专业优势，助推保险供给与市场需求精准结合，支持实体经济发展。传统保险中介机构应通过运用新科技，实现对从业人员、业务流程和商业模式的改造和赋能，实现全流程一站式服务，建立保险公司和消费者的新链接。银行保险机构应创新合作模式，整合各自在不同金融领域的优势资源，实现全面优化客户服务体验，显著减轻消费者成本负担，提升普惠金融水平。

三、承保服务

传统的核保作业往往依赖于核保人员个人经验，流程繁、效率低、手段少。利用新科技手段，如人脸识别、图像识别、声纹识别等发挥人工智能在识别、判断、决策等方面的优势，替代核保专员进行决策，可以实现用户在线身份核验和信息的自动填充，简化投保、核保流程；对于复杂险种，利用大数据引入智能核保，将投核保规则标准化和智能化。在节约投保时间和提高核保效率的同时，减低了公司人力成本。

通过保险科技的赋能，保险公司可以通过云端与客户时刻连接，并在保险科技的加持下及时了解客户需求和用户动态，根据客户的需求提供一揽子承保服务项目，在客户特殊时期提供特殊的真情关怀和增值服务，从而最大限度地扩展了保险的服务边界。同时，也将给保险业带来全新的面貌和品牌形象，重塑保险业的价值体系。可以预见，科技将继续推动保险公司为客户带来更全面的保障、更贴心的服务、更价值的金融生活。

四、客户服务

在客户服务方面，传统的客户服务方式和理赔服务模式也将得到重塑和优化。利用自然语言处理、语音识别、知识库等技术，可以基于语音实现虚拟座席与咨询客户之间的实时互动，从而大幅降低人力成本和客户等待时间。例如通过机器人为客户提供智能服务，能够及时响应客户服务需求，7×24小时全天候不间断在线服务，降低企业的运营成本；引入智能保顾服务，通过问答、测评等形式获取用户的真实风险信息，并基于算法模型准确刻画用户的风险画像，量身定制个性化的风险保障方案；依托集团服务中台整合服务入口，共享客户资源，打造全线上无触点的智能自助服务平台。

基于以上各环节的线上智能化，实现闭环的线上作业运营体系，搭建以中台形式为服务载体的模式，打通各服务板块，通过统一的账户管理体系，实现用户服务一体化，客户信息共享；建立智能客服与智能保顾体系支撑投保与核保。通过应用人工智能、大数据等技术，建设支持产品开发与定价的风险数据基础及风险控制体系，支持渠道拓展的智能营销平台和资源共享平台，从而真正地实现科学技术对保险业务全流程的赋能和重塑。

展望未来，保险科技的迅速发展颠覆了传统保险业务发展模式，先进科学技术与保险业务需求的融合逐步解决了行业痛点和难点问题。保险科技重塑了传统保险行业，对未来保险的发展和突破带来了深刻的启发，也显示出了科技创造价值的巨大潜力。伴随着组织架构、人才储备、信息安全、隐私保护、政府监管、市场环境等方面的挑战，搭建全流程的智能保险科技生态圈，不仅要依靠保险公司的努力，也需要保险消费者、中介机构和监管部门等多个主体的协同参与。相信在不远的未来，保险科技将作为促进保险业高速发展的坚实力量，成为打造保险业全流程智能化服务生态体系建设的科技标杆和创新旗帜。

第四章

互联网人身保险监管新规

第一节　互联网人身保险监管新规正文

中国银保监会办公厅关于进一步规范保险机构互联网人身保险业务有关事项的通知，银保监办发〔2021〕108号。

各银保监局，各保险公司，各保险中介机构：

根据《中华人民共和国保险法》《互联网保险业务监管办法》等法律法规，为加强和改进互联网人身保险业务监管，规范市场秩序、防范经营风险，促进公平竞争，切实保护保险消费者合法权益，经银保监会同意，现就保险机构经营互联网人身保险业务有关事项通知如下：

一、加强能力建设，提升经营服务水平

（一）本通知所称互联网人身保险业务，是指保险公司通过设立自营网络平台，或委托保险中介机构在其自营网络平台，公开

宣传和销售互联网人身保险产品、订立保险合同并提供保险服务的经营活动。本通知所称保险机构，包括各保险公司（包括相互保险组织和互联网保险公司）和各保险中介机构（包括保险专业中介机构和保险兼业代理机构）。

符合本通知有关条件的保险公司，可在全国范围内不设分支机构开展互联网人身保险业务。不满足相关条件的，不得开展互联网人身保险业务。保险公司委托保险中介机构开展互联网人身保险业务，保险中介机构应为全国性机构。涉及线上线下融合开展人身保险业务的，不得使用互联网人身保险产品，不得将经营区域扩展至未设立分支机构的地区。

（二）保险公司、保险中介机构开展互联网人身保险业务，应具备相应的技术能力、运营能力和服务能力，选择符合互联网渠道特征的人身保险产品上线销售，强化销售过程管理，健全风险管控体系。

保险公司应借助科技手段优化产品供给、改进保险服务，提高经营效率，推广具有风险保障或长期储蓄功能的人身保险产品。

（三）保险公司（不包括互联网保险公司）开展互联网人身保险业务，应具备以下条件：

1.连续四个季度综合偿付能力充足率达到120%，核心偿付能力不低于75%。

2.连续四个季度风险综合评级在B类及以上。

3.连续四个季度责任准备金覆盖率高于100%。

4.保险公司公司治理评估为C级（合格）及以上。

5.银保监会规定的其他条件。

互联网保险公司开展互联网人身保险业务，应符合《互联网保险业务监管办法》有关条件。上季度末偿付能力、风险综合评级和责任准备金覆盖率满足前款要求的指标。

（四）保险公司开展互联网人身保险业务，应具备高效、稳定的业务系统。能够支持互联网人身保险业务专属管理，具有与业务需求相适应的并发处理能力，以及完善的网络安全防护手段和管理体系。

保险公司应具有满足互联网人身保险业务开展所需要的财务系统，对互联网人身保险业务实行独立核算。

（五）保险公司开展互联网人身保险业务，应具备相应在线运营能力，符合如下要求：

1.在线投保。支持在线向消费者展示全部投保资料，远程获取必要投保信息，能够实现投保人和被保险人所在地确认、本人身份识别等基本功能。

2.在线核保。应尽快全面实现自动核保，鼓励保险公司应用科技手段改进核保质量，提升核保效率，进一步提高反欺诈能力和水平，探索差异化、智能化核保。

3.在线承保。支持在线确认投保意愿、完成保费收支，实现犹豫期退保等功能，并出具合法有效的电子保单。

4.在线服务。各销售平台均实现消费者咨询、查询、保全、退保、理赔、投诉等服务入口全面在线化，不断提升在线服务水平，确保在保单有效期内持续提供不低于同类在售业务线下服务标准的服务支持。

（六）保险公司开展互联网人身保险业务，应建立便捷高效的在线服务体系，服务标准不低于如下要求：

1.保险公司应保障每日无间断在线服务，消费者咨询或服务请求接通率不低于95%。

2.保险公司应为消费者自主购买、自助服务提供全面的技术支持。保险公司客户服务人员可应消费者要求在线提供互联网人身保险业务咨询和服务，交流页面实时展示所属保险机构及客服工号。保险公司客户服务人员不得主动营销，其薪资不得与互联网人身保险业务销售考核指标挂钩。

3.互联网人身保险业务应尽快全面实现实时核保、实时承保，如需进行体检、生存调查等程序的，应于收到完整的投保资料1个工作日内通知投保人，并尽快完成承保。

4.互联网人身保险业务应使用电子保单，载明委托中介机构信息（如有），应自承保后2个工作日内送达投保人。保险公司在保险期间内应根据投保人要求及时提供纸质保单。

5.保险公司在保险期间内向消费者持续提供在线保全服务，在线保全事项应在申请提交后2个工作日内处理完毕。由于特殊情况无法在规定时限内完成的，应及时向申请人说明原因并告知处理进度。

6.保险公司接收到投保人、被保险人或者受益人的保险事故通知后，应在1个工作日内一次性给予理赔指导；在接收到被保险人或者受益人的赔偿或者给付保险金请求后，保险公司认为有关证明和资料不完整的，应于2个工作日内一次性通知投保人、被保险人或者受益人补充；在接收到被保险人或者受益人的赔偿或者给付保险金请求及完整材料后，于5个工作日内作出核定，并于作出核定后1个工作日内通知申请人；如遇复杂情形，可将核定期限延展至30日。

7.互联网人身保险业务在线申请退保，应在1个工作日内核定并通知申请人；如遇复杂情形，可将核定期限延展至3个工作日。

8.互联网人身险业务应加强投诉管理，设立在线投诉渠道，接收到投诉后1个工作日内与投诉人取得联系，提高办理效率，探索建立投诉回访机制。

（七）保险公司委托保险中介机构开展互联网人身保险业务，应审慎筛选合作方，严格管控销售行为，保障服务品质。

保险中介机构开展互联网人身保险业务，应加强系统建设，具备符合第（五）（六）条要求的运营和服务能力。保险中介机构的客户服务人员不得主动营销，其薪资不得与互联网人身保险业务销售考核指标挂钩。

二、实施业务专属管理，规范市场竞争秩序

（八）保险公司应对互联网人身保险业务实施专属管理，使用符合本通知有关规定的互联网人身保险产品，遵循网点布设、销售管理等经营规则。保险公司开发互联网人身保险产品，应符合精算原理，可保利益清晰明确，条款设计及费率厘定依法合规、公平合理。鼓励保险公司应用数字工具、科技手段提供差异化定价、精细化服务，满足人民群众日益增长的人身风险保障和长期储蓄需求。

互联网人身保险产品范围限于意外险、健康险（除护理险）、定期寿险、保险期间十年以上的普通型人寿保险（除定期寿险）和保险期间十年以上的普通型年金保险，以及银保监会规定的其他人身保险产品。不符合本通知要求的互联网人身保险产品不得上线经营，不得通过互联网公开展示产品投保链接或直接指向其

投保链接。

（九）保险公司申请审批或者备案互联网人身保险产品，应满足如下要求：

1.产品名称应包含“互联网”字样，销售渠道限于互联网销售。非互联网人身保险产品不得使用相关字样。

2.产品设计应体现互联网渠道直接经营的特征。保险期间一年及以下的互联网人身保险产品预定附加费用率不得高于35%；保险期间一年以上的互联网人身保险产品首年预定附加费用率不得高于60%，平均附加费用率不得高于25%。

3.产品可提供灵活便捷的缴费方式。保险期间一年及以下的互联网人身保险产品分期缴费的、每期缴费金额应一致，保险期间一年以上的互联网人身保险产品应符合银保监会相关规定。

4. 产品设计应做到保险期间与实际存续期间一致，不得通过退保费用、调整现金价值利率等方式变相改变实际存续期间。

5.保险期间一年及以下的互联网人身保险产品最低现金价值计算，应当采用未满期净保费计算方法，其计算公式为：最低现金价值=净保费×（1-m/n），其中，m为已生效天数，n为保险期间的天数，经过日期不足一日的按一日计算。

6.银保监会规定的其他条件。

（十）保险公司申请审批或者备案互联网人身保险产品，报送材料除符合保险条款和保险费率管理相关监管规定外，还应报送精算报告，并在精算报告中列明产品定价基础。

保险期间一年及以下的互联网人身保险产品应在精算报告中列明预期赔付率；保险期间一年以上的互联网人身保险产品如使用再保险数据或经验数据定价的，应指明银保监会发布或者指定相关机构发布的最新发生率表，列明平均折算比率。

互联网人身保险产品须在精算报告中列明中介费用率上限，项下不得直接列支因互联网人身保险业务运营所产生的信息技术支持和信息技术服务类费用，不得突破或变相突破预定附加费用率上限。

保险公司申请审批或备案本《通知》第（十三）条所列互联网人身保险产品，还应在提交材料中列明分支机构及合作机构名录。

（十一）保险公司申请审批或者使用新备案的互联网意外险、定期寿险产品，应符合本通知第（三）至第（六）条。

保险公司申请审批或者使用新备案的互联网健康险（除护理险）产品，除符合前款外，还应满足上年度未因互联网保险业务违规经营受到重大行政处罚。

保险公司申请审批或者使用新备案的保险期间十年以上的普通型人寿保险（除定期寿险）和保险期间十年以上的普通型年金保险产品，须符合如下条件：

1.连续四个季度综合偿付能力充足率超过150%，核心偿付能力不低于100%。

2.连续四个季度综合偿付能力溢额超过30亿元。

3.连续四个季度（或两年内六个季度）风险综合评级在A类以上。

4.上年度未因互联网保险业务经营受到重大行政处罚。

5.保险公司公司治理评估为B级（良好）及以上。

6.银保监会规定的其他条件。

（十二）保险公司委托保险中介机构开展互联网人身保险业

务，应明确双方权利义务、合作期限、争议解决预案、违约责任及客户投诉处理机制等。

保险中介机构销售保险期间十年以上的普通型人寿保险（除定期寿险）和保险期间十年以上的普通型年金保险产品，应符合如下条件：

1.具有三年以上互联网人身保险业务经营经验。

2.具有完备的销售管理、保单管理、客户服务系统，以及安全、高效、实时的办理线上支付结算业务的信息系统和资金清算流程。

3.上年度未因互联网保险业务经营受到重大行政处罚。

4.银保监会规定的其他条件。

（十三）保险公司通过互联网开展费用补偿型医疗保险、失能收入损失保险、医疗意外保险业务，除符合前述基本条件，还需在经营区域内设立省级分公司，或与其他已开设分支机构的保险公司和保险中介机构合作经营，确保销售区域内具备线下服务能力。

保险公司开展其他互联网人身保险业务，应具备不低于同类在售业务的线下服务能力。

（十四）保险公司经营或委托中介机构开展互联网人身保险业务，应于投保前进行适当性评估，科学评估消费者在线购买保险产品、享受保险服务的行为能力，坚持向消费者销售与其风险保障需求和支付能力相适应的保险产品。

（十五）保险公司开展互联网人身保险业务，应加强核保管理，掌握全量核保信息，确保核保独立性，不得降低核保标准，减轻核保责任。

互联网人身保险业务告知文本由保险公司制定并提供，满足内容清晰明确、文字浅显易懂、表达简洁流畅的基本要求，减少生僻术语的使用。保险中介机构不得擅自改变和减少告知内容，不得诱导投保人虚假陈述。

三、充实监管机制手段，强化创新业务监管

（十六）保险公司开展互联网人身保险业务，应建立健全业务回溯机制。保险公司应定期按要求开展互联网人身保险业务回溯，重点关注赔付率、发生率、费用率、退保率、投资收益率等关键指标，回溯实际经营情况与精算假设之间的偏差，并主动采取关注、调整改进、主动报告及信息披露等措施。保险公司总精算师是互联网人身保险业务回溯工作的直接责任人，应按要求组织实施回溯工作，确保所用数据全面真实，计算方法符合精算原理，整改措施及时有效。

（十七）保险公司开展互联网人身保险业务，应于每年3月20日前通过互联网保险监管相关信息系统提交上年度经营情况报告（模板详见附件2，报告数据应截至上年度12月31日），完成互联网人身保险业务经营及信息披露登记。

保险公司如需调整互联网人身保险业务范围的，应在自营平台、代销中介机构自营平台及各产品销售页面提前10日连续公告。公告内容应包括业务范围调整决定、原因及服务保障措施等，调整工作应于每年4月1日前全部完成。互联网人身保险业务范围收窄的，还应通过有效途径对已投保客户专门提示。

（十八）保险公司违反本通知有关规定的，视情况采取监管谈

话、风险提示和依法在一定期限内禁止申报互联网人身保险新产品等监管措施，并依据相关法律法规予以行政处罚。

保险公司委托中介机构开展互联网人身保险业务违反本通知有关规定的，对保险公司和中介机构同查同处，同类业务保持统一的裁量标准。

（十九）银保监会将根据保险公司互联网人身保险业务回溯情况，启动质询、调查、检查等监管程序，依法查处违法违规事项。保险公司存在未按照通知要求定期回溯、回溯数据不真实、定价风险长期未改善等情况，除按照第（十八）条规则予以处理外，银保监会还将向董事会提示相关风险，同时依法追究公司主要负责人及相关管理人员责任。

（二十）保险公司因互联网人身保险产品存在重大违法违规、严重侵害消费者合法权益受到行政处罚的，应及时制定消费者权益保障和整改方案，并向社会公告。

（二十一）本通知所指精算责任准备金覆盖率，计算公式参见附件1。

本通知所指重大行政处罚，是指保险机构因互联网保险业务受到下列行政处罚：限制业务范围、责令停止接受新业务、责令停业整顿、吊销业务许可证、公司高管被撤销任职资格或者行业禁入处罚。

（二十二）自本通知印发之日起，此前规定与本通知不符的，以本通知为准。

对已经开展互联网人身保险业务的保险公司给予过渡期。保险公司应立足于保护消费者合法权益，在充分评估、做好预案的前提下推进存量互联网人身保险业务整改，并于2021年12月31日前全面符合本通知各项要求。

保险公司应自本通知印发后第二个季度开始试运行互联网人身保险业务回溯机制，银保监会指定行业组织协助实施相关工作。互联网人身保险业务回溯机制自2023年1月1日起正式实施。

第二节　文件解读

中国银保监会发布《关于进一步规范保险机构互联网人身保险业务有关事项的通知》，为加强和改进互联网人身保险业务监管，规范市场秩序、防范经营风险，促进公平竞争，切实保护保险消费者合法权益，中国银保监会近日印发了《关于进一步规范保险机构互联网人身保险业务有关事项的通知》（简称《通知》）。

近年来，互联网保险发展较快，已成为保险销售的重要渠道之一。由于部分保险机构违规经营、不当创新，互联网渠道投诉激增、竞争无序，严重损害消费者权益，引发社会各界关注。中国银保监会持续完善互联网保险监管制度体系建设，《互联网保险业务监管办法》于2021年2月1日修订实施。《通知》作为配套规范性文件，着力规范互联网人身保险领域的风险和乱象，统一创新渠道经营和服务标准，旨在支持有实力、有能力、重合规、重服务的保险公司，应用互联网、大数据等科技手段，为社会公众提供优质便捷的保险服务。

《通知》分为三个部分，共二十二条，同时配套下发《关于试运行互联网人身保险业务定价回溯工作的通知》。主要内容包括：一是明确互联网人身保险业务经营条件。满足偿付能力充足、综合评级良好、准备金提取充分、公司治理合格相关要求的保险公司，可以在全国范围内开展互联网人身保险业务。二是实施互联网人身保险业务专属管理。明确保险公司可通过互联网开展的人身保险业务范围，细化互联网人身保险产品开发规则，加强互联网渠道经营行为监管。重点解决互联网人身保险产品定价不科学、宣传销售不适当、管理服务不到位等问题。三是加强和改进互联网人身保险业务监管。首次实施分渠道定价回溯监管，建立登记披露机制，探索问题产品事后处置机制。

下一步，中国银保监会将持续完善互联网保险监管制度，规范经营行为，压实主体责任，维护市场秩序，切实保护保险消费者合法权益，促进互联网保险业务高质量发展。

参考文献

[1] 约姆-托夫. 医疗大数据：大数据如何改变医疗 [M]. 潘苏悦，译. 北京：机械工业出版社，2016.

[2] 弗里曼，昆路德. 保险与环境风险管理 [M]. 王玉玲，秦余国，王志新，译. 北京：中国金融出版社，2016.

[3] 保险区块链研究项目组. 保险区块链研究 [M]. 北京：中国金融出版社，2017.

[4] 克里斯，格里菲思. 算法之美 [M]. 万慧，胡小锐，译. 北京：中信出版集团，2018.

[5] 布瑞恩·索利斯. 体验：未来业务新场景 [M]. 谢绍东，刘声峰，李黎，译. 北京：机械工业出版社，2016.

[6] 陈恳. 迷失的盛宴 [M]. 浙江大学出版社，2009.

[7] 方有恒，郭颂平. 保险营销学 [M]. 复旦大学出版社，2013.

[8] 格尔德·吉仁泽. 风险与好的决策 [M]. 王晋，译. 中信出版集团，2015.

[9] 格雷格·伊普. 源风险 [M]. 谭浩，译. 广东人民出版社，2018.

[10] 龚乐凡. 私人财富管理与传承 [M]. 中信出版社，2016.

［11］郭颂平，赵春梅. 保险营销学［M］. 高等教育出版社，2013.

［12］韩宇. 私人财富保障与传承实务全书［M］. 中国法制出版社，2020.

［13］江生忠，薄滂沱. 保险助推脱贫攻坚理论与实践［M］. 南开大学出版社，2019.

［14］金李，袁慰. 中国式财富管理［M］. 中信出版集团，2017.

［15］荆涛. 长期护理保险理论与实践研究［M］. 对外经贸大学出版社，2015.

［16］克劳斯·施瓦布. 第四次工业革命：转型的力量［M］. 李菁，译. 中信出版集团，2016.

［17］雷·库兹韦尔. 机器之心［M］. 胡晓姣，译. 中信出版集团，2016.

［18］李开复，王咏刚. 人工智能［M］. 文化发展出版社，2017.

［19］李亮，高慧. 私人财富传承与管理［M］. 上海财经大学出版社，2020.

［20］李亮，田晓燕，孙平. 保险学［M］. 清华大学出版社，2017.

［21］李小菲. 私人财富保护与传承的法律智慧［M］. 中国法制出版社，2019.

［22］连锦泉. 保险机制服务国家治理现代化：建设保险型社会助推全面深化改革［M］. 商务印书馆，2018.

［23］梁涛. 相互保险组织运作及风险管理研究［M］. 中国金

融出版社，2017.

［24］廖敏，方有恒. 保险营销学［M］. 复旦大学出版社，2019.

［25］林丹. 乌尔里希·贝克风险社会理论及其对中国的影响［M］. 人民出版社，2013.

［26］刘金章，王晓珊. 保险营销理论与实务［M］. 清华大学出版社，2012.

［27］陆剑清，邹咏辰. 保险心理学［M］. 清华大学出版社，2016.

［28］吕克·费希. 超人类革命［M］. 周行，译. 湖南科学技术出版社，2017.

［29］马宜斐，段文军. 保险原理与实务［M］. 中国人民大学出版社，2019.

［30］迈克尔·李. 破译人类的明天［M］. 关成华，译. 江苏凤凰文艺出版社，2018.

［31］彭剑锋，陈春花等. 认知革命：数字生存时代的管理［M］. 复旦大学出版社，2018.

［32］清华大学五道口金融学院中国保险与养老金研究中心. 金融科技发展视角：构建保险科技创新新生态2020［M］. 中国财政经济出版社，2020.

［33］史蒂夫·萨马蒂诺. 碎片化时代：重新定义互联网+商业新常态［M］. 陶丽萍，译. 中国人民大学出版社，2015.

［34］苏珊娜·奇斯蒂，萨宾·L.B.范德林登. InsurTech：保险科技权威指南［M］. 卢斌，王鹏，张小敏，译. 中国人民大学出版社，2020.

［35］谭磊，陈刚．区块链2.0［M］．电子工业出版社，2016.

［36］王和．保险的逻辑［M］．中国金融出版社，2014.

［37］王和．保险的未来［M］．中信出版社，2019.

［38］王和．大数据时代保险变革研究［M］．中国金融出版社，2014.

［39］王洪栋，张光楹，廉赵峰．财富管理与资产配置［M］．经济管理出版社，2013.

［40］王顺庆，张莺．绿色保险［M］．中国环境出版社，2016.

［41］魏华林，林宝清．保险学（第三版）［M］．高等教育出版社，2011.

［42］乌尔里希·贝克．风险社会：新的现代性之路［M］．张文杰，何博闻，译．译林出版社，2018.

［43］吴军．智能时代：大数据与智能革命重新定义未来［M］．中信出版集团，2016.

［44］奚玉莉，杨芮，李耀东等．互联网保险新模式［M］．中信出版集团，2016.

［45］许闲．保险科技创新运用与商业模式［M］．中国金融出版社，2018.

［46］姚庆海．从行业意愿到国家意志：中国保险业“十三五”发展前瞻［M］．人民出版社，2016.

［47］易行健．财富管理：理论与实践［M］．机械工业出版社，2016.

［48］云大慧．财富管理：家族财富管理与传承法律实务［M］．法律出版社，2019.

［49］赵尚梅，张军欢．健康保险与大数据应用［M］．中国财

政经济出版社，2018.

［50］郑秉文.中国养老金精算报告（2019—2050）［R］.中国劳动社会保障出版社，2019.

［51］中国保险行业协会.中国互联网保险行业发展报告［R］.中国财政经济出版社，2017.

［52］中再集团，众安科技公司，汉诺威再保险公司，德国通用再保险公司.再保险区块链（RIC）白皮书［R］.2018.

［53］众安金融科技研究院.新保险时代：金融科技重新定义保险新未来［M］.机械工业出版社，2018.

［54］周小全，苑德军.财富管理理论与实务［M］.中国金融出版社，2020.

［55］朱进元，刘勇，魏丽.保险科技［M］.中信出版集团，2018.

［56］朱铭来，李新平.护理保险在中国的探索［M］.中国财政经济出版社，2018.

［57］朱淑珍.金融风险管理［M］.北京大学出版社，2017.